HERMES

在古希腊神话中，赫耳墨斯是宙斯和迈亚的儿子，奥林波斯神们的信使，道路与边界之神，睡眠与梦想之神，亡灵的引导者，演说者、商人、小偷、旅者和牧人的保护神……

西方传统 经典与解释
Classici et Commentarii
HERMES
古典学丛编
Library of Classical Studies

刘小枫◎主编

荷马笔下的诸神与人类德行
奠定西方古典文明的根基

Homer on the Gods and Human Virtue
Creating the Foundations of Classical Civilization

[美]彼得·阿伦斯多夫 Peter J. Ahrensdorf ｜ 著

张娟 ｜ 译

华夏出版社

古典教育基金·蒲衣子资助项目

"古典学丛编"出版说明

近百年来，我国学界先后引进了西方现代文教的几乎所有各类学科——之所以说"几乎"，因为我们迄今尚未引进西方现代文教中的古典学。原因似乎不难理解：我们需要引进的是自己没有的东西——我国文教传统源远流长、一以贯之，并无"古典学问"与"现代学问"之分，其历史延续性和完整性，西方文教传统实难比拟。然而，清末废除科举制施行新学之后，我国文教传统被迫面临"古典学问"与"现代学问"的切割，从而有了现代意义上的"古今之争"。既然西方的现代性已然成了我们自己的现代性，如何对待已然变成"古典"的传统文教经典同样成了我们的问题。在这一历史背景下，我们实有必要深入认识在西方现代文教制度中已有近三百年历史的古典学这一与哲学、文学、史学并立的一级学科。

认识西方的古典学为的是应对我们自己所面临的现代文教问题：即能否化解、如何化解西方现代文明的挑战。西方的古典学乃现代文教制度的产物，带有难以抹去的现代学问品质。如果我们要建设自己的古典学，就不可唯西方的古典学传统是从，而是应该建设有中国特色的古典学：恢复古传文教经典在百年前尚且一以贯之地具有的现实教化作用。深入了解西方古典学的来龙去脉及其内在问题，有助于懂得前车之鉴：古典学为何自娱于"钻故纸堆"，与现代问题了不相干。认识西方古典学的成败得失，有助于我们体会到，成为一个真正的学人的必经之途，仍然是研习古传经典，中国的古典学理应是我们已然后现代化了的文教制度的基础——学习古传经典将带给我们的是通透的生活感觉、审慎的政治观念、高贵的伦理态度，永远有当下意义。

本丛编旨在引介西方古典学的基本文献:凡学科建设、古典学史发微乃至具体的古典研究成果,一概统而编之。

古典文明研究工作坊

西方典籍编译部乙组

2011年元月

目　录

中译本序 ·· 1
致　谢 ·· 1

引　言 ·· 1
一　荷马的神明观 ··· 37
二　阿基琉斯与赫克托尔 ··································· 93
三　阿基琉斯和德行的局限 ································ 163
四　奥德修斯与阿基琉斯 ·································· 238

参考文献 ·· 308
索　引 ·· 317

中译本序

值本书的中文译本跟中国读者见面的喜悦之际,本人非常开心能够为其撰写中文序言。我曾在江苏昆山杜克大学有过教书经历,在上海外国语大学、中山大学和中国人民大学作过讲座,跟中国的学者和学生们结下了亲切的友谊。我在这些经历当中看到,中国人对整个古典希腊思想,尤其是对古典希腊哲学和文学,认真且有着强烈的兴趣,并且这种兴趣正在日益增强。我真心相信,未来针对古典希腊思想展开的真正哲学意义上的研究和活动将主要集中在中国。因而,本人的荷马研究著作能以中文译本的面貌跟中国读者见面,本人实感荣幸。感谢北京第二外国语学院英语学院的译者张娟副教授,感谢北京第二外国语学院文化与传播学院崔嵬老师的帮助,使得该书的汉译得以成型。

荷马的诗作之所以脍炙人口,经久不衰,是因为它们谈论的是所有历史时期所有地方的人们都不可避免的问题:人是否应该永远忠于自己的国家?为了他人牺牲自己的幸福是否合理?是否该永远服从统治者?该不该跟朋友或家人说谎?人该寻求更大存在——天神——的指引还是跟随自己内在的理性光芒?荷马通过《伊利亚特》和《奥德赛》——阿基琉斯致命愤怒的故事和一个足智多谋的英雄的故事——探讨了上述问题。这两部叙事诗塑造了如星河般不计其数的令人难忘的神和凡人,但最使我们激情燃烧、想象驰骋、深入思考的还是关于英雄人物阿基琉斯和奥德修斯的精彩描述。荷马通过这两位英雄人物启迪我们思考上述这些永远临在的人生课题。

荷马激发我们思考的方式之一是出其不意,惊耳骇目。虽然荷马被公认为希腊文明的奠基人,他的诗作却并没有赞颂希腊人的信仰。

相反，他向这些信仰发起了挑战。比如，《伊利亚特》的故事背景是作为希腊人祖先的阿开奥斯人和作为重要亚洲国家之一的特洛亚之间进行的十年战争。人们可能以为希腊诗人荷马会聚焦战争本身，描述希腊的阿开奥斯人如何在正义感和高贵品质方面胜过亚洲的特洛亚人。然而，荷马却把焦点对准阿基琉斯这位最伟大的阿开奥斯人的愤怒，描述了他如何在盛怒之下向同胞阿开奥斯人展开惩罚。这部诗作描述的是一种致命的极端愤怒，并且这种愤怒在一定程度上情有可原。不仅如此，荷马还在整部诗歌表达了他对阿开奥斯人的对手特洛亚人的深切同情，描述了他们身上所具有的正义感和高贵品质。诗歌最终以阿基琉斯这位阿开奥斯人的英雄向特洛亚人表达深切怜悯作为结局。同样，《奥德赛》讲述了一位在特洛亚作战多年的阿开奥斯英雄二十年远离祖先故土，最终回归家人和阿开奥斯同胞怀抱的故事。按照常理，诗歌会讲述阿开奥斯的奥德修斯如何在返乡后跟同胞们欢聚一堂。然而，《奥德赛》描述的却是奥德修斯跟霸占他的家园、折磨他的家人的阿开奥斯人残酷厮杀并最终消灭对方的故事。在荷马的笔下，两位最伟大的英雄在很重要的方面站在作为希腊人祖先的阿开奥斯人的对立面，并对希腊人的敌人特洛亚人心怀敬佩。荷马以这种方式向自己民族的爱国精神和自豪感发起挑战。荷马的诗作所称赞的不是狭义的希腊人的伟大，而是全人类的伟大。

不仅如此，荷马的诗作还敢于向希腊人神圣至上的信仰——向希腊人崇拜的庄严可畏的天神——发起挑战。《伊利亚特》和《奥德赛》里的凡人皆信仰天神，相信天神关怀人类，保护正直的人免遭伤害，并给作恶者以惩罚。然而，荷马却向上述信仰发起挑战，呈现了诸位天神如何在事实上一而再再而三地无视正义和区区凡人的磨难。阿基琉斯和奥德修斯更是在饱受折磨和苦痛后开始怀疑自在无忧的天神是否真正关怀和理解我们作为凡人的存在。由此，荷马的诗作引导人们质疑天神的助佑，鼓励人们依靠自身的统治和智慧。

荷马的诗作最为显著的特点在于其人文思想，即颂扬人类之伟大超越天神。《伊利亚特》和《奥德赛》都以祈求神助——祈求表面上智慧的缪斯女神——为开篇,不死的天神们也始终在两部诗作中发挥重要作用,施展非凡的神奇力量和慈悲。但是,让我们深深感动和着迷的却是诗歌里的凡人人物。诗歌里的凡人英雄和女英雄为了救助心爱之人免遭死亡和凌辱而颠沛流离,他们甚至甘愿拿自己的生命冒险和牺牲。他们在为了荣誉和正义而挣扎和遭受折磨的过程里表现出的高贵品格,远比表面上完美的天神更能引起我们的关心、同情和敬佩。诗歌的凡人叙述者——即荷马本人——拥有着充满人性的智慧,它远比任何永生的存在都更能启发我们产生关于自身道德和道德本质的思悟。荷马让我们看到,不完美的凡人完全可能在灵魂之美和心灵相通方面超越永生的存在。荷马激励我们欣赏和敬佩人性的至善,要我们看见我们每一个人无一例外都拥有卓越的潜质。

献给 Thomas L. Pangle

致 谢

笔者研究该课题多年，得益于众多帮助，十分高兴有此机会一一致谢。该书的部分内容曾在早些时候以不一样的面貌出现在伯恩斯（Timothy Burns）主编的《恢复理性》一书中，题为《荷马与古典文明的根基》。① 感谢莱克星顿出版社慷慨允准使用该内容。

关于本书受到的慷慨资助，笔者想要感谢博斯韦尔基金会及其创始人托马斯·博斯韦尔和谢丽尔·博斯韦尔（Thomas and Cheryl Boswell）、戴维森学院、埃尔哈特基金会和国家人文基金会。还要感谢剑桥大学出版社的编辑雷尔（Beatrice Rehl），她为该项研究提供了热情及时的支持和帮助，一并感谢她的耐心和一向宝贵的建议。笔者还要向助手维蒂（Isabella Vitti）表示感谢，感谢她所提供的一切帮助。另外还要感谢出版社的各位匿名评审人为本书提出建议和评论。

笔者还要感谢邀请本人在埃默里大学、得克萨斯大学奥斯汀分校、史密斯学院、罗德斯大学、密歇根州立大学和波士顿学院做有关荷马讲座的诸位。这些学校师生的精彩提问、评论和批评令本人受益匪浅。

笔者万分有幸能有机会跟以下几位优秀教师和著名学者一同研究荷马，他们是耶鲁大学的威恩（James Winn）和克罗迪（Kevin Crotty），以及芝加哥大学的格雷（David Grene）。还要感谢戴维森学院充满活力生机的学生，他们选修了荷马课程，教给本人许多关于荷马诗

---

① "Homer and the Foundation of Classical Civilization", *Recovering Reason*, Lanham, MD: Lexington Books, 2010, pp. 3–16.

作的知识。笔者还要向伯恩斯（Timothy Burns）、考茨（Steven J. Kautz）、纳卡西斯（Carmen Nakassis）、欧文（Judd Owen）、潘格尔（Lorraine Pangle）、保勒斯（John Paulas）、鲁德曼（Richard S. Ruderman）、肖（Brian J. Shaw）和塔科夫（Nathan Tarcov）致谢，感谢他们提供友善的建议和帮助。笔者还要向女儿露西亚（Lucia）和儿子马提亚斯（Matias）表示感谢，他们给了我许许多多方面的支持，特别是帮忙整理待出版的书稿。最后，笔者要感谢爱妻亚历杭德拉（Alejandra Arce Arensdorf），感谢她一如既往地提出明智的建议，给我最为及时的鼓励和最不可或缺的支持。

引　言

[1]人们一向把荷马尊奉为最伟大的诗人之一,苏格拉底曾表示,荷马是"最伟大和最神圣的诗人"(《伊翁》530b9－110)。① 人们今天却早已不记得柏拉图、蒙田和尼采等哲学家曾把荷马奉为政治、道德、哲学上的奠基思想家。据柏拉图的《理想国》记载,苏格拉底认为荷马不仅是所有肃剧诗人的"第一个老师和领路人"(595b－c2),②人们还普遍相信他知晓"一切涉及美德和邪恶的人类事务,再加上神的事务"(598d7－e5),除此之外,荷马还教导人们"城邦管理和有关人的教育"(599c6－d2)。③蒙田甚至在《随笔集》里宣称荷马"奠定了一切哲学流

---

① 另参 Jean‐Jacques Rousseau, *Emile*, tran. Allan Bloom, New York: Basic Books, 1979, p. 453; Friedrich Nietzsche, *The Birth of Tragedy*, trans. Walter Kaufmann, New York: Vintage Books, 1967, pp. 63－64。甚至连不承认荷马是某位具体诗人的维柯(*The New Science*, trans. David Marsh, London: Penguin Books, 1999, pp. 363, 381)也公开表示荷马是"一切崇高诗人中最崇高的一位"(364;另参149,318,370,372)。[译按]参维柯著,《新科学》(上、下册),朱光潜译,北京:商务印书馆,2009,页463。此处可参 James Porter, "Homer: The History of an Idea", in *The Cambridge Companion to Homer*, ed. Robert Fowler (Cambridge: Cambridge University Press, 2004), pp. 329－330。本书中《新科学》译文均引自朱光潜译本,后文不再注明版本信息。

② [译按]本书中柏拉图《理想国》译文引自王扬译本,北京:华夏出版社,2012。

③ 另参 Horace *Epistles* 1.2, 贺拉斯(Horace)把荷马跟哲学家克吕希波斯(Chrysippus)和坎托(Cantor)加以比较,认为荷马居二人之上。据格里芬(Griffin)所述,"贺拉斯认为,在一切道德哲学家中,荷马最善于教导人们情绪可能导致的糟糕后果"(Jasper Griffin, *Homer: Iliad IX*, Oxford: Clarendon Press, 1995, p. 28)。

派的基石"。①十八世纪政治哲学家维柯(Giambattista Vico)表示,所有自柏拉图以来的哲学家,一直到他本人所生活的时代,[2]都把荷马看作创建希腊文明的哲学思想家,是"所有希腊哲学的源头(il fonte di tutte le greche filosofie)"。②尼采在《论道德的谱系》里指出,荷马构建了一个不同于整个柏拉图哲学传统的思想体系:"柏拉图对抗荷马,这是完全的真正的对抗。"③本书意在恢复荷马在政治和道德哲学史上应有的地位,要实现这一点,尤其需要阐明他对希腊人的教育意义。

---

① Michel de Montaigne, *The Complete Essays of Montaigne*, trans. Donald M. Frame, Standford: Stanford University Press, 1976, p. 377,另参页 371、455。另外值得一提的是,洛克(Locke)在《政府论》(*Two Treaties of Government*)的结尾章节把荷马笔下的奥德修斯奉为公正审慎反抗压迫的典范[John Locke, *Two Treatises of Government*, ed. Peter Laslett, (Cambridge: Cambridge University Press, 1998), pp. 416 – 417]。

② Giambattista Vico, *The New Science*, pp. 355 – 387;尤参页 355 – 356, 386。关于意大利语的段落,参 Giambattista Vico, *La scienza nuova*, ed. Paolo Rossi(Milano: Rizzoli Editore, 1977), pp. 543 – 584,尤参页 583。

③ Friedrich Nietzsche, *Genealogy of Morals*, trans. Walter Kaufmann, New York: Vintage Books, 1969, p. 154;参 Max Horkheimer& Theodor W. Adorno, *Dialectic of Enlightenment*, trans. John Cumming, New York: Herder and Herder, 1972, xvi, pp. 13 – 20, 32 – 36, 43 – 80;另参 Richard S. Ruderman, "Odysseus and the Possibility of Englightenment", in *American Journal of Political Science* 43 (1999): 145 – 150。霍克海默(Horkheimer)和阿多诺(Adorno)认为荷马是启蒙运动的源头。卢卡奇(Lukács)也把荷马看作极其重要的思想家,认为"[荷马的思想高度]无人与之比肩,甚至无人望其项背……这是因为人类的思想还没发展到能够提出生命的意义(how can life become essence)这样的问题时,荷马便已经找到了答案"(Georg Lukács, *The Theory of the Novel: A Historico – Philosophical Essay on the Forms of Great Epic Literature*, trans. Anna Bostock, Cambridge, MA: MIT Press, 1977, p. 33,另参页 47)。关于《奥德赛》(*Odyssey*)与哲学的关系,可参 Edith Hall, *The Return of Ulysseus: A Cultural History of the Odyssey*, Baltimore: Johns Hopkins University Press, 2008, pp. 147 – 159。霍尔(Hall)认为"《奥德赛》自古以来就跟哲学密不可分"(页 147)。

在柏拉图、希罗多德(Herodotus)、修昔底德(Thucydides)、色诺芬(Xenophon)、马基雅维利(Machiavelli)、蒙田以及尼采的眼中,荷马哺育了希腊文明,奠定了古典文明的思想基础。① 希罗多德认为,荷马,还有赫西俄德(Hesiod),根据希腊人所祭拜的众神的模样创造了神明(2.53)。尼采重申该观点,宣称荷马"为希腊人,不,为他自己创造了诸神"。②

---

① 参 Plato, *Republic*, 606e1 – 607a5;另参 376e2 – 377e4。另参 Herodotus 2.53; Thucydides 1.2 – 11; Xenophon *Symposium* 3.5; Niccolo Machiavelli, *The Prince*, 2nd ed., trans. Harvey C. Manfield, Chicago and London: University of Chicago Press, 1998, pp. 58 – 60, 68 – 71; Michel de Montaigne, *The Complete Essays of Montaigne*, pp. 569 – 571, 442 – 443; Friedrich Nietzsche, *The Gay Science*, trans. Walter Kaufmann, New York: Vintage Books, 1974, pp. 242 – 243; Friedrich Nietzsche, *The Will to Power*, trans. Walter Kaufmann, R. J. Hollingdale, New York: Vintage Books, 1968, p. 205; Friedrich Nietzsche, *Genealogy of Morals*, p. 154; Friedrich Nietzsche, *Human, All Too Human*, trans. Marion Fabor, with Stephen Lehmann, Lincoln and London: Unviersity of Nebraska Press, 1984, p. 161。

② Friedrich Nietzsche, *The Gay Science*, trans. Walter Kaufmann, New York: Vintage Books, 1974, p. 242。另参 Friedrich Nietzsche, *Human, All Too Human*, p. 88; Michel de Montaigne, *The Complete Essays of Montaigne*, p. 701。希罗多德还表示,希腊人的许多信仰源自埃及(2.41 – 51)。关于荷马对于希腊人的宗教教育意义,另参 Georg Wilhelm Friedrich Hegel, *Philosophy of History*, trans. J. Sibree, New York: Dover Publications, 1956, p. 237; Eric Voeglin, *Order and History II: The World of the Polis*, Baton Rouge: Louisiana State University Press, 1957, p. 72;以及 Pierre Manent, *Les Métamorphoses de la Cité: Essai sur la dynamique de l'Occident*, Paris: Flammarion, 2010, pp. 42 – 48。曼内特(Manent)甚至认为,"因为荷马首先是个'神学家'或者说是撰写'神学'的诗人,在这个意义上,他可以称得上希腊人的教育者"(Manent, *Les Métamorphoses de la Cité: Essai sur la dynamique de l'Occident*, pp. 42 – 43——笔者的译本)。据伯克特(Burkert)所述,"只有权威才能在如此混沌的(信仰)传统中建立秩序。希腊人依仗的权威是赫西俄德的诗歌,更重要的还有荷马的诗歌"(Walter Burkert, *Greek Religion*, trans. John Raffan, Cambridge, MA: Harvard Unviersity Press, 1985, p. 120)。另参 C. M. Bowra, *Tradition and Design in* The Iliad, Westport: Greenwood Press, 1977, p. 215; Moses I. Finley, *The World of Odysseus*, New York: Viking Press, 1978, pp. 135 – 136。

[3]苏格拉底认为,荷马教会了希腊人领兵作战、治国安邦及人类德行等伟大且崇高的事情(《理想国》599c6–d2)。亚历山大大帝(Alexander the Great)可能受亚里士多德的影响,把《伊利亚特》当作"用兵之术(military virtue)"的宝典随身携带。① 蒙田在随笔里称赞荷马是史上三位"最伟大的人物"之一。蒙田表示:

> 荷马创造出这类空前绝后的杰作,简直违反了自然规律,因为事物初生时总是不完美的,随后才茁壮成长;诗歌,如同其他许多学科,还处于童年时代,他却会使它成熟,完美,臻于大成。②

正如上述思想家所述,荷马为希腊人树立了生动形象且扣人心弦的人类至善(human excellence)的典范,令其接受了最基本的道德教育。荷马为希腊人揭示了神的本质,阐明了人与神的关系。他引领希腊人思考人性,启发他们想象人类和神明的伟大。③

---

① Plutarch, *Alexander*, 15.4–5. 据理查森(Richardson)所述,"根据一个十分流行的古代传说,亚里士多德送给他的学生亚历山大大帝一部特殊的《伊利亚特》"。理查森因而推测,"亚历山大对荷马的热爱想必部分受到了亚里士多德的影响"。无论如何,亚里士多德本人"对荷马诗歌的引用约达114次之多,且大部分出自《伊利亚特》",他清楚地展现了自己"对诗歌文本进行的细致敏锐的心理解读"(N. J. Richardson, "Aristotle's Reading of Homer and Its Background", in *Homer's Ancient Readers: The Hermeneutics of Greek Epic's Earliest Exegetes*, eds. Robert Lamerton and John J. Keaney [Princeton: Princeton University Press, 1992], p.36;另参页37–40)。

② Michel Montaigne, *The Complete Essays of Montaigne*, p.570. 强调为作者所标。[译按]译文参米歇尔·德·蒙田,《蒙田随笔全集》第2卷,马振聘译,上海:上海书店出版社,2009,页407。

③ 用伯克特的话说,"希腊人生来是要接受教育的,荷马是他们接受的一切教育的基础"(Walter Burkert, *Greek Religion*, p.120)。据斯科特(Scott)所述,"荷马为希腊人创造了统一的语言和一致的信念,使希腊成为一个有着相同本源的民族,在这方面,荷马发挥了独一无二的居功至伟的作用"(John Scott, *Homer and His Influence*, New York: Cooper Square Publisher, 1963, p.98)。

这些思想家还强调,荷马赋予其教诲以宛转巧妙和浪漫诗意的风格。根据柏拉图(《理想国》378d3-e1)和色诺芬(《会饮》3.6,《回忆苏格拉底》1.2.58-59)记载的苏格拉底的评论,荷马的启示并不总能立手可得,因为它们"隐藏在思想的深处(ἐν ὑπονοίαις πεποιημέναις)"(《理想国》378d6)。同样,在柏拉图的《普罗塔戈拉》(Protagoras)里,普罗塔戈拉表示,荷马是一位诡辩家,也就是说,荷马是那些拥有和教导智慧的思想家之一,这些人"害怕招致敌意而把自己伪装和隐藏起来(πρόχημα ποιεῖσθαι καὶ προκαλύπτεσθαι)"(316d3-9)。[4]马基雅维利在《君主论》(Prince)里指出,荷马是君主的导师,他"隐晦(copertamente)"且巧妙地教导君主既要模仿人的高尚品质又要模仿野兽的凶残本性这些看起来似是而非却同时至关重要的理论。①霍布斯在荷马诗歌的译文前言里特别称赞了荷马的"审慎"。② 维柯在《新科学》(New Science)里宣称,从前的哲学家一致把荷马的智慧看作"玄奥的智慧"——或者说"隐秘的智慧(sapienza riposte)",研究者只有颇费一番

另参 Richard Hunter,"Homer and Greek Literature",in *The Cambridge Companion to Homer*, ed. Robert Fowler (Cambridge: Cambridge University Press, 2004), p. 246。关于荷马对古典时代后期所发挥的教导作用,参 Joseph Farrell,"Roman Homer", in *The Cambridge Companion to Homer*, ed. Robert Fowler (Cambridge: Cambridge University Press,2004) ; A. A. Long, "Stoic Readings of Homer", in *Homer's Ancient Readers: The Hermeneutics of Greek Epic's Earliest Exegetes*, ed. Robert Lamberton and John J. Keaney (Princeton: Princeton University Press, 1992) ; Robert Browning, "The Byzantines and Homer", in *Homer's Ancient Readers: The Hermeneutics of Greek Epic's Earliest Exegetes*, ed. Robert Lamberton and John J. Keaney(Princeton: Princeton University Press,1992)。

① Niccolo Machiavelli,*The Prince*, pp. 60,68-70,77-79. 关于文中引用的意大利文本,参 Niccolo Machiavelli,*Il Principe*,*Discorsi Sopra La Prima Deca di Tito Livio*, ed. Piero Gallardo, Milano: Edizioni per il Club del Libro,1966,p. 107。

② Thomas Hobbs, *The Illiads and Odyssey of Homer*, London: Longman, Brown,Green and Longmans,1894,iii-x。

脑筋之后才能解其深意。①正如上述思想家们所强调的那样,荷马在教导人们思想时会小心审慎,旁敲侧击,甚至有意误导。比如,他在谈论神的本质或人类至善的本质时就是这样做的。尽管荷马不像柏拉图之类的哲学家那般沉默——除了称呼之外,柏拉图在对话中从没以自己的名义表达看法,②但他也会同样隐去自己的身份,利用诗歌里的人物间接跟读者交流思想。③ 不仅如此,荷马的叙述曲折婉转,结构复杂,运用比喻约四百五十个,④且几乎无一重复。⑤他的比喻别具一格、动

---

① Giambattista Vico, *The New Science*, pp. 355 – 356; Giambattista Vico, *La scienza nuova*, pp. 543 – 545.

② Leo Strauss, *The City and Man*, Chicago: University of Chicago Press, 1964, pp. 50 – 62.

③ 据格里芬所述,"荷马的叙事诗半数以上由人物自述而非作者的叙述构成……人物自述占两部叙事诗55%的内容"(Jasper Griffin, "The Speeches", in *The Cambridge Companion to Homer*, ed. Robert Fowler [Cambridge: Cambridge University Press, 2004], p. 156)。《伊利亚特》约有45%的诗行(计7018行,全诗共15690行)为作者的叙述;《奥德赛》里的作者叙述约占全部诗行的70%(计8225行,全诗共12103行)。另参 Scott Douglas Richardson, *The Homeric Narrator*, Nashville: Vanderbilt University Press, 1990, pp. 70 – 82。

④ Carroll Moulton, *Similes in the Homeric Poems*, Göttingen: Vandenhoeck and Ruprecht, 1977, p. 18. 关于统计荷马运用比喻的数量时遇到的问题,参 Richard Buxton, "Similes and Other Likenesses", in *The Cambridge Companion to Homer*, pp. 146 – 147; Mark W. Edwards, *The Iliad: A Commentary, V: Books 17 – 21*, Cambridge: Cambridge University Press, 1991, p. 24; Mark W. Edwards, *Homer: Poet of the Iliad*, Baltimore: Johns Hopkins University Press, 1987, pp. 102 – 103。另参 William C. Scott, *The Oral Nature of the Homeric Simile*, Leiden, the Netherlands: Brill, 1974, pp. 190 – 212; William C. Scott, *The Artistry of the Homeric Simile*, Hanover, NH: University Press of New England, 2009, pp. 189 – 205。

⑤ 参 Mark W. Edwards, *The Iliad: A Commentary, V: Books 17 – 21*, p. 24; Mark W. Edwards, *Homer: Poet of the Iliad*, pp. 102 – 103; Richard Buxton, "Similes and Other likenesses", p. 146; James M. Redfield, *Nature and Culture in the Iliad: The Tragedy of Hector*, Chicago: University of Chicago Press, 1975, p. 188。

人心弦,同时又扑朔迷离,引人深思。①［5］荷马跟自己笔下足智多谋、变化多端的奥德修斯一样,是一位善施巧计的老师。他的诗歌语意深厚,情节和人物跌宕起伏,我们只有层层深入,才能最终理解他教导的真谛。② 荷马引领我们看见并剥去他笔下的神和英雄身上的层层外壳,启发我们思考并反复思考我们一开始产生的关于神明本质和人类至善本质的认识,从而邀请我们踏上自己的精神归家之旅。

但是,我们当下这个时代却忽略了荷马身为思想家的伟大之处。研究荷马的杰出学者虽然认识到荷马叙事诗里存在着有关神明本质以及人类至善本质的深刻洞见,他们却只是把这些洞见看作社会传承的文化信念或者天真烂漫的灵感闪现,而不是一位思想家在政治、道德和

---

① 据巴克斯顿所述,"荷马式的讲述者介入故事的目的是要通过比喻指出事物之间的相似性"(Richard Buxton,"Similes and Other likenesses", p. 148;另参 Jenny Strauss Clay, *Homer's Trojan Theatre*: *Space*, *Vision*, *and Memory in the Iliad*. Cambridge:Cambridge University Press,2010, pp. 21 - 22)。同样,爱德华兹在论及《伊利亚特》时表示:"荷马式的悠长比喻是诗歌艺术的经典,它们引领我们去理解创造不朽诗歌的天才诗人心中的意象和灵感。"(Mark W. Edwards, *The Iliad*:*A Commentary*, *V*:*Books* 17 - 21, p. 41;关于比喻的启发意义,另参页 34,39,以及 Mark W. Edwards, *Homer*:*Poet of the Iliad*, pp. 104 - 105)尤参《伊利亚特》(22. 93 - 97,24. 477 - 484)和《奥德赛》(8. 523 - 531,16. 16 - 21,23. 233 - 240)那些令人称奇的反喻。参 Carroll Moulton, *Similes in the Homeric Poems*, pp. 114 - 116,128 - 132,134;Nancy Felson and Laura Slatkin,"Gender and Homeric Epic", in *The Cambridge Companion to Homer*, p. 105;Michael Silk,"The Odyssey and Its Explorations", in *The Cambridge Companion to Homer*, pp. 38 - 39;另参 Richard Buxton,"Similies and Other Likenesses", pp. 153 - 154;Keith Stanley, *The Shield of Homer*:*Narrative Structure in the Iliad*, Princeton:Princeton University Press,1993, pp. 216 - 217;Seth L. Schein, *The Mortal Hero*:*An Introduction to Homer's Iliad*, Berkeley:University of Californian Press,1984, p. 107。

② 格里芬认为,荷马笔下的人物"表达着清晰且强烈的道德判断,而作者本人的叙述却并无道德立场……我们可以有自己的评判,但作者不会把他的判断强加于我们"(Jasper Griffin,"The speeches", in *The Cambridge Companion to Homer*, p. 162)。

神学思想上的系统教导。自沃尔夫(Friedrich August Wolf)发表《荷马史诗导论》(*Prologomena to Homer*;1795)以来,所谓的"分解派"或"口述派"(Analyst/Oralist)的理论便开始兴起和流行,并在帕里(Milman Parry)和纳吉(Gregory Nagy)发表著作时达到顶峰。该理论认为,《伊利亚特》和《奥德赛》是许多代"不识字的""天真的""原始的"吟游诗人口头创作的故事集,后经不同的人以不同的形式书写记录了下来。①

沃尔夫的核心观点是:既然《伊利亚特》和《奥德赛》诞生于人类尚不识字的原始时代——希腊的"滥觞时期",那它们必定只是用来娱乐在场听众、赢取听众掌声的作品,后来的吟游诗人为满足不同听众的需要又对其不断进行修改,因此这两部诗作的思想性和艺术性不可避免停留在原始水平(参 Wolf 1985,75,104,209)。[6]据沃尔夫所述:

> 无论是想到希腊人还是其他种族的历史发展,我都无法接受这个我们已经司空见惯的观念,那就是一位天才诗人的两部作品会突然间在黑暗中横空出世,大放异彩。②

该"历史主义视角"建立在历史决定论的基础之上,也就是说,人

---

① 参 Robert Fowler,"The Homeric Question",in *The Cambridge Companion to Homer*,p. 220。另参 Carroll Moulton,*Similies in the Homer Poems*,p. 16。帕里在使用"原始"一词形容荷马时略有犹豫(Milman Parry,*The Making of Homeric Verse*:*The Collected Papers of Milman Parry*,ed. Adam Parry,Oxford:Oxford University Press,1971,p. 377),纳吉则有意避免使用该词,他好像更倾向于用"幼年时期(young)"一词来形容荷马(Gregory Nagy,*Homeric Questions*,Austin:University of Texas Press,1996,pp. 149 – 150)。但是,纳吉也承认现代的荷马学术界倾向于把荷马看作"原始"诗人:"在这些观点看来,荷马并非真正的古典或前古典诗人,他属于远古时期。这样一个远古时期的荷马,不管其姓名是否真叫荷马,都给人以原始的感觉。如果他是个天才,他也是原始的天才。"(Gregory Nagy,*Homer the Classic*,Cambridge,MA:Harvard University Press,2009,p. 3)

② F. A. Wolf,*Prologomena to Homer*(1975),trans. Anthony Grafton,Glenn W. Most,and James E. G. Zetzel,Princeton:Princeton University Press,1985,p. 148.

们的智力水平在根本上取决于所处的历史环境,人们既没能力超越历史,也无法塑造其所处的历史环境。该历史观"席卷"了整个古典学研究领域。①

波特(James Porter)评论道:

> 一时间,丰富大众和文学想象的亘古流传的荷马沦为科学和历史分析及毁灭式抨击的对象,尽管这些分析和批评并不怎么合乎逻辑②……于是,荷马的文本成为像考古遗址一样的东西,不同的历史地层清晰可见:可以感受到不同阶段的创作留下的迥然效果(一些学者,包括杰布[Jebb]在内,甚至称其为"岩层")以及编纂者留下的修改痕迹。③

今天,沃尔夫的影响如此强大,以至于像福勒(Robert Fowler)这样

---

① 参 James Porter, "Homer: The History of an Idea", p. 336;另参 Anthony Grafton, Glenn W. Most, and James E. G. Zetzel, "Introduction", in *Prologomena to Homer* (1975) *by F. A. Wolf*, trans. Anthony Grafton, Glenn W. Most, and James E. G. Zetzel (Princeton: Princeton University Press, 1985), pp. 26 – 28; Cedric H. Whitman, *Homer and the Homeric Tradition*, Cambridge, MA: Harvard University Press, 1958, pp. 1 – 9; Jenny Strauss Clay, *The Wrath of Athena: Gods and Men in the Odyssey*, Princeton: Princeton University Press, 1983, pp. 4 – 5。关于沃尔夫的总体影响以及戈瑟尔(Goether)和席勒(Schiller)针对沃尔夫的批评,参 Karl Reinhardt, "The Judgment of Paris", in *Homer: German Scholarship in Translation*, trans. G. M. Wright and P. V. Jones (Oxford: Glarendon Press, 1997), pp. 217 – 220。另参 John Myres, *Homer and His Critics*, ed. Dorothea Gray, London: Routledge and Kegan Paul, 1958, pp. 75 – 76, 83 – 93。

② 关于沃尔夫的荷马研究"不怎么符合科学逻辑",波特解释道:"沃尔夫在本质上是一个直觉主义者(intuitionist),他用自己的哲学'感觉(sensus)'作为判断标准,他的科学只是'无明之术'(ars nesciendi)。"(James Porter, "Homer: The History of an Idea", p. 336)

③ James I Porter, "Homer: The History of an Idea", in *The Cambridge Companion to Homer*, p. 336.

的学者一边承认,"我们现在知道"沃尔夫"关于荷马生活在文盲时期"的核心论断"是错误的",①一边坚持认为,荷马的诗歌"一定是传统的承继,而非某位诗人的作品","如果认为我们可以继续像读维吉尔或莎士比亚一样阅读他(荷马),那我们就是在退化"。②

分解派/口述派的胜利自然而然带来了一个或许是意料之外的后果,[7]学者不再从荷马的叙事诗里积极探寻柏拉图和尼采等思想家崇尚的智慧。③沃尔夫宣称"我们今天手里捧的荷马早已不再是那个时代的希腊人口中盛赞的诗人,从梭伦时代到亚历山大时期,荷马的作品遭到了各式各样的修改、校正和补充。④伦道夫(Ulrich von Wilamowi-

---

① 参 F. A. Wolf, *Prologomena to Homer* (1975), trans. Anthony Grafton, Glenn W. Most, and James E. G. Zetzel, Princeton: Princeton University Press, 1985, pp. 75 – 102。纳吉的论述很有说服力,他认为在《伊利亚特》的 6.168,6.176,6.178 诗行,尤其在 7.89 – 90 处,"荷马的诗歌的确谈及写作的技巧",参 Gregory Nagy, *Homeric Questions*, pp. 14, 36。

② Robert Fower, "The Homeric Question", in *The Cambridge Companion to Homer*, pp. 220 – 222. 但格里芬认为,"罗马学者过去认为(荷马)的叙事诗是由全体人民(Volkspiele)创作出来的,现又归功于社会制度和宗教仪式,这就好比在说莎士比亚戏剧是时代的产物。艺术家当然受时代的影响,他也会对时代产生影响。但是,我们需要思考的是(如果排除个体的才华因素)为什么莎士比亚的戏剧远胜过同时代其他作家的作品"(Jasper Griffin, *Homer: Iliad IX*, p. 8)。

③ 沃尔夫显然是自相矛盾的,他有时候又好像在称赞荷马的个人"才华"[*Prologomena to Homer* (1975), p. 47;另参页 210]。格拉夫顿、莫斯特(Most)和泽特尔(Zetzel)认为沃尔夫"有意"模棱两可:"他可以因此实现两大杰作。首先,他可以脚踩两只船——也就是说,他可以一边把荷马的诗作碎尸万段,一边继续赞美它们怎样瑰丽辉煌、别具匠心、浑然天成。此外,沃尔夫故意含糊其词,有利于维护他发表的大部分观点……他再三邀请读者加入到他的革命中来,却始终没讲清楚革命的性质是什么。"(*Prologomena to Homer* [1975], p. 34) 纳吉赞颂的则是"丰富、复杂、隐晦的荷马式传统"(Gregory Nagy, *Homeric Questions*, pp. 144 – 146)。

④ F. A. Wolf, *Prologomena to Homer* (1975), p. 209.

tz‐Moellendorff),可能是"分解派最重要的人物"和"典型的沃尔夫派",①他竟然认为《伊利亚特》不过是"蹩脚的拼凑物"②。帕里花很大功夫把《伊利亚特》和《奥德赛》跟南斯拉夫的口传诗人进行了对比研究,他认为荷马的创作方式跟"南斯拉夫的文盲口传诗人"如出一辙。帕里的研究似乎产生了一定的效果,他至少"把荷马的诗学艺术降低到类似机械品的水平"。③帕里本人显然对荷马的叙事诗深有好感,但他却同样热情洋溢地宣称:"要是有人听到南部的斯拉夫人吟唱他们的故事,他一定会强烈地感觉到,自己好像在某种程度上正在聆听荷马。"帕里表示,荷马的叙事诗跟南斯拉夫歌者吟唱的传说没什么本质区别,二者运用的技巧,甚至表达的思想,都"一模一样"。④ 亚当·帕里(Adam Parry)谈起父亲关于《伊利亚特》和《奥德赛》的研究时表示:"帕里所有作品的关注对象都是传统,从来不是诗歌本身。"他又表示:"因此,[译注:在帕里看来]诗人从属于传统,他从来不认为一个人能够背离传统,甚至革新传统,来表达个人的世界观。"⑤根据米尔曼·帕里本人对荷马的评论,"这位诗人的思想只限于固定的套路。跟那些独立创造诗歌的诗人不同,荷马只是把那些熟悉词汇里包含的思想变成了诗行,他至多是表述了跟传统套路一样的思想,而他本人根本分不

---

① Karl Reinhardt,"Homer and the Telemachy, Circe, Calypso, and the Phaeacians", in *Homer: German Scholarship in Translation*, trans. G. M. Wright and P. V. Jones(Oxford: Clarendon Press, 1997), p. 219.

② Cederic H. Whitman, *Homer and the Homeric Tradition*, Cambridge, MA: Harvard University Press, 1958, p. 2;另参 Karl Reinhardt,"The Judgment of Paris", in *Homer: German Scholarship in Translation*, pp. 173, 177 – 183。

③ Cederic H. Whitman, *Homer and the Homeric Tradition*, pp. 5 – 6.

④ Milman Parry, *The Making of Homeric Verse: The Collected Papers of Milman Parry*, ed. Adam Parry, Oxford: Oxford University Press, 1971, p. 378,另参页 375。

⑤ Adam Parry,"Introduction", *The Making of Homeric Verse: The Collected Papers of Milman Parry*, 1iii, 1ii.

清二者的区别"。①［8］难怪韦德格里（Henry Theodore Wade - Gery）称帕里为"荷马研究领域的达尔文"，因为"正如达尔文把上帝之手从宇宙和人类诞生的理论中挪开一样，在一些人眼中，米尔曼·帕里好像也把富有创造力的诗人从《伊利亚特》和《奥德赛》中抹去了"。②

最近以来，纳吉承继了帕里、帕里的学生罗德（Albert Bates Lord）和沃尔夫本人的衣钵。③他在谈到荷马的创作意图时表示，"这个意图不只属于一位诗人，它应该属于无数浸润在相同传统里的前辈诗人"。④纳吉后来"甚至呼吁学者不要使用'把'荷马'当作个人姓名'"的语句，以免他们"把荷马想成过于个体化的存在"。⑤纳吉重申沃尔夫的主张，⑥认为希腊人惯于把"一切成就，包括只有经过长期社会进步才

---

① Milman Parry, *The Making of Homeric Verse*: *The Collected Papers of Milman Parry*, p. 324.

② Henry Theodore Wade - Gery, *The Poet of the Iliad*, Cambridge: Cambridge University Press, 1952, pp. 38 - 39.

③ 纳吉钦佩地表示，"对沃尔夫而言，根本就没有一个荷马需要我们去发现。他认为荷马的诗歌文本源于口述传统，根本无法追溯到某位'最初的'单一作者"（Gregory Nagy, *Homer's Text and Language*, Urbana: University of Illinois Press, 2004, pp. 41 - 42）。

④ Gregory Nagy, *The Best of the Achaeans*: *Concepts of the Hero in Archaic Greek Poetry*, Baltimore: Johns Hopkins University Press, 1979, p. 3, 文中强调为本书作者所标。

⑤ Barbara Graziosi, *Inventing Homer*: *The Early Reception of Epic*, Cambridge: Cambridge University Press, 2002, p. 16; Gregory Nagy, *Homeric Questions*, p. 21, 另参页 25 - 26。关于帕里和罗德的著作（尤其是罗德的两部著作：Albert Bates Lord, *The Singer of Tales*, Cambridge, MA: Harvard University Press, 1960 和 Albert Bates Lord, *Epic Singers and Oral Tradition*, Ithaca: Cornell University Press, 1991）对纳吉的影响，可参 Gregory Nagy, *The Best of the Achaeans*: *Concepts of the Hero in Archaic Greek Poetry*, pp. 1 - 3 以及 Gregory Nagy, *Homeric Questions*, pp. 10 - 11。

⑥ "希腊民族向来有个不良嗜好，喜欢把一切杰出成就追溯到最远古时期，几乎把后期文化的所有有益成分都归功于英雄的创造。"（F. A. Wolf, *Prolegomena to Homer*［1795］, p. 78）

能取得的成就,归功于一位早期创下非凡业绩的文化英雄,视这些成就为他个人的阶段性成果",所以,希腊人会"溯回投射",把荷马"看作叙事诗的原创天才"。①纳吉模仿沃尔夫(F. A. Wolf, *Prologomena to Homer*, p. 209)的语言,总结了自己研究荷马的方法:

> 我们目前看到的这个传统的文本,形式和内容如此变化多样,根本不可能全都解释为某个人的伟大成就,不可能说成"一个名叫荷马或无论其他什么名字的人,在他极富创造力的大脑里产生了一次'大爆炸'"。②

[9]于是,人们的研究对象从思想丰富深邃的哲学诗人荷马转向生产诗歌的无名无姓的原始传统。

"整一派"(Unitarians)为了反对分解派/口述派,挺身捍卫荷马作为个人艺术家的卓越地位。③ 例如,格里芬(Jasper Griffin)认为:"《伊利亚特》不可能因为叙事诗传统的存在而自发产生","一定有一位才华横溢的歌者创造了《伊利亚特》,古代的后人因为对他一无所知而称其为荷马"。④整一派为深入研究荷马诗歌做出了极其珍贵有益的贡献。但是,即使是整一派,也倾向于认为荷马不是一位伟大的思想家,

---

① Gregory Nagy, *Homeric Questions*, p. 21,福勒表示,纳吉"代表激进口述派的立场"(Robert Fowler, "The Homeric Question", p. 230)。另参格拉齐奥西(Graziosi),她对此持保留意见(Barbara Graziosi, *Inventing Homer: The Early Reception of Epic*, pp. 16 - 17)。

② Gregory Nagy, *Homer the Preclassic*, Berkeley: University of California Press, 2010, 312 - 313;另参 Gregory Nagy, *Homeric Questions*, pp. 92 - 93。

③ 参 C. M. Bowra, *Tradition and Design in* The Iliad, 1977,首版于 1930 年; Cedric H. Whitman, *Homer and the Homeric Tradition*, 1958; Jasper Griffin, *Homer on Life and Death*, Oxford: Clarendon Press, 1980; Jasper Griffin, *Homer: Iliad IX*; Jasper Griffin, "The speeches"。纳吉称格里芬为"新整一派(neo - unitarian)"(Gregory Nagy, *Homeric Questions*, p. 134)。

④ Jasper Griffin, *Homer: Iliad IX*, p. 7.

认为他没有从根本上塑造和启蒙古希腊,认为荷马只是用富有想象力和创造力的方式表达和传播了所在时代的文化信仰。例如,虽然惠特曼(Cedric Whitman)把《伊利亚特》和《奥德赛》看作"诗歌世界里的奇迹",他却评论荷马的智慧属于"早于哲学的远古思想,主要是综合性而非分析性的思想,神话、象征和范式是其主要内容"。①斯科德尔(Ruth Scodel)清晰诠释了荷马叙事诗里打动人心的人物和"卓越不凡的思想",但她却终究认为荷马是一位"传统的继承者",只不过是一位"出类拔萃"的传统继承者,她并不认为荷马是奠定文明基石的思想家和诗人。②西格尔(Charles Segal)指出:

> 不管《伊利亚特》在创作时是不是有书写的参与,《伊利亚特》绝不像维柯、沃尔夫、拉斯金(Ruskin)和默里(Gilbert Murray)这些十八、十九世纪的评论家们所说的那样是民族、大自然或纯粹勇士精神发出的远古天真的声音。③

然而,西格尔一面称颂荷马的"叙事自觉(narrative self-consciousness)"和"叙事掌控(narrative control)",一面总结说,荷马远非希腊人的启蒙老师,"荷马式诗歌……是一种古老智慧的声音和载体","最重要的是……一种娱乐的工具……传统的承继"。④

---

① Cedric H. Whitman, *Homer and the Homeric Tradition*, pp. 13-14.

② Ruth Scodel, "The Story-Teller and His Audience", in *The Cambridge Companion to Homer*, pp. 45-46.

③ Charles Segal, "Bard and Audience in Homer", in *Homer's Ancient Readers: The Hermeneutics of Greek Epic's Earliest Exegetes*, eds. Robert Lamberton and John J. Keaney(Princeton: Princeton University Press, 1992), p. 14.

④ Charles Segal, "Bard and Audience in Homer", in *Homer's Ancient Readers: The Hermeneutics of Greek Epic's Earliest Exegetes*, pp. 27-28;另参页 23。但格里芬确实宣称《伊利亚特》至少代表"一种清晰透彻、独一无二的世界观、英雄观和生死观"(Jasper Griffin, *Homer on Life and Death*, xvi——强调为本书作者所标)。

传统观点认为荷马是一位哲学诗人,要找到其反对论的源头,也就是找到为什么荷马作为思想家的名声一落千丈的原因,[10]我们必须越过沃尔夫这位语文学家,向上追溯到政治哲学家维柯(1668—1744),他是《新科学》(*The Principles of a New Science of the Common Nature of Nations*)一书的作者,是"历史决定论的真正鼻祖"——据伯林(Isaiah Berlin)所述,科林伍德(R. G. Collingwood)和施特劳斯(Leo Strauss)可能也持相同观点。① 沃尔夫这位思想家还被认为是现代荷马研究的创始人。② 格罗特(George Grote)认为维柯是"卓越的创新思想家",是"影响深远的""沃尔夫荷马诗歌研究的先驱"。③伯林指出:

---

① 参 Isaiah Berlin, *The Power of Ideas*, ed. Henry Hardy, Princeton: Princeton University Press, 2002, p. 66; R. G. Collingwood, *The Idea of History*, Oxford: Oxford University Press, 1956, pp. 63 - 71; Leo Strauss, *Natural Right and History*, Chicago: University of Chicago Press, 1971, vii。另参伯林对维柯思想的评论,"此为整个历史决定论教条的萌芽"(Isaiah Berlin, *Three Critics of the Enlightenment: Vico, Hamann, Herder*, ed. Henry Hardy, Princeton: Princeton University Press, 2000, p. 58)。另参 Isaiah Berlin, *The Power of Ideas*, pp. 7 - 8, 53 - 67; Wayne Ambler, "On Strauss on Vico: A Report on Leo Strauss's Course on Giambattista Vico", *Interpretation* 36(2009): 167 - 168, 170 - 172。

② 关于维柯在理论上的广泛影响,尤参 Benedetto Croce, *The Philosophy of Giambattista Vico*, trans. R. G. Collingwood, New York: Russell and Russell, 1964, pp. 236 - 244, 268 - 278; Max Harold Fisch and Thomas Goddard Bergin, "Introduction", in *The Autobiography of Giambattista Vico*, trans. Max Harold Fisch and Thomas Goddard Bergin(Ithaca, NY: Great Seal Books, 1963), pp. 61 - 107; Isaiah Berlin, *Three Critics of the Enlightenment: Vico, Hamann, Herder*, pp. 8 - 12, 112 - 121; Mark Lilla, *G. B. Vico: The Making of an Anti - Modern*, Cambridge: Harvard University Press, 1993, pp. 1 - 6; Anthony Grafton, "Introduction", in *The New Science by Giambattista Vico*, trans. David Marsh(London: Penguin Books, 1999), xii - xiii。

③ George Grote, *History of Greece*, vol. 1, 2nd ed., New York: Harper and Brothers, 1861, pp. 351 - 353; 另参 Jules Michelet, *Oeuvres complètes*, vol. 2, ed. Paul Viallaneis, Paris: Flammarion, 1971, pp. 340 - 341。

距沃尔夫及其学派诞生的四分之三个世纪前,维柯已经指出荷马并非创作《伊利亚特》和《奥德赛》的某个诗人,认为荷马是希腊民族整体智慧的结晶,是希腊人对几个世纪以来的集体经验的认识和表达。①

根据克罗斯(Benedetto Croce)、科林伍德、费希(Max Fisch)和伯金(Thomas Bergin)的观点,②维柯对沃尔夫产生了直接和间接影响,并通过他影响了后来的荷马研究界。沃尔夫从没在《荷马史诗导论》里直接提到维柯,但他在之后发表了一篇题为《维柯之荷马说》("G. B. Vico on Homer")的文章,"很不情愿地承认了维柯的前辈地位"。③就连纳吉本人也表示:

如果我们从目的论的角度出发,把《伊利亚特》和《奥德赛》看作长期传统累积到顶峰的产物,那么维柯对荷马的直觉认识,比起奥比纳克神父(l'Abbé d'Aubignac)这样的早期分解派来说,甚至

---

① Isaiah Berlin, *Three Critics of the Enlightenment: Vico, Hamann, Herder*, ed. Henry Hardy, Princeton: Princeton University Press, 2000, p. 76;另参朱莉安(Jullien)的精彩论文,她对博尔赫斯(Jorge Luis Borges)两部有关荷马的作品进行了评论。这两部作品分别是《创造者》("El hacedor", in *El hacedor*, Buenos Aires: Emece Editores, 1971, pp. 9 – 11)和《永生》("El inmortal", in *El Aleph*, Madrid: Alianza Editorial, 1974, pp. 7 – 28)。朱莉安在对后一部作品的评论里提到了维柯(pp. 24 – 26),她表示,"维柯被作为一个人物写进故事里,他早在沃尔夫之前就指出《伊利亚特》是碎片组合……维柯的理论……将荷马去个体化,把荷马变成了希腊人的'象征人物'"[Dominique Jullien,"Biography of an Immortal", *Comparative Literature* 47(1995):143]。

② Benedetto Croce, *The Philosophy of Giambattista Vico*, trans. R. G. Collingwood, New York: Russell and Russell, 1964, p. 270; R. G. Collingwood, *The Idea of History*, Oxford: Oxford University Press, 1956, pp. 259 – 260; Max Harold Fisch and Thomas Goddard Bergin, "Introduction", in *The Autobiography of Giambattista Vico*, trans. Max Harold Fisch and Thomas Goddard Bergin, Ithaca, NY: Great Seal Books, 1963, p. 69.

③ Max Harold Fisch and Thomas Goddard Bergin, "Introduction", in *The Autobiography of Giambattista Vico*, p. 69.

比起沃尔夫来说,都更加富有成果。①

正如波特所言,"维柯第一个提出这个观点……认为荷马不是一个人,而是一种思想……希腊人创造的思想(希腊人相信的思想)"。② [11]因此,是维柯提出了这个长期以来统治荷马学术界的主张,即荷马要么是一位原始时期的诗人,要么只是一个用来代表原始吟游诗人传统的虚构名称。

有人可能会继续向上追溯到更早的时期,把荷马作为思想家这一名声的陨落归咎于培根(Francis Bacon)。维柯本人在《自传》(*Autobiography*)里特别赞美了哲学家培根:

> 以一人而兼备无人可比得上的普通智慧和玄奥智慧,在理论和实践两方面都是一个全人,一位少有的哲学家和一位伟大的英国国务大臣。③

---

① Gregory Nagy, *Comparative Studies in Greek and Indic Meter*, Cambridge, MA: Harvard University Press, 1974, p. 11;另参 Anthony Grafton, "Introduction", in *The New Science* by Giambattista Vico, xii.

② 伯特十分诙谐地描述了维柯极具影响力的理论,他表示,"维柯使用的拒认逻辑(logic of disavowal)成为后来几个世纪人们认识荷马的范式。他的拒认逻辑是这样的:'荷马永远都是最伟大的诗人,但是他从来不曾存在过(二者的证据皆可在其诗歌中找到)'"(James Porter, "Homer: The History of an Idea", pp. 329 – 330)。

③ Giambattista Vico, *The Autobiography of Giambattista Vico*, trans. Max Harold Fisch and Thomas Goddard Bergin, Ithaca: Great Seal Books, 1963, p. 139, 另参页 146、155;关于培根对维柯的影响,参 Max Harold Fisch and Thomas Goddard Bergin, "Introduction", in *The Autobiography of Giambattista Vico*, pp. 20 – 26, 42 – 43, 59 – 60, 80 – 81; Donald Phillip Verene, *Vico's Science of the Imagination*, Ithaca: Cornell University Press, 1981, pp. 128 – 134; R. G. Collingwood, *The Idea of History*, 1956, pp. 63 – 64; Isaiah Berlin, *Three Critics of the Enlightenment: Vico, Hamann, Herder*, pp. 26, 144 – 145; Wayne Ambler, "On Strauss on Vico: A Report on Leo Strauss's Course on Giambattista Vico", pp. 173, 177; Anthony Grafton, "Introduction", in *The New Science*, xxii - xxvii。关于维柯对培根的评论,参 Mark Lilla, *G. B. Vico: The Making of an Anti – Modern*, pp. 14, 47 – 52, 108, 125 – 126。

据帕桑奈特（Gerrard Passannante）所述，培根"在悠久的荷马研究史上，一直出人意料地扮演着一个十分关键却鲜被提及的角色——就连维柯、沃尔夫和帕里等人批判荷马的巨著里都没提到他"。①培根首先明确否定荷马的"寓言"隐含任何玄奥智慧或"真谛"。②更重要的是，培根还通过《学术的进展》（Advancement of Learning，1605）一书发起了一场广泛的知识革命，试图用对理性的偏爱取代对古典学问的非理性的偏爱：

> 古代的遗物值得受到尊重，人们确实应该站在古道上，去寻找最合适的道路；不过如果确已发现了正确的道路，那就应该勇往直前。实在说来，古代只是人类的幼年，它指的是那些社会很古老的时代，而不是说从今天倒数过去的那些时代。③

在培根看来，古典作家生活在古代，所以思想原始。步培根之后，[12] 法国作家奥比纳克（d'Aubignac）专门针对荷马是否确有其人的问题提出了质疑（1670），④佩罗（Charles Perrault）在丰特奈尔

---

① Gerard Passannante, "Homer Atomized: Francis Bacon and the Matter of Tradition", *ELH: English Literary History* 76, 2009, pp. 1015 – 1016；参全文 pp. 1015 – 1047。该文精彩论述了培根如何试图"粉碎"荷马的文本及荷马的权威。

② Francis Bacon, *The Advancement of Learning and New Atlantis*, London: Oxford University Press, 1974, p. 99.

③ Francis Bacon, *The Advancement of Learning and New Atlantis*, p. 38. [译按]参弗朗西斯·培根，《学术的进展》，刘运同译，上海：上海人民出版社，2007，页27。

④ James Porter, "Homer: The History of an Idea", p. 329; Adam Parry, "Introduction", in *The Making of Homeric Verse: The Collected Papers of Milman Parry*, ed. Adam Parry (Oxford: Oxford University Press, 1971), xii. 参全书 François – Hédelin d'Aubignac, *Conjectures académiques, ou Dissertation sur l'Iliade*, Paris, 1925.

(Bernard Le Bovier de Fontenelle)的支持下,通过《古代人与现代人的比较》(Parallel of the Ancients and Moderns in all that Regards Arts and Sciences,1687)一书,开启了影响深远的"古今之争",对"古代作家之卓越性"展开广泛抨击,并坚持认为"荷马描述的世界是原始的,不是高尚的"。①

大约在维柯撰书评论荷马的同时,被沃尔夫赞誉为"伟人"②却被斯威夫特痛斥为"最畸形的现代人"③的本特利(Richard Bentley)驳斥了荷马"创作诗歌是为了达到永恒,为了娱乐和教化人们"的观点。④本特利在《关于最近的自由思想之争的几点思考》(Remarks upon a Late Discourse of Free – thinking: in a Letter to F. H. D. D. by Phileleutherus Lipsiensis)一书中表示:

---

① 参 Thomas Babington Macaulay, *Critical and Historical Essays*, vol. 2, ed. F. C. Montague, New York: G. P. Putnams's Sons, 1903, p. 319; Anthony Grafton, "Introduction", in *The New Science*, xxiv。据巴奇伦(Barchilon)和弗林德斯(Flinders)所述,佩罗"最喜欢从荷马的作品里找出跟十七世纪的道德礼仪不符的语句,用来证明荷马缺乏文化教养"(Jacques Barchilon and Peter Flinders, *Charles Perrault*, Boston: Twayne Publishers, 1981, pp. 49 – 50)。据斯威夫特(Jonathan Swift)在著作《书的战争》(*A Full and True Account of the Battle Fought Last Friday Between the Antient and the Modern Books in St. James's Library*)里所述,荷马"一马当先,领着骑兵往前冲,他胯下战马的性子十分暴烈……以雷霆之力把佩罗从马鞍上拽下来,用力掷向丰特奈儿,两人同时脑浆迸裂"(in *A Tale of a Tub and Other Satires*, ed. Kathleen Williams, London: J. M. Dent and Sons, 1975, pp. 156 – 157)。[译按]参乔纳森·斯威夫特,《书的战争桶的故事》,管欣译,北京:商务印书馆,2016,页22、23。

② F. A. Wolf, *Prologomena to Homer* (1975), p. 118; 另参 Kristine Louise Haugen, *Richard Bentley: Poetry and Enlightenment*, Cambridge, MA: Harvard University Press, 2011, pp. 232 – 233。

③ Jonathan Swift, *A Full and True Account of the Battle Fought Last Friday Between the Antient and the Modern Books in St. James's Library*, pp. 159 – 160.

④ Richard Bentley, *Remarks upon a Late Discourse of Free – Thinking: in a Letter to F. H. D. D. by Phileleutherus Lipsiensis*, printed for John Morphew, London, 1713, p. 18.

相信我的话,可怜的荷马在古时那样的条件下,从没有过如此宏伟的想法。他创作的一系列歌曲和吟诵诗,是他在节日和其他欢快的日子里吟唱用的,目的是获得一点收入,还有听众的喝彩。《伊利亚特》是写给男人的,《奥德赛》是写给女人的。这些诗歌散落各处,直到五百年后皮西斯特拉图斯(Pisistratus)生活的年代,才汇编成叙事诗。①

但是,当格拉夫顿(Anthony Grafton)谈到佩罗,尤其是谈到本特利时,他表示:"跟这些人的评论相比,维柯对荷马的研究更为持久,影响也更为彻底。"②

维柯通过《新科学》(第一版,1725;第二版 1730;最终版 1744)一书,[13]第一次充分且自觉地阐明和论述了后来成为荷马研究界主导理论的观点。③这些观点包括:荷马的诗作"达不到智者的水平",④"荷马对哲学一无所知","只是一个普通人"(页363),"创作《奥德赛》的荷马和创作《伊利亚特》的荷马并非同一人"(页359,另参页383),荷马确实"从来不是单个人的专名",而是"歌吟历史的希腊人的象征或崇高意象"(页381),"荷马叙事诗由多个时代的多个作家创作修订而成"(页363);"皮西斯特拉图斯及其身为雅典独裁者的儿子们"亲自或者派人把荷马的著作分编整理成《伊利亚特》和《奥德赛》两部叙事诗,"在此之前,荷马的诗作显然只是一堆混乱无章的材料"(页375);因此,"他的两部叙事诗此后应作为古希腊习俗两大宝库而受到高度珍

---

① 关于本特利在古典研究领域的影响,参全书 Kristine Louise Haugen, *Richard Bentley: Poetry and Enlightenment*, Cambridge, MA: Harvard University Press,2011,尤参页 230 – 245。

② Anthony Grafton, "Introduction", in *The New Science*, xxiv。另参帕里的评论,他认为维柯的荷马诠释比起奥比纳克,"有更深刻的历史意义"(Milman Parry, *The Making of Homeric Verse: The Collected Papers of Milman Parry*, xiii)。

③ 参 James Porter, "Homer: The History of an Idea", pp. 329 – 330,336。

④ Giambattista Vico, *The New Science*, p. 356.

视",而并非因为其中饱含人类智慧。那时的"野蛮的希腊人"具有"粗鲁野蛮、飘忽无常、无理固执、轻浮愚蠢的习性"(页387、355、358)。

维柯的荷马评论究竟有多大的可信度？维柯承认,从柏拉图时代到他所生活的时代,所有哲学家都认为荷马是一位哲学思想家——实际是古典希腊文明的哲学奠基人。①但维柯仍要"发现真正的荷马",他想要确切地证明荷马不是一位哲学家。②维柯通过一般论述和文本分析两种方法回答了自己提出的"荷马究竟是不是哲学家"的问题。③维柯的荷马评论主要包括两个论证荷马不是哲学思想家的观点。

维柯首先表示,既然"荷马要遵从他那个时代的野蛮的希腊人的十分村俗的情感和习俗",既然根据《伊利亚特》和《奥德赛》所示,荷马时代的人们习性"粗鲁野蛮、飘忽无常、无理固执、轻浮愚蠢",并且"那种人心智薄弱像儿童,想象强烈像妇女,热情奔放像狂暴的年轻人,因此,我们否认荷马有任何[哲学家才有的]玄奥智慧"。④

[14]值得注意的是,维柯上述观点的基础是他对荷马诗作的文本解读。维柯通过文本解读得出结论,认为荷马时代的习俗是野蛮原始的。同时,维柯也确实承认另一种可能性,那就是,虽然荷马所处的时代野蛮原始,但他本人却有可能在思想道德上超前于时代。维柯宣称"诗人是村俗人的教师,诗的目的在于驯化村俗人的凶恶性(la ferocia del volgo)"。⑤ 但维柯接着表示,荷马引起村俗人去羡慕这种凶恶的情感和习俗,特别是引起凶恶的村俗人去对他笔下的"伟大人物"的丑恶行为感到乐趣,那么,作为一名诗人却采取如此行为,荷马"不配为一

---

① Giambattista Vico, *The New Science*, pp. 355, 386.
② Giambattista Vico, *The New Science*, pp. 366 - 387.
③ Giambattista Vico, *The New Science*, p. 355.
④ Giambattista Vico, *The New Science*, pp. 355, 358, 300 - 301;另参页372。
⑤ [译按]根据行文需要对朱光潜译本略有改动。

位哲学家(Non era d'uom saggio)"。①这一结论显然也是维柯通过解读文本得来的。

维柯的第二个观点是,既然"任何人都不可能既是高明的诗人,同时又是高明的玄学家,因为玄学要把心智从各种感官方面抽开,而诗的功能却把整个心灵沉浸到感官里去",因此,荷马作为"一位高明无比的诗人,……绝不是一个哲学家(non fu punto filosofo)"。② 然而,维柯并没援引确凿的证据或接着论述一个人——例如,柏拉图、但丁③和马基雅维利——为何不可能兼具诗性想象和哲学头脑。④由此可见,维柯关于荷马不是哲学思想家的观点显然源自他对荷马诗歌文本的解读。

维柯对荷马诗歌文本的解读主要集中在阿基琉斯身上。"阿基琉斯是被荷马看作卓越品质的典范来向希腊人歌颂的英雄。"⑤维柯表示,"关于希腊英雄中最伟大的阿基琉斯,荷马告诉我们的却是和哲学家的观念恰恰相反(tutto contrarie)的三种品质"。⑥ 首先,阿基琉斯违背了哲学家关于正义的理性观念,他"野蛮地(feroce)"否认自己跟特

---

① Giambattista Vico, *The New Science*, pp. 356 – 357; Giambattista Vico, *La scienza nuova*, p. 545.

② Giambattista Vico, *The New Science*, pp. 369, 386; Giambattista Vico, *La scienza nuova*, p. 583.

③ Wayne Ambler, "On Strauss on Vico: A Report on Leo Strauss's Course on Giambattista Vico", p. 184.

④ 维柯在《新科学》里一直只把柏拉图看作哲学家(Giambattista Vico, *The New Science*, pp. 56, 78, 100, 124, 204, 213 – 214, 218, 355, 456 – 457, 490);他把但丁只看作诗人——"托斯卡纳的荷马"(p. 359)拥有"野蛮时代的本性……缺乏反思的能力"(p. 367)——完全不提但丁《论世界帝国》(*De Monarchia*)这样的政治哲学作品(pp. 197, 244, 359, 367 – 368, 405);他只把马基雅维利看作政治哲学家,绝口不提他的戏剧《曼陀罗》(*Mandragola*)(pp. 439, 490)。

⑤ Giambattista Vico, *The New Science*, p. 19;另参页 318。

⑥ Giambattista Vico, *The New Science*, p. 300; Giambattista Vico, *La scienza nuova*, p. 476.

洛亚的赫克托尔拥有人类共同命运。①［15］其次，阿基琉斯违背了哲学家关于荣誉的观念，他撤出联军，"蔑视一个人对祖国应有的忠诚，为报私仇而宁可使全民族覆灭"，"而且看到赫克托尔屠杀希腊人，他还恬不知耻，和密友帕特洛克罗斯在一起庆幸"，"后来他终于出兵援助，也只是由于他的爱友帕特洛克罗斯在战场上被赫克托尔打死这种私愤"。②阿基琉斯还违背了哲学家关于"灵魂不朽的愿望"的观念。他下到冥界后，跟奥德修斯表示，他宁愿在"人间当最卑贱的奴隶"，也不愿做冥界之王。③维柯还愤怒地谴责《伊利亚特》结尾时，阿基琉斯

> 丝毫不顾普里阿摩斯深夜只身穿过军营来赎回他儿子的尸首，这是对他完全信任，他竟不体贴这位老国王所曾遭到的许多沉重灾祸，不顾他对老年人应有的尊敬，对人类共同命运应有的同情和怜悯，禁不住野兽般的狂怒（montato in una collera bestiale），咆哮如雷地大喊要砍掉那老人的头！④

维柯认为，荷马歌颂这些神和英雄的"丑恶行为（villanie）"，而"一个研究智慧的人会养成始终一致的恒心，不可能把神和英雄描绘成那样飘忽不定"。⑤维柯认为荷马及其诗作歌颂丑恶野蛮的英雄和天神，并进而在这个基础上得出结论，认为这两部诗作一定是许多野蛮时代粗鄙原始的歌咏诗人组编而成。⑥

---

① Giambattista Vico, *The New Science*, p. 300; Giambattista Vico, *La scienza nuova*, p. 476.
② Giambattista Vico, *The New Science*, p. 300 - 301, 358; 另参页 356 - 357。
③ Giambattista Vico, *The New Science*, p. 300 - 301.
④ Giambattista Vico, *The New Science*, p. 358; Giambattista Vico, *La scienza nuova*, p. 547.
⑤ Giambattista Vico, *The New Science*, p. 356 - 357; Giambattista Vico, *La scienza nuova*, pp. 545 - 546. ［译按］根据行文需要对朱光潜译文略有改动。
⑥ 参 Giambattista Vico, *The New Science*, pp. 355 - 359, 363, 375, 381, 387。

然而，维柯对荷马诗作的解读并不像人们以为的那样有具体的文本支持。首先，维柯声称，荷马歌颂阿基琉斯对特洛亚人和阿开奥斯人采取的残酷行为。①但荷马在《伊利亚特》开篇处便明确批评阿基琉斯，告诉人们阿基琉斯"致命的"愤怒使"无数"阿开奥斯同胞死去(1.1-7)，后来荷马又以自己的名义表示，因为阿基琉斯的愤怒，他的母亲祈求阿伽门农和阿开奥斯人遭受"不可估量的($εξαίσιον$)"苦难(15.598-599；参1.407-412,16.233-238)。②另外，阿基琉斯因为自己的愤怒和缺少怜悯在诗歌中遭到了猛烈批评，[16]批评者不仅包括维柯提到③的阿伽门农(例如1.174-177)，还包括维柯没提到的天神阿波罗——阿波罗说"阿基琉斯的同情心已经泯灭"——以及被阿基琉斯称为"最亲爱的阿开奥斯人"和"至爱的人们"——奥德修斯、福尼克斯和埃阿斯，甚至还有阿基琉斯的同乡涅斯托尔和他最为挚爱和敬重的伙伴帕特洛克罗斯。④不仅如此，荷马还有意引发读者对那些阿基琉斯手下的受害者的同情。例如，荷马详细生动地描写了普里阿摩斯、赫卡柏和安德罗马克等人遭受的撕心例肺的伤痛和感人至深的哀悼，给人留下无法抹去的印象。⑤

另外，维柯声称阿基琉斯在《伊利亚特》结尾时狠心对待普里阿摩斯。⑥荷马却向人们展示了阿基琉斯如何向普里阿摩斯表达怜悯和敬佩，如何赋予怜悯以实质内容，自愿许诺普里阿摩斯和特洛亚人十二天

---

① Giambattista Vico, *The New Science*, pp. 19,350-351,356-358.
② 此处的英文为作者本人所译，作者尤其得益于拉蒂摩尔(Richmond Lattimore)对《伊利亚特》(1992)和《奥德赛》(1999)的精彩译文。作者使用的一直是牛津大学出版的艾伦(Thomas W. Allen)的译本。
③ Giambattista Vico, *The New Science*, p. 356.
④ 24.39-54,9.918,9.204,9.300-302,9.434-438,9.483-523,9.624-642,11.655-667,11.761-763,18.79-82,11.647-653,16.29-35.
⑤ 22.25-92,22.405-515,24.159-168,24.477-804.
⑥ Giambattista Vico, *The New Science*, p. 358.

休战期,以便对方可以不受干扰地安葬赫克托尔。而且阿基琉斯的休战决定既非来自天神的要求,也非来自普里阿摩斯的恳请(24.512 – 551,24.596 – 670)。荷马从没像维柯所说的那样让阿基琉斯对普里阿摩斯发起"野兽般的狂怒",也没安排他扬言砍下普里阿摩斯的头颅。①

由此可见,荷马不仅没有赞扬阿基琉斯的愤怒和残酷,他反而因此批评阿基琉斯,并且称赞阿基琉斯最终在某种程度上超越了愤怒和残酷。当然,阿基琉斯确实如维柯所述引发了关于荣誉的价值、忠诚和灵魂不朽愿望的深刻问题,②可是维柯并没明确解释为什么这样的问题是远离哲学的,而不是哲学的。

另外,还有一些其他原因让人质疑维柯对荷马诗作的解读。维柯声称荷马只把阿基琉斯尊为最伟大的英雄。③实际上,荷马把两部叙事诗中的一部——《奥德赛》——拿来描写另一类奥德修斯式的英雄主义。维柯却对此选择避而不谈。④ [17]维柯声称,如果荷马是某个具体的人,他不可能既创作了《伊利亚特》,又创作了《奥德赛》,因为《伊利亚特》描述的是"骄横、愤怒和复仇的渴望",赞颂的是阿基琉斯这样的"暴力英雄",而《奥德赛》描述的则是奥德修斯这样"深谋远虑的英雄"。⑤然而,正是在《伊利亚特》结局时,阿基琉斯向自己杀掉的战士的父亲表达了怜悯,而不是暴力;而在《奥德赛》的结尾,奥德修斯却向自己手刃的求婚人的家人发泄狂暴的愤怒(《伊利亚特》24.476 – 804;

---

① Giambattista Vico, *The New Science*, p. 358. 阿基琉斯的确警告普里阿摩斯不要惹怒自己,但是阿基琉斯这样做恰恰是因为他想要克制自己的愤怒,希望自己像他接下来做的那样向普里阿摩斯表达同情(24.559 – 672)。

② Giambattista Vico, *The New Science*, pp. 300 – 301;参《伊利亚特》9.314 – 327,9.400 – 416;《奥德赛》11.473 – 491。

③ Giambattista Vico, *The New Science*, p. 19.

④ John Alvis, *Divine Purpose and Heroic Response in Homer and Virgil*: *The Political Plan of Zeus*, Lanham, MD: Rowman and Littlefield, 1995, x.

⑤ Giambattista Vico, *The New Science*, p. 383.

《奥德赛》24.494-544)。①维柯声称,"荷马自己曾称在贵人筵席上歌唱的两位诗人为盲人,包括在阿尔基诺奥斯为奥德修斯举行的筵席上歌唱的得摩多科斯以及在求婚者筵席上歌唱的费弥奥斯"。②荷马事实上从没交待费弥奥斯是盲人。③维柯在谴责荷马笔下的阿基琉斯生性易怒时,愤怒地表示:

> 他对被夺去的女俘到死也不解恨,直到他把本是特洛亚王室里一位姑娘而战后也成了女俘的美丽而不幸的波立克辛娜(Polyxena)就在她父亲的墓上杀掉,喝干了她的最后一滴血才甘心。④

可是,荷马的两部叙事诗里根本没提到波立克辛娜这个人。维柯对诗人荷马的批评怪异且极其尖刻。他评论说,"荷马的全部比喻都是从野兽和野蛮事物中取来的……这当然不是受过哲学熏陶和开化过的心灵所应有的特征";⑤"荷马在描绘那么多的各种不同的血腥战争,那么多的五花八门的过分残酷的屠杀——《伊利亚特》全部崇高风格都来源于此,这种酷毒野蛮的描绘风格就不可能来自受过任何哲学感染和人道化的心灵";⑥"荷马所写的英雄们在心情轻浮上像儿童,在想象力强烈上像妇女,在烈火般的愤怒上像莽撞的青年";⑦"荷马有些欠

---

① 另参沙因的评论:"《奥德赛》跟《伊利亚特》在艺术、思想和精神层面的差别就像《暴风雨》和《李尔王》之间的差别。"(Seth L. Schein, *The Mortal Hero:An Introduction to Homer's Iliad*, p. 37; Seth L. Schein, "Introduction", in *Reading the Odyssey*, ed. Seth L. Schein, [Princeton:Princeton Unversity Press, 1996], pp. 6-7.)

② Giambattista Vico, *The New Science*, p. 380.[译按]对朱光潜译本中的人物译名做了改动。

③ 参《奥德赛》1.153-155, 1.325-327, 22.330-356, 24.439。

④ Giambattista Vico, *The New Science*, p. 358.

⑤ Giambattista Vico, *The New Science*, p. 357;另参页363、371、384-385。

⑥ Giambattista Vico, *The New Science*, pp. 357, 385.

⑦ Giambattista Vico, *The New Science*, p. 371,另参页358。

妥帖和不文雅的表达方式是由于希腊语文正在形成时期极端贫乏,用它来表达须费大力,就不免显得笨拙"①。[18]如此评论不禁令我们怀疑维柯对荷马的解读究竟有多大的可信度。②

维柯基于对荷马的文本解读,否定荷马是哲学思想家的这一传统观,而维柯的解读本身却令人质疑。纳吉把维柯的荷马研究归为依靠"直觉"而非认真严肃的文本分析。③阿尔维斯(John Alvis)这样描述维柯对《伊利亚特》的解读:"在对待细节方面草率得简直无可挑剔。"④据格拉夫顿所述,维柯实际上"借由拉丁译本间接研究荷马",并且他"也只是通过其他学者汇编的资料间接获取对希腊世界的了解"。⑤维柯本人也在《自传》里写道,他曾一度"决定放弃希腊"研究,后来又承认自己的荷马评论存在至少一处错误。⑥克罗斯表示,虽然维柯"在荷马批评领域另辟新径,并因而在古典文学史上间接引发了一场彻底的革命",但维柯本人却"并非[荷马研究的]专家",他对荷马的评述缺乏

---

① Giambattista Vico, *The New Science*, p. 371;另参页 384。

② 格拉夫顿表示,维柯对荷马的解读深受十六世纪学者斯卡利格尔(Julius Caesar Scaliger)的影响,斯卡利格尔"把荷马的文学罪过看得跟维柯一样清楚"(Anthony Grafton,"Introduction", in *The New Science*, xxiv)。据格拉夫顿所述,斯卡利格尔除了"让荷马蒙受文学抢劫之名"之外,还认为"荷马笔下的英雄们过于平庸"[Anthony Grafton,"Renaissance Readers of Homer's Ancient Readers", in *Homer's Ancient Readers: The Hermeneutics of Greek Epic's Earliest Exegetes*, eds. Michael Palmer and Thomas L. Pangle(Lanham, MD: Rowman and Littlefield, 1992), pp. 161, 163]。参维柯对斯卡利格尔的褒扬(Giambattista Vico, *The New Science*, p. 357),以及他对斯卡利格尔的批评(Giambattista Vico, *The New Science*, pp. 149, 188, 363 – 364)。

③ Gregory Nagy, *Comparative Studies in Greek and Indic Meter*, p. 11.

④ John Alvis, *Divine Purpose and Heroic Response in Homer and Virgil: The Political Plan of Zeus*, x.

⑤ Anthony Grafton,"Introduction", in *The New Science* by Giambattista Vico, xii – xxii.

⑥ Giambattista Vico, *The Autobiography of Giambattista Vico*, 134, 196.

"严密的逻辑","夸张且片面"。①综上所述,我们不免质疑这位现代荷马学界的创始人是否真正掌握和理解荷马的文本,他给出的解读是否可靠。

许多学者甚至对维柯的初始意图产生疑问。他们认为,就算维柯承认荷马的存在,那么他把古代备受尊崇的荷马看作原始诗人,意图可能不仅仅限于学术和理论研究层面,他有可能拥有话语和政治方面的目的,也就是以一种十分隐晦谨慎的方式,向备受推崇的古老的《圣经》和天主教会发起挑战,要知道,意大利教廷当时仍然拥有庞大的权力。②尽管维柯在《新科学》里使用的语气恭敬虔诚——伯林还曾因此评论道,[19]"维柯是一名虔诚的罗马天主教徒,他相信教会能给出一切答案"③——但菲内迪(Dominican G. F. Finetti)却在1768年发表的题为《反对维柯,辩护圣经》(Defense of the Authority of Sacred Scripture against Giambattista Vico)的著作中"宣称维柯援引神明和《圣经》不过是为了给他那骇人听闻的人类出身野蛮的学说披上深奥的知识外衣"。④根据费希和伯金所述⑤,菲内迪

  比其他人更加清楚,不管《新科学》的创作意图多么纯粹,这

---

① Benedetto Croce, *The Philosophy of Giambattista Vico*, 190 – 192.
② 据费希和伯金所述:"维柯在自传里根本没提起意大利教廷,但是如果我们不清楚意大利教廷贯穿维柯的一生都活跃在那不勒斯,我们就不可能完全理解维柯的作品。"(Max Harold Fisch and Thomas Goddard Bergin, "Introduction", in *The Autobiography of Giambattista Vico*, p. 34;参页 34 – 36)另参 Wayne Ambler, "On Strauss on Vico: A Report on Leo Strauss's Course on Giambattista Vico", p. 185。
③ Isaiah Berlin, *The Power of Ideas*, p. 8;另参页 60 – 63;Isaiah Berlin, *Three Critics of the Enlightenment: Vico, Hamann, Herder*, pp. 29, 70, 87, 91 – 93, 98 – 102.
④ Mark Lilla, *G. B. Vico: The Making of an Anti – Modern*, p. 244.
⑤ Max Harold Fisch and Thomas Goddard Bergin, "Introduction", in *The Autobiography of Giambattista Vico*, p. 63.

部作品的影响都非同小可。承认野蛮状态是人类的起点,把社会的发展归结为内在辩证法的问题,等同于把整个天主教体系推至岌岌可危的境地。他还认识到维柯关于宗教起源的理论来自卢克莱修,而并非基督教;对荷马的人格及其笔下英雄人物的解构将为摩西、父权和先知的最终瓦解铺平道路。①

维柯的荷马解读显然并不可靠,维柯甚至会利用荷马充当他自己所在时代的宗教权威的替罪羊,那么,他的那些意义重大又影响深远的荷马评论能否真正驳倒前维柯时代奉荷马为希腊人哲学导师的传统共识?答案不得而知。

如果荷马是希腊人的教育者,他教导的目的和内容是什么?比如说,荷马想要帮希腊人培养怎样的优秀品质,是在军事政治方面还是在哲学思考方面?他想要传递怎样的神明观?维柯曾指出,凡是认真研究荷马的人,无论时间地点,都必然面临两大困难:一是荷马令人费解地赋予笔下的众神"变化无常"的性情;二是阿基琉斯显然是荷马笔下最伟大的英雄,但他却被刻画为性情"残酷"之人。② 如果荷马确实拥有关于神明的真知灼见,[20]并意图教导希腊人神明的本质是什么(柏拉图《理想国》598d7 – e5;另参 595b9 – c2;599c6 – d2,378d3 – e1),他为什么要把众神刻画得轻浮可笑?此外,如果荷马确实拥有关

---

① 很多学者"把维柯解读为玄奥的无神论者",更加全面的介绍可参 Mark Lilla,*G. B. Vico*:*The Making of an Anti – Modern*,pp. 243 – 245。另参 R. G. Collinwood,*The Idea of History*,pp. 76 – 79。据安布勒(Ambler)所述,"施特劳斯同样怀疑维柯对荷马的长篇大论实际是对《圣经》的影射批评"(Wayne Ambler,"On Strauss on Vico:A Report on Leo Strauss's Course on Giambattista Vico",p. 178;另参页 174,177 – 180,182 – 183,185)。但是,里拉整部关于维柯的著作大都在论述把维柯看作"口诛笔伐天主教会的伊壁鸠鲁式无神论者"是"难以成立的观点"(Mark Lilla,*G. B. Vico*:*The Making of an Anti – Modern*,p. 243)。

② Giambattista Vico,*The New Science*,pp. 357,300 – 301.

于人类善恶的知识,①他为什么把表面上自私易怒的阿基琉斯,而不是恪尽职守的赫克托尔或审慎明智的奥德修斯,树立为最伟大的英雄?这些问题便是本书旨在探讨的问题。

如今,后现代主义发起了对理性主义的批判,该批判对当下的思想研究产生了重大影响,这些变化使得荷马思想研究变得尤为紧迫。由于现代社会不仅在科技和能力上取得了历史性进步,也在智慧和道德上取得了历史性发展,人们普遍认为,我们现代人已没有什么需要向古希腊人学习的了,因此,在现当代的大部分时间里,人们都对荷马如何教导希腊人的问题兴趣寥寥。例如,席勒和黑格尔在某种程度上继承了卢梭的观点——据前文所述,从根本而言,他们继承的是维柯和培根的观点——把荷马看作伟大却天真的诗人,他们还认为荷马创造的文化代表了人类精神的婴儿期或青春期。②但是,据韦伯(Max Weber)所言,尼采却通过"猛烈抨击那些'发明幸福'的'末人'",③向人类不断前进的自信观

---

① 柏拉图《理想国》598d7 – e5;普鲁塔克《亚历山大》15.4 – 5;Niccolo Machiavelli, *The Prince*, pp. 68 – 70。

② 关于席勒把天真等同于童年的观点,参 Friedrich Schiller, *On the Naive and Sentimental in Literature*, trans. Helen Watanabe – O'Kelly, Manchester, UK: Carcanet New Press, 1981, pp. 21 – 28,关于他认为整个希腊民族以及荷马个人皆天真幼稚的观点,参页 32 – 38,65 – 66。关于黑格尔把希腊人和青春期相联系的观点,参 Georg Wilhelm Friedrich Hegel, *Philosophy of History*, pp. 106 – 107。黑格尔认为希腊人富有魅力,同时却原始天真,另参页 233 – 250。黑格尔还在同一语境下评论说:"诗人是……希腊人的老师——特别是荷马。"(236)另参卢梭对荷马的描述,他"出生的时代,比起后面的时代,仍然保留了一些人类精神的婴儿期特征"(Jean – Jacques Rousseau, *Discourse and Essay on the Origin of Language*, trans. Victor Gourevitch, New York: Harper & Row, 1986, p. 277)。

③ Max Weber, *From Max Weber: Essays in Sociology*, trans. H. H. Gerth and C. Wright Mills, New York: Oxford University Press, 1958, p. 143;另参 Friedrich Nietzsche, "Thus Spoke Zarathustra", in *The Portable Nietzsche*, trans. Walter Kaufmann, New York: Viking Press, pp. 129 – 130。

和这种自信所催生的贬低荷马的观点发起了有力挑战:①

> [21]在认识到这一点以前,在令人信服地阐明任何艺术离不开希腊人,离不开从荷马到苏格拉底的希腊人以前,我们的感受必定和希腊人对苏格拉底的感受一样……因此,人们在希腊人面前总是又愧又惧;除非有人把真理看得高于一切,并有勇气承认这个真理:希腊人是御者,驾驭着我们的文化,驾驭着每一种文化,然而车辆与马匹几乎总是材差质次,配不上御者的荣耀,他们就开起玩笑,驾着车驶向深渊,自己却像阿客琉斯那样,纵身一跳越过深渊。②

鉴于尼采对现代性的批判以及他所提出的强烈质疑在许多方面为后现代世界带来了改变,③我们的确应该思考以下可能性,那就是,我们后现代人类仍然在许多地方可以向古典文明和创建古典文明的哲学家诗人学习。

那么,荷马要教导人们什么? 他想要建立的文明是怎样的? 尼采打着荷马悲剧英雄主义的旗帜,对西方自由民主理性发起了后现代主义攻击。他宣称荷马和悲剧诗人创建了一种高贵的文明——人类迄今

---

① 尼采驳斥卢梭和席勒把荷马看作"大自然孕育的"才华自溢的"天真"诗人的观点。尼采认为,荷马的所谓的天真只是他为"人类可怖的生存状态"有意掩上的艺术面纱,是"苦难智慧"的产物(Friedrich Nietzsche, *The Birth of Tragedy*, pp. 42 - 44)。

② Friedrich Nietzsche, *The Birth of Tragedy*, pp. 93 - 94. 另参卢卡奇的论述,他表示荷马教我们理解了"古希腊世界的秘密:它那令我们无法想象的完美,以及跟我们之间存在的无法逾越的鸿沟"(Georg Lukács, *The Theory of the Novel: A Historico - Philosophical Essay on the Forms of Great Epic Literature*, 1977, pp. 30 - 31)。[译按]引文中译参尼采,《悲剧的诞生》,赵登荣等译,桂林:漓江出版社,2007,页67 - 68。

③ Richard Rorty, *Contingency, Irony and Solidarity*, Cambridge: Cambridge University Press, 1989, pp. 27 - 30, 39 - 43, 61 - 66, 96 - 121; Richard Rorty, *Objectivity, Relativism, and Truth*, Cambridge: Cambridge University Press, 1991, pp. 32 - 33.

为止创造的最崇高的文明——该文明的基础是消极悲观的人生态度、对英雄勇士的歌颂以及对理性主义的排斥。① 在尼采看来,苏格拉底却摧毁了该文明:

> 希腊精神体现为荷马、品达罗斯和埃斯库罗斯,体现为斐狄亚斯、伯里克利、皮提亚和狄俄尼索斯,是值得我们肃然起敬的耸入云端的高山、深不可测的深渊。是谁敢于独树一帜,否定这种精神?②

苏格拉底摧毁了荷马式的悲剧文化,代之以理性、乐观、反悲剧的文化。该文化宣称,理性将引领人类走向幸福,建立在理性基础上的人生是一个人所能过上的最智慧、最幸福、最美好的人生。③正是这种反悲剧的柏拉图主义为后来兴起的消除悲剧、英雄和精神的民主启蒙运动埋下伏笔,并在"人的全部的蜕化堕落"和[22]"人动物化为具有相同的权利和要求的侏儒般的动物"中达到巅峰。④ 由于苏格拉底和柏拉图的影响,荷马教导的"主人道德"让步于基督教的"奴仆道德"——"民众"的"柏拉图主义"——并最终被现代社会的"群体动

---

① Friedrich Nietzsche, *The Birth of Tragedy*, pp. 17 – 18, 87 – 97, 106; Friedrich Nietzsche, *The Will to Power*, pp. 448 – 453; Friedrich Nietzsche, *Genealogy of Morals*, pp. 270 – 274. 另参 Friedrich Nietzsche, *Beyond Good and Evil*, trans. Walter Kaufmann, New York: Vintage Books, pp. 201 – 202, 204 – 206; Friedrich Nietzsche, "Twilight of the Idols", in *The Portable Nietzsche*, trans. Walter Kaufmann (New York: Viking Press, 1954), pp. 562 – 563。

② Nietzsche, *The Birth of Tragedy*, p. 88. 另参 Georg Lukács, *The Theory of the Novel: A Historico - Philosophical Essay on the Forms of Great Epic Literature*, p. 36。[译按]引文中译参赵登荣等译本,页62。

③ Friedrich Nietzsche, *The Birth of Tragedy*, pp. 95; 另参 Friedrich Nietzsche, "Twilight of the Idols", in *The Portable Nietzsche*, pp. 473 – 479。

④ Friedrich Nietzsche, *Beyond Good and Evil*, pp. 2 – 3, 118, 正文强调处为原文所有。[译按]参宋祖良、程志民译文,页218。

物的道德"所取代。①为了防止热爱民主和平、反悲剧、反英雄的"末人"获得最终胜利,尼采呼唤悲剧英雄主义的重新诞生。新兴的悲剧文化须以愤怒痛苦的阿基琉斯——"最伟大的英雄"——这样的英雄典范和荷马本人的典范取代平和理性的苏格拉底的典范。②

> 心灵中一旦拥有荷马式的幸福感,人也会比阳光下任何其他生灵更能感受到痛苦。③

我们看到,尼采通过他的公式"柏拉图对抗荷马,这是完全的真正的对抗",把荷马具象化为与理性主义势不两立的对手。④

尼采的荷马评论极具挑衅性,他毫不含糊地认为荷马是一位思想家。⑤那么,尼采对荷马思想的评论是否可信? 荷马这位希腊的教育家是否真的是作为希腊文明特性的理性精神的敌人? 如果对照荷马的文本分析,尼采的解读显然存在重大问题。比如,尼采不假思索地认定,阿基琉斯是荷马诗作里最伟大的英雄。⑥而荷马实际上用两部叙事诗中的一部来探讨奥德修斯所代表的另一种英雄主义。奥德修斯跟阿基琉斯正好相反,他是理性精神的化身,善于运用计谋击败各种各样的敌人。另外,虽然阿基琉斯因英勇善战闻名,荷马却在《伊利亚特》集中表现了阿基琉斯如何对尼采推崇的激情勇猛、尚武好战的生活心存疑

---

① Friedrich Nietzsche, *Beyond Good and Evil*, pp. 2–3, 115–116, 204–208; Friedrich Nietzsche, *Human, All Too Human*, pp. 46–47.

② Friedrich Nietzsche, *The Birth of Tragedy*, p. 43.

③ Friedrich Nietzsche, *The Gay Science*, p. 302; 另参 Friedrich Nietzsche, *Human, All Too Human*, pp. 108–109。

④ Friedrich Nietzsche, *Genealogy of Morals*, p. 154.

⑤ 有学者认为,尼采对荷马的文本解读表明他"实际并非严格意义上的整一派",参 M. S. Silk and J. P. Stern, *Nietzsche on Tragedy*, New York: Cambridge University Press, 1981, pp. 152, 150–154,另参页 189。

⑥ Friedrich Nietzsche, *The Birth of Tragedy*, p. 43.

虑,如何开始思考以和平、友情和内省为特征的生活是不是更加高尚。① 不仅如此,尼采还想当然地认为,荷马在歌颂他笔下的英雄。② 然而,如我们前文所述,荷马在《伊利亚特》开篇便毫不掩饰他对阿基琉斯的批评,[23]荷马还不断把读者的注意力和同情引到蒙受苦难的阿开奥斯人和特洛亚人身上,而他们都是阿基琉斯的受害者。尼采还认为,在理性的苏格拉底和反理性的荷马之间存在清晰的二元对立。苏格拉底在《理想国》中对荷马笔下的英雄进行了尖锐批评,这似乎为尼采的观点提供了佐证。但尼采却忽略了一点,那就是,苏格拉底本人既批评荷马笔下的英雄,又对荷马本人充满崇拜,此二者泾渭分明,并行不悖。

笔者对荷马的研究表明,荷马在两部叙事诗中系统批判了以阿基琉斯和赫克托尔为代表的悲剧式英雄主义和以奥德修斯为代表的貌似理性的英雄主义。荷马通过《伊利亚特》展现,崇高生活的核心是像阿基琉斯和赫克托尔那样,甘愿为集体无私献身,从而让自己配得上荣誉。与此同时,荷马却又描述了赫克托尔及其家人和人民遭受的苦难,特别是描述了阿基琉斯所经历的悲痛和命运,并由此对上述献身精神提出质疑。荷马在《奥德赛》中转向另一种英雄主义,继续对上述主题的探讨,那是以诡计多端、一心保全自我的奥德修斯为代表的英雄主义,这种英雄主义看上去更加成熟和开明。然而,荷马的描述表明,奥德修斯为保全自我所做的努力,致使他不仅对自己的同伴,也对自己的家人,采取了相当残酷的行为。不仅如此,荷马还表明,奥德修斯看似开明的英雄行为最终却并不怎么理性,实际上还不如阿基琉斯貌似情绪化的英雄行为更加理性。尽管从整体而言,阿基琉斯比奥德修斯更容易被情绪左右,尤其是容易被压倒一切的正义的愤怒所控制,但阿基琉斯最终在《伊利亚特》的最后一卷超越了自己的愤怒。此外,提出有

---

① 参 1.149 – 171,9.308 – 429,18.98 – 110,24.476 – 670,另参 9.185 – 191。

② 例如 Friedrich Nietzsche, *Genealogy of Morals*, pp. 39 – 43。

关正义、幸福和诸神等深刻问题的英雄也是阿基琉斯,而不是奥德修斯。荷马指出,阿基琉斯之所以成为最伟大的阿开奥斯人,是因为他是阿开奥斯人当中最深入反省的那一个,[24]因而也是跟荷马本人最为相像的那一个。①

笔者对荷马的研究表明,尼采提出的所谓次崇高(sub-heroic)的理性主义和崇高的非理性主义之间存在非此即彼关系的观点是错误

---

① 在对荷马的理性主义的评论中,认为奥德修斯居阿基琉斯之上的评论,参 Seth Benardete, *Achilles and Hector: The Homeric Hero*, South Bend, IN: St. Augustine's Press, 2005; Seth Benardete, *The Bow and the Lyre*, Lanham, MD: Rowman and Littlefield, 1997; Jenny Strauss Clay, *The Wrath of Athena: Gods and Men in the Odyssey*。另参 Patrick J. Deneen, *The Odyssey of Political Theory*, Lanham, MD: Rowman and Littlefield, 2000; Catherine Zuckert, "On the Role of Spiritedness in Politics", in *Understanding the Political Spirit*, ed. Catherine Zuckert (New Haven and London: Yale University Press, 1988), pp. 19-20;在关于荷马的理性主义的研究中对奥德修斯持批判立场的论述,参 David Bolotin, "The Concerns of Odysseus: An Introduction to Homer's *Odyssey*", *Interpretation* 17(1989):41-57; Richard S. Ruderman, "Love and Friendship in Homer's *Odyssey*", in *Political Philosophy and the Human Soul: Essays in Memory of Allan Bloom*, ed. Michael Palmer and Thomas L. Pangle (Lanham, MD: Rowman and Littlefield, 1995), pp. 35-54; Richard S. Ruderman, "Odysseus and the Possibility of Enlightenment"。另参 John Alvis, *Divine Purpose and Heroic Response in Homer and Virgil: The Political Plan of Zeus*。在关于荷马的理性主义的研究中强调阿基琉斯善于思考的论述,参 Timothy Burns, "Friendship and Divine Justice in Homer's *Iliad*", in *Poets, Princes, and Private Citizens*, eds. J. Knippenberg and P. Lawler (Lanham, MD: Rowman and Littlefield, 1996), pp. 289-303 以及 David Bolotin, "The Concerns of Odysseus: An Introduction to Homer's *Odyssey*"。另参 Arlene Saxonhouse, "Thymos, Justice, and Moderation of Anger in the Story of Achilles", in *Understanding the Political Spirit*, ed. Catherine Zuckert (New Haven and London: Yale University Press, 1988), pp. 30-47; Mark Lutz, "Wrath and Justice in Homer's Achilles", *Interpretation* 33(2006):111-132。荷马最终教导人们认识"理性的局限"的重要意义,参 Darrell Dobbs, "Reckless Rationalism and Heroic Reverence in Homer's *Odyssey*", *American Political Science Review* 81(1987):493。

的。荷马通过《伊利亚特》卷二十四内省且慈悲的阿基琉斯的典范证明,真正的理性主义既崇高又充满人性。实际上,荷马最终通过自身的范例证明,崇高且充满人性的理性主义完全有可能存在。我们对荷马的叙事诗读得愈多,对他笔下的光辉人物——无论是人还是神——研究思考得愈多,我们对荷马本人的智慧、心灵和人性也会愈加敬佩。

一 荷马的神明观

《伊利亚特》不像神的诸神？

[25]当代读者对荷马笔下描绘的诸神大多感到惊讶和困惑。荷马笔下的诸神不同于我们心目中神祇的样子，跟《圣经》更是大相径庭。这些天神似乎并无庄重和威严，甚至举止轻浮。① 有些学者试图对天神的这种轻浮举止作出解释，他们认为荷马笔下的诸神并非显著的神圣存在，他们不过是大写的人而已。例如，拉蒂摩尔（Richmond Lattimore）认为："荷马的诸神在本质上是永生的男人和女人，拥有凡人无可比拟的强大能力，但他们跟凡人一样，受到一切人类情感和欲望的

---

① 维柯认为荷马笔下的诸神"变化无常（leggieri）"（Giambattista Vico, *The New Science*, p. 357; *La Scienza nuova*, p. 546）。莱因哈特创造了"一种高高在上的不正经（a lofty lack of seriousness）"和"庄严的轻浮（sublime frivolity）[ein erhabener Unernst]"这样的短语来形容《伊利亚特》里的诸神（Karl Reinhardt, *Tradition and Geist: gesammelte Essays zur Dichtung*, Göttingen: Vandonhoeck & Ruprecht, 1960, p. 25）。另参 James Redfield, *Nature and Culture in the Iliad: The Tragedy of Hector*, p. 76。就连格里芬也在着重指出诸神表现得端庄威严的事例之后，承认说："每个荷马的读者都知道，诸神经常以不同的样子出现，他们举止轻浮，性情乖戾，跟凡人毫无两样。"（Jasper Griffin, *Homer on Life and Death*, p. 172）。格里芬承认荷马笔下的诸神"无论是在引起敬畏方面，还是在主持正义方面，似乎都无法满足人类对神祇的全部希冀"（Jasper Griffin, *Homer: Illiad IX*, p. 11）。

影响。"①鲍腊(Cecil Bowra)表达了相似的观点,认为"诸神是令人愉悦欢喜的创造物,因为他们跟人类没什么两样,经常[26]让人觉得荒唐可笑"。② 但是荷马经常让诸神表现得比人类还要荒诞不经。例如,在《伊利亚特》卷十四,诸神中最伟大的宙斯竟然把阿开奥斯人和特洛亚人之间异常激烈和悲惨的殊死战斗忘得一干二净,只因为他忽然之间对自己的妻子——女神赫拉——来了兴致。宙斯不仅性欲失控到荒谬的地步,他的愚笨也达到让人难以置信的程度。凡人帕里斯在被对妻子海伦的情欲所笼罩时,他甜言蜜语地献上殷勤:

> 你过来,我们上去睡觉,享受爱情;欲念从没有这样笼罩着我的心灵,我从可爱的拉克得蒙把你弄到手,同乘渡海的船舶在克拉那埃岛上同你睡眠,在爱情上面结合的时候,也没有这样爱你,甜

---

① Richmond Lattimore, "Introduction", in The Iliad of Homer, trans. Richmond Lattimore, Chicago: University of Chicago Press, 1992, pp. 11 – 55;另参 Moses I. Finley, The World of Odysseus, pp. 135 – 136, 141; Mark W. Edwards, Homer: Poet of the Iliad, p. 138; Donald Lateiner, "The Iliad: An Unpredictable Classic", in The Cambridge Companion to Homer, p. 21。根据卢卡奇所述,荷马把诸神"完全变成了人类"(Georg Lukács, The Theory of the Novel: A Historico – Philosophical Essay on the Forms of Great Epic Literature, p. 102)。

② 参 C. M. Bowra, Tradition and Design in The Iliad, p. 222。鲍腊甚至评论道:"这种神人完全同形同性的体系当然跟真正的宗教无关。"(Tradition and Design in The Iliad, p. 222)雷德菲尔德认为,荷马的《伊利亚特》讲述的"不是人们创造的实际生活里的神祇,而是文学里的神祇"(James M. Redfield, Nature and Culture in the Iliad: The Tragedy of Hector, p. 76)。另见 Gilbert Murray, The Rise of the Greek Epic, 3rd ed. Oxford: Clarendon Press, 1924, p. 265, "诸神被当作装饰品,被屈尊俯就地对待,被习俗化"; G. S. Kirk, The Songs of Homer, Cambridge: Cambridge University Press, 1962, p. 345, "诸神的存在提供了一种不同形式的消遣……这些神圣的故事成功避免了单调乏味的可能"。柯克(Kirk)表示,"有些神圣作为……不过是一种修辞装饰(facons de parler)"(G. S. Kirk, The Nature Of Greek Myths, Harmondsworth, UK: Penguin Books, 1974, p. 292)。另参 Cedric H. Whitman, Homer and the Homeric Tradition, p. 222。

蜜的欲望占据我。(3.441-446)①

可是宙斯在被对妻子的情欲笼罩时,却愚笨地借自己跟其他七个女神和女人的风流韵事来向赫拉示爱!宙斯向妻子宣布说:

> 现在让我们躺下尽情享受爱欢。无论是对女神或凡女,泛滥的情欲从没有这样强烈地征服过我的心灵;我从没有这样爱过伊克西昂的妻子,她生了思路聪敏如神的佩里托奥斯;或是阿克西里奥斯的女儿、美足的达那厄,她为我生了人间最杰出的佩尔修斯;或是退迩驰名的福尼克斯的女儿,她为我生了弥诺斯和神样的拉达曼提斯;或是那个塞墨勒和特拜的阿尔克墨涅,阿尔克墨涅生了无畏的赫拉克勒斯,塞墨勒生了人类的欢乐狄奥倪索斯;或是发辫华美的女神得墨特尔,或是光艳照人的勒托以及你自己,像现在激荡着甜蜜的情欲,这样爱你。(14.313-328)②

[27]把一个如此荒诞不经的形象作为最伟大的神祇予以膜拜,意义何在?一位把最伟大的神祇打造成如此这般的诗人,我们如何认真严肃地对待他?

荷马诗歌在希腊人当中的地位跟《圣经》在希伯来人当中的地位同等重要,我们甚至可以毫不夸张地说,荷马的诗歌,尤其是《伊利亚特》,就是古代希腊人的圣经。③ 但是,如果我们把《伊利亚特》和《圣

---

① [译按]全书所引《伊利亚特》皆采用罗念生译文,只注明原文诗行。后皆仿此,不再单独说明。

② 据鲍腊评论,这"一长串风流韵事……简直堪与《唐璜》里莱波雷诺(Leoporello)唱出的长串名单相媲美。然而,莫扎特歌剧里的名单却并非是由唐璜本人宣布的"(C. M. Bowra, *Tradition and Design in The Iliad*, p. 223)。

③ 根据朗的评论,"贯穿整个古典时代,直到罗马帝国统治时期,荷马在地中海文明中的地位只有《圣经》在此后的地位可与之比肩……荷马对于希腊人的意义,跟圣经对于犹太人的意义一样。荷马为希腊人的文化身份奠定了

经》拿来比较,我们会明显注意到两部作品至少存在一处惊人的不同。《圣经》把我们的注意力集中明确地引向上帝和上帝的创举,《伊利亚特》则把我们的注意力和赞美引向凡人英雄的言行举止。①

诚然,希伯来《圣经》确实描绘了一群伟大且令人难忘的凡人英雄和女英雄的形象,最重要的包括亚伯拉罕、摩西以及大卫。② 但《圣经》里的英雄有一个典型特点:他们都把自己的英雄业绩归功于上帝,从而把人们的注意力投向上帝。在所有圣经英雄中,大卫与阿基琉斯最为相像,他跟阿基琉斯一样英勇善战,为友忠义,喜爱歌吟。大卫在杀死非利士人之前对他说:

> 你来攻击我,是靠着刀枪和铜戟;我来攻击你,是靠着万军之耶和华的名,就是你所怒骂带领以色列军队的上帝。今日耶和华必将你交在我手里,……使普天下的人都知道以色列中有上帝;又使这众人知道耶和华使人得胜,不是用刀用枪,因为征战的胜败全在乎

根本基石"(A. A. Long, "Stoic Readings of Homer", p. 44)。另参 Francis Bacon, *The Advancement of Learning and New Atlantis*, London: Oxford University Press, 1974, p. 99,荷马"被后来的希腊语学家尊为圣典"。另参 Seth L. Schein, *The Mortal Hero: An Introduction to Homer's Iliad*, p. 38; Richard Hunter, "Homer and Greek Literature", p. 246; Joseph Farrell, "Roman Homer", p. 268; Jasper Griffin, *Homer: Iliad IX*, p. 1。关于对荷马诗歌和《圣经》不同段落和角度的对比,参 C. M. Bowra, *Tradition and Design in The Iliad*, pp. 228–229; Jasper Griffin, *Homer on Life and Death*, pp. 150–158, 171–172。

① 如克恩斯(Kearns)所述,"这并非有关神祇的诗歌,这是关于人类的诗歌"(Emily Kearns, "The Gods in the Homeric epics", in *The Cambridge Companion to Homer*, p. 71)。

② 接下来有关《圣经》的讨论大部分引自 Hillel Fradkin, "Poet Kings: A Biblical Perspective on Heroes", in *Political Philosophy and the Human Soul: Essays in Memory of Allan Bloom*, pp. 55–56。关于亚伯拉罕有关非古典英雄主义特点的精彩论述,参 Thomas L. Pangle, *Political Philosophy and the God of Abraham*, Baltimore and London: Johns Hopkins University Press, 2003, pp. 127–171。

耶和华。他必将你们交在我们手里。(撒母耳记上 17:45-47)

[28]大卫的例子表明,《圣经》里的凡人英雄往往在上帝的神圣光环下相形见绌。上帝不仅创造了天空和大地,还创造和统治人类,引领他们进入战争并最终帮助他们战胜敌人。上帝经常参与并主宰那些跟英雄主义有关的政治军事活动,并总是作为真正的英雄,唯一真正的英雄,在《圣经》里出现。① 因此,《圣经》教导人们,人类最卓越的品质是谦卑:在上帝面前俯首伏地,时刻觉知人类在上帝面前的卑微,深刻领悟上帝的无上崇高和完美至善。

至于《伊利亚特》里的诸神,他们也在诗歌的故事发展中发挥举足轻重的作用。《伊利亚特》的开场白表明,这部诗歌的大部分故事显然来自一位女神的讲述。不仅如此,《伊利亚特》的大部分情节也明显是在宙斯的安排下发生的。诸神在很大程度上集体决定了战争中的胜负归属和生死命运,决定了谁获得光辉荣耀,谁承受可怕的痛苦。正如阿基琉斯在接近《伊利亚特》结尾处对普里阿摩斯所言:

> 宙斯的地板上放着两只土瓶,瓶里是他赠送的礼物,一只装祸,一只装福,若是那掷雷的宙斯给人混合的命运,那人的运气就有时候好,有时候坏;如果他只给人悲惨的命运,那人便遭辱骂,凶恶的穷困迫使他在神圣的大地上流浪,既不被天神重视,也不受凡人尊敬。(24:527-531)

《伊利亚特》让我们感兴趣和崇拜的对象却是凡人英雄,不是诸位神祇。让人们感到震撼和着迷的地方不是发生在宙斯和赫拉之间的神

---

① 另参圣·奥古斯丁有关基督徒殉教者的评论,"若不是跟天主教会的习俗相悖,我们可以把这些殉教者称作我们的'英雄'"(St. Augustine, *City of God*, trans. Henry Bettenson, London:Penguin Books,1984,p. 401)。

祇冲突,而是发生在阿基琉斯和阿伽门农之间、阿开奥斯人和特洛亚人之间的凡人争战。在人类战争的对比之下,像宙斯和赫拉的争吵这样的神祇冲突确实变得琐碎无聊。尽管《伊利亚特》里的诸神华丽堂皇、光彩夺目,他们却好像从没呈现出像安德罗马克、普里阿摩斯、赫克托尔、帕特罗克洛斯和阿基琉斯等人所拥有的卓越和尊严。[29]跟诗中最伟大的男女英雄相比,神祇在情感上不及他们深沉,在心灵上不及他们丰盈,在品格上不及他们卓越。①

这些对诸神的反常描写或许很容易让我们低估荷马,以为他不过是一位原始思想家,对神祇的认识肤浅表面,对神祇的信仰也十分粗鄙古怪。但是,荷马对诸神看似肤浅的描绘事实上却表现出他对神祇的形象进行了系统深入的思考。我们甚至可以说,荷马的神祇思想跟《圣经》蕴含的思想同样深刻。但是,如果我们想弄明白荷马关于神的深刻启示,我们就必须放下头脑里原有的关于神明应该是什么样子的想象,思考荷马诗歌里的凡人对神明有着怎样的期望和信念。② 荷马关于神明的学说分层次逐渐展开,要真正理解这些学说,我们必须从荷马的第一部也是最重要的一部诗作《伊利亚特》开始,用天真朴素的眼睛,去了解诗中凡人眼里的神明。③ 诗中凡人所表达的对神明的态度是我们进入荷马神明学说的天然切入口。荷马在该部诗作中有十八次跟凡人和他的听众直接对话,因为歌者荷马希望他的听众能跟诗中的

---

① 甚至连格里芬也承认诸神"远不及普里阿摩斯和阿基琉斯这些凡人守望者让人感兴趣"(Jasper Griffin, *Homer on Life and Death*, p. 201)。另参 John Alvis, *Divine Purpose and Heroic Response in Homer and Virgil: The Political Plan of Zeus*, p. 8。

② 多兹(Dodds)十分恰当地提醒读者,不要简单地以"今天已开化的欧洲或美洲人眼里的宗教为标准评判荷马诗歌里的虔敬"(E. R. Dodds, *The Greeks and the Irrational*, Berkeley: University of California Press, 1973, p. 2)。

③ 参 Jasper Griffin, *Homer: Iliad IX*, p. 1; Jenny Strauss Clay, *The Wrath of Athena: Gods and Men in the Odyssey*, p. 26。笔者将在第四章讨论荷马在《奥德赛》里对众神的描绘。

凡人人物感同身受,特别是荷马对墨涅拉奥斯的讲话,跨越五卷,有七次之多,荷马希望他的听众认真严肃对待诗中凡人的信仰,虽然他终将引领我们超越这些信仰。①

《伊利亚特》里的虔敬信仰

[30]诗歌《伊利亚特》里的人如何看待他们的神祇?尽管荷马描绘的诸神在我们眼里滑稽肤浅,他们却是荷马笔下的凡人男女虔心祈祷、崇拜和敬畏的对象。②《伊利亚特》的凡人无疑相信宙斯率领的众神是代表神圣意旨的智慧和正义的存在,相信众神关心人类福祉,保护无辜,惩治邪恶。《伊利亚特》里的凡人认为众神,尤其是宙斯,是人类的统治者。赫克托尔宣称宙斯"统治全体有死的凡人和不死的天神"(12.241-242),墨涅拉奥斯、埃阿斯和阿基琉斯都把宙斯叫作"统治

---

① 荷马在诗中对其讲话七次的墨涅拉奥斯两次向"天父宙斯"祷告(4.127,4.146-47,7.104-107,13.602-603,17.679-681,17.702-704,23.600;3.349-354,17.18-28;另参3.365,13.631-639)。荷马还对帕特罗克洛斯讲话九次,所有讲话都出现在第十六卷(20.584-585,692-693,744,754,787,788-789,812-813,843),对特洛亚战士墨拉尼波斯讲话一次(15.582-583),对阿基琉斯讲话一次(20.1-3)。荷马当然贯穿整部诗歌都在隐晦地对读者讲话,但在有些地方,他似乎在通过第二人称的方式,专门对我们每一个读者讲话。见4.223-225,4.429-431,5.85-86,15.697-698,17.366-367。另外,荷马还对女神(可能是某一位缪斯女神)讲话两次(1.1-7,2.761-762);对奥林波斯山上的全体缪斯女神讲话四次(2.484-487,11.218-220,14.508-510,16.112);对阿波罗讲话两次(15.365-366,20.151-152)。另见 Jenny Strauss Clay, *Homer's Trojan Theatre: Space, Vision, and Memory in the* Ilied, pp. 19-26;Scott Douglas Richardson, *The Homeric Nanrator*, pp. 170-182。

② 参加斯帕·格里芬,《荷马史诗中的生与死》,页148-150。[译按]中译本参刘淳译,北京:北京大学出版社,2015,页149-151。

神"(άναξ)或"神主"。① 卡尔卡斯、阿基琉斯、奥德修斯、潘达罗斯、格劳科斯把宙斯之子阿波罗称作"神主"。② 荷马也把宙斯称作"统治天神和人类"的神③,把阿波罗④、波塞冬⑤、哈得斯⑥、赫菲斯托斯⑦、赫尔墨斯⑧称作"统治神"或"神主"。赫拉本人两次向宙斯直陈事实:"你统治所有不死的神明。"⑨

《伊利亚特》最能证明凡人普遍信奉神旨的例子,莫过于阿开奥斯人和特洛亚人对宙斯的一致称谓,双方称他为"父亲宙斯"达二十七次之多。⑩ [31]众神本身,包括宙斯的兄弟姐妹波塞冬和赫拉,也称宙斯

---

① 3.351(墨涅拉奥斯),7.194(埃阿斯),16.233(阿基琉斯),18.118(阿基琉斯)。

② 1.75(卡尔卡斯),1.390(阿基琉斯),1.444(奥德修斯),5.105(潘达罗斯),16.514(格劳科斯),16.523(格劳科斯)。

③ 2.669。另参1.502,1.529,7.200。

④ 1.36,7.23,7.37,16.804,23.863。

⑤ 13.28,13.38,15.8,15.57,20.67。另参宙斯称阿波罗为"统治神"(15.158)。

⑥ 20.61。波塞冬也把哈得斯称作"统治神"(15.188)。

⑦ 18.47,18.42。波塞冬(15.214)和忒提斯(18.137)也把赫菲斯托斯称作"统治神"。

⑧ 2.104。

⑨ 4.61,18.366。但赫拉也跟睡眠神表示,"死亡神的兄弟"是"所有天神和所有凡人的君王"(14.233)。

⑩ 2.371(阿伽门农),3.276(阿伽门农),3.320(阿开奥斯人和特洛亚人),3.365(墨涅拉奥斯),4.235(阿伽门农),4.288(阿伽门农),6.259(赫卡柏),7.132(涅斯托尔),7.179(阿开奥斯人),7.202(阿开奥斯人),8.236(阿伽门农),12.164(阿西奥斯),13.631(涅斯托尔),13.818(埃阿斯),15.372(涅斯托尔),16.97(阿基琉斯),17.19(墨涅拉奥斯),17.630(埃阿斯),17.645(埃阿斯),19.121(据阿伽门农所述,阿尔克墨涅也如此称呼),19.270(阿基琉斯),20.192(阿基琉斯),21.83(阿基琉斯),21.273(阿基琉斯),22.60(普里阿摩斯),24.287(赫卡柏),24.308(普里阿摩斯)。

为"父亲"达十九次。①《伊利亚特》从开篇到结束都把宙斯认作父亲般的天神,由此看来,宙斯似乎应该是慈悲、仁爱、正义的化身,是每个人以及人类整体祈望获其助佑的神明。《伊利亚特》第一次祷告宙斯是忒提斯为儿子阿基琉斯祈求,她称呼宙斯"父亲宙斯"(1.503)。《伊利亚特》最后一次祷告宙斯,普里阿摩斯同样称呼他"父亲宙斯"(24.308)。显然,宙斯不仅是一切天神和凡人的统治神,他还是一个父亲式的统治神,他应该是一位像父亲一般慈善仁爱的神明。②

不过,宙斯的确像很多父亲一样经常惹子女愤怒、指责和迷惑不解。墨涅拉奥斯在狂怒之下坦言:"父亲宙斯,没有别的天神比你更坏事。"③阿伽门农在跟阿基琉斯发生可怕争吵后,拒不接受众人的指责,坚持认为是宙斯"夺取了他的心智",他才会莫名其妙跟阿基琉斯争吵起来。"我能怎么办?神明能实现一切事情。"④同样,普里阿摩斯也果断表示,阿开奥斯人对他的臣民发动的这场已达九年之久的战争,完全不是海伦的过错,是众神把这场战争降临在他的头上⑤。墨涅拉奥斯、阿伽门农、普里阿摩斯,还有阿基琉斯(自己或通过自己的神明母亲)、赫克托尔、埃阿斯、涅斯托尔、奥托墨冬、阿西奥斯,以及全体阿开奥斯

---

① 1.503(忒提斯),1.578(赫菲斯托斯),1.579(赫菲斯托斯),5.33(雅典娜),5.362(阿佛罗狄忒),5.421(雅典娜),5.457(阿波罗),5.757(赫拉),5.762(赫拉),5.872(阿瑞斯),7.446(波塞冬),8.31(雅典娜),8.360(雅典娜),8.420(伊里斯),11.201(伊里斯),21.512(阿尔特弥斯),22.178(雅典娜),22.221(雅典娜),24.461(赫尔墨斯)。

② 本人认为库朗日的观点有失偏颇,他认为这里的"父亲(father)"一词应该是"国王($αναξ,βασιλευς$)"的同义词(Numa Denis Fustel de Couganges, *La Cité Antique*, Paris: Libraire Hachette, 1900, pp. 97 – 98)。"父亲"一词更多(不是全部)意味着仁慈的统治者或国王。

③ 3.365,另参 13.631 – 639,12.164 – 165。[译按]罗念生译文中无"父亲"二字,为根据本书原文所加。

④ 19.137,19.90;另参 19.83 – 144,2.371 – 378;以及 9.17 – 28,19.268 – 275。

⑤ 3.162 – 165。

人和全体特洛亚人却一次又一次像对待父亲一样祷告宙斯,[32]祈求他赐予护佑、智慧和正义。①据墨涅拉奥斯所言,宙斯"智慧超过任何人和神",②阿伽门农描述说,凡人相信宙斯"在所有的神明和凡人中至高至尊"(19.95-96),阿波罗直接表明"他在神明中至尊之上"(23.43)。除此之外,阿基琉斯、阿伽门农、奥德修斯、狄奥墨得斯、克律塞斯、格劳科斯、潘达罗斯、特阿诺、特洛亚妇女、阿开奥斯的青年以及全体阿开奥斯人还向父亲宙斯的两位子女——阿波罗和雅典娜,以及一切神祇,祈求护助,这些祷告共出现十六次。③

《伊利亚特》的故事几乎开篇便是向"勒托和宙斯之子"阿波罗祷告正义(1.9)。阿开奥斯人攻占忒拜城后大肆抢掠,并把阿波罗祭祀

---

① 1.500-516(忒提斯为阿基琉斯祷告——参1.393-412,15.72-77,18.74-77),2.371-374(阿伽门农),2.411-418(阿伽门农),3.275-291(阿伽门农),3.297-301(阿开奥斯人和特洛亚人),3.319-323(阿开奥斯人和特洛亚人),3.349-354(墨涅拉奥斯),4.288-291(阿伽门农),6.475-481(赫克托尔),7.177-180(阿开奥斯人),7.200-205(阿开奥斯人),8.236-244(阿伽门农),8.526-528(赫克托尔),9.171-178(涅斯托尔和阿开奥斯长者),11.735-736(涅斯托尔),12.162-172(阿西奥斯),15.370-378(涅斯托尔),16.97-100(阿基琉斯),16.231-249(阿基琉斯),17.19(墨涅拉奥斯),17.498-506(奥托墨冬),17.645-647(埃阿斯),19.257-266(阿伽门农),21.272-283(阿基琉斯),24.306-316(普里阿摩斯)。另参7.132-135(涅斯托尔)。

② 13.631-632;另见13.354-355,还可参8.141-144。

③ 对阿波罗的祷告,见1.35-45(克律塞斯),1.450-457(克律塞斯),1.472-474(阿开奥斯年青人们),4.118-121(潘达罗斯),4.288-291(阿伽门农),16.97-100(阿基琉斯),16.513-529(格劳科斯)。对雅典娜的祷告,见4.288-291(阿伽门农),5.114-122(狄奥墨得斯),6.286-296(特阿诺及特洛亚妇女们),10.277-282(奥德修斯),10.283-295(狄奥墨得斯),10.460-464(奥德修斯),11.735-736(涅斯托尔),16.97-100(阿基琉斯),23.768-772(奥德修斯)。阿开奥斯人对全体诸神的祷告,见8.343-347,15.367-369。另见3.275-291(阿伽门农),6.475-481(赫克托尔),7.132-135(涅斯托尔),8.526-528(赫克托尔)。

克律塞斯的女儿抓为俘虏,献给了他们强大的国王阿伽门农(1.366-69)。诗中凡人开口说的第一句话便是老祭司[译注:克律塞斯]向国王祈求归还他的"爱女"(1.20-21)。这位忧心如焚的父亲国王和集结的阿开奥斯人献上"无数的赎礼"(1.13),他还当场祷告众神保佑阿开奥斯人顺利攻陷特洛亚城,平安回家,[33]祭司恳求阿伽门农释放他的女儿,以示对阿波罗的敬畏。这位无辜罹难的父亲兼祭司的请求令人心酸,"所有"阿开奥斯人都请求国王交出女孩(1.23)。但是,根据荷马的描述,国王却"恶毒地"拒绝了老人(1.24-25)。国王阿伽门农对祭司两次施以威胁,残忍地夸耀他将奴役这个女孩一直到她衰老,让她服侍他,为他铺床叠被。阿开奥斯人则默不作声,接受了国王的这个决定。这位心怀畏惧、无力又绝望的老父亲离开了,"他默默地沿啸吼的大海的岸边走去"(1.34)。强权国王的邪恶,阿开奥斯人品格上的懦弱,还有他自己的无能为力,使得老人不知所措,他向"阿波罗神主"祈祷正义,"请听我祈祷,银弓之神……让达那奥斯人在你的剑下偿还我的眼泪"(1.37-42)。

同样,当阿开奥斯人和特洛亚人在卷三准备盟誓休战,让墨涅拉奥斯和帕里斯二人通过决斗决定战争结局时,阿伽门农向宙斯和其他神祇祷告,祈求诸神支持休战,惩罚破坏休战约定的人。

> 宙斯、最光荣最伟大的神啊,永生的众神啊,两军之一要是谁首先破坏盟誓,愿他们和他们的全体孩子的脑浆,如同这些酒流在地上,妻子受奴役。(3.298-301)

当决斗即将开始,阿开奥斯人和特洛亚人又一次祷告:

> 宙斯、伊达山的统治者、最光荣最伟大的主宰啊,他们两人谁给双方制造麻烦,就让他死在枪下,阴魂进入冥府,让我们保证友谊和可以信赖的誓言。(3.320-323)

接下来,决斗开始,墨涅拉奥斯向"父亲宙斯"祷告正义:

宙斯王,请让我报复首先害我的神样的阿勒珊德罗斯,是他死在我的手下,叫后生的人不敢向对他表示友谊的东道主人做出任何的罪恶行为。(3.350-354,另见2.588-590)

后来,当决斗和休战盟誓遭到破坏,阿伽门农的兄弟墨涅拉奥斯被冷箭射伤,愤怒异常的阿伽门农发誓:

[34]特洛亚人践踏他们的誓言,射中你、盟誓、羊血、纯酒的祭奠和我们信赖的双方的握手都没有产生应有的效果。如果奥林波斯神不立刻惩罚这件事——他迟早也会这么做——敌人就要用他们的脑袋、妻子和儿女给我们作大笔偿付。有件事在我们的灵魂和心里非常清楚,神圣的伊利昂、普里阿摩斯和普里阿摩斯的有梣木枪的人民遭毁灭的日子定会到来,克洛诺斯的高坐宝座、住天上的儿子宙斯,会愤慨他们的欺诈,提着黑色大盾牌向他们冲去。这些事定会实现成事实。(4.157-168)

阿伽门农接下来激励阿开奥斯人向特洛亚人发起战斗,鼓舞他们说,"父亲宙斯"会让"赌假咒的人"饱受不幸(4.234-239)。我们从所有上述举例中看到,《伊利亚特》里的凡人,包括战争双方,都坚信天神支持正义,相信天神尤其重视凡人的庄严盟誓,会毫不留情地对违誓者施加惩罚。总而言之,天神喜爱诚实可信、恪尽职守、慷慨好客的人,会令背信弃义、狡诈阴险者遭毁灭。①

《伊利亚特》有关信奉天神的显著例证是全诗的中心人物阿基琉

---

① 本人由此认为多兹的评论有些偏颇,他说:"《伊利亚特》的叙述里没有证据表明宙斯跟正义有关。"(E. R. Dodds, *The Greeks and the Irrational*, p. 32.——强调为本书作者所注,另参页52)就连阿德金斯(Adkins)也在论述荷马的诸神"毫无正义可言"之后承认,荷马诗歌里的部分内容表明,人们相信神明起码会"保障某些道义关系的成立"的(Arthur Adkins, *Merit and Responsibility*:

斯。阿基琉斯在卷一遭受了他自认为极不公正的待遇。当阿波罗回应克律塞斯的祷告播下瘟疫,阿开奥斯军队面临毁灭威胁,阿基琉斯出面召集会议,请求卡尔卡斯发言,并承诺保护卡尔卡斯的安全,从而把军队从灾难中拯救出来(1.53-92)。阿基琉斯接下来成功说服阿伽门农把女奴归还其父,结束了这场可怕的瘟疫。然而,阿伽门农却以怨报德,不仅对阿基琉斯放声咒骂,还侮辱他,抢走他本人的女奴(1.101-187)。尽管阿基琉斯刚刚使将士免于灾祸,[35]军中却无人为他仗义执言。阿基琉斯遭众人抛弃之后陷入愤怒和失望,期望天神能为他主持正义,他向雅典娜表示:"谁听从天意,天神更听取他的祈祷。"(1.218)因此,阿基琉斯敦促他的神明母亲去恳求宙斯惩罚阿伽门农和全体阿开奥斯人的不义之举:

> 你现在就这件事情提醒他,坐在他身边,抱住他的膝头,求他帮助特洛亚人,把遭屠杀的阿开奥斯人逼到船尾和海边,使他们全都享受有这样的国王的乐趣,使阿特柔斯的儿子,权力广泛的阿伽门农,知道他愚昧,不尊重最好的阿开奥斯人。(1.407-412;另参1.231,1.421-422)

阿基琉斯向宙斯祈祷正义,并虔诚地期待宙斯答应他的祈祷,这说明阿基琉斯相信宙斯和其他天神是支持正义的。克律塞斯、阿伽门农和墨涅拉奥斯,甚至全体阿开奥斯人和特洛亚人,都秉持同样的信仰。

A Study in Greek Values, Oxford: Clarendon Press, 1960, pp. 62, 65)。本人同意劳埃德琼斯(Lloyd-Jones)的看法,他认为"保护正义肯定是宙斯的职责之一",至少荷马笔下的凡人是这样认为的(Hugh Lloyd-Jones, *The Justice of Zeus*, Berkeley: University of Californian Press, 1971, p. 8;另参页5)。克恩斯表示"道义并非《伊利亚特》诸神关注的要事",但他接着说道:"《伊利亚特》表达了凡人对宙斯的一些祈望,希望他至少会处罚恶行。"(Emily Kearns, "The Gods in the Homeric Epics", pp. 67-68)

诗里的凡人广泛表达了他们对宙斯率领的众神所抱有的单纯虔敬的信仰,他们相信诸神智慧、正义、神圣。荷马显然期望读者在阅读诗作时抱持同样的信念,荷马似乎也在字面意义上支持和维护这样的信念,相信以宙斯为首的众神会为凡人执掌正义和秩序。如前文所述,荷马本人二十九次称宙斯为"父亲",十三次把宙斯称作"众神和凡人的父亲"。荷马还在开篇及其他地方向全知的女神缪斯反复发出祈求,恳请"持盾宙斯的女儿们"把她们父亲的神圣"计划"和其他故事细节告诉给那些愚昧无知的凡人:

> 居住在奥林波斯山上的文艺女神啊,你们是天神,当时在场,知道一切,我们则是传闻,不知道;请告诉我们,谁是达那奥斯人的将领,谁是主上?①

关于神明如何关心、怜悯和聆听凡人祷告的讲述贯穿荷马整部《伊利亚特》。赫拉"关心"阿开奥斯人,"同情"他们,聆听他们的祷告,在许多场合帮忙降低他们的苦难;②阿波罗"聆听"克律塞斯和格劳科斯的祷告;③[36]雅典娜"聆听"奥德修斯和狄奥墨得斯的祷告,救下墨涅拉奥斯的性命;④波塞冬"同情"阿开奥斯人并施以援手,为埃涅阿斯感到"怜悯"并救他性命;⑤阿佛罗狄忒救助帕里斯和自己的"爱子"埃涅阿斯(3.373-382,5.311-318)。最重要的是,根据荷马的叙述,宙斯一次又一次感到同情和怜悯,他同情和怜悯阿伽门农和全体阿开奥斯人,同情和怜悯赫克托尔、萨尔佩冬、埃阿斯、阿基琉斯和阿开奥斯

---

① 2.484-492;另参1.1-7,2.760-762,11.218-220,14.508-510,16.112-113。
② 1.55-56,1.194-196,5.711-909,8.343-353,18.165-168,18.239-242。
③ 1.35-45,1.450-457,16.513-527。
④ 5.114-122,10.277-295,10.460-513,23.768-772,4.127-129。
⑤ 13.10-38,15.41-44,20.288-340。

那些主将,同情和怜悯普里阿摩斯,他甚至同情和怜悯阿基琉斯的战马。① 当宙斯看到自己的儿子萨尔佩冬被杀时,他甚至洒下巨滴的血泪(16.458-461)。宙斯还在赫克托尔死亡前夕表示:"赫克托尔使我怜悯。"(22.169-170)荷马还叙述道,宙斯许多时候都在"聆听"凡人的祈祷。② 荷马通过这些描述支持并鼓励读者秉持虔敬的心愿和渴望。

荷马在《伊利亚特》的开篇和结尾处最为明确地表达了天神在意凡人命运的信仰。荷马在这两处教导人们,宙斯及其子女会对凡人祈求正义的祷告做出回应。③ 卷一中,当备受煎熬的父亲兼祭司克律塞斯向阿波罗发出撕心裂肺的正义祷告,阿波罗做出了迅速有效的回应,他愤怒地发起一场可怕的致命的瘟疫,最终迫使残酷的阿伽门农国王把女孩克律塞伊斯归还给她"深爱的父亲"(1.441)。我们很难想象还有什么故事能更为强烈地激发读者对于无辜受害者的怜悯和对于结果的满意。④因此,《伊利亚特》的故事以"勒托和宙斯之子"阿波罗愤怒惩戒恶行、匡扶正道开篇(1.9),刚开始就申明众神的正义本质,表明他们关心并参与到凡人的命运之中。

我们在《伊利亚特》结尾处同样看到宙斯率众神帮助另一位饱受残酷折磨的老父亲。阿基琉斯杀死了特洛亚守城将领赫克托尔,又在其他阿开奥斯人连续痛击尸体后,在赫克托尔的父母和众人眼前,拖曳尸体围绕特洛亚城墙狂奔(22.369-375,2.395-411)。[37]赫克托尔的父亲普里阿摩斯国王无力阻止得胜的阿开奥斯人日复一日凌辱心

---

① 8.245-246,15.12,16.431,17.648,19.340,24.332。另参17.441-442。

② 8.245-246,15.12,16.431,17.648-650,21.273-298,24.314-316。

③ 参Ruth Scodel,"The Story-Teller and His Audience", in *The Cambridge Companion to Homer*, pp.53,49;Kevin Cotty, *The Poetics of Supplication:Homer's Iliad and Odyssey*, p.24;Jasper Griffin,"The Speeches", in *The Cambridge Companion to Homer*, p.162。

④ 参Michael Gagarin,"Morality in Homer", *Classical Philology* 82:297。

爱儿子的遗体,身心俱焚,悲痛欲绝。我们看到往日庄严尊贵、神采奕奕的国王如今悲痛无比,沦为一位哀号的可怜老人,在污泥里打滚,弄得自己满身都是粪土(22.412 – 429,24.160 – 165)。宙斯命令阿基琉斯把赫克托尔的遗体还给普里阿摩斯,并派遣爱子赫尔墨斯护送普里阿摩斯来往阿开奥斯营地。忐忑的普里阿摩斯祈祷"父亲宙斯"保佑他顺利完成这个危险任务,宙斯显然答应了他的祷告(24.308 – 309)。因为众神的干预,无助的普里阿摩斯才终于取回爱子的遗体,带领家人和城邦为他们的英雄举行哀悼和埋葬仪式。

《伊利亚特》最初和最后一次祷告都是遭受不义的受害者祈求天神的帮助,他们的祷告都得到了天神的回应。① 荷马在诗作开篇和结尾处明确告诉读者,宙斯领导的全体天神会有力保护遵守正义和虔敬信神的人,无论这些人多么弱小;天神也会打击邪恶之徒的残暴行径,无论他们多么强大。由此可见,荷马好像在诗歌的表面意义上维护对神明的虔信,认为神明对待凡人的方式正当合理,以此鼓励我们相信宙斯作为全知、慈悲、正义的天神和凡人的父亲,一直爱着我们,关心着我们,一直会保证正义得以伸张。因此,当我们走进《伊利亚特》这部诗作时,我们单纯秉持着诸神智慧仁慈的传统信念,这自然而然成为我们的出发点,也是我们走进荷马世界所要跨过的门槛。荷马接下来在诗作中对该传统的虔敬信仰表达了强烈的质疑。为理解荷马的质疑,我们需要进一步研究诗歌是如何展开的。

诸神的助佑

荷马在《伊利亚特》开篇处提出了一个有关天神正义的问题。诗

---

① 本人由此认为阿德金斯的观点有失偏颇,他说:"众神和凡人之间的关系显然并非建立在正义的基础之上。"(Arthur Adkins, *Merit and Responsibility*, p. 62 ——强调为本书作者所注)

作开篇如下:

> 女神啊,请歌唱佩琉斯之子阿基琉斯的致命的愤怒,那一怒给阿开奥斯人带来无尽的苦难,把战士的许多健壮英魂送往冥府,使他们的尸体成为野狗和各种飞禽的肉食。(1.1–5)

[38]自开篇以来,歌者似乎一直在谴责阿基琉斯的愤怒。① 这场愤怒对于阿基琉斯的同胞和战友们来说是"灾难性的",阿基琉斯的愤怒给他们带来了死亡,并使他们死后的遗体遭到亵渎。歌者一味强调阿基琉斯的愤怒所引发的后果,而不是阿基琉斯被激怒的原因。歌者对原因的忽视似乎暗指阿基琉斯的愤怒有失正当。但是,接下来却出现了一个反转。我们得知:

> 从阿特柔斯之子、人民的国王同神样的阿基琉斯最初在争吵中分离时开始吧,就这样实现了宙斯的意愿。(1.5–7)

虽然阿基琉斯的愤怒对他的阿开奥斯同胞来说是致命的,但宙斯显然在某种程度上支持阿基琉斯,并计划协助他实现愿望。那么,作为天神和凡人父亲的宙斯为什么支持违背正义之举呢?② 现在看来,事实似乎跟开篇留下的第一印象不符,阿基琉斯的愤怒有可能合乎正义。可是,如果他给同胞们造成如此巨大伤害,又怎会合乎正义呢?歌者好像在请求女神做出解释,为什么天神正义与善待同胞这两者之间会相互矛盾。

我们此刻确实看到,阿基琉斯对阿伽门农和阿开奥斯人的愤怒是正当的。阿伽门农为了把阿波罗祭司克律塞斯的女儿据为女奴和情妇,自私鲁莽地把整个阿开奥斯大军掷于危险之中,要知道,这支军队

---

① 参 Jenny Strauss Clay, *The Wrath of Athena: Gods and Men in the* Odyssey, p. 38。

② 参 Mark Lutz, "Wrath and Justice in Homer's Achilles", p. 112。

为了寻回他的兄弟媳妇,已在特洛亚作战达九年之久。后来,阿基琉斯只身一人把军队从阿伽门农的卑劣行径下解救出来,阿伽门农却掠走他的情妇,全体阿开奥斯将士则像当初没有一个人为了克律塞斯向阿伽门农抗议一样,选择默不作声。①

然而,如果我们认为阿基琉斯是对的,阿伽门农是错误的一方,那么,诗作卷一的前半部分便呈现出另一个问题,那就是众神是否支持正义。正当阿基琉斯打算杀死阿伽门农以示报复时,雅典娜突然出现在他面前,说赫拉希望他不要攻击阿伽门农,因为她对他们两人"同样"喜爱和关心(1.208-9;另参1.195-6)。[39]如果阿伽门农的行为有违正义,而阿基琉斯合乎正义,赫拉同样喜爱和关心他们两个,是否至少说明赫拉对正义的无视?②

有人可能会回答说,即使赫拉无视正义,宙斯本尊——这位最伟大的神明、诸位天神和凡人的父亲——肯定在乎公道和秩序,也一定会为了凡人的福祉保障正义在世间得到伸张。可是,宙斯究竟在多大程度上在乎正义,我们并不清楚。当阿基琉斯敦促他的母亲前去祈求宙斯惩罚阿伽门农和阿开奥斯人时,忒提斯告诉他还要等些时候,因为宙斯"昨天去长河边埃塞俄比亚人那里参加宴会,众神全都跟着他前去",他要十二天后才能回来(1.423-424)! 该描述跟开篇构成了令人困惑

---

① 参 James M. Redfield, *Nature and Culture in the* Iliad: *The Tragedy of Hector*, pp. 12 – 14; David Bolotin, "The Concerns of Odysseus: An Introduction to Homer's Odyssey", p. 47; Michael Clarke, "Manhood and Heroism", in *The Cambridge Companion to Homer*, pp. 25 – 26。

② 我们将看到,阿基琉斯关于诸神正义的信仰似乎因这次事件受到削弱。本人并不赞同柯克和雷德菲尔德的主张。柯克认为雅典娜这次干预只不过是一种修辞手法(G. S. Kirk, *The Nature of Greek Myths*, p. 292),雷德菲尔德认为荷马的读者会觉得这个场景"与他们通常所理解的人神关系无关"(James M. Redfield, *Nature and Culture in the* Iliad: *The Tragedy of Hector*, p. 78)。参格里芬在对柯克和雷德菲尔德的相关批评(Jasper Griffin, *Homer on Life and Death*, pp. 147 – 148, 158 – 160)。

的反差。歌者在开篇处把宙斯描述为一位安排和指引凡人行动的天神,此时却离开除埃塞俄比亚人之外的凡人,跑去参加宴会,让凡人在十二天时间内自行其是。此时的父亲宙斯好像是一位身居远方的父亲,甚至更像一位缺位的父亲。宙斯究竟在多大程度上真正关心正义、关心全体凡人呢?

宙斯和其他神祇回到奥林波斯山后,忒提斯前去向"父亲宙斯"陈述阿伽门农侮辱阿基琉斯的事实(1.503)。她接着祈求宙斯:

> 奥林波斯的智慧神,请你为他报复,暂且给特洛亚人以力量,使阿开奥斯人尊重我的儿子,给予他应得的赔偿。(1.508-510)

对于这样的请求,智慧神父亲宙斯按理说应该进行一番深思熟虑,因为根据荷马在开篇所述,满足阿基琉斯的这一请求会让阿开奥斯人经历"无数的苦难"(1.2)。阿基琉斯遭侮辱能不能成为惩罚整个阿开奥斯大军的正当理由(参15.598-599)?宙斯能否另想办法?比如,他后来命令阿基琉斯归还普里阿摩斯儿子的遗体,以此来消除阿基琉斯的残忍,他是否可以同样命令阿伽门农和阿开奥斯人敬重阿基琉斯,弥补他们的不义之举。[40]然而,宙斯却未经丝毫犹豫便答应了忒提斯的祈求。他的顾虑只有一个:

> 这件事真有害,你会使我与赫拉为敌,她会用一些责骂的话使我生气。她总是在永生的天神当中同我争吵,说我在这场战争中帮助特洛亚人。(1.518-521)

宙斯此时的唯一顾虑是他不得不忍受妻子的唠叨和责骂。这显然是个他擅长处理的小烦恼,只要给赫拉来两句警告、召集众神举行一次盛宴——以"停不下来的大笑"为特色——再同床共眠一晚就好(1.560-569,1.595-611)。宙斯想都没想一下其他可能,就痛快答应了忒提斯的请求,对于阿开奥斯人将会因此遭受的苦难——荷马用余下诗篇描述的苦难——宙斯没有表现出任何顾虑,对阿基琉斯遭受的侮辱,他也同样无动于衷。那么,智慧神宙斯究竟有多智慧,父亲宙斯究竟有多关心凡人的命运?

诸神是否值得信赖,是否具有智慧

《伊利亚特》关于神助的关键例证是宙斯答应阿基琉斯和忒提斯的祷告,"计划"在阿开奥斯人的船边毁灭"许多"人的性命,迫使他们敬重阿基琉斯(2.1-6;参1.1-7,407-412,1.508-510)。宙斯答应阿基琉斯和忒提斯祷告后的第四天——根据卷二至卷十八的详细描述——我们看到宙斯的计划显然已全部实现。第一天结束时,阿开奥斯人遭到特洛亚人痛击,不得不建筑护墙保护船只(7.366-344),围困特洛亚九年之久的阿开奥斯人如今遭到对手围困。第三天结束时,阿伽门农向阿基琉斯献上数不清的礼物和荣誉,恳请他回归战场,却遭到阿基琉斯拒绝。第四天,特洛亚人击垮阿开奥斯军队,突入围墙,准备放火焚烧舰船。步步紧逼的灾难促使阿基琉斯派遣同伴帕特罗克洛斯及兵士前去救助阿开奥斯人。然后,帕特罗克洛斯被杀,阿基琉斯接受阿伽门农和阿开奥斯人送来的象征荣誉的礼物,回到战场。阿开奥斯人因为侮辱和怠慢阿基琉斯,遭到宙斯的有效惩罚,被迫给阿基琉斯献上丰厚礼物和荣誉。[41]忒提斯对儿子说:

> 你当初举手祈求的事情宙斯已经让它们实现:阿开奥斯儿子们由于没有你参战,已被挤在船艄边,忍受巨大的不幸。(18.74-77;另参16.236-238)

《伊利亚特》似乎以这种方式实现了智慧、公正、仁爱的天神和凡人之父宙斯的神圣旨意。但是,荷马强调指出,宙斯的计划开始不久便遭遇两次节外生枝,几乎彻底泡汤。第一次是阿开奥斯人打算离开特洛亚,第二次是阿开奥斯人和特洛亚人同意休战,以帕里斯和墨涅拉奥斯二人决斗的形式决定战争结局,最终墨涅拉奥斯取得胜利(2.155-

156,369–375)。① 荷马不仅描写了宙斯的计划差点失败的场景,而且说明失败最终如何得以避免。荷马通过这些描述提出了关于宙斯是否值得信赖、是否具有智慧、是否维护正义以及是否仁慈的深刻问题,也提出了有关神明本质的深刻问题。

宙斯在答应阿基琉斯和忒提斯的祈祷,答应帮助他们实现惩罚阿开奥斯人的愿望之后,经过一番"心里"的盘算,决定"在阿开奥斯人的船边毁灭许多人的性命",这样他们才会"重视阿基琉斯"(2.3–4)。宙斯心里"最好不过"的"计划"是给阿伽门农送去一个"有害的幻梦",叫他率领阿开奥斯人对特洛亚展开一场草率的自我毁灭式的正面突击。这个幻梦化身为涅斯托尔的模样出现在阿伽门农身边,跟他说:

> 你赶快听我的话,我是从大神宙斯那里前来的信使,他虽然远在天上,却很关心你,怜悯你,他叫你立刻把长头发的阿开奥斯人武装,因为你现在能攻下特洛亚人的宽阔的城市。(2.26–30)

梦神遵照宙斯的指示告诉阿伽门农,眼下所有天神都支持他,当天就是攻下特洛亚的日子。

给阿伽门农送去幻梦是宙斯在《伊利亚特》首次直接干预凡人事务。宙斯向阿伽门农保证阿开奥斯人会在当天攻克特洛亚,真实意图是要利用特洛亚人毁灭许多阿开奥斯人的性命。[42]该情节不禁让我们产生一个更大的疑问,宙斯是否只是假装关心和怜悯阿开奥斯人?他是否真正"关心"阿开奥斯人,是否真正"关心"他眼下正在利用的特

---

① 有人可能认为宙斯的计划还有一次接近泡汤,赫拉在卷十四利用爱神埃罗斯和睡眠神欺骗了宙斯,导致埃阿斯将赫克托尔赶出了战场。但荷马并没像在另外两处那样暗示,如果宙斯不醒来出面干预,阿开奥斯人就会攻下或摧毁特洛亚城,或者赫克托尔会被杀死(参 15.4–11 以及 2.155–156,3.373–382;另参,比如,16.698–701)。

洛亚人?他是否真正关心(阿基琉斯除外)任何凡人?要知道,《伊利亚特》首次表现宙斯对凡人的"关心"和"怜悯"时,宙斯送去的却是一个意在欺骗和毁灭的幻梦。荷马因此称阿伽门农是个"愚蠢的人",因为他把信任给了宙斯——这是荷马在全诗中第一次称某人为"愚蠢的人":

> 梦神这样说,随即离开,让阿伽门农留下来考虑那些不会实现的事情。因为他真的相信当天能够攻下普里阿摩斯的都城,他是个愚蠢的人,不知道宙斯心里在计划什么行动,这位天神要在顽强战斗中同样给特洛亚人和阿开奥斯人带来苦难和呻吟。①

荷马此时强调,如果凡人相信天神值得信赖,那可真是愚蠢,哪怕是最伟大的神明,亦是如此。荷马从而邀请我们思考,如果我们相信天神和凡人的父亲关心凡人,我们是不是同样愚蠢。

荷马后来在卷二再次把阿伽门农对宙斯的信任和宙斯对这份信任的辜负进行了鲜明对比。阿伽门农向宙斯献祭祷告,希望他遵守许诺,保证阿开奥斯人当天攻下特洛亚城。荷马此时告诉读者:

> 他这样说,克洛诺斯的儿子却不满足他们的心愿,他接受焚献的祭品,却增加他们的辛苦。②

不仅如此,荷马还通过描述幻梦带来的后果告诉人们,不仅众神不可信赖,他们的智慧同样不可信。虽然宙斯为了说服阿伽门农当天进攻特洛亚城,送给他欺骗的幻梦,但阿伽门农却决定先用自己编的谎话"试探"一下阿开奥斯人进攻特洛亚城的心情有多么迫切。他欺骗阿开奥斯将士们说,伟大的宙斯命令全部阿开奥斯人撤离特洛亚返回自

---

① 2.35–40。[译按]根据本书原文 Achaians 将罗念生译文中的"达那奥斯人"改为"阿开奥斯人"。

② 2.419–420。[译按]根据本书原文 the son of Cronus 将罗念生译文中的"宙斯"改为"克洛诺斯的儿子"。

己的家乡,他本人阿伽门农也认为所有人应该"乘坐我们的船[逃回到]我们敬爱的父亲们的土地上"(2.73－74,2.110－141)。阿伽门农显然以为阿开奥斯人迫切想跟特洛亚人继续战斗,他的谎言将会激励将士重振攻克特洛亚城的决心,将士当然不会选择蒙羞撤退。尽管如此,为了以防万一,阿伽门农仍然嘱咐军队的将领们要"劝阻"任何可能决定逃跑的士兵(2.75)。[43]然而,阿伽门农却彻底错估了手下的战士经过九年战争后的心理状态,他的话在"所有人"心中激起了奔向舰船、驶离特洛亚的强烈愿望(2.142－154)。据荷马所述,要不是赫拉出面干预,他们一定会返回家乡(2.155－156)。

　　这一幕确实突出表现了阿伽门农的愚蠢,他大大低估了手下将士们的疲惫和思乡之情,这显然是因为他急于攻下特洛亚,且不明白战事的艰辛,他本人对于回家跟妻子团聚的兴致也不高。① 与此同时,阿伽门农显然被自己对阿基琉斯的憎恨蒙蔽了双眼,看不见阿基琉斯的退出给阿开奥斯人的士气所带来的重创(尤参2.239－242)。然而,这一幕也同时突出了宙斯的愚蠢。如前文所述,宙斯给阿伽门农送去幻梦,显然希望阿开奥斯人轻率进攻特洛亚,然后连滚带爬地逃回船边,当太多的阿开奥斯人被杀时,绝望的阿开奥斯人就会认识到阿基琉斯的重要性,去向阿基琉斯求助(2.3－5)。然而,这个幻梦却适得其反,非但没给阿基琉斯带来荣誉,还差点导致全体阿开奥斯人安然无恙返回家乡。宙斯没有预见到阿伽门农的愚蠢,他不了解热衷于征服的阿伽门农跟厌倦战争、渴望返乡的将士之间存在的隔阂,也不清楚阿伽门农根本不知道这个隔阂的存在。宙斯显然跟阿伽门农一样理所当然地以为,阿开奥斯人盼望作战,他甚至比阿伽门农更加不熟悉作战的艰辛(以及一夫一妻婚姻生活的乐趣),所以他同样大大低估了凡人士兵对战争的厌倦和对家乡的思念。因此,这一幕是有关两位企图用谎言操纵下属的君主———一位天神君主和一位凡人君主———的愚蠢闹剧。他

---

① 参1.163－168,1.225－231,1.109－115;另参2.225－238,3.284－291。

们的计划之所以适得其反,是因为他们对自己的属下缺乏最起码的了解。① 然而这出闹剧中有关宙斯的部分却十分令人不安,[44]如果天神和凡人的父亲如此愚蠢无能,我们凡人如何向他寻求保护和正义?

有人可能会在此时仍然相信众神智慧、神圣,辩论说宙斯送梦确非明智之举,但如荷马所述宙斯的妻子赫拉最终成功阻止了阿开奥斯人回家的行动,因而可以说,赫拉的做法十分明智地纠正了她丈夫在判断上可能出现的一时疏忽,支持和维护了他的神圣计划。但是,荷马对赫拉干预后果的描述却让我们看到,最终成功制止阿开奥斯人撤退,挽救阿开奥斯人远征特洛亚行动,使宙斯的计划免遭失败的,并不是赫拉,而是凡人奥德修斯。荷马首次在诗中表示,凡人可能是在某种意义上比天神更为明智和有力的统治者。

赫拉指示雅典娜去到逃跑的阿开奥斯大军,"用你的温和的话语阻止每个人"(2.168-169)。两位女神此时显然都认为,只要用温和的话语,就能轻松说服全部将士停下返乡的步伐,回去跟特洛亚作战。她们显然跟宙斯一样,以为离乡征战对男人而言是一件正当且愉快的事情,因而只要温和地唤起阿开奥斯人继续战斗的愿望,就能叫他们留下来作战。更何况奥德修斯后来的确有效阻止了全体阿开奥斯人的返乡行动(2.207-211)。

但是,奥德修斯的做法有三个重要不同之处。首先,奥德修斯早在劝阻阿开奥斯人之前便找阿伽门农要到他"那根祖传的不朽权杖",这根权杖来自宙斯,代表着宙斯的王权和神权(2.185-186,2.100-108,另参1.277-279)。奥德修斯拿到权杖之后,才开始阻止阿开奥斯人逃跑。奥德修斯不同于赫拉和雅典娜,他明白象征王权和神权物件的重要性,他知道单靠"温和的话语"根本不能阻止男人们逃离战场返家

---

① 荷马在描述阿伽门农向将士发表愚蠢的谎话之前,强调指出,宙斯和阿伽门农皆为君主,阿伽门农是宙斯扶持的君主,他手持的王杖正是宙斯曾经手持的那根(2.95-109)。

乡。[45]其次,奥德修斯只对阿开奥斯大军里的重要人物——即国王们和杰出的勇士们——使用"温和的话语"(2.188),他在面对一名普通士兵或一群人时,会挥动权杖击打、斥责对方,旨在确立阿伽门农的权威,提醒人们国王背后有宙斯的支持:

> 我们阿开奥斯人不能人人作国王,多头制不是好制度,应当让一个人称君主,当国王,是狡诈的克洛诺斯的儿子授予他王权和特权,使他统治人民。(2.203-206)

跟两位女神不同,奥德修斯明白,温和的话语只会说服一小部分人继续战斗,要让大部分人留下,必须靠凡人或天神的武力或武力威胁,因为大多数凡人并不觉得打仗是合理或愉快的经历。①

事实上,哪怕对于大部分将领和勇士来说,单靠温和的话语能不能说服他们留下继续战斗,都是个问题。尽管荷马确实描述说"只要他遇见一个国王或一个显赫的人物",奥德修斯"就用温和的话语阻止他",②但是他笔下的奥德修斯所使用的话语却一点也不温和:

> 我的好人,我不该把你当懦夫吓唬你,你且坐下,叫其他的人也都坐下来。你还不知道阿特柔斯之子心里的意思,他是在试探,很快会惩罚阿开奥斯儿子们。我们不是都听说他在议事会的发言?我要当心他发脾气,虐待阿开奥斯儿子们。宙斯养育的国王的心灵暴烈异常,荣誉来自宙斯,智慧神宙斯喜爱他们。(2.188-197)

尽管奥德修斯并没责罚这些人,他却分明唤起了他们对脾气暴烈的国王和站在国王一边的权力无边的天神的恐惧。接下来,奥德修斯一边用温和的话语劝说阿开奥斯人留在特洛亚继续战斗——例

---

① 参 Seth Benardete, *The Bow and the Lyre*, p.123。
② [译按]根据英文原文对罗念生译文增加了"只要"和"就"两词。

如,他试图唤起他们的荣辱感,他们的利益需要,尤其是他们的虔诚期望,另一方面,他严厉斥责和击打带头离开特洛亚的人,来间接警告其他人。①

[46]我们在此处看到,让智慧神宙斯的计划免于失败的人是奥德修斯,是他避免了阿开奥斯军队的溃散,而他实现这一切,靠的不是顺从天神,而是违背天神的命令。跟天神不同,奥德修斯知道凡人不会那么容易被温和的话语打动,不会置自己的生命和身体于危险之中,跟心爱之人天各一方。奥德修斯明白这一点,是因为他不同于永生的天神,他是个凡人。凡人从经历中学会了对死亡的恐惧、对家乡的思念和战争的本质是苦难这一事实,而这一切都是神明无法了解的。正如奥德修斯所言:

> 有如一个人离别亲爱的妻子有一月,为凛冽的寒风和咆哮的海上波涛所阻,会坐在那有长凳的船舱里心情忧烦,我们待在这里,已经有九个年头不断旋转而去,阿开奥斯士兵们在弯船旁边感到烦恼也很自然。(2.292–297)②

荷马对宙斯、赫拉和雅典娜利用幻梦进行欺骗以及在后面情节中进行笨拙干预的描述,提出了神明是否值得信赖和是否有能力理解凡

---

① 2.284–332,2.244–269;参2.333–335。此时讲话的阿开奥斯将领,无论是涅斯托尔还是阿伽门农,确实没有哪个人只拿温和的话语劝说阿开奥斯人留在特洛亚。涅斯托尔用非常刺耳的话呼唤众人对复仇的渴望:"因此在每个人同特洛亚的妻子睡觉,在海伦发出的一声声痛苦的哀叹和呻吟获得补偿之前,不要匆匆回家。"(2.354–356)涅斯托尔和阿伽门农二人都拿死亡威胁逃兵。

② 值得一提的是,尽管奥德修斯只身一人阻止了阿开奥斯人离开特洛亚,神圣的缪斯,即宙斯的女儿,却称赞埃阿斯是仅次于阿基琉斯的最优秀的阿开奥斯人——埃阿斯在阻止阿开奥斯人四散奔逃方面没发挥任何作用(参2.761–762,2.768–770;参2.484–492)。

人的问题。荷马尤其通过对奥德修斯的描述,邀请读者思考,凡人是否至少在某些方面拥有超过天神的智慧和关爱？荷马突出强调天神的欺骗和无能,特别是强调他们并不完全了解如何统治人类,从而向传统的、信赖诸神为智慧和慈悲化身的虔敬信仰发起了挑战。

诸神是否正义和慈悲

奥德修斯成功阻止阿开奥斯人返乡后,阿伽门农率军进攻特洛亚城。宙斯想要利用特洛亚人惩戒阿开奥斯人,迫使他们敬重阿基琉斯。[47]但是这个计划差点再次受阻。这一次的阻力来自阿开奥斯人和特洛亚人的共同努力。正值阿开奥斯人和特洛亚人准备开战时,双方却突然提出休战,决定由帕里斯和墨涅拉奥斯二人为海伦决斗来结束战争。如果约定进展顺利,宙斯的计划将彻底失败。此处的整个情节（位于卷三开篇处）跟宙斯送梦给阿伽门农并诱使他和阿开奥斯人进攻特洛亚城的情节一样,让人们质疑宙斯的智慧。宙斯显然想当然地认为特洛亚人和阿开奥斯人都迫切希望跟对方死战到底,完全没看到双方对和平的渴望,因此也预见不到他们通过自身的努力一劳永逸、和平结束战争的可能性。

但这个情节跟前面有一点不同,它还让人对宙斯的正义和慈悲产生了怀疑。特洛亚人和阿开奥斯人通过帕里斯和墨涅拉奥斯为海伦决斗的方式来结束战争,这个决定显然是公正的,也体现了双方对正义的真诚拥护和对和平的渴望。这绝对是《伊利亚特》最具决定性的一刻。特洛亚人和阿开奥斯人经过九年的持久战,终于达成了一项约定。如果约定成功实施的话,许多阿开奥斯人和特洛亚人将幸免于难——包括萨尔佩冬、帕特罗克洛斯、赫克托尔——许多因阿基琉斯和普里阿摩斯的残酷而导致的死亡将得以避免,特洛亚城也不会最终遭到毁灭（参 18.95 – 96,22.56 – 76）。如果宙斯对阿开奥斯人和特洛亚人怀有父亲般的仁爱,按理说他会欣然赞成这一安排。然而,荷马展示在我们眼前的却是宙斯用极其狡诈的手段故意破坏了约定,把特洛亚人和阿开奥斯人再次掷回"悲惨的战争"(3.112)。

当特洛亚人排兵布阵迎战进军的阿开奥斯人时,特洛亚的领军勇士赫克托尔看见帕里斯在畏惧地躲避跟墨涅拉奥斯交战。赫克托尔在诗里首次开口,愤怒谴责自己的兄弟心性怯懦、行为不正:

> 不祥的帕里斯,相貌俊俏,诱惑者,好色狂,但愿你没有出生,没有结婚就死去。那样一来,正好合乎我的心意,比起你成为骂柄,受人鄙视好得多,长头发的阿开奥斯人一定大声讥笑,认为一个王子成为一个代战者是由于他相貌俊俏,却没有力量和勇气。[48]你是不是这样子在渡海的船舶上面航过大海?那时候你召集忠实的伴侣,混在外国人里面,把一个美丽的妇人、执矛的战士们的弟妇从遥远的土地上带来,对于你的父亲、城邦和人民是大祸,对于敌人是乐事,于你自己则可耻。你不等待阿瑞斯喜爱的墨涅拉奥斯吗?那你就会知道你占去什么人的如花妻子,你的竖琴、美神的赠品、头发、容貌救不了你,在你躺在尘埃里的时候。特洛亚人太胆怯,否则你早就穿上石头堆成的衬袍,因你干的坏事。(3.39-57)

赫克托尔是特洛亚的军事统帅,他却在此处表示,特洛亚的战事是非正义的。他强调指出,因为帕里斯背信弃义、占有他妇,引起了这场已持续九年的战争,他痛恨胆怯的特洛亚人没有因为帕里斯干的坏事拿石头把他打死(另参6.281-285)。

帕里斯显然受到赫克托尔愤怒责骂的影响,不仅表示要直面墨涅拉奥斯,而且提议要跟墨涅拉奥斯为了海伦及其所有的财产单独进行决斗,从而一举决定战争的结果:

> 如果你要我战斗,你就叫特洛亚人和全体阿开奥斯人坐下,把战神喜爱的墨涅拉奥斯和我放在两军之间,为争取海伦和她的财产单独决斗。我们两人谁获得胜利,比对方强大,就让他把这个女

人和财产带回家。其余的人就保证友谊,发出誓言,你们好住在肥沃的特洛亚,他们好回到牧马的阿尔戈斯平原和多美女的阿开奥斯土地。(3.67–75)

赫克托尔高兴地命令特洛亚人在战场上坐下,当众说明帕里斯的决斗提议,并当众谴责帕里斯引发了这场战争(3.86–87)。墨涅拉奥斯表示只要普里阿摩斯盟誓尊重决斗结果,他很愿意接受决斗的提议:

> 我心里特别忧愁,我认为现在阿尔戈斯人和特洛亚人可以分手,你们曾经为我的争执和阿勒珊德罗斯的行为忍受许多苦难。(3.97–100)

墨涅拉奥斯在此处解释说,他乐意接受决斗的主要原因在于,在他看来,由两位当事人出面解决这场冲突是符合正义的做法,因为这样可以让阿开奥斯人和特洛亚人免遭更多的苦难。墨涅拉奥斯跟赫克托尔持相同看法,他不仅认为帕里斯应该为引起战争遭受谴责,而且同样认为双方不该因为帕里斯的错误继续受苦。[49]荷马接着描述道:"他这样说,阿开奥斯人和特洛亚人很是喜欢,希望结束这艰苦的战争。"(3.111–112,)我们接下来得知,特洛亚领袖们早在该提议之前就已经倡议要把海伦送还给墨涅拉奥斯(3.159–160)。就连国王普里阿摩斯在得知决斗的提议之后,也立刻表示赞同,虽然他确实害怕"他的爱子"帕里斯会输掉决斗(3.259–260,3.304–309)。很显然,帕里斯的提议合理又公正,除阿伽门农之外的所有阿开奥斯人和特洛亚人都无条件起誓尊重决斗的条件和结果。只有阿伽门农表示有条件接受决斗,他向宙斯祈祷,如果墨涅拉奥斯取胜,特洛亚人应向阿开奥斯人提供适当的额外赔偿(3.284–287)。

接下来,墨涅拉奥斯在决斗中战胜了帕里斯,这个结果应该也是正当的,因为大家显然一致认为,帕里斯偷走墨涅拉奥斯妻子的行为,是对热情好客的墨涅拉奥斯的侮辱。荷马强调说,特洛亚人如此痛恨帕

里斯,以至于他们之中没有人愿意给他提供任何帮助:

> 但没有一个特洛亚人或是他们的盟友能够给英武的墨涅拉奥斯指出阿勒珊德罗斯[译注:帕里斯]。他们要是看见了,也不会友爱地隐藏他,因为他被他们全体如黑色的死亡来憎恨。(3.451-454)

此时我们感觉到,因为帕里斯清楚自己的过错,他在面对跟墨涅拉奥斯的决斗时,根本不敢向天神祈求助佑。相反,墨涅拉奥斯因为相信错在帕里斯,正义在自己这边,确实向宙斯祷告正义:

> 宙斯王,请让我报复首先害我的神样的阿勒珊德罗斯,使他死在我的手下,叫后生的人不敢向对他表示友谊的东道主人做出任何的罪恶行为。(3.351-354;另参 2.588-590,3.27-28,3.366)

由此看来,墨涅拉奥斯的胜利应该是正义的胜利。然而,宙斯却破坏了这一胜利。首先,宙斯之女阿佛罗狄忒把在墨涅拉奥斯手里定死无疑的帕里斯救了出来。墨涅拉奥斯暂时没了武器,他抓住帕里斯的头盔,把对方拖向阿开奥斯人的阵线。据荷马所述:"宙斯之女阿佛罗狄忒看见,把那根用牛皮制成的带子使劲弄断,墨涅拉奥斯会把他拖走,大享声名。"(3.373-375)阿佛罗狄忒奇迹一般把帕里斯送到安全之地,送进他在特洛亚馨香馥郁的卧室里。诚然,荷马并没交代宙斯有没有派遣阿佛罗狄忒前来破坏特洛亚人和阿开奥斯人结束战争的努力。[50]根据海伦的描述,阿佛罗狄忒似乎是出于对帕里斯的喜爱而擅自行动(3.406-409)。而宙斯却对女儿此时的作为没表示任何反对。事实上,他随后便以令人出乎意料的手段重启了战争。

帕里斯神秘消失之后,阿伽门农在混乱中宣布,既然墨涅拉奥斯已赢得胜利,特洛亚人应该把海伦和她的财产立刻交出来,再另外提供适当的赔偿,阿开奥斯人将在此后驶回家乡,特洛亚人亦可安享和平。阿开奥斯人立刻表示赞许,特洛亚人虽然痛恨帕里斯,此时却明显有些犹豫不决(参3.449-461)。就在此时,宙斯派雅典娜诱导特洛亚人违背盟誓,破坏休战约定,恢复了战争。

> 你去到特洛亚人和阿开奥斯人的军中,使特洛亚人首先违反他们的誓言,做出有伤闻名的阿开奥斯人的事情。(4.70-72;参4.86-147,4.220-222)

宙斯的举动尤其令人震惊,因为在诗里的凡人眼中,宙斯是誓言的保护神,对于凡人和天神而言,宙斯的正义首先在于尊重和保护誓言。①墨涅拉奥斯当初答应跟帕里斯决斗时,坚持要向宙斯起誓,就是为了保证约定的有效性:

> 你们去牵两条绵羊——白公羊和黑母羊祭地神和赫利奥斯,我们牵一条来祭宙斯。你们把强大的普里阿摩斯带到这里来起誓,免得有人破坏向宙斯发出的誓言,因为老国王的儿子们很是傲慢成性。(3.103-107)

墨涅拉奥斯不相信"不值得信任的"凡人发出的誓言,但是他相信宙斯会惩罚那些"违背"誓言的人。如今我们却看到,不值得信任的是宙斯,是宙斯诱导特洛亚人破坏了盟誓(参3.107和4.72)。我们看到,当特洛亚的潘达罗斯违背誓言,差点杀死墨涅拉奥斯时,愤怒的阿伽门农表示,他确信宙斯"会愤慨他们的欺诈",会对违背誓言的特洛亚人作出惩罚(4.157-168)。然而,正是宙斯本人允许女儿雅典娜哄骗"无辜"的潘达罗斯违背了誓言(4.89,4.93-104,4.127-129)。然后,战争恢复,阿伽门农鼓励意志坚定的阿开奥斯人跟特洛亚人战斗到底,[51]他说道:

---

① 参 Hugh Lloyd-Jones, *The Justice of Zeus*, p. 5。就连多兹(E. R. Dodds, *The Greeks and the Irrational*, p. 32)和阿德金斯(Arthur Adkins, *Merit and Responsibility*, pp. 66-67)也在一定程度上同意该看法。

阿尔戈斯人，不要削弱你们这股愤怒的力量，父亲宙斯不会帮助赌假咒的人，对那些首先违反誓言而害人的人，秃鹫会去啄食他们的细嫩的肉，我们将在攻占他们的城市的时候，把他们的亲爱的妻子和儿女用船运走。①

阿伽门农和诗里所有的凡人一样，他完全相信父亲宙斯公平正义，相信他赏善惩恶，相信他专门惩罚那些违背向他发出的誓言的人。② 然而，荷马却在此处向读者透露，宙斯会毫不犹豫地诱使凡人违背他们自己发出的誓言。因此，宙斯不是值得信赖的正义维护者，相反，他好像根本不在意凡人对和平与正义的渴望。③ 就在宙斯派雅典娜前去诱使特洛亚人违背誓言从而恢复荷马所谓的"罪恶战争"之前，荷马在诗里第二次称呼宙斯为"父亲宙斯"，他在诗里一共这样称呼宙斯达十三次，突出表现了凡人对宙斯的信仰和宙斯的本质之间存在着的巨大反差（4.68，4.15，4.82；另参 3.111-112），从而向读者强调指出，凡人对于"父亲"宙斯会保护誓言、主持正义并真心在意人类的信念是不合理的。

有人可能会引用宙斯对忒提斯的庄重宣誓来为宙斯的正义辩解。宙斯表示他"无法收回"这个誓言，既然阿开奥斯人侮辱了阿基琉斯，他就要利用特洛亚人对阿开奥斯人施加惩罚，好叫他们敬重阿基琉斯

---

① 4.234-239。[译按]根据本书英文原文把罗念生译文中的"你们的勇气"改为"你们这股愤怒的力量"。

② 另参卷四伊多墨纽斯对阿伽门农说的话，他说："他们[译按：特洛亚人][首先]破坏了盟誓，死亡和苦难今后将临到他们头上。"（4.268-271）特洛亚长老安特诺尔敦促特洛亚人把海伦还给阿开奥斯人，他表示自己相信天神会处罚那些违背誓言的人。他说："我们是违反可信赖的誓言，进行战斗；不那样做[译按：把海伦还给阿开奥斯人]，就无望为我们获得利益。"（7.351-353）另参 7.76，7.411。

③ 本人不同意格里芬的看法，他认为根据荷马所述，天神"关爱"人类的信念和天神对人类明显漠不关心的事实"并不矛盾"（Jasper Griffin, *Homer on Life and Death*, p.198）。

(1.525—527)。因此,虽然在所有阿开奥斯人和特洛亚人眼中,通过把海伦归还她的合法丈夫和惩罚骗人的奸夫来结束战争是再公平不过的做法,但是,这样一来,阿开奥斯人对阿基琉斯的侮辱就得不到惩罚,宙斯对忒提斯和阿基琉斯许下的庄严誓言也就得不到实现。所以,宙斯面临的问题或许是一个充满悲剧意义的良心抉择,一边是牺牲阿基琉斯和忒提斯的需要,满足特洛亚人和阿开奥斯人的利益;[52]另一边是牺牲特洛亚人和阿开奥斯人的利益,满足阿基琉斯和忒提斯的需要。有人可能会说,虽然欺骗特洛亚人违反誓言确实令人震惊,但既然宙斯已决心帮助阿基琉斯和忒提斯,这个正义的目的便使得该手段具有了合理性。

但是,在荷马关于宙斯重启战争的描述中,宙斯根本没有提起阿基琉斯,也没有提起他为了惩罚阿开奥斯人对阿基琉斯的侮辱向忒提斯许下的诺言。宙斯没有表现出对阿基琉斯的关心,对正义的关心,或者对任何人的关心。荷马此处的叙述非常尖锐地挑战了相信宙斯领导的诸神在意和关照人类的传统虔敬信念。要理解荷马发起的挑战,我们需要更加认真地思考这一幕。

在这一幕开场时,宙斯召集众神前来商议。他问道:"我们是再挑起凶恶的战斗和可怕的喧嚣,还是使双方的军队彼此友好相处?"(4.15—16)这个问题本身让人以为,宙斯要鼓励特洛亚人接受墨涅拉奥斯的胜利,从而结束战争。这将对阿开奥斯和特洛亚双方都有利,但同时也意味着阿开奥斯人对阿基琉斯的侮辱将免遭惩罚,宙斯将违反向阿基琉斯和忒提斯许下的诺言。荷马在卷一已说明赫拉"喜爱"和"关心"阿基琉斯(以及阿伽门农),如果她此时提出反对,也不会令人感到意外(1.195—196,1.208—209)。但是,荷马却在此处透露,赫拉的反对不是为阿基琉斯着想,也不是为阿开奥斯人着想,赫拉的反对单纯是为了自己:

> 你怎会想使我的辛苦不结果,不生效,白白地劳累流汗,召集

军队为普里阿摩斯和他的儿子们制造灾难时把马累倒?①

赫拉抱怨说,如果让特洛亚人和阿开奥斯人结束战争,宙斯将使得她所有为普里阿摩斯和他的儿子们制造灾难的努力化为乌有。因此,赫拉的反对并非出于她对阿基琉斯的喜爱,她的反对是出于对普里阿摩斯家族的痛恨。那么,赫拉为什么如此痛恨普里阿摩斯家族?这位女神并没在此处说明她要给普里阿摩斯及其儿子们制造灾难的理由,她也没说明为什么普里阿摩斯家族之外的特洛亚人要承受战争重启带来的灾难,以及为什么全体阿开奥斯将士要遭受灾难,她只是一味要求宙斯满足她长久以来伤害普里阿摩斯及其家人的愿望。

宙斯当然想知道原因,他回答说:"普里阿摩斯和他的儿子们怎样伤害了你,使你想要劫掠特洛亚人的宏伟壮观的伊利昂城?"(4.31-33)[53]赫拉可能会在接下来回答这个问题。荷马后来对此做出解释:"神圣的伊利昂、普里阿摩斯和他的人民招致([译按]赫拉和雅典娜的)憎恨""只因阿勒珊德罗斯犯罪",曾经赞美阿佛罗狄忒在上述两位女神之上(24.25-30,[译按]较罗念生译文稍作改动)。但是,即便我们承认帕里斯侮辱了赫拉的说法,我们也必定心存不解,如果因为一个特洛亚人的过错而让普里阿摩斯和全体特洛亚人遭受灾难,连同阿开奥斯人也要一起遭受苦难,这是否合理,是否合乎正义?

然而,宙斯没等赫拉回答他的问题,就接着谴责赫拉对特洛亚人的憎恨可怕恶毒:"要是你能进入城门,越过高墙,会生吞普里阿摩斯、普里阿摩斯的儿子们和其他的特洛亚人的肉,才能息怒。"(4.34-36)此处的宙斯似乎在公开表明赫拉的愤怒有失公正、心怀恶毒,因为无论怎样的理由都不能解释要吞没整座城池里的人们的愿望。宙斯似乎已经认定,赫拉的愤怒不过是她的恶毒甚至扭曲的心念罢了。那么,天神和

---

① 4.26-28。[译按]根据本书原文将罗念生译文中的"你想怎样"改为"你怎会想"。

凡人的父亲接下来应该会决心保护特洛亚人和阿开奥斯人免遭他的妻子的恶毒伤害,消除"罪恶的战争"和"可怕的战斗",在双方之间达成和平和友谊(4.82–84)。

但是,故事却发生了一个完全令人意想不到的反转,宙斯竟然直接向赫拉让步,同意毁灭特洛亚人!宙斯为什么要向连他自己都认为是赫拉无理凶残的愤怒做出让步?宙斯的解释如下:

> 你想那样做就那样做,不要让这争吵日后成为你我两位神之间的大龃龉。还有一件事告诉你,你要记在心上,在我想要劫掠一座你所宠爱的人民居住的城市的时候,你可不要阻碍我的愤怒,而是让我为所欲为,因为我已主动让了你,尽管心里不愿意。在太阳和星光闪烁的天空下有人居住的城市当中,神圣的伊利昂、普里阿摩斯和普里阿摩斯的善于使用梣木枪的人民是我心里最重视的,因为我的祭坛从来没有缺少等量分享的宴飨、奠酒、祭肉的香气和我应得的礼物。(4.37–49)

宙斯此时的话语流露出他对凡人的冷漠,特别是他对凡人所遭受的苦难的冷漠,这令人感到无比震惊。他说得十分清楚,他之所以让步于赫拉的愤怒,并不是因为他认为这样做合乎正义。宙斯在此时表示,他在一定程度上"不愿意"让特洛亚遭到毁灭,不仅因为他对特洛亚人的喜爱超过任何其他凡人,还因为特洛亚人遵从天道,[54]总是为他献上等量的祭品。他不断重复和强调赫拉的愤怒无理又凶狠,从而重复和强调了他与这股愤怒的合作也是无理和凶狠的。宙斯的让步并不是因为他别无选择,虽然宙斯不是全能神,但他不断被说成——比如赫拉在此处表示——比赫拉强大得多(4.55–56)。即使赫拉后来在诗中制造了些麻烦,宙斯也能轻而易举地利用自己的强大力量制服她。宙斯之所以向妻子的狂怒和摧毁特洛亚的恶毒愿望做出让步,只是因为他眼下不想跟她争吵,而且也不想将来当他感到同样的愤怒,想要摧毁一座她喜爱的城市时,跟她争吵。作为天神和凡人父亲的宙斯仅仅为了避免跟妻子产生过多口角的麻烦,甚至甘愿牺牲他最喜爱最重视的遵守天道的凡人。宙斯愿意让一向尊重他的特洛亚人遭到毁灭,是因为他并不真正关心正义,宙斯随意牺牲他"喜爱"的凡人的性命,说明他事实上并不真爱凡人。①

有人可能会为宙斯辩解说,无论他看上去多么冷酷无情,他向赫拉做出让步和恢复战争的真正原因,一定是他不得不遵守向忒提斯发出的庄重许诺,他必须要利用特洛亚人惩罚侮辱了阿基琉斯的阿开奥斯人,如此说来,宙斯代表的应该是正义。然而,即使我们可以接受宙斯为阿基琉斯一人牺牲所有特洛亚人和阿开奥斯人的福祉,我们仍然无法忽略一个事实,那就是宙斯压根儿没提起阿基琉斯或忒提斯。更重要的是,宙斯刚刚强调特洛亚人一向敬畏他,并且他对特洛亚人的重视超过任何其他凡人,紧接着便公开表明他愿意让赫拉毁灭特洛亚人,而他这样做只是为了避免跟赫拉的争吵,这说明他并不真正关心正义。如果宙斯为了自己的方便,宁肯牺牲正直敬神的特洛亚人的性命,那么他会不会同样为了自己的方便,牺牲正直的阿基琉斯的性命?②

[55]赫拉对宙斯的回答同样透露了她对于哪怕是自己喜爱的凡人的冷漠无情:

> 我有三个最可爱的城市,阿尔戈斯、斯巴达和街道宽阔明朗的迈锡尼,你憎恨这些城市时可以毁灭它们,我不会站出来保护它们,对它们很重视。即使我心怀忌妒,那也无济于事,因为你强大得多;但是我的辛劳也不该不生效果,因为我也是天神,出生自你出生的同一个种族,狡诈的神克洛诺斯生下我,使我两方面受尊

---

① 本人不同意格里芬的看法,他认为荷马笔下的天神真"爱"凡人(Jasper Griffin, *Homer on Life and Death*, p. 198;另参页 83 – 88)。

② 本人不同意卢茨(Lutz)的看法,他认为"荷马向我们展示了一个为了主持正义而限制自己行为和命令的宙斯"(Mark Lutz, "Wrath and Justice in Homer's Achilles", p. 129)。

荣,出身高贵,又被称为你的妻子,你是全体永生的天神当中的统治者。让我们为这事互相谦让,我让你,你让我,其他的永生的天神自然会跟随我们。你赶快命令雅典娜去到特洛亚人和阿开奥斯人发出可怕的喧嚣的地方,使特洛亚人首先违反他们的誓言,做出有伤闻名的阿开奥斯人的事情。(4.51－67)

荷马接下来一语中的地说道:"她这样说,人神的父亲听从她的话。"(4.68)

我们在这里看到,赫拉貌似关心阿开奥斯人,事实上却毫不犹豫地阻止他们和平返家,让他们在战场上送命。不仅如此,赫拉还要让他们遭受彻底的失败,这一切只为了让她自己饱飨对特洛亚人的憎恨。荷马在此处向那些虔诚的读者揭露了一个惊人的事实:诸神对凡人漠不关心。诸神会为了发泄自己的愤怒,为了避免彼此间的争吵,一时心血来潮,让凡人遭受无法言表的苦难,让数不清的人失去性命。一旦停战遭到破坏,战斗重新开始,众神便激励双方疯狂杀戮,给彼此带来巨大的不幸:

> 特洛亚人由战神催促,阿尔戈斯人是目光炯炯的雅典娜、恐怖神、击溃神和不住地逼近的争吵神催促,这位女神是杀人的阿瑞斯的妹妹和伴侣,她……把共同的争吵扔到他们中间,迅速激起沉痛的呻吟……被杀人的痛苦和杀人的人的胜利欢呼混成一片,殷红的鲜血流满地面。①

荷马在卷四清楚地教导读者:不要期望天神会捍卫誓言,维护正义,或真心关爱凡人,哪怕是他们特别重视和喜爱的正直守德的凡人,他们也不会关爱。

---

① 4.439－451。[译按]根据本书原文删掉罗念生译文中"帕拉斯"三个字。

有人可能会反驳说,上述场景所显示的宙斯及众神对凡人漠不关心的事实与诗歌后面的内容存在矛盾,[56]因为荷马在后面的很多场景里描述了众神的慈悲和仁爱。然而,如果我们进一步研究后面的部分,我们会发现诸神对凡人的感情并不像表面看上去那么稳定,相反,他们对凡人的感情前后不一、反复无常、肤浅荒诞。例如,宙斯在故事的发展过程中多次深表同情和怜悯,他尤其同情赫克托尔,甚至在自己的儿子萨尔佩冬被杀时,流下巨滴血泪。但根据荷马的叙述,宙斯虽然喜爱赫克托尔和萨尔佩冬,他仍然会为了避免跟赫拉、雅典娜或其他天神的争吵而让他们去死。① 此处的宙斯为避免将来跟赫拉产生争吵而牺牲他"喜爱"的特洛亚人,这说明他以后也会为了类似理由牺牲他"最爱(或最亲爱的)的凡人"萨尔佩冬和他"喜爱"的赫克托尔。②

我们看到众神确实偶尔答应凡人的祈祷,但荷马也突出强调,众神在诗歌的五个关键时刻拒绝了凡人的祈祷。当阿伽门农在卷二向宙斯献祭祷告击败特洛亚人,荷马透露说:"他这样说,宙斯却不满足他们的心愿。他接受焚献的祭品,却增加他们的辛苦。"(2.419 – 420)当阿开奥斯人和特洛亚人在卷三向一切永生的神明祷告,祈求他们保护所有凡人发出的停战誓言,荷马描述道:"他们这样说,但是克洛诺斯的儿子并不使他们的祈求祷告成为现实。"(3.302)当担任特洛亚雅典娜女祭司的特阿诺带领悲号的特洛亚妇女们做祷告,祈求"尊敬的雅典娜,城市的守护神"阻止正在进攻的阿开奥斯人,"如果你能对城市、对特洛亚人的妻子和儿女大发慈悲",她们许诺特洛亚人将献上丰厚的祭礼(6.304 – 310),荷马评论道:"她们这样祈祷,雅典娜没应允。"(6.311)当赫克托尔向宙斯和其他众神祷告,并献上丰厚祭品,祈求保

---

① 4.40 – 53,6.431 – 461,22.167 – 185,24.64 – 70。

② 16.433,16.447,16.450,16.460,22.168;另参 6.318。就连阿德金斯也夸大众神对"他们有一部分凡人血缘的后代"的关心(Arthur Adkins, *Merit and Responsibility: A Study in Greek Values*, p.64)。

佑他和特洛亚人成功"赶走"阿开奥斯人,我们看到"但是永生的神明并没有分享它们,神明们不愿意,神圣的伊利昂、普利阿摩斯和他的有好梣木枪的人民为他们所憎恨"(8.526 – 528,8.550 – 552)。[57]终于,当阿基琉斯在卷十六祈祷帕特罗克洛斯赢取荣誉并从战场安然返回时,荷马告诉我们:"他这样祈告,远谋的宙斯听他祈求,天神允准了他一半心愿,拒绝了另一半。"(16.249 – 250)在上述事例中,宙斯和其他众神毫无缘由地故意拒绝那些看上去完全正当有益的祈求安全和平的祷告,荷马通过这些事例特别提醒人们,不要信赖神祇。

况且,即使宙斯答应凡人的祷告,我们也不清楚他是否出于善意。比如,宙斯答应阿基琉斯的祷告,帮他惩罚侮辱他的阿开奥斯人,这个惩罚不仅使很多阿开奥斯人丧命,还让阿基琉斯喜爱的帕特罗克洛斯死在了赫克托尔手中,并因此导致了阿基琉斯的死亡,因为阿基琉斯必定找赫克托尔寻仇,他自己的死亡必将随赫克托尔而至。荷马本人之所以认为这个祷告"充满灾难"(15.598 – 599),或许正是因为它带来的惩罚给所有相关的凡人造成了伤害,而且这个伤害比最初的侮辱要严重得多。

荷马因此启发我们思考,宙斯答应阿基琉斯的祷告,真的是为了凡人的福祉吗?

荷马关于诸神本质的教导

荷马没有把诸神描绘为完全憎恨或厌恶凡人的存在,他揭示的是诸神变幻莫测、随心所欲、反复无常的本性。① 例如,宙斯答应忒提斯

---

① 从根本上说,本人在很大程度上同意维柯(Giambattista Vico, *The New Science*, p.357)、多兹(E. R. Dodds, *The Greeks and the Irrational*, Berkeley: University of California Press, 1973, p.32)和阿德金斯(Arthur Adkins, *Merit and Responsibility: A Study in Greek Values*, pp.62 – 64)对荷马笔下的诸神特性的描述,但本人仍然认为他们没有充分关注到荷马笔下的凡人对众神抱有的信仰,因此也没有充分关注到荷马对众神特性的描述背后隐藏着更广阔更深刻的意义。

和阿基琉斯对阿开奥斯人施加惩罚,让特洛亚人杀死他们中的许多人,同时他又允许雅典娜阻止阿瑞斯杀死太多阿开奥斯人(1.503 – 530,2.1 – 4,5.755 – 763)。宙斯自己把战争施加给他们,却又在战争过程中为阿伽门农感到哀伤,并出手帮助阿开奥斯人(8.245 – 246)。然后,他又可怜赫克托尔,去帮助他和特洛亚人(15.12 – 13,15.220 – 235)。雷鸣般的宙斯刚刚"让特洛亚人取胜,让阿开奥斯人惊恐不已",不久后就为流泪的埃阿斯"心痛",开始帮助他和阿开奥斯人搏杀特洛亚人(15.593 – 596,15.648 – 650)。[58]宙斯把他的儿子萨尔佩冬从他的孙子特勒波勒摩斯手里救了下来,却不能把他的性命从赫克托尔手中救出(5.630 – 662,16.431 – 507)。宙斯拒绝让帕特罗克洛斯从战场全身而退,却又在阿基琉斯和阿开奥斯长老们哀悼死去的帕特罗克洛斯时为他们感到难过(16.249 – 252,19.338 – 341)。

宙斯怜悯所有的凡人,认为"在大地上呼吸和爬行的所有动物,确实没有哪一种活得比人类更艰难"(17.446 – 447),可是决定杀死许多阿开奥斯人的同样是宙斯,他破坏阿开奥斯人和特洛亚人为停战做出的努力,把他们再次扔进"可怕的战斗",宙斯为特洛亚人和阿开奥斯人两方"制造苦难"(2.1 – 4,4.64 – 72,7.476 – 479)。在战争进行时,"克洛诺斯之子激起他们的不祥狂热,再透过苍穹从天宇降下淫淫血雨,决意把许多英勇的生命送往哈得斯"(11.52 – 55)。"父亲"宙斯[独自]踞坐,"欣喜自己的权能,俯视特洛亚城池和阿开奥斯人的船只、青铜的闪光、杀人的人和被杀的人"(11.80 – 83,另参 8.49 – 52)。宙斯使战斗保持均衡,好让双方继续互相杀戮(11.336 – 337)。阿开奥斯人和特洛亚人为抢夺帕特罗克洛斯的尸体,持续了一整天精疲力竭、凶残血腥的战斗,荷马此时评论道:"这就是那一天宙斯借帕特罗克洛斯的尸体给人和车马布下的恶战。"(17.400 – 401)当诗中最后一场极其血腥的战斗开始时,宙斯宣布:"我将观赏战斗场面。"(20.23)

其他众神同样变化无常。虽然阿波罗和波塞冬都在特洛亚城吃过"苦头",但只有波塞冬憎恨特洛亚人,阿波罗仍向他们施以恩惠

(21.435–469;参24.22–30)。波塞冬怜悯阿开奥斯人,并助他们攻打特洛亚人(13.10–38),后来他又可怜埃涅阿斯,从阿基琉斯手里救出他的性命(20.287–340)。阿波罗答应了他的祭司克律塞斯的祷告,雅典娜却拒绝了她的女祭司特阿诺的祷告(1.9–52,6.297–311)。雅典娜欺骗特洛亚的潘达罗斯,导致他射了墨涅拉奥斯一箭,破坏了阿开奥斯人和特洛亚人之间的停战盟誓(4.86–104)。然后,她保护墨涅拉奥斯躲过这一箭,后来又帮助狄奥墨得斯杀死了潘达罗斯(4.127–140,5.290–296)。有一次,她谴责狄奥墨得斯不与天神交战,而狄奥墨得斯指出,正是雅典娜本人命令他这样做的(5.799–834,5.124–132)。诗中的雅典娜自始至终憎恨特洛亚人,并跟他们作对,[59]但她"特别""宠爱"一个名为斐瑞克洛斯的特洛亚人,可即便如此,她也并没让他免遭死亡(5.59–68)。此外,雅典娜还同支持特洛亚的阿波罗一起,无缘无故让战争休止一天,安排赫克托尔和一位阿开奥斯人进行决斗(7.17–43)。赫菲斯托斯救了他的祭司的两个儿子中的一个,却没有救另一个(5.9–24)。阿尔特弥斯教过一位她喜爱的特洛亚人箭术,却没有拯救他的性命(5.48–58,另参6.427–428)。赫拉坚决主张众神帮助阿基琉斯打败赫克托尔,因为阿基琉斯的母亲是一位女神,而赫克托尔只是个凡人(24.55–63),可她自己却站在阿基琉斯一边跟埃涅阿斯作战,尽管埃涅阿斯的神祇母亲阿佛洛狄忒是宙斯的女儿,地位在忒提斯之上(20.103–131)。并且赫拉也至少跟宠爱阿基琉斯一样,宠爱完全是凡人的阿伽门农(1.193–196)。

由此看来,荷马在《伊利亚特》表达的核心思想是:众神反复无常、不可信赖,他们从根本上对人类漠不关心。随着故事的展开,这个思想表达得越来越清晰。在特洛亚同盟格劳科斯的言辞中,荷马阐述了有关神明本质以及神明不关心人类福祉的思想含义,给人留下深刻印象。格劳科斯描述了关于世界对人类生命漠然视之的看法:

   正如树叶的枯荣,人类的世代也如此。秋风将树叶吹落到地

上,春天来临,林中又会萌发,长出新的绿叶,人类也是一代出生,一代凋零。(6.146-149)

格劳科斯在这里暗示,人类在这个世界上没什么特殊的恩惠和地位,并且接下来通过追忆自己的祖先柏勒罗丰,为上述看法提供了注解。起初众神喜欢柏勒罗丰,后来又毫无缘由地开始憎恨他(6.156-204),柏勒罗丰起初过得很幸福,然后他的幸福因为众神化为乌有。格劳科斯呈现的世界灰暗无光,但是这样的世界却可能因为诗中他对萨尔佩冬的友情而被点亮。或许正因为格劳科斯意识到——尽管这种意识并不充分和稳定①——一个人在世间必须依靠人类而不是神明才能获得幸福,这份友情才得以滋长。② 在格劳科斯看来,萨尔佩冬是"最杰出的英雄"(16.521),在萨尔佩冬眼里,格劳科斯是他"心爱的伙伴"(16.491)。

《伊利亚特》中荷马的自我显现

[60]荷马通过自我显现更加清楚客观地表达了他的神明思想。荷马一开始以凡人歌者的身份出现,歌者恳求神圣的缪斯女神对阿基琉斯的愤怒和宙斯的计划做出解释,也就是说,歌者也像诗里其他凡人一样相信神明充满智慧和正义,相信神明关心人类的福祉。歌者在卷一向女神求助,跟克律塞斯和阿基琉斯在卷一向阿波罗和宙斯求助如出一辙。但是,随着诗歌的发展,我们看到荷马向读者透露,众神并不真正关心人类,他们也不真正拥有智慧和正义,歌者从而把读者的注意力从众神转向凡人。

歌者在卷一祈求神圣的缪斯女神与他分享智慧,他还在卷二两次跟

---

① 在帕特罗克洛斯杀死萨尔佩冬时,格劳科斯指责宙斯不保护他自己的儿子,但他紧接着向宙斯的另一个儿子阿波罗发起祷告,祈求他医治自己的伤口,好让自己为保护萨尔佩冬的遗体继续拼杀(16.514-531)。

② 据萨克森豪斯(Saxonhouse)所述,"人类只能靠自己建立神明拒绝提供的秩序和价值"(Arlene Saxonhouse,"Thymos, Justice, and Moderation of Anger in the Story of Achilles",p.42)。

他称作全知的缪斯以及全体缪斯女神讲话(1.1-7,2.761-762,2.484-487)。但是在余下的二十二卷里,他只跟缪斯们讲了三次话(11.218-220,14.508-510,16.112),跟阿波罗只讲了两次话(15.365-366,20.151-152)。相比之下,荷马从卷四开始跟凡人讲话——墨涅拉奥斯、墨托尼波斯、帕特罗克洛斯、阿基琉斯——在诗歌后面的二十一卷里共对这些人讲话十八次(参本书页43脚注1)。此外,荷马在卷一开始不久便强调先知卡尔卡斯的神圣智慧:"一位最高明的鸟卜师,他知道当前、将来和过去的一切事情"。但荷马在卷十八强调的却是波吕达马斯的凡人智慧:"**只有他一人**洞察过去未来"(1.68-72,18.250,强调为本书作者所注)。荷马用这些方法温和又明确地鼓励读者越来越多地把注意力放到诗里的凡人而不是神明身上,越来越多地寻求包括读者自己在内的人类而不是众神的指引。

荷马还鼓励读者依靠他本人——即《伊利亚特》里的凡人歌者——而不是众神,来获得指引。① 虽然荷马在卷一出现时只是一位恳求神明指点的歌者,但随着诗歌的展开,他独立地位愈加凸显。[61]他在提出一些不得不提的问题时,不再召唤缪斯们(5.703-704,8.273,17.261-262),他还越来越多地以自己的名义做出判断,这些判断掷地有声,有时甚至令人震惊。如前文所述,他因为阿伽门农相信宙斯而称其为"愚蠢的人";他批评赫克托尔用"羞辱的话"责骂帕里斯;他称特洛亚人为"愚蠢的人",因为他们不接受波吕达马斯"高明的建议";他称帕特罗克洛斯为"愚蠢的人",因为他一心想要跟特洛亚人战斗,还异常勇猛地冲杀;他称特罗斯为"愚蠢的人",因为他妄想愤怒的阿基琉斯饶过他的性命;他批评阿基琉斯,因为他"凌辱"赫克托尔的尸体,并且"凶狠"地砍下十二位特洛亚青年的头颅;他还批评普里阿摩斯用

---

① 参 Irene J. F. de Jong, *Narrators and Focalizers: The Presentation of the Story in the* Iliad, Amsterdam: B. R. Grüning, 1987, pp. 45-53, 228-229; Jenny Strauss Clay, *Homer's Trojan Theatre: Space, Vision, and Memory in the* Iliad, pp. 22, 26, 62。

"侮辱的话"斥责自己的儿子们。① 荷马用这些方式向我们传递了他本人关于笔下人物的言行举止的看法。

此外,荷马对死亡进行了极其生动详尽的描写,我们从中看到荷马极其严肃地接受人类生命有限的事实。② 他一次次平静细致地描述死亡的瞬间③:

> 他一枪刺入他的肚脐旁,他的肠子流到地上,黑暗笼罩了他的双眼。(4.525 – 526)
>
> 他抽出利剑,戳进他的肚皮,夺取了他的性命。(4.530 – 531)
>
> 他挥剑刺进他的肝部,肝脏涌出体外,黑色的鲜血浸透了他的衣褶,他的灵魂消逝时,黑暗随即罩住了他的双眼。(20.469 – 472)
>
> 接着他用带柄的长剑笔直砍中阿革诺尔之子埃赫克洛斯的脑顶,鲜血使剑通身变热,悲惨的死亡和强大的命运立即蒙住了他的眼睛。(20.474 – 477。[译按]前三段引文较罗念生译文略作调整。)

这种在死亡面前安然顺从的态度跟赫克托尔和阿基琉斯这些英雄的态度构成了鲜明对比。根据荷马所述,每个英雄都习惯跟自己杀死的勇士说几句话,"尽管他已经死了"(16.858,22.364;另参21.121 – 125,21.184 – 199)。这种清醒的顺应死亡的态度也跟阿波罗天神的态度截然不同。阿波罗会为赫克托尔感到怜悯,"尽管他已经死了"(24.18 – 20)。

[62]荷马对死亡的描述,尤其是对于死亡给丧亲者带来的影响的

---

① 2.37 – 38,3.38,12.108 – 115,12.127 – 130,18.310 – 314,16.46 – 47,16.684 – 687,20.463 – 466,22.395,23.24,13.176,24.237 – 238。

② 据格里芬所述,"荷马讲述了无数场战争杀戮,很多场面不乏残酷的细节描写,但他却没有滑向施虐或滥情任何一个极端"(Jasper Griffin, *Homer*: *Iliad IX*, p. 36;另参 Jasper Griffin, *Homer on Life and Death*, p. 143)。

③ 拉泰纳评论道:"大多数致死的生理原因都有精确的记录,从医学的角度来看也很合理。"(Donald Lateiner, "The *Iliad*: An Unpredictable Classic", *The Cambridge Companion to Homer*, p. 13)

描述,让我们越来越多地认识到荷马对战争的受害者寄予深切的悲悯之情。① 例如,荷马在描述埃阿斯怎样杀死了一位特洛亚青年之后评论道:"可是他不能报答双亲的养育之恩,只缘生命短促,死在埃阿斯的枪尖下。"(4.477-479)同样,在详细描述狄奥墨得斯的战功时,荷马停下来描述狄奥墨得斯对两个特洛亚人的杀戮,这两位特洛亚人是一位年老父亲的两个儿子。"狄奥墨得斯把他们杀死,夺去二人的可爱的性命,给他们的父亲留下悲哀,因为他已不能欢迎他们从战争中活着回家。"(5.155-158,[译按]较罗念生译文略作调整)当赫克托尔从战场回到特洛亚城,"特洛亚人的妻子和女儿跑到他身边,问起她们的儿子、弟兄、亲戚和丈夫"(6.237-240),赫克托尔叫他们去祈求神明。荷马以自己的名义补充道,至于那些女人们,"许多人心里充满无限的悲愁哀怨"(6.241)。②

荷马最引人注目,让人印象深刻,也是他最得心应手的部分,是对比喻的运用。这些美妙绝伦、构思精巧的比喻让读者愈加意识到诗歌作者具有非同寻常的观察力、丰富的人生阅历和发达的想象力。他在卷一只用了三个比喻:"他(阿波罗)的降临有如黑夜盖覆大地"(1.47);"他(阿基琉斯)眼睛像发亮的火焰"(1.104);"她(忒提斯)急忙从灰色海水里像一片云雾升起来"(1.359)。在此之后,荷马越来越多地使用比喻,他在卷二使用了十六个比喻;卷三,六个;卷四,十三个;卷五,十七个;全诗共使用了二百九十七个比喻:③

---

① 巴克斯顿指出,荷马"哪怕是对最不起眼的英雄的命运,也非常详细地赋予个性化描述"(Richard Buxton, "Similies and Other likenesses", p.151)。另参 Donald Lateiner, "The Iliad: An Unpredictable Classic", p.29。

② 据斯科德尔(Ruth Scodel)评论,"荷马的叙事诗表达了极其广博的同情"(Ruth Scodel, "The Story-Teller and His Audience", in *The Cambridge Companion to Homer*, p.52)。

③ 卷一(3),卷二(16),卷三(6),卷四(13),卷五(17),卷六(4),卷七(6),卷九(2),卷十(7),卷十一(30),卷十二(15),卷十三(27),卷十四(11),卷十五(20),卷十六(24),卷十七(24),卷十八(8),卷十九(11),卷二十(9),卷二十一(14),卷二十二(14),卷二十三(11),卷二十四(5)。有关两部叙事

[63]有如密集的蜜蜂一群一群从洞里飞出,总是有新的行列,聚集在春花之间,一群在这里飞翔,一群在那里飞翔,阿开奥斯人的许多种族就是这样从低海岸前的船上和营帐里结队赴会场。(2.87–93)

有如毁灭万物的火焰使山岭上的大森林燃烧起来,远处望得见亮光,阿尔戈斯人进军时,从他们的威武的铜枪上闪出的亮光就是这样升入空际。(2.455–458)

有如冬季的两条河流从高高的山上,从高处的源泉泄到两个峡谷相接处,在深谷当中把它们的洪流汇合起来,牧人在山中远处听得见那里的响声,呐喊和悲声也这样从两军激战中发出。(4.452–456)

有如尖锐的痛箭袭击分娩的妇女,那是司产痛的埃勒提埃,赫拉的女儿们,派给产妇,它们司掌剧烈的痛感;剧烈的疼痛也这样侵袭阿伽门农的心尖。(11.269–272)

有如一个人的思想捷驰,此人游历过许多地方,用聪敏的智慧翩翩想像:"我去过这里或那里。"想到许多地方,天后赫拉也这样迅捷地飞向远方。(15.80–83)

特洛亚人拥过通道,阿波罗持盾在前。他又毫不费劲地把整段壁垒推倒,有如顽童在海边堆积沙土玩耍,他用沙堆起一个模型愉悦童心,随后又不满意地手脚并用把它毁掉。光辉的阿波罗,你也这样把阿尔戈斯人辛勤的建造毁掉,使他们仓皇逃跑。(15.360–366)

诗使用的所有比喻的目录,参 William C. Scott, *The Oral Nature of the Homeric Simile*, pp. 190–205;另参 Mark W. Edwards, *Homer: Poet of the Iliad*, p. 24; Keith Stanley, *The Shield of Homer: Narrative Structure in the Iliad*, p. 264。关于统计比喻的过程中遇到的挑战,参本书第 6 页脚注 4。爱德华兹指出,比喻是荷马本人叙述(或讲话)的一个鲜明特征,而"在人物的说话中却并不常见……阿基琉斯比任何一位"荷马笔下的人物使用的比喻都多,"他使用的长喻全都新颖独特,相得益彰"(Mark W. Edwards, *Homer: Poet of the Iliad*, p. 39)。据莫尔顿(Moulton)所言,"《伊利亚特》七分之一的比喻都出现在讲话中"(Carroll Moulton, *Similes in the Homeric Poems*, p. 118)。

有如人们在梦中始终追不上逃跑者,一个怎么也逃不脱,另一个怎么也追赶不上,阿基琉斯也这样怎么也抓不着逃跑的赫克托尔。(22.199–201)

有如父亲悲痛地焚化未婚儿的尸骨,爱子的早夭给双亲带来巨大悲切,阿基琉斯也这样悲伤地焚化朋友的尸体,缓缓地绕着柴堆行走,不停地叹息。(23.222–225)

这些非凡的比喻,这些人类思想和智慧的瑰宝,让凡人诗人从缪斯女神的阴影下走了出来。

荷马无疑是一位反神派思想家,但他并没高声宣布自己与众神的分离,也没从一开始就宣称自己是诗歌作者,因为他不想惹恼诸神或那些信仰神明的人(参柏拉图《普罗塔戈拉》316d3–9),也不想遭遇跟色雷斯的塔米里斯(Thamyris)相似的命运。据称,塔米里斯因为宣称自己的歌唱胜过缪斯女神而变哑(2.591–600)。[64]但是《伊利亚特》显然是一种新型的歌唱。在卷一,阿开奥斯人通过歌唱赞美阿波罗,因此,缪斯们向众神献唱,应该也是在赞美众神(1.472–474,1.601–604)。但荷马的歌唱却并不是献给众神的赞歌,《伊利亚特》在根本上不是一部虔敬神明的诗歌,这是一部有关人性觉醒的诗歌。荷马的目的不是要为众神对待人类的方式做辩解,他是要向人们阐明众神如何对待人类以及众神的本质是什么。荷马把众神去神秘化,揭示众神荒诞不经的本质,让人对众神的智慧、正义和仁爱本性产生怀疑,从而教导凡人读者把目光投向凡人而不是神明的关爱。①

---

① 尼采甚至表示:"荷马在他的众神当中感到如此自在,他作为一位诗人在他们那里得到如此的快乐,他必然具有强烈的非宗教倾向。"(Friedrich Nietzsche, *Human, All Too Human*, p.88,[译按]参杨恒达译文,页78,根据本书原文略有改动)据伯克特所述,由于荷马对众神的嘲弄,《伊利亚特》被认为是所有诗歌中最不敬神的(Walter Burkert, *Greek Religion*, p.122;另参397;Paul Mazon, *Introduction à l'Iliade*, Paris:Les Belles Lettres,1942,p.294)。格里芬表示,"众神不得不付出一定代价",因为荷马笔下的他们对人类漠不关心(Jasper Griffin, *Homer on Life and Death*, p.202)。

永生的局限和有死的幸福

我们仍然想知道,荷马神明思想的依据是什么? 是什么让他得出结论,认为神明实际上是荒诞不经的存在? 要了解荷马的神明思想背后的逻辑,我们必须回到聆听或阅读《伊利亚特》这部诗歌时观察到的一个最为朴素的事实:诗歌里的人类比神明天然让我们更感兴趣。为什么?《伊利亚特》里的凡人天然比众神更注目的原因很简单,诗里的凡人承受着可怕的苦难,众神不会也不能有这样的遭遇,正如阿基琉斯在诗歌结尾处对普里阿摩斯所言:"神们是这样给可怜的人分配命运,使他们一生悲伤,自己却无忧无虑。"(24.525 – 526)《伊利亚特》强调凡人是有死的生命,他们一直知道死亡会在任意时刻把他们击倒,在任意时刻把他们心爱的人从身边掠走,人类在死亡面前如此脆弱不堪,这个事实本身意味着,他们的选择和行动实实在在跟他们所拥有的一切利害攸关。

[65] 例如,阿基琉斯必须做出选择,要么向傲慢无理、无视正义的阿开奥斯国王阿伽门农低头,要么撤出阿开奥斯军队,让不计其数的同胞和朋友死掉。赫克托尔决定在远离特洛亚城墙的地方向阿开奥斯人发起猛攻,这意味着他不得不冒着士兵遭伏击被杀、城邦遭毁灭以及心爱的妻子遭奴役的风险。从更宽泛的意义上讲,每个战斗的士兵都明白他正在冒着失去性命的危险。这些凡人的脆弱恰恰赋予了他们一种尊严。令人意想不到的是,正是他们的这种不完美让他们有了一种达到高尚和卓越的能力,有了一种拥有非凡勇气、爱和共情的能力。

相比之下,《伊利亚特》里的天神无疑是永生的存在(参 5.334 – 342),①他们的永生当然是完美的象征。但是荷马却表示,恰恰因为天

---

① 参黑格尔在此语境下的评论:"但是不能把希腊众神看作比基督教上帝更像人类的神。基督更像人:他活着,然后死去,还在十字架上遭受死亡的磨难。"(Georg Wilhelm Friedrich Hegel, *Philosophy of History*, p. 249)

神如此完美,永生的天神才不是也不可能成为卓越和深沉的存在,他们因此不可能拥有人类的勇气和爱,甚至不可能拥有人类的智慧。

荷马对众神的描述跟人类对神明的信仰有关。如前文所述,凡人相信众神的首要特点是永生,此外,众神还是无比高尚、仁慈和智慧的存在。但是荷马表示,如果我们认真思考永生的存在是什么样子,我们必然会得出结论,永生的存在从根本上讲不可能高尚、仁慈、智慧。

首先,众神是永生的存在,不会经历死亡以及与死亡相关的悲痛,这个至为简单的事实意味着,无论众神采取什么决定或行动,他们都不会承担什么风险。阿基琉斯和阿伽门农在卷一的争吵是一场悲剧,因为这场争吵给所有相关的人带来了泪水和可怕的苦难。可是,同一卷里赫拉和宙斯的争吵却无疑充满喜剧色彩,因为它以停不下来的大笑和欢乐收场(1.348-416,1.595-611)。① [66]这些不死的天神知道他们已经吵了几千年了,他们还会在今后继续吵下去,他们怎么可能为一次争吵大惊小怪呢?不死的天神又怎会为了有死的凡人争吵呢?凡人的生命只不过是天神永恒生命中的一瞬罢了,如赫菲斯托斯对宙斯和赫拉所言,"这是一件有害的事,真是难以忍受,如果你们两位为了凡人的缘故这样争执起来……我们就不能享受一顿美味的饮食"(1.573-576)。后来,赫拉向雅典娜强调:"我不想让我们为了凡人的缘故去跟宙斯斗争,让他们按照命运的安排,一个死亡,一个生存。"(8.427-430)阿波罗向波塞冬表示,"震地神,倘若我为了那些可怜的凡人和你交手,你定会以为我理智丧尽"(21.462-464)。

同样,阿基琉斯的命运既幸运又悲惨,他必须在以下两种命运中做出选择,要么继续留在特洛亚战斗,度过短暂却辉煌一生,要么返乡回

---

① 克拉克曾对诗歌卷一中"天神和凡人之间存在的巨大差距"做出评论(Michael Clarke,"Manhood and Heroism", p.76)。雷德菲尔德指出,"《伊利亚特》里的众神……是诗歌主要的喜剧来源"(James M. Redfield, *Nature and Culture in the* Iliad: *The Tragedy of Hector*, p.76)。

到父亲身边,度过长久却平庸的一生(9.410–416)。阿基琉斯在诗歌中自始至终明白,自己的决定将给伙伴、家人和他本人带来重大影响,因此,他很慎重地考虑自己的这一重大决定。但是他所面临的选择,只属于有死的凡人,任何一个神明——不死的存在——都不可能面临这样的选择:要么跟那些需要你勇气的同胞一起度过短暂却辉煌的战斗生命,要么跟需要你爱的家人一起度过长久而幸福的安静岁月。基于神明的本质,没有哪个不死的神明能像一个甘愿暴露在邪恶死亡面前的凡人那样展现勇气或高尚品质。荷马表明,正是神明的永生本质——永生是他们最核心的本质——使得他们丧失了我们凡人因为生命有限而拥有的人生的跌宕起伏、尊严以及可能到达的高尚境界。①

此外,或许更让人吃惊的是,荷马认为永生的天神不及凡人爱得深沉。当然,[67]《伊利亚特》里的众神确实对某些凡人流露出柔软的情感。如前文所述,宙斯对赫克托尔和萨尔佩冬产生了怜悯之情。但是我们也同样看到,宙斯只为避免跟妻子赫拉和其他天神争吵,便让凡人去死。同样,阿佛洛狄忒爱她的"爱子"埃涅阿斯,把他从可能杀死他的狄奥墨得斯手里救了出来。阿佛洛狄忒告诉母亲狄奥涅,埃涅阿斯"是凡人中我最喜爱的一个,远超我对任何事物的喜爱"(5.377–378,[译按]后半句为译者根据本书原文所加)。然而,当狄奥墨得斯刺伤了她的手,她却立即把身受重伤的儿子扔在战场独挡来敌,自己祈求兄弟阿瑞

---

① 克莱(Clay)认为,"荷马笔下的众神无比轻浮可笑,这个结论看似矛盾和出人意料,但却是在对众神的永生本质进行深刻思考之后得出的……既然永生不死,他们就不能为任何比生命更珍贵的东西——无论是荣誉、友情还是对家园的热爱——冒失去生命的危险。不能为了高于生命的东西而牺牲自我,是众神的局限……因此,神明在本质上逊于凡人"(Jenny Strauss Clay, *The Wrath of Athena: Gods and Men in the Odyssey*, pp. 140–141)。格里芬虽然承认"众神活得逍遥,不知死亡为何物",但他仍认为众神同样"受苦",因而从某种意义上说也是"悲惨的"(Jasper Griffin, *Homer on Life and Death*, pp. 191, 195–196)。

斯带她赶往奥林波斯山,好立刻去给她的手治伤(5.343-380)。①

阿基琉斯的母亲女神忒提斯应该是众神之中最深爱凡人的神明,除了宙斯曾在他的儿子萨尔佩冬死去时洒下眼泪之外,忒提斯是唯一一位为凡人哭泣的神明,并且还不止一次地流泪(16.458-461,1.413,18.34-94)。跟阿佛洛狄忒对儿子埃涅阿斯肤浅的爱相比,忒提斯对儿子的爱看上去十分热烈,简直可以跟赫卡柏对儿子赫克托尔的爱相提并论。忒提斯得知儿子受到阿伽门农侮辱时潸然泪下,当忒提斯得知阿基琉斯打算杀死赫克托尔为帕特罗克洛斯之死报仇时,她再次落泪,因为她本能地知道儿子的死期就在赫克托尔之后(1.413,18.65-67,18.94-96;另参24.83-86)。尽管如此,忒提斯女神却在阿基琉斯表明自己想要出战的愿望时痛快接受了他的决定,没花任何气力阻止他(18.128-129)。相比之下,当凡人赫卡柏发现儿子决定上战场迎战阿基琉斯时,她哀婉动人地乞求他活下来:

> 他的母亲这时也在另一旁伤心得痛哭流涕,她一手拉开衣襟,一手托起乳部,含泪对他说出有翼飞翔的话语:"儿啊,赫克托尔,可怜我,看在这份上,我曾经用它里面的汁水平抚你哭泣!想想这些,亲爱的孩儿,退进城来,回击敌人,不要单独和那人对抗。"②

赫卡柏如此动情地恳求儿子,因为正如她对儿子的提醒,过去赫克托尔的全部幸福依赖于她,而现在她包括生命在内的全部幸福,都依赖于赫克托尔。赫克托尔死去时,赫卡柏说道:"现在你已死去,我为何还苟延残喘在人世,受苦挨熬煎?[68]你在特洛亚夜以继日地令我骄傲,全城的男女视你如救星,敬你如神明。"(22.431-435)然而,忒提斯却从没表达过对儿子如此深切的依恋,因为作为永生的神明,她永远

---

① [译按]阿佛洛狄忒并没求阿瑞斯带她回奥林波斯山,她向他借了两匹快马,由伊里斯驾车赶回奥林波斯山。

② 22.79-92。[译按]根据本书原文增加了"在另一旁"。

不会感觉自己的幸福与儿子如此紧密相连。她有两次把儿子比作一株自己培育的幼树,她真心喜爱这株幼树,但却没有深沉的爱(18.54-64,18.429-443)。荷马表明,众神永生的事实恰恰意味着他们在根本上是自足自满的,他们的幸福与其他的存在无关,因此他们永远不会像我们凡人一样真爱其他生命。

忒提斯确实难以理解一个人怎么会如此深沉地爱着另外一个人。例如,阿基琉斯像爱自己的生命一样爱着他的朋友帕特罗克洛斯,而诸神从来没有如此深沉地爱过任何一个人(18.80-82)。阿基琉斯的朋友安提洛科斯完全理解阿基琉斯对帕特罗克洛斯的感情;当他告诉阿基琉斯帕特罗克洛斯被杀时,荷马叙述说,安提洛科斯"伸手抓住哀痛得心潮激荡的阿基琉斯,担心他或许会举铁刃自戕"(18.33-34)。安提洛科斯担心阿基琉斯因为看到帕特罗克洛斯死去后反应过激而自杀——他的担心并非多余,因为阿基琉斯对帕特罗克洛斯的死亡做出的反应是要返回战场击杀特洛亚人,尽管他知道,或许正因为他知道,返回战场对他来说意味着死亡。由此说来,安提洛科斯完全理解阿基琉斯对帕特罗克洛斯的爱有多么强烈。

相比之下,女神忒提斯却不明白儿子的感情。当她得知帕特罗克洛斯已死并且阿基琉斯已经知道这个消息时,她立刻询问阿基琉斯:"孩儿啊,为什么哭泣?心头有什么痛苦?"然后,她有点愚钝地告诉他,虽然帕特罗克洛斯已被杀,但宙斯已经让他所有的祈求得到实现,阿伽门农和阿开奥斯人已受到惩罚(18.72-77)。阿基琉斯回答说:"但我又怎能满意?我的最亲爱的同伴帕特罗克洛斯被杀死,我最钦敬的朋友,敬重如自己的头颅。"(18.80-82)接下来,他跟困惑不解的神明母亲解释说,自己宁肯死去,也不要失去朋友的陪伴而继续活下去。后来,当阿基琉斯继续为挚友帕特罗克洛斯哀悼数日时,困惑不解的女神再一次有些愚钝地问道:"我的孩子,你呜咽哭泣,咬伤你的心,废寝忘食,要到什么时候才停止? [69]你最好在一个女人的怀抱里享

受爱情。"(24.128-131,参24.601-620)①

在卷六,安德罗马克告诉自己的丈夫赫克托尔,她全部的幸福都寄托在他一个人身上。安德罗马克提醒赫克托尔,阿基琉斯已经杀死了她的父亲和七个兄弟,她接着说道:"所以,赫克托尔,你成了我的尊贵的母亲、父亲、亲兄弟,又是我的强大的丈夫。你得可怜可怜我,待在这座望楼上,别让你的儿子做孤儿,妻子成寡妇。"(6.429-432)当安德罗马克后来得知阿基琉斯杀死了赫克托尔,这个消息几乎要了她的命。荷马这样说道:"晦夜般的黑暗罩住了安德罗马克的双眼,她仰身晕倒在地,立即失去了灵知。"(22.466-467)然而,天神却从来不会悲痛到如此地步,因为他们从来不会爱到如此地步。所以,他们的情感总是缺少诗中所展现的最伟大的人类情感的深度。② 荷马教导我们,爱的能量跟死亡的能量紧密相连。

最后,荷马表明,神明在重要方面不如凡人智慧。天神永远不会真正遭受苦难,也不能亲身体验死亡带来的恐惧,不能在失去与自己的幸福息息相关的心爱之人时心感悲痛,因此,天神不能真正理解凡人的恐惧和悲伤。诚然,天神也有他们的受苦方式,阿佛洛狄忒受过伤,阿瑞斯受过伤,据阿佛洛狄忒的母亲狄奥涅所述,赫拉和哈得斯也曾受过伤(5.334-354,5.850-863,5.392-402)。赫菲斯托斯详述了宙斯曾经残酷地惩罚他以至于"我只剩下一点性命"。③ 然而,上述所有这些苦头根本微不足道,因为在天神永生不死的本质面前,这些受苦都变得轻松温和,不值一提。荷马这样描述这些"永乐的天神":"神们不吃面包,不喝晶莹的葡萄酒,因此他们没有血,被称为永生的天神。"(5.340-342)天神永远不必担心死亡的到来,永远不必像赫克托尔和阿基琉斯那样担心爱的人因为自己死去而悲痛不已,永远不必像安德罗马克、

---

① 本人认为格里芬的观点有失偏颇,他认为忒提斯"像凡人一样哀悼"(Jasper Griffin, *Homer on Life and Death*, p.190)。

② 参 Jasper Griffin, *Homer on Life and Death*, p.93。

③ 1.593。[译按]根据本书原文加了"我"一词。

普里阿摩斯和赫卡柏那样担心自己幸福所系的人死去。① 因此,当天神遭受苦痛时,他们会"停不下大笑"和微笑,[70]而不是流泪和悲痛。② 天神的"受苦"总带有欢乐的戏剧性,因而是轻浮的,天神也因此无法真正同情凡人蒙受的苦难。

例如,我们在卷一看到,忒提斯祈求宙斯惩罚侮辱阿基琉斯的阿开奥斯人,让他们蒙受很多人战死沙场的痛苦。宙斯对此表示担心,但他担心的不是阿开奥斯人将因此蒙受可怕的苦难——荷马用所有余下诗篇描述的苦难——也不是阿基琉斯遭受的侮辱,他担心的是他自己将不得不在妻子那里忍受唠叨和责骂(1.503 – 527)。宙斯身为天神不会痛苦,所以也无法同情人类的痛苦。由此看来,有一点似乎是自相矛盾的,那就是,宙斯的永生和神圣完美反而导致他对人类的同情是肤浅和匮乏的。因此,荷马启发我们思考,这种匮乏的同情是不是身为神明的必然结果。

诗中第一个关于凡人的同情心胜过神明的例子是前文提过的奥德修斯的例子。奥德修斯远比赫拉和雅典娜清楚如何才能说服阿开奥斯人留在特洛亚继续战斗(2.169 – 335)。然而,关于人类的同情心超越神明的最感人和最难忘的事例出现在《伊利亚特》结尾处,发生在普里阿摩斯和阿基琉斯两个人物的身上。③ 在卷二十四,众神命令阿基琉斯把赫克托尔的遗体归还其父普里阿摩斯,并指引普里阿摩斯带上大笔赎金,只身前往阿开奥斯人的军营。天神告诉普里阿摩斯,只要提起阿基琉斯的家人,就能跟阿基琉斯讨回遗体(24.144 – 158,24.465 – 467)。众神显然信心十足,认为只要唤起阿基琉斯对天神的虔敬和对财富的占有欲,笼统地谈起他对家人的爱,就足以让他归还那个杀死了自己心爱伙伴的人的遗体。但是普里阿摩斯跟众神不同,过往的经历

---

① 6.450 – 465,24.486 – 512,6.429 – 439,22.33 – 89。
② 1.595 – 600,5.426 – 430,21.388 – 390,21.406 – 409,21.423 – 434,21.505 – 510。
③ 关于卷二十四普里阿摩斯和阿基琉斯两个人物的深入讨论,请参见第三章。

让他十分清楚,人类的爱与恨是两种多么强大的力量。早在阿基琉斯杀死他的儿子赫克托尔之前,普里阿摩斯就曾因为阿基琉斯杀死他的其他爱子表达过他与阿基琉斯不共戴天的刻骨仇恨:

> 如果他令神明也像令我这样讨厌,那他早就该躺在地上死于非命,被猎狗鹰鹫撕碎,消释我心头的痛隐。[71]他夺走了我许多高贵的儿子。(22.41-44)

所以,普里阿摩斯心里明白,阿基琉斯因为赫克托尔杀死帕特罗克洛斯而产生的仇恨可能导致他违抗众神的命令。但他同时也明白——尽管阿基琉斯刚杀死赫克托尔,且不久前还在凌辱他的尸体——阿基琉斯爱戴自己的父亲,受父亲宠爱的体验可能会引起他对普里阿摩斯的同情:

> 我只能哀求这个人,这个无所顾忌任意杀戮的人,望他能敬重我的年纪、可怜我年老体衰,因为生养他成为特洛亚祸患的父亲帕琉斯也在一样的年纪。(24.418-422)

因此,为了解除阿基琉斯的仇恨、融化他的心肠,普里阿摩斯没有遵从天神的建议,他非常动情地诉诸阿基琉斯的怜悯和爱的体验:他亲吻阿基琉斯的双手,恳求他在注视普里阿摩斯时想想宠爱自己的父亲,启发阿基琉斯想象是怎样伟大的爱引领一位专权的国王冒着失去生命的危险,放弃一切尊严来讨回爱子的遗体(24.476-508)。普里阿摩斯此时实施的策略十分成功,阿基琉斯回应给普里阿摩斯以怜悯和同情,无偿归还了赫克托尔的遗体。我们应该看到,普里阿摩斯使用的策略建立在天神没有也不可能拥有的凡人的深刻洞见之上。天神并不清楚唤起阿基琉斯心中凡人之爱的体验的重要性,因为他们从未体验过这种爱,他们不能理解其重要意义。没有哪个神明能真正理解阿基琉斯的心灵,因为没有哪个神明能感受到人类内心燃烧的强烈情感。只有跟阿基琉斯有过相同仇恨和愤怒体验的凡人才明白怎样才能让阿基琉斯超越仇恨和愤怒。

阿基琉斯在卷二十四也表现出一种十分重要的同情能力，这种同情能力是神明所不具备的。阿基琉斯不仅把赫克托尔的遗体归还给了普里阿摩斯，还表达了自己的同情，并因为这一同情主动提出为普里阿摩斯和特洛亚人休战十二天，好让他们为心爱的赫克托尔安心举行葬礼(24.656 – 670)。阿基琉斯提出的休战主张纯粹是他自己的主意，他没接到任何天神的指示。① 因此，这是人类的慈悲之举，不是神明的慈悲之举。[72]阿基琉斯的举动表明了他对普里阿摩斯内在悲痛的同情，天神却无法懂得普里阿摩斯内心承受着怎样的悲痛。只有像普里阿摩斯一样深爱过、蒙受过肝肠寸断的失亲之痛的人，才能真正做到感同身受，真正同情普里阿摩斯。

因此，荷马表明，凡人的智慧在某种意义上让神明的智慧相形见绌。他表示，正因为我们生而有死，我们凡人才拥有某种高尚、某种灵魂的深度和某种智慧，这些是神圣和永生的存在不会也不可能拥有的东西。因此，荷马认为，我们理所当然要把关注点放在《伊利亚特》凡人的悲剧上，而不是天神的喜剧上，我们要敬佩的是诗歌里凡人英雄和女英雄的至善品质，而不是永生不死的神和女神的行为举止。由于受到荷马的影响，希腊文明有两大鲜明特征，其一是对凡人包括身体和灵魂两方面的生命之美给予崇高的赞美——该特征在希腊的竞技体育、雕塑艺术和裸体习俗中可见一斑，其二是对神明持特有的怀疑态度——该特征在希腊哲学中得以体现。换句话说，正是荷马使得破除宗教敬畏的解放成为可能，使得理直气壮歌颂人类的卓越——生而有死的人类在智力、道德和身体上的卓越——成为可能。这些都成为古典文明的鲜明特征。②

---

① 因此，认为《伊利亚特》"结局是众神指引普里阿摩斯找到阿基琉斯，命令阿基琉斯归还赫克托尔遗体"的说法并不十分准确（Jasper Griffin, *Homer on Life and Death*, p. 144）。

② 参 G. S. Kirk, *The Nature of Greek Myths*, p. 179。"希腊人比较特殊，在大多数其他民族的神话里，(凡人)英雄要么默默无闻，要么销声匿迹。"

二 阿基琉斯与赫克托尔

阿基琉斯反对论:利己的战士

[73]荷马通过对《伊利亚特》天神的描述,将神明去神秘化,揭示其变幻无常、冷漠无情的本质。荷马力图把读者从宗教敬畏和虔信神佑的思想中解放出来,引导他们欣赏和敬佩凡人的努力、关爱和人类的卓越。可是,诗歌里哪个人物最能体现人类的卓越呢?谁是荷马为我们树立的人类卓越的典范?

答案显然应该是阿基琉斯,他从诗歌开篇的第一行开始便成为注目的焦点,并且荷马表示,阿基琉斯是《伊利亚特》最伟大的凡人。缪斯和荷马都告诉我们:"最英勇的战士是特拉蒙王之子埃阿斯,阿基琉斯却还在生气,他本最强大。"(2.768-769,强调为本书作者所注;另参17.279-280)后来,荷马在描述阿基琉斯对赫克托尔的急速追赶时说道:"逃跑者固然英勇,疾追者比他更强。"(22.158-159,[译按]据本书原文对罗念生译文略作改动)

从表面上看,阿基琉斯的伟大似乎在于他的英勇作战。荷马在很多方面展现了阿基琉斯作为一名战士的卓越品质。阿基琉斯退出战斗后,阿开奥斯人九年来第一次被特洛亚人逐出特洛亚,被迫修建护墙保护他们的船只(7.339-343)。阿基琉斯重回战斗后,迅速把特洛亚人赶回特洛亚城内(21.526-538)。[74]在卷十八,即使未着甲胄的阿基琉斯只是在战场上露了个面,就把强大的特洛亚军士吓得胆战心惊,他只需大喊三声,就把整个特洛亚军队赶出了阿开奥斯营地(18.215-

231)。宙斯在卷二十表示,如果没有天神的干预,阿基琉斯孤身一人就能摧毁整个特洛亚大军,征服整个特洛亚城(20.26 – 30)。因此,阿基琉斯无疑是《伊利亚特》最为坚韧、最为杰出的战士。在战争功绩上,无人能望其项背。所以,我们很容易认为荷马之所以歌颂和赞美阿基琉斯,是因为他是最卓越的战士。①

但是,我们有充足的理由证明并非如此。尽管荷马展示了阿基琉斯的赫赫战功,他也在试图唤起我们对阿基琉斯手下的受害者——尤其是特洛亚人——的同情。② 我们在卷二十和卷二十一看到愤怒的阿基琉斯屠杀无助的特洛亚士兵,还有普里阿摩斯两个年少的儿子,其中一个在哀求阿基琉斯手下留情时被杀(20.407 – 418,21.134 – 135)。然后,我们在卷二十二看到普里阿摩斯、赫卡柏和安德罗马克得知阿基琉斯杀死了他们心爱的赫克托尔,并正在凌辱他的尸体,他们悲痛欲绝(22.405 – 472)。最后,我们在卷二十三看到阿基琉斯在帕特罗克洛斯的葬礼上割断了十二名特洛亚少年的喉咙(23.173 – 183;参 21.26 – 33,18.336 – 337)。从更广阔的层面上来看,荷马几

---

① 比如,参纳吉的观点,他把"阿基琉斯的英雄价值"等同于"战斗的……杰出能力"和"力量"(Gregory Nagy, *The Best of the Achaeans: Concepts of the Hero in Archaic Greek Poetry*, pp. 48 – 49)。另参 James Anderson Winn, *The Poetry of War*, Cambridge: Cambridge University Press, 2008, pp. 41 – 42。

② 参西格尔所言,"能创造出赫克托尔、安德罗马克、普里阿摩斯这些人物的诗人不会单纯认同于他们的嗜血狂欢"(Charles Segal, *The Theme of the Mutilation of the Corpse in the* Iliad, Leiden, the Netherlands: Brill, 1971, p. 11)。拉泰纳指出,"这不是一部民族主义叙事诗"(Donald Lateiner, "The *Iliad*: An Unpredictable Classic", p. 20)。另参 Ruth Scodel, "The Story – Teller and His Audience", pp. 51 – 52; Jenny Strauss Clay, *Homer's Trojan Theatre: Space, Vision, and Memory in the* Iliad, p. 48; Kevin Crotty, *The Poetics of Supplication: Homer's* Iliad *and* Odyssey, Ithaca: Cornell University Press, 1994, pp. 98 – 99; Graham Zanker, *TheHeart of Achilles: Characterization and Personal Ethics in the* Iliad, Ann Arbor: University of Michigan Press, 1994, p. 1。

乎在《伊利亚特》的每一页都心怀悲伤和怜悯地展现战争的恐怖和丑恶。荷马在诗歌第一幕有关战争死亡的情节里,描述了埃阿斯怎样杀死了"健壮的未婚青年西摩埃西奥斯",他从此"不能报答双亲的养育之恩",还描述了一位色雷斯战士如何用一块石头猛击阿开奥斯的狄奥瑞斯,"他便倒在尘土里面,双手伸向他的伴侣,释放出灵魂"。① 荷马通过上述及其他方式生动描写了这些人的死亡给活着的人带去的痛苦以及死亡本身的痛苦,从而把战争的伤亡刻画得更加人性化。② [75]我们在卷二十二来到《伊利亚特》的高潮时刻,阿基琉斯追赶赫克托尔穿过特洛亚平原。但是就在阿基琉斯即将杀死赫克托尔,并由此奠定特洛亚终遭毁灭的结局时,荷马暂停叙述,开始描写两道泉水,他写道:

> 紧挨着泉水是条条宽阔精美的石槽,在阿开奥斯人到来之前的和平时光,特洛亚人的妻子和他们的可爱的女儿们,一向在这里洗涤她们的漂亮衣裳。(22.153–156)

哪怕是在英雄对决的高潮时刻,荷马仍不忘提醒读者战争的可怕

---

① 4.474,4.477–478,4.522–524。[译按]根据本书原文增加了"未婚"一词。

② 参 Jasper Griffin, *Homer on Life and Death*, pp. 103–143; Seth L. Schein, *The Mortal Hero: An Introduction to Homer's* Iliad, pp. 72–75; Richard Buxton, "Similes and Other Likenesses", p. 151; 克莱继米勒(Mueller)之后表示,"在诗里的 360 个人物当中,有 232 个战士被杀或受伤"(Jenny Strauss Clay, *Homer's Trojan Theatre: Space, Vision, and Memory in the* Iliad, pp. 51–52;另参 Martin Mueller, *The* Iliad, London: G. Allen & Unwin, 1984, p. 82)。据阿姆斯特朗(Armstrong)所述,共有 238 位有姓名的伤亡者和 26 位无姓名的伤亡者,其中 61 位是阿开奥斯人,208 位是特洛亚人(C. B. Armstrong, "The Casualty Lists in the Trojan War", *Greece and Rome* 16[1969]:30;另参 Donald Lateiner, "The *Iliad*: An Unpredictable Classic", p. 12)。

代价,提醒读者忆起遭到战争暴力摧毁的是怎样甜蜜愉悦的和平时光。① 创作《伊利亚特》的人不可能把擅长杀戮看作人类至高无上的德行,因而,荷马不可能单纯因为阿基琉斯最为勇猛好战就把他塑造为最卓越的阿开奥斯人。

况且阿基琉斯根本算不上恪尽职守的战士。荷马在诗歌一开始就指出,阿基琉斯"致命的"愤怒致使"无数"同胞士兵死去(1.1-7)。② 我们在卷一看到阿基琉斯反叛自己的国王阿伽门农(1.277-281),我们看到阿基琉斯在战争中途抛弃同胞将士,任凭他们受强大的特洛亚人摆布(1.240-244),我们还看到他祷告宙斯给阿伽门农和全体阿开奥斯人送去灾难(1.407-412;参1.231)。[76]即使我们觉得阿基琉

---

① 参 Jasper Griffin, *Homer on Life and Death*, pp. 21-22; Seth L. Schein, *The Mortal Hero:An Introduction to Homer's* Iliad, pp. 75-76。同样,阿基琉斯在卷二十至卷二十二屠杀特洛亚人时使用的盾牌上雕刻着和平时期的城市所拥有的纷繁美丽的景象(18.490-508,18.541-605;参 Seth L. Schein, *The Mortal Hero:An Introduction to Homer's* Iliad, pp. 140-142; Seth Bernadete, *Achilles and Hector:The Homeric Hero*, p. 54; Jasper Griffin, "The Speeches", p. 165)。用谢泼德(Sheppard)的话来说,"荣誉和悲伤同时达到顶峰的英雄([译注]阿基琉斯)健壮、年轻、俊美,同时又跟死亡如此接近,他手持盾牌冲向他的战争,上面是赫菲斯托斯雕刻的甜美却无常的生活画面"(John Tresidder Sheppard, *The Pattern of the* Iliad, London:M. S. G. Haskell House,1969, p. 10)。据米勒所述,荷马的比喻"主要出现在战争场景"(Martin Mueller, *The* Iliad, p. 109),它们把读者的注意力引向他们自己的世界,从而在根本上转向"人类宁静的日常生活"(Seth L. Schein, *The Mortal Hero:An Introduction to Homer's* Iliad, p. 140;参 Mark W. Edwards, *The Iliad:A Commentary*, V:*Books* 17-21, p. 39; Donald Lateiner, "The *Iliad*:An Unpridectable Classic", pp. 20-21; Richard Buxton, "Similes and Other Likenesses", pp. 152-153; James M. Redfield, *Nature and Culture in the* Iliad:*The Tragedy of Hector*, pp. 186,188)。基于上述原因,本人不同意芬利的看法,他认为在《伊利亚特》里,"诗人和他的读者恋恋不舍地驻足于每一个杀戮行为"(Moses I. Finley, *The World of Odysseus*, p. 118)。

② 参 C. M. Bowra, *Tradition and Design in* The Iliad, pp. 17-18; Jenny Strauss Clay, *The Wrath of Athena:Gods and Men in the* Odyssey, pp. 37-38。

斯的愤怒在某种程度上情有可原,用荷马本人的话说,他的祷告仍然让人觉得"过于"残酷无情(15.598–599)。①

阿基琉斯还在诗中遭到了猛烈批评,这些批评不仅来自特洛亚人——虽然让人奇怪的是,批评他的只有少数几人——更重要的是,批评还来自他的同胞阿开奥斯人。② 首先,阿伽门农辱骂阿基琉斯是"最可恨的人……你总是好吵架、战争和格斗"。③ 阿伽门农此处的言辞跟宙斯后来骂自己"最可恨的"儿子阿瑞斯时使用的言辞一模一样,阿瑞斯也是众神之中最好战的那个(5.890–891)。阿伽门农表明,阿基琉斯并非为了和平或正义被迫出战,他是一个热爱战争、为战争而生的人,他乐此不疲地享受给他人带去伤害。后来,阿伽门农的兄弟墨涅拉奥斯对"傲慢"的特洛亚人作了类似的批评,更加充分地说明为什么从不满足的战争欲望是扭曲和不正常的:

---

① 参克拉克关于阿基琉斯的评论,"身受侮辱后反应过度得出奇",且"报复心极强"(Michael Clarke, "Manhood and Heroism", p.82)。另参沙因(Schein)对阿基琉斯的描述,"因为自尊心受到阿伽门农的侮辱而陷入固执的不可理喻的愤怒之中",他还把阿基琉斯描述为"残酷地隔绝于世"(Seth Schein, *The Mortal Hero: An Introduction to Homer's* Iliad, pp.116,180)。伯纳德特(Benardete)甚至认为,只要阿基琉斯"相信自己举世无双,他便跟独目巨怪一样可怖"(Seth Benardete, *Achilles and Hector: The Homeric Hero*, p.101;另参页105,114)。

② 诗中谴责阿基琉斯的特洛亚人寥寥无几,这大概是因为他多数时间没有参战,或者是因为相对于其他人而言,他拥有宽待特洛亚人的名声(参21.100–102;另参21.34–82,6.421–428,以及11.101–112)。赫克托尔死后,他的母亲赫卡柏的确在悲痛欲绝时表达过对阿基琉斯的仇恨,说过"他这样一个野蛮的、不讲信义的人",她还提醒丈夫,也就是国王普里阿摩斯,"他决不会怜悯你、尊重你"(24.207–208)。普里阿摩斯在赫克托尔生前和死后都一样谴责阿基琉斯,但他在哀求阿基琉斯归还儿子的遗体时,希望阿基琉斯能给予他怜悯和尊重。

③ 1.174–177。[译按]译者按照本书原文把"我最恨的人"改为"最可恨的人"。

他们从不满足地战争。人们对事物都有餍足的时候,甚至如睡眠、爱情、甜蜜的音乐和完美的圆舞,人们都更乐于享受它们,而不是战争,惟独特洛亚人的战争欲壑总难填满。(13.633 – 639,[译按]较罗念生译文略作调整)

墨涅拉奥斯在说这段话时心里想的显然是严厉的赫克托尔,而不是好色的帕里斯和普里阿摩斯(他毕竟是62个孩子的父亲——6.242 – 250)。墨涅拉奥斯的话语表明,特洛亚人的邪恶是双倍的,比起性爱这样美妙的事情,他们更加热爱可憎的战争,[77]他们对战争的热爱胜过任何人对真正美妙事物的热爱。① 阿伽门农的话语同样表明,阿基琉斯喜好争斗,渴望跟所有人对决(另参9.63 – 64)。阿伽门农还表示,阿基琉斯除了心地邪恶、热衷战争之外,他还专横暴虐、野心勃勃,"可是这个人很想高居于众人之上,很想统治全军,在人丛中称王,对我们发号施令"(1.287 – 289)。阿伽门农在特洛亚向阿基琉斯发号施令已达九年之久,但他却污蔑阿基琉斯是一个野蛮专横的人类社会的敌人。

当然,考虑到阿伽门农跟阿基琉斯之间发生过激烈争执,阿伽门农的谴责也可能不过是肆意发泄心中的仇恨罢了,因为阿伽门农接下来不止一次强调,他愿意放下跟阿基琉斯之间的争执,这似乎表明他愿意收回对阿基琉斯的谴责(9.115 – 120, 19.78 – 144;但是另参1.492)。然而,阿基琉斯遭受的尖锐批评不仅来自阿伽门农,还来自那些被阿基琉斯称作"最亲爱的阿开奥斯人"和"最亲爱的朋友"的人——奥德修斯、福尼克斯和埃阿斯,同伴涅斯托尔,甚至令人意外地包括他最喜爱和敬重的朋友帕特罗克洛斯(9.918, 9.204, 18.79 – 82)。帕特罗克洛

---

① 这段话让我们对格里芬的观点产生疑问,他认为:"帕里斯是特洛亚人的原型",一个"光鲜、轻浮"的男人(Jasper Griffin, *Homer on Life and Death*, pp.5,9)。伯纳德特认为,跟阿开奥斯人显著不同,"所有的特洛亚人都在战争中斗志昂扬"(Seth Benardete, *Achilles and Hector: The Homeric Hero*, p.21;参页18 – 22)。

斯甚至说阿基琉斯是"一个可怕的人",说他常行事不公,"他很容易无辜地指责一个人"。① 这些人是阿基琉斯最亲爱的朋友,他们对阿基琉斯的批评因此比阿伽门农更有威力,也更加可信。

朋友们对阿基琉斯的批评发生在阿开奥斯人被特洛亚人逐出特洛亚、围困在海边的时候。阿开奥斯人在卷四开始陷入绝境,特洛亚人杀死了大量阿开奥斯将士,围攻了他们的营地,还扬言要烧毁他们的船只,把他们统统杀光。虽然在特洛亚人赶到阿开奥斯人的船只之前,黑暗已经来临,但是阿开奥斯人必定会在第二天遭遇失败和毁灭。阿伽门农像在遭特洛亚人杀戮时流下怜悯的泪水一样,整个人陷入绝望,情绪失控而放声痛哭(8.245-246)。流着泪的阿伽门农先是劝阿开奥斯人放弃一切取胜的希望,趁还有机会赶紧逃离特洛亚(9.13-28)。[78]但是当他接下来听到狄奥墨得斯的斥责和涅斯托尔的建议后,他决定派奥德修斯、福尼克斯和埃阿斯携带厚礼,前去说服阿基琉斯重返战场。阿伽门农不但归还阿基琉斯的女奴布里塞伊斯,还许诺将来赠送他更多的礼物和荣誉,其中包括一位公主——他自己的女儿,他还许诺把七座城池交给阿基琉斯统治(9.141-156)。

阿伽门农不仅赠送阿基琉斯上述礼物和荣誉,他还恳求阿基琉斯在阿开奥斯人最黑暗的时刻怜悯他们,救他们于水火之中,"即使阿特柔斯之子和他的礼物非常可恨,你也该怜悯其他的阿开奥斯人,他们在军中很疲惫,这些人将把你当作天神来尊敬,给你莫大的荣誉"(9.300-303)。然而,阿基琉斯却仍然拒绝向阿伽门农和阿开奥斯人伸出援手,他表示,"我看阿特柔斯的儿子阿伽门农劝不动我,其他的达那奥斯人也不行,因为同敌人不断作战,不令人感谢"(9.315-317)。阿基琉斯表示,阿伽门农的痛悔不足以让他回心转意,"即使赠送的礼物像沙粒尘埃那样多,阿伽门农也不能劝诱我的心灵,在他赔偿那令我痛心的侮辱之前"(9.385-387)。阿基琉斯并没说明阿伽门农怎样做才能使他

---

① 11.652-653。[译按]据本书原文对句子结构做了调整。

满意,这自然让人怀疑他是否会永不知足,他是否永无可能向濒临毁灭的阿开奥斯人出手相助。稍后,涅斯托尔说出了这一怀疑:"或许他在期待阿尔戈斯人停泊在海边的那些快船无可奈何地被大火焚毁,阿尔戈斯人一个接一个地被敌人杀死?"(11.665 - 667)阿基琉斯本人似乎也证实了上述怀疑,他两次向奥德修斯、福尼克斯和埃阿斯表示,他将于第二天离开特洛亚返乡,而那天正是特洛亚人摧毁阿开奥斯大军的时候(9.356 - 361,9.426 - 429)。①

阿基琉斯的好友们深感意外,他们指责阿基琉斯无情、不义、虚伪。他们首先谴责阿基琉斯对阿开奥斯人的悲惨苦难冷酷无情、无动于衷。福尼克斯在阿基琉斯小时候便认识他,照顾他,抚育他长大,[79]他像爱自己的儿子一样爱着阿基琉斯。他在听到阿基琉斯的回答后,泪流满面地说道:"阿基琉斯,你要压住强烈的愤怒,你不该有个无情的心。天上的神明也会变温和,他们有的是更高的美德、荣誉和力量。"(9.496 - 497)福尼克斯承认,阿伽门农确实侮辱了阿基琉斯,或许其他阿开奥斯人也对阿基琉斯构成了侮辱,因此,阿基琉斯对他们的愤怒是正当的。但是,现在阿伽门农已经认错,阿基琉斯也该以同情之心平息他的正义的怒火:

> 要是阿特柔斯的儿子不献出礼物,不应允以后的东西,一直暴烈地发脾气,我决不会规劝你平息自己的怒火,在阿开奥斯人需要时帮助他们。可是他现在不仅愿意立刻赠送许多礼物给你,还答应以后的东西,派来军队中的贵显,是你最亲爱的人,你不要轻视

---

① 如鲍腊所述,"阿基琉斯在这一幕朝着错误的方向迈出了一步……现在,他正成为使阿开奥斯人陷入悲惨境地的唯一罪魁祸首"(C. M. Bowra, *Tradition and Design in* The *Iliad*, p. 19)。另参劳埃德琼斯,"阿基琉斯拒绝赔偿时,把自己变成了错误的一方"(Hugh Lloyd - Jones, *The Justice of Zeus*, p. 26)。另参 Jasper Griffin, *Homer : Iliad IX*, pp. 26 - 27。关于支持阿基琉斯的评论,参 Donald Lateiner, "The *Iliad* : An Unpredictable Classic", pp. 25 - 26。

他们的话和他们的到来,并没有一个人对你的愤怒表示愤慨。
(9.515–523)

然而,尽管阿开奥斯人已表示懊悔,阿基琉斯却仍然怒火难息,他坚持要让阿开奥斯人因为对他的侮辱遭受毁灭。阿基琉斯对待自己的凡人同胞看上去比永生天神还要更加冷酷无情(另参8.245–246,350–353)。①

后来,阿波罗亲口对阿基琉斯做出了批评。阿基琉斯为给帕特罗克洛斯报仇,杀死赫克托尔,并凌辱其尸体,之后又拖着赫克托尔的尸体在帕特罗克洛斯的坟墓转圈,导致赫克托尔的家人和城邦不能举行葬礼以表达他们的敬重和悲伤之情。阿波罗说道:

> 天神们,你们想支持那伤害人的阿基琉斯,他的心不正直,他胸中的性情不温和宽大,他狂暴如狮,那野兽凭自己心雄力壮,扑向牧人的羊群,获得一顿饱餐,阿基琉斯也是这样丧失了怜悯心。
> (24.39–44)

阿基琉斯心肠如铁,比天神还要冷硬,简直冷硬得毫无人性。

帕特罗克洛斯在诗中对阿基琉斯的坚硬冷酷给予了最强烈的谴责。当特洛亚人致奥德修斯、阿伽门农和狄奥墨得斯受伤,并即将火烧阿开奥斯人的船只时,[80]阿基琉斯对阿开奥斯人的苦难表现得漠不关心。帕特罗克洛斯一边流泪一边谴责阿基琉斯:"硬心肠的人啊,你不是车战的佩琉斯之子,也不是忒提斯所生,生你的是闪光的大海,是坚硬的巉岩,你的心才这样冷酷无情意!"(16.33–35)帕特罗克洛斯此时的批评比福尼克斯和阿波罗还要尖锐,他认为阿基琉斯对阿开奥

---

① 福尼克斯在此处的讲话是《伊利亚特》篇幅最长的一次讲话。涅斯托尔在卷十一对帕特罗克洛斯的讲话篇幅第二长,卷九阿基琉斯对奥德修斯的回答篇幅排第三。参 James M. Redfield, *Nature and Culture in the* Iliad: *The Tragedy of Hector*, pp. 3, 226。另参 Jasper Griffin, "The speeches", p. 166。

斯人的悲惨处境如此无动于衷,说明他还不及低于人类的次等生命,他甚至不如动物有同情心,只能跟岩石和水等无生命的东西相提并论。

另外,朋友们还批评阿基琉斯待他们不义。福尼克斯表示,阿基琉斯谴责阿伽门农和阿开奥斯人不知感恩,无视他为他们付出的痛苦牺牲,可是阿基琉斯自己并没感恩福尼克斯从他儿时起就给予他的种种关爱:

> 我这样忍受很多痛苦,很多劬劳。我因此想起众神不许我生个孩儿,神样的阿基琉斯,我却把你当儿子,使你保护我,免得遭受可耻的毁灭。(9.492 – 495)

不过,此时的阿基琉斯似乎十分在意福尼克斯的控诉——除了之前许诺保护福尼克斯免遭特洛亚人杀戮,他现在又许诺福尼克斯共同为王统治米尔弥冬人,并赠给他一半荣誉,这是他之前不曾想到过的(9.246 – 429,9.616)。埃阿斯的批评或许是最有说服力的。他指出,阿基琉斯对待其他的朋友们同样不知感恩,他忘记了他所谓的亲爱的朋友们曾经给予他怎样的帮助:

> 阿基琉斯使他的强烈心灵变得很高傲,很残忍,他无视伴侣们的友爱,尽管我们在船只间尊重他,胜于尊重别人,无情的人!(9.628 – 632)

阿基琉斯只记得他给别人的好处,却不记得自己接受过的好处。① 埃阿斯并不否认阿基琉斯为人正直,有着"强烈的心灵",但是阿基琉斯夸大了自己的正直和对朋友们的慷慨,他抓住朋友们的错误不放,并且无视自己欠下的恩情,冷酷无情且不公正地希望他们遭受苦难。埃阿斯承认阿开奥斯人——包括阿基琉斯最要好的朋友们——侮辱了

---

① 在这一点上,阿基琉斯跟亚里士多德在《尼各马可伦理学》(*Nicomachean Ethics*)里描述的拥有伟大精神的人具有某种相似性。

他,但是,埃阿斯表示,他们已为此付出了可怕代价,况且他们现在正前来赔礼道歉。埃阿斯指出,人们接受那些杀死他们的兄弟或孩子的凶手赔偿的赎金(9.632–638),[81]人们可以接受陌生人的赎金和懊悔,而这些陌生人犯下的罪过远比掠走一个被俘的女奴严重得多,可是阿基琉斯却不愿接受他称为朋友的人归还他的女奴布里塞伊斯,他拒绝救助他们免于毁灭,他的愤怒是有失公道的,因为他的愤怒超过了他所遭受的侮辱,而且他无视犯错一方的痛悔之情。

埃阿斯此刻的批评指向一个更加深刻的层面。由于阿伽门农忘恩负义,掠走了阿基琉斯心爱的情妇布里塞伊斯,并得到阿开奥斯人的一致默许,于是阿基琉斯认为自己有权保持愤怒,他表示:"一个健全的好人,总是喜欢他自己的妻子,对她很关心,我也如此这般从心里喜爱她,尽管她是女俘"(9.341–343,[译按]根据本书原文对罗念生译文中"人"改为"妻子",也对后面的句子结构做了调整)。可是,现在阿开奥斯人提出归还他"心爱的"布里塞伊斯,并且没有任何男人碰过她,阿基琉斯却仍然拒绝接受。这是为什么呢?克律塞斯曾在阿伽门农悔悟之后,愿意他归还自己心爱的女儿,不是吗?墨涅拉奥斯难道会不愿意接受特洛亚人归还他心爱的妻子吗?那么,阿基琉斯为什么不愿接受布里塞伊斯回到身边呢?他真的爱布里塞伊斯吗?好像并没有,他在朋友们离开后马上就跟另一个俘虏的女奴同床共枕。①

埃阿斯表示,阿基琉斯并非真心喜爱布里塞伊斯,就像他并不真爱自己的朋友们一样。阿开奥斯人确实侮辱了他,可是当他们带来数不清的礼物时,他却拒而不受。他心爱的布里塞伊斯被人从身边带走,可当阿开奥斯人要把她送回来时,他却同样拒而不受。他愤怒的理由已被消除,他却依然抱住愤怒不放。奥德修斯向阿伽门农报告说,阿基琉斯"不愿平息怒火,更加充满火气"(9.678–679)。正如帕特罗克洛斯所言,阿基琉斯顽固地守护和坚持着他的愤怒(16.30)。阿基琉斯的

---

① 9.663–665,另参19.56–62;对比参考2.17–46,10.1–176。

愤怒不再因为真实存在的侮辱而起,他想要愤怒。哪怕愤怒的理由已不复存在,他也要坚持愤怒。那么,他这样做一定是因为愤怒给他带来了满足和愉悦。

在诗歌后面的部分,赫克托尔杀死帕特罗克洛斯之后,阿基琉斯也同样不可理喻地陷入愤怒。阿基琉斯因为赫克托尔杀死了自己心爱的伙伴而对他出离愤怒,认为"这就是最大地伤了我的心的人"(20.425－426)。但是,阿基琉斯此时的愤怒却好像有点不讲道理,赫克托尔只是杀死了最厉害的那个阿开奥斯战士,[82]至少在那个战斗的当下,帕特罗克洛斯是最厉害的战士。阿基琉斯自己也已经杀敌九年,怎么会仅仅因为赫克托尔杀死了一名敌方的勇士就骂他是一条"狗"呢?诚然,考虑到他如此深爱帕特洛克罗斯,他的愤怒也可以理解(18.114－115)。但是阿基琉斯接着谴责所有的特洛亚人趁他离开战争对阿开奥斯人展开杀戮,"你们该偿付血债,你们都该暴死,杀死了帕特罗克洛斯,趁我没有参战,把许多阿开奥斯人在空心船前杀死"(21.133－135;另参22.271－272)。要知道,正是阿基琉斯自己祈求宙斯让特洛亚人在阿开奥斯人的船边把他们杀死(1.407－412)!因此,他是在谴责特洛亚人干了他祈祷他们干的事情(18.74－77)!此时的阿基琉斯同样想要愤怒,他想找借口给自己的愤怒火上浇油。如帕特罗克洛斯所言,他把无辜的人当作罪人,好把自己的怒火发泄在他们身上(11.653)。阿基琉斯以喜爱布里塞伊斯为借口向阿开奥斯人发泄愤怒,掩盖了他从对阿开奥斯人的愤怒中获得阴暗快感的事实。同样,他以爱阿开奥斯人的名义向特洛亚人发泄愤怒,以掩盖他从愤怒中获得阴暗快感的事实。愤怒原本属于一种强烈的道德情感,一种因为遭遇非正义而自然产生的情感,但在阿基琉斯这里,愤怒却似乎成为一种自私的情感。

阿基琉斯受到的批评——尤其是朋友们的批评——聚焦于他的冷酷自私。他在战争中途抛弃阿开奥斯的同胞将士们,让他们在强大的特洛亚人手中遭受苦难折磨。阿开奥斯人在面临全军覆灭的危险时,给阿基琉斯呈上象征痛悔的慷慨礼物,乞求他的谅解,那些过去有恩于他和他所谓的最亲爱的朋友们前来恳求他出手相救,他却一一拒绝。埃阿斯以朋友之名发出最后的绝望请求,希望他救助阿开奥斯人免遭特洛亚人的屠杀,阿基琉斯却自私地宣布,只要特洛亚人没有攻击他的营帐和他的船只,他连想都不会想要跟他们作战(9.649 – 655)。如果阿基琉斯在自己口口声声称作最亲爱的人最需要帮助的时候,都不愿出手相助,我们怎会真的相信他嘴里所说的对朋友们的爱?如果他连这些人都不关心,那他除了自己还会关心谁?就像涅斯托尔对帕特罗克洛斯所言,"阿基琉斯诚然勇敢,但他对达那奥斯同胞不关心,不同情"(11.664 – 665)。

诚然,阿基琉斯在退出战争后确实表达过对阿开奥斯人的关心。虽然他三次威胁阿开奥斯人,[83]但他并没真的抛下特洛亚的同胞们自己回家乡(1.169 – 171,9.356 – 361,9.426 – 429)。涅斯托尔对帕特罗克洛斯表示,虽然阿基琉斯生阿开奥斯人的气,但他仍然关心他们,如果他们遭到毁灭,他会感到后悔:"但如果全军遭毁灭,我想他也会悔恨。"(11.762 – 763)此外,阿基琉斯确实两次派帕特罗克洛斯前往阿开奥斯人处,第一次是为了弄清他们最重要的士兵牧者马卡昂是否受伤,第二次是派帕特罗克洛斯率领他的部队前去救助阿开奥斯人,好让他们免遭赫克托尔毁灭。① 可是,阿基琉斯本人却在阿开奥斯人的至暗时刻拒绝为他们出战。他再次回到战场,也只是为了给心爱的伙伴帕特罗克洛斯报仇。②

除了帕特罗克洛斯,阿基琉斯似乎还比较在乎自己的儿子涅奥普托勒摩斯和父亲佩琉斯。③ 然而,阿基琉斯却跟父亲和儿子分开九年

---

① 11.595 – 614,16.64 – 82,参 11.510 – 518。

② 关于该观点,参 Giambattista Vico, *The New Science*, p. 358; Seth Benardete, *Achilles and Hector: The Homeric Hero*, p. 97。

③ 阿基琉斯的确有一次曾为自己的神明母亲忒提斯感到悲伤,但那是在他想到自己将不久于人世而为自己感到悲伤之时。

之久,尽管他很清楚父亲尤其需要他守在身边(19.321 – 337)。他一次次声称回家,却从没说过回家是为了跟父亲和儿子团聚。① 当然,他一直也没真正决定回家。他对儿子的感情,甚至包括他对父亲的感情,都让人感觉抽象而冷淡,尤其跟赫克托尔对父亲和儿子的深情和奉献相比,这一点更加显著(6.440 – 446,6.466 – 481)。

帕特洛克罗斯死去后,阿基琉斯表示,即使是自己的父亲和儿子死去,也不会比心爱的伙伴死去更让他悲痛:

> 对我不会有更沉痛的不幸,即使是得知我的父亲亡故的消息,也许他现在正在佛提亚伤心地落泪,想念我这个儿子,我为了可怕的海伦,来到遥远的异邦同特洛亚人作战;或得知我那个在斯库罗斯养育的儿子,神样的涅奥普托勒摩斯可能已不在人世。(19.321 – 327)

所以,帕特罗克洛斯——"我的最最亲爱的朋友","我最钦敬的朋友,敬重如自己的头颅"——[84]应该是阿基琉斯真爱一个人的最清楚写照,也是表明他并非完全利己的最明确的证据,可能也是唯一的确凿证据(19.315,18.80 – 82)。阿基琉斯甚至在帕特罗克洛斯面前发出令人惊骇的——不寒而栗的——祷告:

> 天父宙斯啊,还有你们,雅典娜和阿波罗,但愿所有的特洛亚人能统统被杀光,阿尔戈斯人也一个不剩,只留下我们,让我们独自去取下特洛亚的神圣花冠。(16.97 – 100)

此时的阿基琉斯表达了一个至少是瞬间的愿望,他希望所有的特洛亚人和所有的阿开奥斯人——包括福尼克斯、埃阿斯和奥德修斯这些亲爱的朋友们——全部死去,只剩下他自己和帕特罗克洛斯,这样一来,他们两人便可以独享征服特洛亚的荣耀。因此,阿基琉斯和帕特罗

---

① 1.169 – 171,9.356 – 363,9.393 – 400,9.426 – 429,19.328 – 339。

克洛斯的友情似乎是表明他并非彻底自私的唯一确凿证据。

然而,即使是阿基琉斯和帕特罗克洛斯的友情,也并不足以推翻对于阿基琉斯利己主义的指责。阿基琉斯没跟帕特罗克洛斯一起面对赫克托尔和特洛亚人,他派帕特罗克洛斯一人前去参战,"好使你在全体达那奥斯人当中为我树立巨大的尊严和荣誉,让他们主动把那个美丽的女子还给我,连同丰富的赔礼"(16.84–86,另参18.101–106)。阿基琉斯的确劝告帕特罗克洛斯不要想着独自征服特洛亚而过于冒险,但他向帕特罗克洛斯给出如此建议的理由却是自私的:"即使赫拉的鸣雷的丈夫给你机遇,赐给你荣耀,你也不要没有我单独同好斗的特洛亚人作战,使我更让人瞧不起。"(16.87–90)阿基琉斯好像担心帕特罗克洛斯对特洛亚人的战斗过于顺利,而遮掩他自己的荣誉光芒。可见,即使在感人至深的友情面前,阿基琉斯的利己念头仍然显而易见。

阿基琉斯以不具备英雄品质的英雄面目在《伊利亚特》出场,他是忘恩负义、自私自利的战士。帕特罗克洛斯后来复述了涅斯托尔简明扼要的总结,"阿基琉斯的英勇(virtue)只会让他一人得益"(11.762–763,16.30–32)。我们天然期待一个品德高尚的人恪尽职守、甘于奉献,但阿基琉斯的忘恩负义和自私自利跟我们的期待恰好相反。我们不由得产生疑问,荷马为什么鼓励我们关注和钦佩一个会突然对朋友倒戈相向的人?荷马为什么把这样一个自私自利的人尊奉为我们人类卓越的典范?

赫克托尔支持论:民众的忠诚卫士

[85]这些问题因为以下事实变得更加突出。《伊利亚特》里有一个看上去英勇无畏、忠诚守职的耀眼典范,那就是特洛亚城的伟大卫士,赫克托尔。虽然赫克托尔应该比阿基琉斯年少,他却跟阿基琉斯一

样英勇无畏。①

当他向阿开奥斯人发起挑战,要他们选一人单独决斗时,"他们全都默不作声。拒绝可耻,等待他进攻又感恐惧"(7.92 – 93)。沉默良久后,墨涅拉奥斯站出来接受挑战,他的兄弟阿伽门农骂他"愚蠢",提醒他"甚至阿基琉斯在使人获得荣誉的战争中同他相遇也打寒战,他比你强得多"(7.110,7.113 – 114)。赫克托尔虽然在作战能力上明显逊于阿基琉斯,但到目前看来,他在为他人无私奉献方面却好像远胜过阿基琉斯。赫克托尔跟阿基琉斯不一样,他在诗歌中的形象是为了保卫家人和城邦英勇顽强地战斗,②他从未违背过国王的命令,他从不曾退出战争,[86]他也从没想过惩罚自己的同胞特洛亚人。赫克托尔跟妻子解释说:"我一向习惯于勇敢杀敌,同特洛亚人并肩打头阵。"(6.444 – 445)

虽然赫克托尔效忠于特洛亚,他却并不盲目支持特洛亚人的战争事业。如前文所述,他在《伊利亚特》刚出场时说的几句话就是谴责自

---

① 安德罗马克在卷二十四第 725 行表示,赫克托尔年纪尚轻($νέος$)。她在卷六第 430 行把赫克托尔描述为"年轻力壮"和"正值壮年"($θαλερός$)。在卷八第 190 行赫克托尔使用同样的词语描述自己。当赫克托尔死去时,"灵魂离开肢体前往哈得斯的居所,留下青春($ἥβην$)和壮勇,哭泣命运的悲苦"(22.362 – 363)。根据阿基琉斯跟朋友们讲话的口气判断,似乎从九年前阿开奥斯大军到达特洛亚时,他——阿基琉斯——就一直身在军中,但是诗歌却从未提起赫克托尔是否作战这么久(1.149 – 160,2.294 – 329,9.252 – 258,9.314 – 338,9.438 – 443,11.764 – 789,18.324 – 337;另参 18.58 – 59)。赫克托尔的儿子尚是婴孩,阿基琉斯的儿子却已经大到能参加最终攻陷特洛亚城的战争,而这场战争就发生在《伊利亚特》详述的一系列事件之后不久,这个事实也说明赫克托尔比阿基琉斯年少(6.399 – 403;《奥德赛》11.491 – 537;另参 4.3 – 10)。本人不大同意雷德菲尔德的看法,他认为"赫克托尔可能是普里阿摩斯的长子"(James M. Redfield, *Nature and Culture in the Iliad: The Tragedy of Hector*, p.112)。

② 参 Gregory Nagy, *The Best of the Achaeans: Concepts of the Hero in Archaic Greek Poetry*, pp.145 – 147,作者讨论了赫克托尔这个姓名本身可能包含"保护者"的意思。

己的兄弟帕里斯"邪恶",因为他劫持海伦,激怒阿开奥斯人前来攻打特洛亚,从而带来"你的父亲、城邦和人民的大祸"(3.39–51,[译按]据本书原文对罗念生译文略作调整)。赫克托尔深深意识到特洛亚战争的非正义性,他甚至希望特洛亚人把挑起战争的帕里斯处以死刑(3.56–57,另参 6.281–285)。赫克托尔在没参战前即当众赞成帕里斯通过决斗来决定战争胜负的提议,他向阿开奥斯人阐明了提议,并跟对方达成了停战协定,这是赫克托尔在诗中开展的第一次惹人注目的行动(3.76–120)。后来,约定失败,双方恢复战争之后,赫克托尔决定为了履行保护城邦、家人和士兵的职责而继续战斗。

阿基琉斯被阿伽门农斥责为狂热的好战分子,赫克托尔则完全不同,他是以和平缔造者的身份出现的,他只是为了保护自己的人民免遭毁灭才继续战斗。荷马告诉我们,特洛亚人给赫克托尔的儿子斯卡曼德里奥斯起绰号叫"阿斯提阿那克斯"——城邦之主——"因为赫克托尔是伊利昂的干城"(6.402–403)。赫克托尔对特洛亚的安全如此重要,以至于当他的父亲普里阿摩斯后来劝他退进特洛亚城,不要跟阿基琉斯对决时,普里阿摩斯表示这样做是"为了拯救特洛亚男女"(22.56–57;另参 24.242–246)。在赫克托尔的葬礼上,他的妻子安德罗马克预感到特洛亚要陷灭了,她说:"因为你——城邦的保卫人已死去,你救过它,保卫过它的高贵的妇女和弱小的儿童。"(24.729–730)

赫克托尔在卷六跟母亲赫卡柏、弟媳海伦和妻子安德罗马克之间的对话突出表现了他的责任感。在所有这些对话里,女人们显然都在劝说这位已经疲惫不堪的勇士放下自己固执的战事责任感,但是赫克托尔每一次都坚定不移地表示他要跟士兵们并肩作战。有一次在跟阿开奥斯人恶战的中途,他的兄弟鸟卜师赫勒诺斯让他快速回特洛亚城,请他们的母亲和特洛亚的妇女们向雅典娜请愿求助(6.73–102)。赫克托尔从战场刚一回来,身上还"粘着血和污秽",便把上述消息告诉自己的母亲。当母亲为他端来一杯蜜酒,[87]赫克托尔却拒绝说:"免得你使我失去了力气,自己也忘记了力量和勇气。"(6.264–268)赫托尔接下来为了命令帕里斯回到战场,去提醒他:"都是因为你的缘故,城市周围才爆发不断的战斗和呐喊。"美貌无双的海伦对赫克托尔吐露心声,说自己希望成为比帕里斯更好一点的人的妻子,接下来又像塞壬一样邀请赫克托尔坐在她的身旁,对他说:"因为你的心比别人更为苦恼所纠缠,这都是因为我。"(6.354 – 356,[译按]据本书原文对罗念生译文略作修改)赫克托尔又一次抵住了诱惑,说:"海伦,别叫我坐下,谢谢你的友爱,你劝不动我;现在我的心急于要去特洛亚人,他们很盼望我这个不在他们身边的人。"(6.360 – 362)可是,赫克托尔却在返回战场前去看望了"他亲爱的妻子和小儿子"(6.366)。安德罗马克流着泪求他不要在特洛亚平原上战死,求他留在特洛亚城。赫克托尔努力安慰妻子后,让她回家照料作为妻子该做的家务,他表示:"打仗的事男人管,每一个生长在伊利昂的男人管,尤其是我。"(6.492 – 493)这三个场景里的蜜酒、美人和爱情象征眼下的欢愉享乐,它跟投入战斗的勇士所具备的严于律己、无私忘我的品质形成了强烈反差,这应该是赫克托尔甘愿为了保卫特洛亚无私献身的最有力证明。①

　　进入我们视野的赫克托尔不仅因为对城邦的责任感而战,他还因为对家人的挚爱而战。赫克托尔对妻儿的柔情似乎跟阿基琉斯对朋友们的冷酷形成了极为鲜明的对比。我们在卷六看到赫克托尔对妻子说,他宁愿死掉也不愿看到她受到阿开奥斯人的伤害(6.447 – 465)。我们看到他可怜并安慰心神错乱的"亲爱的"妻子,看到他跟"亲爱的"儿子玩耍、大笑,并亲吻他(6.466 – 475)。我们看到他满怀仁爱和慈祥为儿子深切祷告:"宙斯啊,众神啊,让我的孩子和我一样在全体特洛亚人当中名声显赫,孔武有力,成为伊利昂的强大君主。日后他从战斗中回来,有人会说:'他比父亲强得多。'"(6.476 – 480)这位英勇战士的心胸如此宽广,他甚至祷告儿子胜过自己的荣光。相比之下,阿基琉斯却

---

　　① 参 Jasper Griffin, *Homer on Life and Death*, pp. 6 – 7; Jenny Strauss Clay, *Homer's Trojan Theatre: Space, Vision, and Memory in the* Iliad, p. 35。

明显害怕他喜爱的帕特罗克洛斯遮蔽其荣耀。

赫克托尔受到特洛亚人的广泛称赞,这应该是关于他的高贵品质最清楚不过的证明。阿基琉斯则在诗中遭到尖锐批评,这些批评甚至来自他自称为亲爱的朋友们,或者说,他的朋友们对他的批评尤甚。[88]赫克托尔几乎获得了特洛亚同胞众口一致的称赞。他在诗中第一次出场时,便掌管特洛亚大会,统帅特洛亚军队,到诗歌结尾时,我们看到整座特洛亚城为他举行盛大的丧礼。从始至终,他都一次又一次被刻画为深受特洛亚人赞美的形象。① 他的妻子在恳求他作战多些小心时深情流露:"所以,赫克托尔,你成了我的尊贵的母亲、父亲、亲兄弟,又是我的强大的丈夫。你得可怜可怜我,待在这座望楼上。"(6.429-431)就连他宫室的女仆"在厅堂里哀悼还活着的赫克托尔,认为他再也不能躲避阿开奥斯人的力量和毒手,从战斗中回到家里"(6.500-502)。后来,阿基琉斯返回战场,赫克托尔的父母亲恳求他们的"爱子"退到城墙以内(22.35,22.38,22.84,22.90)。当阿基琉斯杀死赫克托尔,把他的尸体绑在战车后面,绕特洛亚城墙拖曳奔跑时,赫克托尔的母亲和妻子悲痛欲绝,"他的父亲也悲惨地痛哭,周围的人们也一片哭嚎,整座城市陷入悲泣"(22.405-409,22.462-474)。他的父亲称他是"最优秀的……儿子",甚至对其他还活着的儿子们说,"但愿你们都代替赫克托尔被杀死……他是人中的神"(24.242,24.253-258)。在赫克托尔的葬礼上,他的母亲说他是"孩子中我最亲爱的"(24.747)。海伦说他"在所有的伯叔中,你令我最喜欢"(24.762)。在他死后,整座城市都为他哀悼。特洛亚人如此深爱着他们的保护者。

赫克托尔应该也是《伊利亚特》中最令人钦佩的英雄。如果只是论力量,阿基琉斯比他强大,但如果论正义,以责任感和对人民和家庭的忠

---

① 2.786-808,2.816-818,24.692-804。赫克托尔没跟父亲商量便结束了会议,这个事实说明,至少本次大会由他执掌。参2.807-808。

诚为准则,以及以怜悯和爱为准则,赫克托尔似乎远胜于阿基琉斯。①

在我们的社会,或者任何一个社会,[89]像赫克托尔这样忠诚守责的公民都是一切荣誉的颁发对象。那么,荷马为什么鼓励我们敬佩自私自利、不守信义的阿基琉斯,而不是忠诚守责的赫克托尔呢?

赫克托尔反对论之一:忠诚的问题

从诗歌的表面意义看,赫克托尔似乎是责任的化身:一位为保护城邦居民和亲爱家人而战斗的高尚、仁爱、无私的勇士。这一点在阿基琉斯的反衬下尤为显著。当我们认真细读这部诗歌,我们却不由得重新审视这个最初印象。虽然赫克托尔在《伊利亚特》中广受称赞,他却在诗中遭到三位重要人物的尖锐批评,这三位人物是荷马本人、安德罗马克和特洛亚勇士波吕达马斯,荷马还清楚地表达了对波吕达马斯批评之词的赞同(18.249-253,18.310-313)。这些批评要求我们重新审视和修正我们最初形成的有关恪尽职守的赫克托尔的表面印象,重新审视和修正我们在忠诚无私的赫克托尔和不忠不义、自私自利的阿基琉斯之间进行的刻板对比。

赫克托尔在诗中遭受的第一次批评,是荷马在引入赫克托尔的第一次讲话时穿插的简短评价。当时,特洛亚人出城迎战进军的阿开奥

---

① 克莱表示,"我们也许会钦佩阿基琉斯,但赫克托尔却赢得了我们的爱戴"(Jenny Strauss Clay, *Homer's Trojan Theatre: Space, Vision, and Memory in the Iliad*, p. 48)。雷德菲尔德认为,赫克托尔跟阿基琉斯不同,他"穷其一生为他人服务"(James M. Redfield, *Nature and Culture in the Iliad: The Tragedy of Hector*, p. 28)。参沙因的观点,他把赫克托尔等同于"责任",他还认为"赫克托尔被刻画为一个富有社会性和人性的典范,阿基琉斯则冷酷地与世隔绝,他的伟大里隐含着恶魔的成分"(Seth L. Schein, *The Mortal Hero: An Introduction to Homer's Iliad*, pp. 178, 180)。另参 Wolfgang Schadewaldt, "Hector and Andromache", in *Homer: German Scholarship in Translation*, trans. G. M. Wright and P. V. Jones, Oxford: Clarendon Press, 1997, p. 133。关于赫克托尔的柔情的讨论,参 Jasper Griffin, *Homer on Life and Death*, p. 68。

斯人,赫克托尔看到帕里斯在躲闪与他有夺妻之恨的墨涅拉奥斯,赫克托尔气愤地谴责这位犯下通奸罪行的兄弟,骂他无耻懦弱,说他是"不祥(evil)的帕里斯"(3.39)。帕里斯确实犯下了通奸罪,加上他此刻确实表现懦弱,基于上述事实,赫克托尔的谴责总体上是公道的,就连帕里斯本人也接受自己兄弟的责骂,觉得对方的话"非常恰当","一点不过分"(3.59)。然而,荷马却评价赫克托尔的话是"可耻的"(αἰσχροῖς):"赫克托尔看见了,就用可耻的(base)话谴责他。"①荷马用"可耻"一词说明赫克托尔责骂帕里斯是自私懦弱的表现。例如,在阿伽门农和奥德修斯看来,[90]阿开奥斯人跟人数少的军队打了这么长时间,打得这么艰难,现在想要放弃是"可耻的"行为,也就是自私懦弱之举(2.119-128,2.295-298)。实际上,荷马还在另外两个场合评价赫克托尔对帕里斯的责骂是"可耻的"(6.325,13.768)。②赫克托尔的兄弟好像不可宽恕,赫克托尔的谴责似乎正当合理,若是如此,诗人荷马为何如此严厉地批评赫克托尔?③

为了理解荷马在此处对赫克托尔的批评,让我们先来看一下赫克

---

① 3.38。[译按]据本书原文把罗念生译文里的"羞辱的"一词改为"可耻的"。

② 有人可能会认为此处的形容词"可耻的"(αἰσχροῖς)是说话人用来描述说话对象帕里斯的,并非用来描述说话人赫克托尔的。但是,荷马在另外两个场合使用该词语时,他批评的对象显然是说话人赫克托尔和普里阿摩斯(6.325,13.768,24.238)。其中最明显的例证应该是卷十三第768行,当帕里斯指出赫克托尔的谴责有失公道,赫克托尔默认了这一点(13.769-788)。

③ 弗劳门哈夫特(Flaumenhaft)认为帕里斯是"母亲们最可怕的噩梦",赫克托尔则是"那个好兄弟"(Mera Flaumenhaft, "Priam the Patriarch, His City, and His Sons", *Interpretation* 32 [2004]: pp. 12, 16;另参页 29)。雷德菲尔德认为,赫克托尔是"优秀的儿子",帕里斯则是"是普里阿摩斯最没用的儿子"(James M. Redfield, *Nature and Culture in the* Iliad: *The Tragedy of Hector*, p. 113)。另参 Jasper Griffin, *Homer on Life and Death*, pp. 8-9, 80; Seth L. Schein, *The Mortal Hero: An Introduction to Homer's* Iliad, pp. 22, 24。

托尔谴责帕里斯的背景。赫克托尔对他兄弟的谴责发生在特洛亚战争进行到第九年的时候。赫克托尔在谴责中提醒帕里斯,正是他偷走了墨涅拉奥斯的妻子,惹怒了阿开奥斯人,才导致他们前来攻打特洛亚,所以,帕里斯的行为导致"你的父亲和你的人民遭受大祸"(3.38–51;另参6.327–331)。赫克托尔严厉谴责特洛亚人没有以死刑惩罚帕里斯(3.56–57)。这里自然产生了一个问题,那就是,特洛亚人为什么没有采取惩罚帕里斯和把海伦交给阿开奥斯人的方法,来结束这场苦难的战争?赫克托尔暗示,其中缘由跟特洛亚人没有惩罚引发战争的帕里斯一样,因为特洛亚人"过于胆怯"(δειδήμονες, 3.56)。

那么,赫克托尔这位特洛亚城的卓越卫士为什么不号召他的人民克服胆怯,把城邦从苦难中解放出来呢?我们在卷二结尾处看到,赫克托尔是特洛亚国王的儿子,特洛亚人的战争统帅,还是特洛亚大会上有权解散会议的显要首领。赫克托尔既是将领又是英雄,他一边跟军队最前线的将士并肩作战,一边向余下的士兵发号施令(11.61–66)。当波吕达马斯向"赫克托尔、特洛亚人的和盟军的首领们"提出建议时,赫克托尔独自代表其他人做出了是否采纳建议的决定(12.60–62, 12.80–83)。赫克托尔贯穿全诗都拥有指挥特洛亚人的至上权力,[91]他的权力甚至比阿伽门农在全体阿开奥斯人中的权力还要强大。阿伽门农的决定不断受到挑战——挑战不仅来自阿基琉斯,还来自特尔西特斯、狄奥墨得斯、涅斯托尔和奥德修斯①——赫克托尔身为领袖做出的决定只有两次受到挑战,两次都来自波吕达马斯,两次赫克托尔都很轻松地坚持了自己的决定。② 赫克托尔第一次回应波吕达马斯的

---

① 2.211–242, 9.30–78, 9.92–113, 9.695–709, 14.82–102。另参1.275–276。

② 12.210–251, 18.243–313。不属于特洛亚人的吕西亚头领萨尔佩冬和格劳科斯曾两次严厉谴责赫克托尔作战不够勇敢,但他们并没对赫克托尔的具体决定表示过质疑(5.470–498, 17.140–187)。参 Mera Flaumenhaft, "Priam the Patriarch, His City, and His Sons", pp. 4–6。

挑战时,指责对方胆小怯懦,并威胁要处死他(12.247-250)。他第二次面对挑战时,自信十足地宣布:"你的话不会有特洛亚人听信,我也不允许。"①那么,赫克托尔为什么只是谴责帕里斯招致了战争以及特洛亚人没有处死他呢?他为什么不把自己的想法付诸行动?他为什么不利用自己手中的无上权力和威信说服或命令特洛亚人归还海伦,从而结束战争,免除特洛亚的"大祸"和毁灭呢?很显然,荷马之所以批评赫克托尔,是因为赫克托尔在自身有能力结束战争的情况下,可耻地责骂帕里斯和特洛亚人,谴责对方是悲惨战争仍在继续的原因。

有人也许会为赫克托尔辩解说,他的权力应该不及普里阿摩斯,当赫克托尔表示特洛亚人因过于胆怯而没有处罚帕里斯时,他的意思是说,特洛亚人畏惧普里阿摩斯。普里阿摩斯显然拥有强大的权力,他肯定会用手中的权力保护自己的儿子帕里斯(参7.345-380)。看上去只有普里阿摩斯才有权力结束这场战争。可是,我们已经在卷三看到,当帕里斯提议跟阿开奥斯人休战,由自己和墨涅拉奥斯决斗来决定战局时,赫克托尔接受了他的提议并安排了休战和决斗,他做这些之前并没征求普里阿摩斯的意见。接下来,特洛亚的将士一致支持休战和决斗,虽然普里阿摩斯本人有些担心,但最终也对休战和决斗表示了同意(3.259-260,3.304-311)。同样,赫克托尔显然没征求普里阿摩斯的意见,并且在遭到波吕达马斯反对的情况下,独自决定率领特洛亚人突袭阿开奥斯军营,然后他又在阿基琉斯返回战争后决定让特洛亚军队继续留在特洛亚平原战斗(12.210-251,18.249-350)。最后,赫克托尔下定决心跟阿基琉斯殊死一战之前,[92]擅自决定通过许诺归还海伦和她的财产以及把特洛亚全部金银财宝送给阿开奥斯人来结束战争(22.111-122)。由此可见,赫克托尔明显享有一定的个人权力,他对普里阿摩斯具有相当大的影响力。② 吕西亚

---

① 18.296,[译按]据本书原文增加了"特洛亚"三个字。
② 参 Seth L. Schein, *The Mortal Hero: An Introduction to Homer's* Iliad, pp.171-172。另参 Mera Flaumenhaft, "Priam the Patriarch, His City, and His Sons", pp.7-8。

的头领格劳科斯甚至告诉赫克托尔,特洛亚的盟军前来相助,不是为了普里阿摩斯或帕里斯或全体特洛亚人,而是"为了你"(16.538 – 540)。

此外,我们还从卷七得知,特洛亚显要的长老和议事们都赞成把海伦交给阿开奥斯人,以期结束战争(3.146 – 160,7.345 – 353)。普里阿摩斯的传令官伊代奥斯是一个被荷马称作"谨慎"的人,他表示全体特洛亚人都希望能把海伦还给墨涅拉奥斯(7.274 – 278,7.385 – 393)。帕里斯只有通过贿赂的手段才能让个别特洛亚人不同意归还海伦(11.122 – 125)。除帕里斯之外,好像只有普里阿摩斯坚决反对归还海伦(参3.162 – 165,7.354 – 380)。① 因此,如果赫克托尔敦促他的国王父亲归还海伦,极可能得到特洛亚军队和长老们的坚定支持。然而,赫克托尔却并没这样做,他也并没站出来支持安特诺尔为结束战争所做的努力(7.344 – 379),他甚至没有批评普里阿摩斯任战争继续,而只是把批评的矛头指向帕里斯和其他特洛亚人。我们还要记住,虽然赫克托尔确实愿意通过休战和决斗的方式结束战争,但首先提出休战和决斗想法的人却不是赫克托尔,而是帕里斯(3.67 – 75)。② 赫克托尔在整个作战和领导特洛亚军队的过程中都不曾提出过上述想法。事实上,他有责任采取行动来让战争结束,因为正如他所言,这场战争已经给他的人民和家人造成深重苦难,特洛亚正面临毁灭的危险。既然如此,作为有责任感的勇士和特洛亚的拯救者,赫克托尔为什么没采取行动拯救他的城邦呢?他为什么没有为了拯救城邦立即采取行动,反对国王实行的不计后果的政策呢?

如果我们回忆一下卷一阿基琉斯的做法,这个问题将变得更加重要。我们肯定还记得,[93]尽管阿基琉斯后来让阿开奥斯人受尽了苦

---

① 参Mera Flaumenhaft,"Priam the Patriarch, His City, and His Sons", pp. 5 – 6,14。

② 本人据此认为,弗劳门哈夫特关于帕里斯"性格被动"的观点有失偏颇(Mera Flaumenhaft,"Priam the Patriarch, His City, and His Sons", pp. 13 – 14)。

难,尽管阿基琉斯看上去自私自利,他却在卷一孤身一人把阿开奥斯人从彻底的毁灭中拯救了出来,他正是通过反对国王实行的不计后果的政策来实现这一点的。阿伽门农不顾全体阿开奥斯人的一致反对,拒绝把俘获的阿波罗祭司的女儿归还给她的父亲,因而把阿开奥斯人置于被阿波罗的怒火彻底毁灭的危险之下(1.47 – 54,1.380 – 385)。阿基琉斯一个人把阿开奥斯人召集起来,劝说阿伽门农把女子还给她的父亲,平息天神的怒火(1.53 – 147)。阿基琉斯是唯一有勇气反抗阿伽门农愚蠢行事的人。就连应该相信自己受神明保佑的预言师卡尔卡斯,如果阿基琉斯不预先许诺保护他的安全,他也不敢对阿伽门农拒绝归还女子的行为表示反对。卡尔卡斯说:"国王对地位低下的人发怒更有力量,他虽然暂时把郁积的怒气压抑消化,却还会怀恨,直到仇恨在胸中消失。"(1.80 – 83)在国王举止卑劣愚蠢之时,只有阿基琉斯一人拒绝服从,正如他后来跟阿伽门农所言,"如果不管你说什么,我在每一个行动上都听命于你,我就是懦夫和无用的人"(1.293)。阿基琉斯果敢挑战国王的昏庸之举,使得阿开奥斯军队免于毁灭。① 那么,看上去勇敢忠实的赫克托尔为什么不挑战普里阿摩斯国王的昏庸之举以拯救特洛亚呢?

这两起事件有一个显著的不同,那就是,普里阿摩斯不仅是赫克托尔的国王,他还是赫克托尔的父亲。一方面,赫克托尔挑战他的父亲似乎更容易一些,因为他的父亲显然十分爱他,应该不会想要伤害他。另一方面,赫克托尔显然不愿意反对自己的国王父亲,因为他忠于自己的父亲,更因为他把自己的名声,尤其是自己的荣誉,跟父亲的名声和荣誉绑在了一起。赫克托尔挚爱他的父亲,比起阿基琉斯对父亲的爱,他

---

① 参 Cedric H. Whiteman, *Homer and the Homeric Tradition*, pp. 183 – 184,以及 James M. Redfield, *Nature and Culture in the* Iliad: *The Tragedy of Hector*, pp. 12 – 13。拉泰纳(Donald Lateiner, "The *Iliad*: An Unpredictable Classic", p. 24)认为,阿伽门农在《伊利亚特》开篇处的行为"成为([译按]整部诗作)狂妄自大(hubris)的典范",这个词在诗中出现了五次,其中三次用来描述阿伽门农的行为(1.203,1.214,9.368)。

的爱显然要强烈得多。阿基琉斯也爱他的父亲,为他感到怜悯,但我们已经看到,他也告诉阿开奥斯人的将领们,[94]父亲的死不会成为比帕特罗克洛斯的死更令他悲痛的打击(19.321-327)。赫克托尔却告诉妻子,他率领特洛亚人参战是要"为父亲和我自己赢得莫大的荣誉"(6.444-446)。尽管赫克托尔对妻子和孩子饱含深情,但是连他自己也承认,他更多是为了父亲而不是妻儿参战。

从整部诗歌来看,赫克托尔很大程度上都忠于自己的父亲和兄弟们。特洛亚的盟友萨尔佩冬抱怨说,赫克托尔曾扬言,离开其他特洛亚人和特洛亚盟友,他和他的姐夫、妹夫和兄弟们一样可以击败阿开奥斯人(5.471-474)。此外,赫克托尔两次驳回了跟自己没有血缘关系的波吕达马斯的建议,他却两次毫不犹豫地接纳了兄弟赫勒诺斯的建议——赫勒诺斯说:"听我的话,我是你的弟弟。"他还毫不犹豫地接纳了(雅典娜假扮)兄弟伊福波斯的建议。① 赫克托尔十分严厉地责骂自己的兄弟帕里斯,但责骂自己的亲兄弟显然让他十分痛苦:"听见特洛亚人说你的可耻的话,我心里感到悲伤,他们是为你而苦战。"(6.523-525)赫克托尔似乎并没真正打算把海伦交给阿开奥斯人,比如,他在特洛亚大会上并没站在安特诺尔一边反对帕里斯,其中至少有部分原因是对兄弟的忠诚(7.345-379)。

赫克托尔对家庭的忠诚源于父亲普里阿摩斯的榜样作用,普里阿摩斯把特洛亚最重要的领导权交给儿子赫克托尔,他从不站在波吕达马斯一边反对自己的儿子,在大会上不作任何解释便否定了安特诺尔的明智进谏,做出有利于儿子帕里斯的决定(7.345-378)。② 国王普

---

① 6.73-102,7.44-54,22.226-247。[译按]据本书原文对罗念生译文做了语气上的调整。

② 沙因指出,在《伊利亚特》中,"家族团结和忠诚……是特洛亚人的典型特征"(Seth L. Schein, *The Mortal Hero: An Introduction to Homer's* Iliad, p.169)。弗劳门哈夫特注意到"普里阿摩斯对家庭永恒不变的爱",认为"他引以为豪的父权最终给他本人、城邦和所有的儿子带来了灭亡"(Mera Flaumenhaft,"Priam the Patriarch, His City, and His Sons", pp.6,30;另参页13,24)。

里阿摩斯和他的儿子们把对家庭的忠诚置于首位,在这一点上,特洛亚的统治阶层跟阿开奥斯的统治阶层之间有着明显的不同。诚然,国王阿伽门农确实为了帮助自己的兄弟夺妻,指挥庞大的阿开奥斯军队远征特洛亚,但国王在做重大决定时会征求涅斯托尔、伊多墨纽斯、埃阿斯、奥德修斯和狄奥墨得斯的意见,而不只是征求墨涅拉奥斯的意见。① 当墨涅拉奥斯希望跟赫克托尔决斗时,[95]阿伽门农因为自己的兄弟试图跟一个更强大的对手决斗而骂他"愚蠢",他还命令墨涅拉奥斯坐到自己的伙伴们当中(7.109 – 119)。当涅斯托尔谴责墨涅拉奥斯懒惰且不负责任时,阿伽门农多半表示赞同(10.114 – 130)。但是,普里阿摩斯对儿子们的所有批评都是因为包括赫克托尔在内的其他儿子被杀死的缘故(24.248 – 261)。

　　随着故事的展开,越来越多迹象表明阿伽门农的权力远不如普里阿摩斯及其家族强大。普里阿摩斯及其家族在政治上统治着整个特洛亚城邦,他的王宫——他所有的孩子和妻子们居住的地方跟其他特洛亚人隔开——在物质上统治着整座城市(6.242 – 250)。当特洛亚男人们因为看到他们中的许多人战死沙场而流泪时,"伟大的普里阿摩斯不让人大声痛哭,他们默默地把死者放在火葬堆顶上,内心充满悲伤"。② 就连特洛亚人和特洛亚的盟友也不曾有人批评过普里阿摩斯。不过,荷马确实记叙了埃涅阿斯"对普里阿摩斯心怀积怨,他自视出众,普里阿摩斯却不器重他"(13.459 – 461)。阿基琉斯猜想埃涅阿斯想要杀死他(阿基琉斯),这样他就可以"统治驯马的特洛亚人,承继普里阿摩斯享有的荣耀"(20.179 – 181)。但是阿基琉斯认为埃涅阿斯的希望终将落空,因为即使他杀了阿基琉斯,只要普里阿摩斯依然健在,他都将永远更器重自己的儿子们(20.181 – 183)。无论如何,我们从没见到埃涅阿斯或特洛亚军营的任何其他人直接反对普里阿摩斯。

---

① 参9.9 – 173,10.17 – 20,10.53 – 56,14.41 – 134。
② 7.425 – 428。[译按]根据本书原文对罗念生译文最后一句做了补充。

阿伽门农当面受到涅斯托尔、奥德修斯、狄奥墨得斯和特尔西特斯等人的猛烈抨击,阿基琉斯则更不必说。① 由此可见,阿伽门农是一位受限的君主,他不仅权力受限,而且他认为其他君主应该跟他共同统治军队。普里阿摩斯则不同,他跟儿子赫克托尔一同实施专制统治。

既然赫克托尔特别效忠于父亲,那么对他而言,反对自己的父亲应该尤为困难。但即便如此,赫克托尔也应该为了正义和特洛亚的安全,争取归还海伦。赫克托尔承认有罪的一方在帕里斯,因为帕里斯欺骗了款待他的主人,偷走了对方的妻子,随后阿开奥斯人的入侵给特洛亚人和盟友带来了深重苦难,置特洛亚于毁灭的危险之中,比如,赫克托尔的爱妻在这场战争中失去了父亲和七个兄弟(6.414 – 424)。[96]赫克托尔应该为了城邦和家人的福祉,力劝自己的父亲归还海伦,以结束战争,但是他却并没这么做。特洛亚人潘达罗斯在雅典娜的诱惑下差点杀死墨涅拉奥斯,因此破坏了停战盟誓,赫克托尔却没利用自己的强权惩罚潘达罗斯,进而恢复普里阿摩斯也支持的停战。相反,他什么也没做,他甚至默许特洛亚人接下来对阿开奥斯人展开攻击。② 那么,赫克托尔究竟为什么不反对他的父亲和兄弟延续战争的做法,让城邦免于灾难呢?难道他对城邦和家庭福祉的关心完全让步于他对父亲兼国王的不二忠心了吗?他谴责帕里斯给特洛亚带来祸患,谴责特洛亚人因胆怯不敢惩罚帕里斯,可这些谴责本身不正映照出他自身的胆怯

---

① 尤参 4.349 – 355, 9.9 – 64, 9.96 – 113, 14.64 – 102, 2.225 – 242。
② 特洛亚人在潘达罗斯射伤墨涅拉奥斯之后,很快向阿开奥斯人发起了进攻(参 4.104 – 147, 4.220 – 222)。从卷三决斗开始到卷五中间萨尔佩冬谴责赫克托尔踟蹰不前(4.471 – 493),赫克托尔只短暂出现过一次(4.505)。赫克托尔很可能在特洛亚人破坏休战后无心恢复作战(另参 6.526 – 529)。尽管如此,他却依然没做出任何恢复休战的努力。不仅如此,当他的兄弟赫勒诺斯在卷七敦促他跟阿开奥斯人面对面决斗时,赫克托尔甚至表示,既然宙斯反对此前达成的休战誓约,他提议休战和决斗便只是为了判断谁是战场上最英勇的战士(7.66 – 91)。

吗？他一面高声指责帕里斯和特洛亚人推延了战争，一面又缺乏勇气，不敢指责和挑战那个让战争延续并保护帕里斯的人——他的父亲兼国王普里阿摩斯。

跟阿基琉斯相比，赫克托尔体现了忠于城邦和所爱之人的德行。我们从诗歌的第一行起便得知阿基琉斯不忠不义到了令人震惊的地步，他对包括亲爱友人在内的阿开奥斯同胞怒火中烧，他让这些人遭受深重的苦难和死亡。我们看到他跟国王争执，之后又离开并肩作战的同胞将士，还祷告宙斯惩罚他的同胞们，并对朋友们劝他平息怒火的恳求置之不理。相比之下，赫克托尔对自己的人民和家庭始终忠诚不渝。然而，他忠诚于民的德行会不会跟他为民谋福的责任相抵触呢？

尽管赫克托尔清楚特洛亚人不该应战，因为他们属于犯错的一方，但他仍然为了特洛亚人坚持战斗。既然帕里斯犯下通奸和欺骗的罪过，[97]辜负了墨涅拉奥斯的盛情，特洛亚人就不该保护帕里斯，他们应该联合阿开奥斯人处罚帕里斯，并把海伦还给她的丈夫。赫克托尔曾向帕里斯讲述特洛亚人是何等恼火，他们因为帕里斯不得不打一场得不到神明支持的非正义战争，特洛亚人说：

> 我们走吧（去战场），日后我们再向永生永乐的天神赔罪，只要宙斯在我们把所有胫甲精美的阿开奥斯人赶出特洛亚土地的时候，让我们在家里向天神献上自由的酒浆。（6.526－529,[译按]据本书原文对罗念生译文稍作修改）

有人可能认为，赫克托尔表现了坚定不移的奉献精神和绝对的忠诚，即使错在自己的城邦和家人，他仍然为之战斗。但问题是，他如此忠于自己的父亲、兄弟和同胞，为他们而战斗，真的对他们有利吗？

首先，他对战争的支持意味着他在延长父亲、兄弟和同胞的苦难经历。他自己说过这是一场大祸，这场大祸已带走了爱妻的父亲和七个兄弟，更何况这场大祸还极可能最终导致特洛亚的毁灭（3.39－57,6.414－424,6.447－465）。其次，他对战争的支持也同时意味着他支持父亲、兄弟和同胞的不义之举和怯懦性情。如果赫克托尔真的为同胞和家人的福祉着想,真的想让他们免遭死亡和毁灭,帮助他们重塑高尚正义的品格,难道他不该在万不得已的情况下跟他们争辩吗?难道他不该在万不得已的情况下像阿基琉斯那样去对抗他的父亲、兄弟及其特洛亚的支持者,反对他们提倡的继续战争的做法吗?要知道,这是一场违背正义的自毁性战争。当阿伽门农及其跟随者们违背正义,自我毁灭般拒绝把克律塞伊斯归还其父时,阿基琉斯选择了跟他们对抗。难道赫克托尔还没被逼到不得不对抗特洛亚人,甚至祈祷宙斯惩罚其恶行的地步吗?赫克托尔抱怨特洛亚人过于胆怯,没勇气扶持正义和处罚帕里斯的恶行,如果他想要恢复正义,拯救特洛亚,他就必须像阿基琉斯一样,鼓起勇气抵抗同胞和所爱之人犯下的愚妄之举。虽然愤怒的阿基琉斯表面上似乎对同胞不忠不义,他的愤怒源自阿开奥斯人背信弃义地支持其国王对属下及克律塞斯一家采取不义之举。所以,阿基琉斯的愤怒实际上说明他恪守正义,并期望阿开奥斯人同样恪守正义。

赫克托尔则绝对效忠于特洛亚人,由此看来,他似乎在无条件地爱着特洛亚人。[98]虽然赫克托尔抱怨特洛亚人卑怯不义,但他从未对全体特洛亚人感到愤怒。然而,赫克托尔对全体特洛亚人的忠诚却隐含着某种根深蒂固的冷漠。虽然在赫克托尔眼中,特洛亚人正在打一场不义之战,虽然他知道这些人因为过于懦弱而没勇气矫正过去的不义之举,但他对这些人却显然不抱什么过高的期望。一个人怎么会真正关心让他如此鄙视,在他眼里不过是卑怯不义的一群人呢?一个人怎么会爱那些毫无可爱品质可言的人呢?

如此说来,不忠的阿基琉斯倒恰恰在用自己的方式爱着他的同胞,他比忠诚的赫克托尔更爱自己的同胞。首先,阿基琉斯在胆怯的阿开奥斯人明显默许国王做法的情况下,反对阿伽门农不把克律塞伊斯交还其父的愚蠢决定,把阿开奥斯人从阿波罗的正义惩罚下解救出来,并且引导阿伽门农和阿开奥斯人行正义之举,帮助他们重建德行品质。但愚蠢的阿伽门农却再行不义,对阿基琉斯进行报复——涅斯托尔指出,阿基琉斯"是战斗危急时全体阿开奥斯人的强大堡垒"①——阿开奥斯人再次怯懦不前,默许国王的无耻之举。阿基琉斯又一次试图引领阿伽门农和阿开奥斯人行正义之举,让他们认识到他本人是最杰出的阿开奥斯人,他们应该给予他应有的尊重。为实现上述目的,阿基琉斯撤离战场并祈祷宙斯对阿开奥斯人施加惩罚。阿基琉斯如此对待阿开奥斯人,的确不是出于无私或中正的目的,他想要得到阿开奥斯人的敬重。同时,阿基琉斯也希望自己无愧于他们的敬重,能够配得上他们对自己高尚德行的肯定,因此,他也希望阿开奥斯人能有资格给予他荣誉,希望他们配得上称赞他的品格,配得上感激他的高尚德行,所以,他希望阿开奥斯人品行端正(9.314-317)。阿基琉斯不满足于那些低等人、"无足轻重之人"以及他鄙视的人给予的称赞,他想要获得真正的敬重,他想要那些真正懂得卓越的人真心称赞他的卓越。阿基琉斯期待自己和阿开奥斯人都做到自己的最好。因此,当阿开奥斯人让他失望时,他会异常愤怒,他对自己最爱的阿开奥斯友人们感到愤怒,对阿伽门农和其他人感到愤怒,甚至对特尔西特斯感到愤怒(2.220)。后来,他又因为把帕特罗克洛斯一人派去战场而生自己的气,他为此感到愤怒至极(18.98-106;另参18.32-34,18.231-238)。因此,阿基琉斯向阿开奥斯人宣泄残酷的毁灭性的愤怒,实际上是他内心怀有爱和期望的表现,他希望其他人是优秀的,希望他们敬重自己,也希望他们自重。

[99]相比之下,赫克托尔从没对全体特洛亚人或他本人产生过愤怒。他也从没像阿基琉斯抨击阿伽门农和阿开奥斯人那样猛烈抨击过任何一个特洛亚人。② 赫克托尔从来没为哪个特洛亚人的死流下伤心

---

① 1.283-284。[译按]据本书原文对罗念生译文在结构上做了调整。

② 我们看到,赫克托尔确实因为特洛亚的波吕达马斯产生过愤怒,但他的愤怒跟阿基琉斯不一样,让阿基琉斯感到愤怒的是阿伽门农和阿开奥斯人犯下了愚蠢不义的行为,赫克托尔的愤怒却是因为波吕达马斯的劝告太过明智。参22.99-103。

的眼泪,他甚至没有因为想到自己的父亲和妻子可能将死去而流泪。①看似不忠的阿基琉斯好像比忠诚的赫克托尔更爱自己的同胞。赫克托尔的故事说明爱不可能是无条件的,爱总是包含着期待,期待自己爱的人卓越、高尚,配得上自己的爱(参9.613-614)。爱取决于被爱者是否拥有和保持上述品质。② 因此,阿基琉斯针对阿开奥斯人的愤怒实际上是一种爱的表现,赫克托尔则不管他眼里的特洛亚人有多么怯懦和有违正义,他都始终忠于对方,这在根本上体现了他对特洛亚人的冷漠。

阿基琉斯对阿开奥斯人的愤怒或许有些过激(参15.598-599),他或许寄了阿开奥斯人过高的不合理的期望,就像他可能对自己期望过高一样,但是阿基琉斯期望自己和自己的阿开奥斯同胞都做到最好,这恰恰是他爱对方和爱自己的表现。

赫克托尔反对论之二:爱好声名的利己者

在《伊利亚特》里批评赫克托尔的人当中,最让人意想不到的是他的爱妻安德罗马克。安德罗马克并没责怪赫克托尔全力投入特洛亚战争,也没责怪他不竭尽全力结束战争,她责怪赫克托尔不肯放弃鲁莽的自杀性的作战态度。安德罗马克在赫克托尔面前流下伤心的泪水,动情讲述自己对赫克托尔的爱和需要。她听到赫克托尔的死讯时,悲痛得几乎气绝(6.404-430,22.466-474)。[100]安德罗马克之所以如此强烈地批评赫克托尔,正是因为她爱他,需要他。安德罗马克先是批评赫克托尔草率且无情地拿自己的生命冒险,之后又责怪他草率且无情地丢掉性命,抛下她和年幼的儿子——孤儿寡母——在世间孤单忍

---

① 莱辛(Lessing)认为,荷马教导人们"只有开化的希腊人才会边流泪边英勇作战,未开化的特洛亚人只会为了英勇作战压抑所有情感"(Gotthold Ephraim Lessing, *Laocoon*, trans. W. A. Steel, London: J. M. Dent and Sons, 1970, p. 8)。另参 Jasper Griffin, *Homer: Iliad IX*, p. 44。

② 参 Aristotle, *Nicomachean Ethics*, 1165b13-37。

受悲惨遭遇。①

赫克托尔在卷六从战场返回城中,请求母亲召集特洛亚妇女向雅典娜献祭。他趁机去看望妻子,这是感人至深的一幕,也是这对夫妇在诗歌里唯一一次相聚,荷马突出描绘了一个幸福家庭的场景——父亲亲吻襁褓中的儿子,逗他玩乐,妻子和丈夫说些体己话儿——外面则是烽火连天。但是,这一幕的主要内容却是安德罗马克对丈夫的批评和赫克托尔的自我辩解。

安德罗马克一开口便责怪说,赫克托尔的鲁莽会害了他自己,也会使他辜负自己的妻儿。她说:

> 不幸的人啊,你的勇武会害了你,你也不可怜你的婴儿和将作寡妇的苦命的我,因为阿开奥斯人很快会一齐向你进攻,杀死你。(6.406–410)

安德罗马克跟大部分时间待在内室的海伦和赫卡柏不同,②她一直在特洛亚高大的望楼上观战。她批评的对象不仅包括赫克托尔的个人战斗行为,还包括他的整体军事策略(6.372–373,6.386–389)。赫克托尔选择在远离特洛亚坚固城墙的特洛亚平原上作战,只会让他更早被阿开奥斯人杀死,赫克托尔这样做是在无谓地牺牲自己的性命,也是不怜惜妻子的表现。安德罗马克刚在阿开奥斯人进攻忒拜(Thebe)(安德罗马克和克律塞伊斯的家乡)的战役中失去了父亲和七个兄弟,如果再失去丈夫,她会丧失一切幸福的可能,她"就得不到一点安慰","只剩下痛苦"(6.411–430;参1.366–369)。安德罗马克此时并没有

---

① 6.406–410,6.431–439,22.477–507,24.725–745。本人完全不同意费尔森(Felson)和斯拉特金(Slatkin)的看法,他们认为"除卷二十四的赫卡柏之外,《伊利亚特》里没有其他愤怒和活跃的(active)女性了"(Nancy Felson and Laura Slatkin,"Gender and Homeric Epic",p.98——强调为本书作者所加)。

② 3.125–128,3.383–385,6.242–252,6.313–324,6.369–380。

责怪赫克托尔自私或懦弱的念头,她只是责怪他被狂热的战斗激情冲昏了头脑。赫克托尔任这股"狂热的激情"(furious spirit; μένος)超越理智和怜悯之情,任它驾驭自己的行为。他正在愚蠢地送死,[101]也因而正在没心没肺地葬送妻儿的幸福,即使他的孩子将来能得以幸存,也将过着孤儿的悲惨生活(参 22.482 – 507,24.732 – 738)。

不仅如此,安德罗马还批评赫克托尔正愚蠢无情地给特洛亚城邦带来灾难。她表示,有一段城墙已遭到阿开奥斯人三次进攻,眼下明显防御不足,极易被攻破(6.431 – 437)。狂热的激情驱使赫克托尔不计后果地向阿开奥斯人展开冲杀,把身后的特洛亚城置于被攻陷的危险之中,因此,他的激情正在使他忘记保护特洛亚城的责任。安德罗马克规劝赫克托尔调遣军队进行防御,派兵把守特洛亚城墙最薄弱之处,并规劝赫克托尔站在特洛亚城的望楼上指挥作战。这样一来,赫克托尔便可以采取根本性的防御战略,有效实现保卫特洛亚城的职责,他本人则也可以避开死亡的命运,也从而避免孩子沦为孤儿,妻子沦为寡妇。

我们很容易把安德罗马克的批评归为一位年轻妻子兼母亲惊慌失措时的情绪发泄,这样的情绪发泄再正常不过。① 赫克托尔本人表示,

---

① 沙德瓦特(Schadewaldt)坚持认为,此时的安德罗马克只是一位"满怀爱意的妻子",她"以妻子、生命的养育者和保护者的原型"讲了这些话,而她对战事"知之甚少,天真得可爱",竟然无理地"敢于指导他(赫克托尔)采取防御战略"(Wolfgang Schadewaldt, "Hector and Andromache", *Homer*: *German Scholarship in Translation*, pp. 133 – 134)。雷德菲尔德表示,"安德罗马克是一位成全和激励英雄赫克托尔的贤妻",但她在此处的建议"只是妇人之见"(James M. Redfield, *Nature and Culture in the Iliad*: *The Tragedy of Hector*, pp. 122,152)。格里芬甚至表示,安德罗马克并不真心希望赫克托尔听取她的建议,"海伦对帕里斯的鄙视和安德罗马克对赫克托尔的爱让我们看到,一个女人真正希望男人做的是抵住自己的诱惑,到枪林弹雨里驰骋"(Jasper Griffin, *Homer on Life and Death*, pp. 6 – 7)。沙因认为,安德罗马克在卷六建议赫克托尔采取更为谨慎的战略,完全是因为"安德罗马克跟诗里所有的女人一样,把个人小家庭的安危放在了首要位置"(Seth L. Schein, *The Mortal Hero*: *An Introduction to Homer's* Iliad,

安德罗马克作为一个妇人,对战争一无所知,她应该像他的母亲和海伦一样专心照料家务和女人的事情——"织布机和卷线杆"(6.490 – 493),把打仗和策略的事交给他。

然而,整部诗歌的内容表明,安德罗马克此时提出的总体防御战略实际上是保卫特洛亚的最佳战略。① [102]首先,阿开奥斯军队在数量上处于绝对优势,防御是特洛亚这么多年作战以来一贯采取的战略(2.119 – 130,8.53 – 57)。② 赫拉曾化身为斯滕托尔,对阿开奥斯人说:"在神样的阿基琉斯参战时,特洛亚人从不敢出到达尔达诺斯城门外,因为他们害怕他的强有力的长枪;现在他们却远离城市,打到船边。"(5.787 – 791;另参 13.94 – 110,16.64 – 73)赫克托尔后来对士兵们抱怨说,特洛亚长老们在整个战争期间都支持采用防御战略:阿开奥斯人的舰船"背逆神意,驶来这里,给我们带来无数灾难;也由于长老们昏庸,我曾想杀来船艄,他们不发放军队,不让我前来冲杀"(15.720 – 723)。尽管特洛亚在实施防御的九年内经济遭受重创,但是却成功阻击了阿开奥斯人的进攻。如我们在卷二所见,阿开奥斯人已疲惫不堪,渴望返乡(18.287 – 292,2.142 – 156;另参 15.719 – 723)。当赫克托尔首次做出大胆决定,让特洛亚军队在远离特洛亚城的地方搭建帐篷,准备围攻阿开奥斯军队,他同时也非常慎重地留下一支强壮的年轻守卫队跟长老们一起固守望楼,"免得有埋伏的敌人,趁我们的军队在外

---

pp. 173 – 174,强调为本书作者所加),沙因显然忘记了海伦,她为了跟随帕里斯抛下了自己的丈夫、女儿、兄弟和其他家人(3.172 – 175,3.233 – 242)。

① 克罗迪(Crotty)认为,"安德罗马克……向赫克托尔提供了一个非常明智的保护自己性命和保卫特洛亚的计划"(Kevin Crotty, *The Poetics of Supplication*: *Homer's* Iliad *and* Odyssey, p. 29)。克罗迪后来再一次提到安德罗马克"有效的军事战略"和"她的智慧建议"(50)。另参 Michael Clarke, "Manhood and Heroism", p. 84。

② 参 Jenny Strauss Clay, *Homer's Trojan Theatre*: *Space*, *Vision*, *and Memory in the* Iliad, p. 105。

面,进入特洛亚城"(8.517-522)。很显然,赫克托尔认为妻子劝他审慎的话是有一定道理的。

安德罗马克的建议也是赫克托尔的另一位批评者"谨慎的波吕达马斯的"主张,他在阿基琉斯回到战场后更是坚持如此(18.249;另参12.210-229,13.723-747)。他督促特洛亚将士从平原撤回城内,然后沿城墙布防,固守城楼,保卫城邦(18.254-283)。他还警告说,如果不这样做,阿基琉斯会把他们杀光,"狗群和鹰鹫会吞噬无数的特洛亚人"(18.254-283)。荷马本人也把反对该策略的特洛亚人称作"愚蠢的人们"(18.310-313)。最终,波吕达马斯不幸言中,阿基琉斯在特洛亚平原上屠杀了数不清的特洛亚人,就连赫克托尔本人也承认放弃防御是愚蠢的做法,他说:"我因自己顽拗损折了军队。"(22.99-104)①[103]由此可见,诗篇的后半部分向我们展示,安德罗马克敦促丈夫采纳谨慎的防御策略是正确的。

有人可能会为赫克托尔辩解说,尽管如波吕达马斯所言,特洛亚人在阿基琉斯参战后仍一味冲杀显然是个错误,但是赫克托尔趁阿基琉斯离开战争时拼命冲杀,力图一鼓作气打垮阿开奥斯人,并把他们赶出特洛亚,也是十分合理的做法。特洛亚人毕竟大获全胜,就连阿伽门农也两次心灰意冷,流着泪召集阿开奥斯人离开特洛亚返乡,只有在斗志饱满的狄奥墨得斯和奥德修斯的鼓舞下,他才转变态度(9.13-51,14.64-134;另参8.212-246)。甚至就在帕特罗克洛斯率领米尔弥冬人回到战场之前,赫克托尔和特洛亚将士差一点纵火焚烧阿开奥斯人的船只,将对手消灭殆尽。

不过战斗双方的心情却完全不一样,阿开奥斯人眼看只有战死,难逃劫难,特洛亚人却一个个胸中欲望强烈:放火烧船,把阿开

---

① 雷德菲尔德却认为,"虽然波吕达马斯是对的,赫克托尔不对,但我们仍站在赫克托尔一边"(James M. Redfield, *Nature and Culture in the* Iliad: *The Tragedy of Hector*, p. 146)。

奥斯人的首领杀光。(15.699-702)

我们可能会因此认为,当阿基琉斯不在战场时,赫克托尔不采取安德罗马克提议的防御战略是正确的,因为他可以抓住这个天赐良机一举消除阿开奥斯人的威胁。①

但是,支持安德罗马克的人可能会指出,赫克托尔对阿开奥斯人的勇猛进攻或许会不可避免导致阿基琉斯复出这一最终后果。值得注意的是,波吕达马斯早在阿基琉斯复出前就反对向阿开奥斯人展开猛攻,反对拆除阿开奥斯军营护墙、把敌人消灭在船边的计划。波吕达马斯像是得到了宙斯的预言一样,辩论说如果特洛亚人把阿开奥斯人逼到死角,反而会激励阿开奥斯人破釜沉舟,殊死一搏,给特洛亚人造成重大伤亡,而且还可能导致阿基琉斯复出(12.211-227,13.740-747)。既然特洛亚人已成功抵御阿开奥斯人九年之久,既然厌战和思乡情绪正在阿开奥斯军营蔓延,赫克托尔和特洛亚人如果明智的话,[104]怎会舍弃一向奏效的耐心防御的费边主义策略呢?怎会冒然采取全新的进攻策略并坚持到底呢?

我们当然希望赫克托尔此时回答安德罗马克的问题时能向她解释,采取进攻战略,是为了履行自己的职责,解除阿开奥斯人对特洛亚的威胁。要知道,他刚跟海伦说过,他热切盼望回战场为特洛亚而战(6.361-362)。我们因此希望赫克托尔能向妻子阐明他想要保卫城邦和人民的愿望以及他身上承担的责任,消除妻子心中认为他鲁莽且无情的埋怨。然而,出人意料的是,赫克托尔并没有试图向妻子说明,向阿开奥斯人发动猛攻是为了保护特洛亚。

赫克托尔首先表示,他的高贵出身和德行决定了他必须英勇进攻:

> 夫人,这一切我也很关心,但是我羞于见特洛亚人和那些穿拖

---

① 参 James M. Redfield, *Nature and Culture in the* Iliad: *The Tragedy of Hector*, pp. 152-153。

地长袍的妇女,要是我像个胆怯的人逃避战争。我的心也不容我逃避,我一向习惯于勇敢杀敌,同特洛亚人并肩打头阵,我父亲和我自己赢得莫大的荣誉。(6.440–446)

此时的赫克托尔完全把勇武等同于高尚。他把审慎的英勇——必要时会撤退——跟鲁莽混为一谈。他后来谈到狄奥墨得斯时依然秉持同样的态度,"明天他会认识他的勇气能不能抵抗我的长枪的袭击"(8.535–536)。很显然,在赫克托尔的心目中,一个英勇高尚的人永不后退。他拒绝退入安全的特洛亚城,因为撤退永远可耻,冲锋陷阵永远光荣。

从表面上看,赫克托尔奋勇冲杀,似乎是为了人民的利益不惜牺牲个人生命的无私之举,但如果我们认真研究他的话语,会发现此时的赫克托尔根本没说他这样奋不顾身会给特洛亚带来什么好处,他甚至没说自己奋不顾身是为了特洛亚。他说出来的唯一理由是这样能避免给自己带来耻辱的声名,这样能给自己和父亲赢得荣耀。① [105] 既然他只是为了自己和父亲的荣耀作战,他此时的行动在哪个意义上真正算得上高尚呢?他的行动难道不是为了利己吗?赫克托尔的勇武拼杀——他的离城导致特洛亚更加易受攻击,而且他让自己这个城邦的守卫首领暴露在死亡面前——轻率地把城邦人民抛入危险的境地。难道他不是在残忍地牺牲特洛亚的利益,以满足自己和父亲的需要吗?

赫克托尔接下来对妻子的讲话隐晦地回答了上述的疑问。赫克托尔身为城邦的"守卫者"和特洛亚的保护者(24.729),出乎意料地对安德罗马克坦言,特洛亚将不可避免遭遇失败的结局:

可是我的心和灵魂也清清楚楚地知道,有朝一日,这神圣的特洛亚和普里阿摩斯,还有普里阿摩斯的挥舞长矛的民众将要灭亡,

---

① 本人完全同意沙德瓦特的看法,他认为尽管赫克托尔此时没提到责任,他口中的责任跟他看重的声名是一回事(Wolfgang Schadewaldt, "Hector and Andromache", *Homer: German Scholarship in Translation*, pp. 134–135)。

特洛亚人日后将会遭受苦难,还有赫卡柏,普里阿摩斯王,我的弟兄,那许多英勇的战士将在敌人手下倒在尘埃里,但我更关心你的苦难,你将流着泪被披铜甲的阿开奥斯人带走,强行夺去你的自由自在的生活。你将住在阿尔戈斯,在别人的指使下织布,从墨塞伊斯或许佩瑞亚圣泉取水,你处在强大的压力下,那些事不愿意做。有人看见你伤心落泪,他就会说:"这就是赫克托尔的妻子,驯马的特洛亚人中他最英勇善战,伊利昂被围的时候。"人家会这样说,你没有了那样的丈夫,使你免遭奴役,你还有新的痛苦。但愿我在听见你被俘呼救的声音以前,早已被人杀死,葬身于一堆黄土。(6.447—465)

当妻子批评赫克托尔鲁莽地把民众和家人置于危险之中时,赫克托尔辩解说,他对此无能为力,他表示,自己无力拯救特洛亚,没法让特洛亚摆脱遭阿开奥斯人毁灭的命运,他的兄弟,可能还有他的父母和儿子,都必将被杀死,他的妻子也必将承受所有俘虏和奴隶承受的苦难凌辱。由此而言,赫克托尔并不是草率地送死,而是命运已经决定了他的死亡,他也并不是不怜惜安德罗马克和阿斯提阿那克斯,是那些他控制不了的力量,无情的力量,锁定了他们的命运。他并没辜负和舍弃保卫城邦和家庭的责任,他只是在当前的形势下无力履责。虽然赫克托尔没有明确提到命运或天神,他却暗示特洛亚的局势已彻底无望,不管他做什么,都无法改变战争的结局。

[106]既然如此,赫克托尔为什么还要继续战斗呢?他为什么不退出战场,像帕里斯珍惜跟海伦在一起的每时每刻一样(3.433—448)①,跟妻儿共度余下不多的宝贵时光呢?既然无力打败阿开奥斯

---

① 在本人看来,格里芬夸大了"帕里斯和海伦之间的假婚姻跟赫克托尔和安德罗马克之间的真婚姻之间的区别"(Jasper Griffin, *Homer on Life and Death*, p.6)。另参 Jenny Strauss Clay, *Homer's Trojan Theatre: Space, Vision, and Memory in the* Iliad, pp.35,41。

人,赫克托尔为什么还要像他跟母亲所说的那样担心自己丧失了斗志,忘记了勇武呢(6.264 - 265)?如果他已对抵御阿开奥斯人不抱任何希望,他为什么还像刚跟海伦说的那样急切地想回到战场呢(6.359 - 362)?

赫克托尔给出了两个继续战斗的理由。首先,他说他要为给自己和父亲赢得声名而战。即使特洛亚注定沦陷,即使他和父亲注定死去,只要赫克托尔在最前线勇往直前,永不后退,他就能为自己和父亲赢得名声——这个名声会在特洛亚沦陷后继续长存,就像赫克托尔回到战场时所说的,这是"不朽的名声"(7.91)。

有人可能会感到不解,如果一个勇武的战士明知道自己在打一场败仗,他却为了自己和父亲的名声战斗下去,这样的战士配得到荣誉吗?荣誉不应该属于那些像赫克托尔最初给我们留下的印象那样为了他人战斗的有责任心的人吗?荣誉怎么可能属于那些利己者呢?在赫克托尔看来,荣誉显然永远伴随着勇武,哪怕是一场毫无希望取胜的战争,只要表现勇武,一样可以获得荣誉。相反,那些撤退的人,哪怕是出于审慎和为他人的利益考虑,也将永远被不分青红皂白地看作懦弱和可耻之徒。所以,赫克托尔责骂帕里斯躲避战斗,因为这样帕里斯会遭到阿开奥斯人的嘲笑和鄙视,会被看作意志力薄弱的卑怯之人,特洛亚人也会把帕里斯看作他们的耻辱(3.39 - 55,6.521 - 525)。后来,赫克托尔的勇武受到特洛亚长老们的制约,他因而骂他们"昏庸"(wickedness)(或许同时映射他的父亲)(15.719 - 725)。同样,他此时不接受安德罗马克的建议,不肯为了家人和城邦的安全退入城内,也是因为他担心特洛亚的男人们,还有"那些穿拖地长袍的妇女"会认为他的撤退是"罪恶的"(evil),他会为此感到耻辱(6.440 - 442)。我们不清楚赫克托尔是否真的一直认为临敌撤退是"可耻的"和"罪恶的"事情。[107]但是,赫克托尔对安德罗马克讲话的后半部分表明,他相信妇女主要负责家务而且应该只负责家务,妇女不应该关心战争。既然他有如此想法,那他就应该知道特洛亚妇女尤其不明白行军打仗方面的事务,她们判别不出好坏(6.490–493)。可是,赫克托尔对他人评价的关注明显多于他对自身行为的内在价值和德行的关注。他对赢得荣耀的关注明显多过他对自己能否配得上荣耀的关注。因此,他谈论的不是勇武是否对城邦有利或者是否真正值得敬佩,他谈论的只是审慎和撤军会带来耻辱,勇武却会为他和父亲赢得声名。由此可见,关于为什么要打一场败仗,赫克托尔给出的第一个原因是出于利己考虑:为自己和父亲赢得称赞,特别是赢得特洛亚男女的称赞。就算他无力拯救特洛亚,他仍然有权在赢得荣耀和蒙受耻辱之间做出选择。

赫克托尔给出的第二个原因在于,他认为现在死去比在特洛亚陷落后死去会少些痛苦。他在讲话快要结束时向安德罗马克解释说,他宁愿死去,也不愿目睹自己的爱妻遭受被人拖去奴役的痛苦。诚然,赫克托尔此时表示,想到妻子将来不得不遭受苦难,这让他十分痛苦,这一痛苦比任何其他人蒙受的痛苦都要深重。但赫克托尔同时也表示,他希望在妻子遭奴役前死去,由此免除自己亲眼目睹妻子遭奴役的痛苦,而不是希望免除她遭受奴役之苦。赫克托尔在此刻异常清晰残酷地向妻子阐明了他在特洛亚平原勇武进攻的原因,这实际上源于他的利己考虑——而非出于为她的利益考虑。安德罗马克认为赫克托尔这般勇武拼杀就是在送死,赫克托尔在这一点上同意她的看法,但他解释说,他希望自己早死,免得因为看见妻子遭受苦难而痛苦,而这个苦难是安德罗马克将来一定会遭受的。

当安德罗马克指责赫克托尔作战鲁莽是对妻儿无情时,赫克托尔的辩解对安德罗马克而言相当残忍。赫克托尔告诉妻子特洛亚必将毁灭。如果安德罗马克对于未来,对于丈夫、孩子以及她本人尚存什么希望的话,这一番话将把她的一切希望击得粉碎。赫克托尔十分详尽地向安德罗马克描绘了她将来沦为奴隶的悲惨处境,让她虽然身在当下却感受到了未来的痛苦,从而进一步加剧了她当下承受的苦难。赫克托尔没拿虚假的美好希望安慰妻子,没想方设法让她快乐度过所剩不多的自由日子,反倒残忍地毁掉了她全部的希望。[108]赫克托尔这样做的目的只有一个,他要告诉安德罗马克,也告诉自己,他为赢得内心渴望的声名而采取的战略是正确的。

赫克托尔或许意识到自己的话有些过于残酷,无论是他说的命中注定的失败,还是他说的为了自己和父亲的声名战斗,而不是为安德罗马克和他们的儿子战斗,这些都过于残酷。赫克托尔确实试图安慰过妻子,他像是忘掉了刚刚说过的悲惨预言一样为儿子祷告,还为妻子勾勒了一幅充满希望的未来画面:

> 宙斯啊,众神啊,让我的孩子和我一样在全体特洛亚人当中名声显赫,孔武有力,成为伊利昂的强大君主,日后他从战斗中回来,有人会说:"他比父亲强得多。"愿他杀死敌人,带回血淋淋的战利品,讨母亲心里欢欣。(6.476–481)

赫克托尔表达了对儿子的父爱,并想象了一幅未来的画面。在这个画面里,儿子是一位征战疆场的自由人。赫克托尔似乎在试图安慰安德罗马克,要她相信自己的爱,相信特洛亚终究不会被征服。赫克托尔看到安德罗马克还在流泪,他心生同情,说道:

> 夫人,我劝你心里不要过于悲伤,谁也不能违反命运女神的安排,把我提前杀死,送到冥土哈得斯。人一生下来,不论是懦夫还是勇士,我认为,都逃不过他的注定的命运。(6.486–489)

赫克托尔此时再次尝试安慰妻子,若是已经无法收回关于特洛亚被征服的可怕预言,他起码可以减少这个预言的影响。但是,赫克托尔对妻子的安慰却有点笨拙蹩脚、自相矛盾。根据他之前说的话,他相信特洛亚命运已定,继续战斗完全是为了给自己和父亲赢得声名,而非为了保卫城邦和家人的安全。但根据他现在说的话,特洛亚的命运尚不确定,那他如此鲁莽,不正是像安德罗马克说的那样主动把特洛亚置于危险之中吗?他这样做不正说明他为了自己和父亲的声名牺牲了特洛亚城邦以及妻儿的福祉吗?

因此，我们看到，看上去无私的赫克托尔事实上却是严重的利己主义者。他不是在为保卫城邦和家人的安全作战，他是在为给自己和父亲赢得声名作战，在为了早点死去作战，因为这样他就不必因目睹城邦和家人遭毁灭和奴役而感到痛苦。赫克托尔此刻的讲话表明，他最大的动机不是避免因目睹人民受难而痛苦，而是对获取声名的渴望。[109]他对声名的渴望如此强烈，以至于当他想象安德罗马克将来附身为奴遭受苦难时，仍不由自主地想象她的主人把她定义为"那个最英勇善战的特洛亚人赫克托尔的妻子"(6.460 – 461)。即使在为妻子将来会遭受苦难感到悲痛时，赫克托尔显然还在期望将来的荣誉是属于他的，而他的妻子将会见证这一点。

当然，赫克托尔声称他在为自己和父亲两个人的声名作战，这样他就可以否认自己是纯粹或完全的利己主义者。然而，事实却是，他在结束对安德罗马克的讲话之前，只提到了对个人未来声名的想象，他并没提到自己的父亲，这说明他的核心追求是自己的声名。赫克托尔跟安德罗马克告别后不久，就向阿开奥斯人宣布，他允许他们为被他在战斗中杀死的勇士举行葬礼，他说道：

> 日后出生的人当中有人在大海上驾驶有许多排桨的船只的时候会说："这是远古时候死去的、被光荣的赫克托尔杀死的非常勇敢的战士留下的坟墓。"日后有人这样说，我的名声将不朽。(7.87 – 91，强调为本书作者所注)

赫克托尔在第二天真诚祷告："但愿我在自己的日子里能长生不老，像雅典娜、阿波罗受尊重，像明天会给阿尔戈斯人带来祸害一样。"(8.538 – 541)最终，当赫克托尔选择继续留在特洛亚平原跟阿开奥斯人作战还是退入安全的特洛亚城时，他完全无视父亲发出的撕心裂肺般的恳求，他跟随内心获取声名和避免耻辱的渴望，做出了最终决定(22.33 – 130)。我们由此看到，当赫克托尔优先考虑自己的需要，而不是所爱的人的需要时，表面上恪尽职守的赫克托尔似乎并不比阿基琉斯无私多少。

或许有人会说,既然特洛亚的战事本来就无望,赫克托尔的利己行为也不会像阿基琉斯那样产生什么严重后果。阿基琉斯退出战争导致许多阿开奥斯人死去,但是如果特洛亚像赫克托尔向安德罗马克所说的那样注定战败,无论赫克托尔鲁莽与否,都会有很多人死去。即使赫克托尔为了声名勇武拼杀,他也不会因此给特洛亚带来什么额外损失。然而,赫克托尔认为特洛亚必败的根据是什么呢？读者已经得知赫拉和宙斯决心最终摧毁特洛亚,于是便会以为赫克托尔通过某种方式从天神那里得到了特洛亚必败的信息(4.20 – 64)。可事实上,赫克托尔从没表示他从天神那里知晓了特洛亚必败的消息。

[110]不仅如此,我们也并不清楚众神摧毁特洛亚的心意是否已决。在这场战争中,阿波罗、阿特米斯和阿瑞斯站在特洛亚一边,宙斯本人也曾在赫克托尔临死之际考虑是否要救他一命,而救赫克托尔一命也意味着救特洛亚一命(22.167 – 185)。在荷马笔下的战争中,人类的行为发挥着重要作用,尽管这些行为并不总能决定战争的结果。我们看到,如果不是奥德修斯成功说服阿开奥斯人留下,他们可能已经逃离特洛亚,战争可能已经结束了(2.142 – 210)。战争还差点因为帕里斯跟墨涅拉奥斯的决斗计划终结(3.373)。即使在众神破坏了休战计划之后,如果普里阿摩斯选择支持安特诺尔,同意交出海伦的话,战争仍有可能和平收场(7.345 – 420)。如果赫克托尔接受波吕达马斯的"高明……主张",在阿基琉斯复出后从特洛亚平原撤回特洛亚城,特洛亚仍有可能免于毁灭(18.313)。尽管在荷马的笔下,波吕达马斯因为雅典娜的干扰没能劝服特洛亚人采取防御策略,但荷马从没表示赫克托尔的勇武之举跟众神的恩惠有关,众神并不曾鼓励他跟阿基琉斯对决(18.310 – 313, 22.90 – 135)。因此,荷马有意说明,赫克托尔在是否勇武进攻的问题上拥有选择的自由。

事实上,赫克托尔在告诉安德罗马克特洛亚注定被征服之后,再也没说过同样的话,恰恰相反,他一再表示特洛亚可能赢得战争。赫克托尔跟妻子说完话后,立即告诉帕里斯"在我们把所有胫甲精美的阿开奥斯人赶出特洛亚土地的时候",他们要向众神献祭(6.526 – 529)。赫克托尔告别安德罗马克后不久,便在战场上告诉阿开奥斯人,宙斯"怀着恶意,给双方的军队制造灾难,直到你们攻下有好望楼的特洛亚,或你们在渡海的船舶旁边被我们打败"(7.70 – 72)。接下来,赫克托尔号召特洛亚将士烧毁阿开奥斯人的船舶,赶走阿开奥斯人,保卫城邦和家人免于毁灭。① 最后,赫克托尔在临死前表示,他对特洛亚军队的毁灭负有责任,他的话似乎同时暗示了特洛亚的毁灭(22.99 – 107)。因此,赫克托尔对安德罗马克所说的,不管他行军鲁莽还是谨慎,特洛亚都必将毁灭,这既是一个无法证实的声明,也是他只说过一次的声明。

那么,赫克托尔为什么要跟妻子强调特洛亚注定失败呢?[111]他似乎不想跟妻子承认,也不想跟自己承认,为了追求个人声名,满足自我的需要,他宁愿牺牲特洛亚的利益。赫克托尔希望自己勇武大胆,因为在他看来勇武大胆是通往声名的道路。但安德罗马克是诗中唯一一个批评赫克托尔自私的人。尽管波吕达马斯后来也强调指出,赫克托尔这样勇猛大胆实际上是一种鲁莽之举,但安德罗马克却指出,赫克托尔的冒进实际上无情且自私地把整个城邦和家人置于危险之中。因此,安德罗马克不仅质疑丈夫的审慎力,更重要的是她还对赫克托尔的责任感和高尚品质提出了质疑。赫克托尔不肯对妻子和自己承认,他可能为了个人的声名给城邦和家人带去了危险,他也并没有解释把个人利益放在特洛亚城邦利益之上的理由,他只是强调,无论自己以什么态度作战,特洛亚都终将失败。这样一来,他的失败论就成为他追求自我利益的通行证。既然特洛亚无论如何都必将毁灭,那他对自我声名的追求就不会有什么危害。赫克托尔此时只是一味宣称特洛亚终将毁灭,却并没向妻子或自己解释失败的原因,也没对自

---

① 12.440 – 441, 15.494 – 499, 15.557 – 558;参 13.39 – 43, 16.860 – 861,及 13.772 – 773。

己的利己行为做出解释。他对妻子的心灵拷问避而不答,回到了战场。赫克托尔对安德罗马克的回应表明,比起城邦和家庭的幸福,他更关心个人的需要,他没勇气向他人承认自己的利己行为,也没勇气向自己承认这一点。

阿基琉斯却恰好相反,他在遭到朋友们的指责,说他拒绝援助阿开奥斯人时,他的反应跟赫克托尔受到安德罗马克批评之后做出的反应完全不同。阿基琉斯的朋友们跟安德罗马克一样,谴责阿基琉斯无情又自私地对待自己所爱的人和同胞们。但阿基琉斯的反应跟赫克托尔不同,他先是承认好友的指责属实,紧接着又说明自己为什么在一定程度上把个人利益放在阿开奥斯人的利益之上:

> 我看阿特柔斯的儿子阿伽门农劝不动我,其他的达那奥斯人也不行,因为同敌人不断作战,不令人感谢,那待在家里的人也分得同等的一份。胆怯的人和勇敢的人荣誉同等,死亡对不勤劳的人和非常勤劳的人一视同仁。我心里遭受很大的痛苦,舍命作战,对我却没有一点好处。(9.315 – 322)

阿基琉斯质问,他凭什么为一群忘恩负义的人牺牲自己的性命和灵魂?[112]既然这个群体无视正义,既不能够也不愿意把荣誉赐给那些值得敬重的高尚之人,那他有什么必要向他们索求荣誉?既然我们凡人都必将死去,荣誉又有什么价值可言?他为什么不舍弃阿开奥斯人的利益,超脱于他们的荣誉之外,去独自追求个人的幸福呢?① 阿

---

① 阿基琉斯的这段话证明克拉克的看法有误。克拉克认为,在帕特罗克洛斯死去之前,阿基琉斯一直在追求"社会决定的荣誉感"(Michael Clarke, "Manhood and Heroism", p. 82)。关于阿基琉斯对荣誉的质疑,参 Jasper Griffin, *Homer on Life and Death*, pp. 99 – 100; Seth L. Schein, *The Mortal Hero: An Introduction to Homer's* Iliad, pp. 71, 105; Graham Zanker, *The Heart of Achilles: Characterization and Personal Ethics in the* Iliad, pp. 87 – 88; Timothy Burns, "Friendship and Divine Justice in Homer's *Iliad*", p. 293。

基琉斯不仅坦言自己是利己的①,还为自己的利己主义直言辩护。但他起码开始反思一个人的真正利益是什么,从他鄙视的那些人那里获得敬重是不是他的真正利益所在。我们看到,阿基琉斯在思考自我利益的过程中内心经历了巨大的痛苦的摇摆起伏,但他确实提出了一个问题,并对这个问题进行了深思,那就是,一个人是否该为他人而不是自己服务? 一个人的幸福是否跟荣誉有关?

赫克托尔拒绝承认自己是利己的,这使得他甚至不曾问过自己的真正利益是什么,他似乎只是简单地、不假思索地把自己的真正利益跟永恒的普世的声名联系在一起,哪怕给他荣耀的是那些无知的不知正义为何物的人,哪怕他为了争得荣耀必须死去。赫克托尔最重要的考虑永远是特洛亚的男人们、女人们和全体人类会怎样评价他,他们会认为他可耻还是高尚? 对赫克托尔而言,他能够想见的最大幸福很简单,那就是获得他人的赞美。荣誉对于像萨尔佩冬这样的英雄来说是死后继续存在的方式,但对于赫克托尔而言,荣誉最重要的意义却不在于此。萨尔佩冬向好友格劳科斯解释说:

> 朋友啊,倘若我们躲过了这场战斗,便可长生不死,还可永葆青春,那我自己也不会置身前列厮杀,也不会派你投入能给人荣誉的战争;但现在死亡的巨大力量无处不在,谁也躲不开它,那就让我们上前吧,是我们给别人荣誉,或别人把它给我们。(12.322 – 325)

[113]萨尔佩冬表示,如果自己是永生不死的神明,就可以从一些宁静祥和的日常活动里获得幸福。可他是一个凡人,他要通过勇武战斗和赢得声名来获得幸福,因为声名能让他在死后继续活着,哪怕只是活在他人的记忆里。赫克托尔也表达了获得不朽声名的愿望(7.87 – 91)。但赫克托尔还表示,如果他是永生不死的神明,他将对声名荣耀

---

① 雷德菲尔德甚至认为阿基琉斯"完全不会幻想"(James M. Redfield, *Nature and Culture in the* Iliad: *The Tragedy of Hector*, p. 28)。

更加向往。赫克托尔两次表达了希望自己永生并像天神一样享有荣耀的愿望:"但愿我在自己的日子里能长生不老,像雅典娜、阿波罗受尊重。"(8.538-541,13.825-827)①所以,普世的永恒的赞美是赫克托尔定义的自我利益,他的目标是为自己赢得声名,他并不关心自己是否配得上荣誉,也不关心赞美他的人是否有资格赞美他。

阿基琉斯跟赫克托尔一样,希望得到同胞的敬重,但是阿基琉斯首先明白,只有当荣誉意味着对卓越品质的真心认可和感激时,它才真正具有价值(9.314-317)。因此,阿基琉斯在根本上并不在意能否得到阿开奥斯人的敬重,他更加在意自己能否配得上最高尚最卓越的阿开奥斯人这个无上的荣誉。当阿开奥斯人对他不够敬重时,他并不只盘算如何恢复自己在他们心目中的地位,相反,他谴责阿开奥斯人忘恩负义,并且开始思考阿开奥斯人的敬重,以及任何凡人的敬重,是否真正具有价值。所以,不管阿基琉斯看上去多么自私自利,他的自我关怀都包含着关于怎样才能真正实现和满足自己的思考,这样的思考把他的自我关怀提升到了一个新的境界。

赫克托尔想当然地认为勇敢战斗是通往无上荣誉的途径,为了获得无上的荣誉,他必须成为最卓越的人,而要成为最卓越的人,他必须是最勇敢的战士。他在想象妻子受奴役的画面时,想象着将来会有人说:"这就是赫克托尔的妻子,驯马的特洛亚人中他最英勇善战,伊利昂被围的时候。"(6.460-461)[114]他在想象一位被他杀死的勇士的坟墓时,想象着将来会有人说:"光荣的赫克托尔杀死了他。"(7.89-91,[译按]据本书原文对罗念生译文稍作改动)他在祷告宙斯和其他天神,祈求将来会有人说他的儿子比父亲"强得多",他想当然地认为最卓越的人必须

---

① 本人认为克拉克的观点有失偏颇,他认为此类"荷马式英雄"追求"他人眼中的荣耀",相信"声名……是永生的替代品"(Michael Clarke,"Manhood and Heroism",pp.77-78)。该评价适合萨尔佩冬,却并不适合赫克托尔。参 Seth Benardete,*Achilles and Hector:The Homeric Hero*,pp.64-65。

是最勇敢的战士(6.479 – 481)。这就是为什么即使他远离战场,跟心爱的人在一起的时候,他也永远是战士的装扮。即使他跟母亲赫卡柏、美丽的海伦和爱妻安德罗马克在一起时,他也不会脱下自己"粘上了血和污秽"的盔甲,甚至当他跟还在襁褓中的儿子逗乐时,起先也没摘下可怕的头盔(6.264 – 268,6.466 – 470)。他从不质疑把个人利益等同于荣誉的信念,他也从不质疑最卓越的人必须是最伟大的战士的想法。

相比之下,虽然阿基琉斯是最伟大的战士,他却并不只想成为一名战士,他想成为"最卓越的阿开奥斯人"。对阿基琉斯而言,这不仅意味着要在强大的赫克托尔面前保护阿开奥斯人,还意味着要保护阿开奥斯人免受愚妄的阿伽门农的影响。① 事实上,阿基琉斯在诗中的首次行动——为了拯救阿开奥斯大军,召集阿开奥斯人开会,劝说国王把克律塞伊斯归还其父——跟战场上的英勇无关,这次行动展现了他的治国才能和政治勇气。同样,阿基琉斯在诗中的最后一次行动——把赫克托尔的遗体归还其父,即特洛亚国王,并许诺休战十二天,给特洛亚人时间哀悼赫克托尔——也不是战争行为,而是悲悯之举。阿基琉斯的事例表明,要成为最卓越的阿开奥斯人意味着既要跟特洛亚人并肩作战,又要跟阿开奥斯人斗争,还要怜悯特洛亚人。因此,在阿基琉斯的眼里,最伟大的品质除了英勇战斗之外,还包括审慎或智慧、正义、慈悲和政治勇气(参 1.342 – 344)。② 所以,当亲爱的朋友们走进阿基琉斯的营帐时,他们看到阿基琉斯跟心爱的伙伴帕特罗克洛斯一起"弹奏清音的弦琴,娱悦心灵"(9.186),[115]"他借以赏心寻乐,歌唱英雄们的事迹"(9.189)。赫克托尔因为帕里斯弹弄竖琴而责骂他,但是阿基琉斯不一样(3.53 – 54),③他实际上跟诗中所有其他勇士都不一样,他不

---

① 1.243 – 244,1.165 – 166,1.53 – 129,1.366 – 386。

② 另参伊多墨纽斯关于深思熟虑的重要性的讨论(13.275 – 288)。另参阿基琉斯暗指德行具有多重内容的讲话(22.268 – 269,23.276 – 278)。

③ 伯纳德特认为阿基琉斯"是帕里斯和赫克托尔的……结合体"(Seth Benardete, *Achilles and Hector*: *The Homeric Hero*, p.49)。

仅会享受歌唱之美,还会思考什么样的行为给人带来荣誉,为什么这样的行为配得上荣誉,以及这样的行为是否让荣誉的获得者真正感到满足(参9.314-327,9.401-409)。① 阿基琉斯是诗中唯一一位热爱音乐和诗歌的人物,也是唯一一位明显希望得到诗歌作者启示的人物。② 阿基琉斯在这些方面跟歌者荷马本人之间具有特殊的关系。③

赫克托尔反对论之三:民众的鲁莽卫士

《伊利亚特》中的波吕达马斯对赫克托尔批评得最为猛烈,他批评赫克托尔的主要原因不是赫克托尔缺少对他人的同情和关怀,而是他作战鲁莽。他四次对赫克托尔实施的鲁莽战略表示反对,反对的效果不尽相同。第一次,他成功说服"勇敢的赫克托尔"和特洛亚将士放弃把马赶过堑壕的"愚蠢"做法,改为徒步进攻,因为这些堑壕位于阿开奥斯人修建的船舶护墙的外沿,赶马过去可能引发阿开奥斯人的猛烈反扑(12.60-80)。接下来,他试图劝说"勇敢的赫克托尔"从阿开奥斯船边撤军,以防阿开奥斯人绝地反击屠杀"许多"特洛亚人,把他们赶回特洛亚,但波吕达马斯的这次劝说没有成功(12.216-250)。第三

---

① 根据普鲁塔克所述,亚历山大大帝钟爱《伊利亚特》,将其作为"用兵之术"的宝典随身携带,睡觉时还把书放在枕头下面。他尤其喜欢阿基琉斯歌唱英雄们的丰功伟绩(*Alexander* 15.4-5;另参 8.1-2,26.1-2)。

② 格里芬有如下关于阿基琉斯的注解,"他的讲话特点鲜明,充满各种生动形象和比喻"(Jasper Griffin, *Homer on Life and Death*, p. 75;另参 Mark W. Edwards, *The* Iliad: *A Commentary*, V: *Books* 17-21, p. 39)。关于阿基琉斯的讲话是何等精彩的评论,另参 Jasper Griffin, *Homer*: *Iliad IX*, p. 17; Jasper Griffin, "The speeches", *The Cambridge Companion to Homer*, pp. 60,62; Seth L. Schein, *The Mortal Hero*: *An Introduction to Homer's* Iliad, p. 90。

③ 克罗迪同样认为,"阿基琉斯在《伊利亚特》结尾时表现出的怜悯之情,实际上贯穿整部诗歌……阿基琉斯跟诗人一样具有悲悯之心"(Kevin Crotty, *The Poetics of Supplication*: *Homer's* Iliad *and* Odyssey, pp. 98-99)。

次,波吕达马斯劝说"勇敢的赫克托尔"把进攻阿开奥斯船只时冲散的特洛亚兵力集合起来,[116] 商量是继续进攻还是撤回特洛亚城,以免阿基琉斯受到刺激后复出。波吕达马斯说:"我担心阿开奥斯人会报昨日之仇,因为船边还有位好战无餍的将领,我不相信他会永远不再作战。"(13.725,13.735 – 747)波吕达马斯这次成功地说服赫克托尔把特洛亚的将士集合起来,但他并没能说服赫克托尔退入特洛亚城(13.748 – 757,13.789 – 805)。最终,当阿基琉斯回到战场,波吕达马斯试图说服特洛亚的将士反对赫克托尔的鲁莽战略,撤回特洛亚城。波吕达马斯说道:

> 现在我对捷足的阿基琉斯心中害怕,他性情高傲,不会满足于逗留平原,像往常特洛亚人和阿开奥斯人双方在平原的中央比试阿瑞斯的威力那样,他是为夺去城市和我们的女眷而战斗。我劝你们撤回城,否则会有……他明天会全身披挂冲过来捉住我们,那时我们便都得领教他的厉害。侥幸逃脱的人将会庆幸自己回到神圣的伊利昂,狗群和鹰鹫将会吞噬无数的特洛亚人。(18.261 – 272)

荷马强调指出,波吕达马斯每次反对的都是"勇敢的赫克托尔"不经筹划便大胆冒进,完全不考虑自己的举措会给军队和人民带来什么样的灾难后果,以及他对己方的局限估计不足。波吕达马斯两次强调指出,他害怕阿基琉斯,而且他们应该害怕阿基琉斯,因为阿基琉斯比包括赫克托尔在内的任何一个特洛亚人都要强大。一个人应当畏惧比自己强大的敌人,应当撤回安全地带,保护自己不被对方摧毁。波吕达马斯并没主张放弃对阿开奥斯人的战斗,他本人英勇善战,斗志高涨,在赫克托尔倒下时尤为如此(14.418 – 474)。波吕达马斯向赫克托尔和特洛亚人强调了自己的战斗愿望,他表示"我当然希望这事能立即成为事实,让阿开奥斯人可耻地死去,远离阿尔戈斯",他又表示,在阿基琉斯复出之前,"在敌人的快船前度过夜晚我很乐意,热望迅速夺得他们的昂首翘尾船"(12.69 – 70,8.259 – 260)。但是他同时指出,一个人不该一味听从自己的心愿和希望,应该承认我们凡人永远都会害怕对生命安全的威胁,在这场战争中,特洛亚人不得不害怕在数量上处于优势的阿开奥斯人以及他们的将领阿基琉斯所向披靡的战斗力(2.119 – 133, 8.53 – 57)。因此,波吕达马斯主张特洛亚将士撤到坚固的特洛亚城墙以内,[117]在那里,他们能够有效地保卫城邦,就算是阿基琉斯"也不敢贸然攻城,也不可能把城攻破,敏捷的狗群早就会把他先吞下肚"(18.282 – 283,[译按]据本书原文对罗念生译文最后一句稍作改动)。波吕达马斯劝赫克托尔不要舍弃对城邦的防御,要更有效地保卫城邦。

荷马以自己的名义特别称赞特洛亚的波吕达马斯态度审慎,批评特洛亚战士阿西奥斯"愚蠢",称他手下的人为"蠢人",因为这些人反对波吕达马斯的建议,坚持赶着马匹进攻阿开奥斯人的护墙和船舶。① 荷马进一步阐明,"若不是波吕达马斯向勇敢的赫克托尔进言",劝说他召集和重组军队,特洛亚人将不得不在阿开奥斯人的反攻下"狼狈地"逃离战场(13.723 – 725)。最后,荷马在描写特洛亚人的紧急集会时突出描绘了波吕达马斯如何在智慧上胜过赫克托尔。当时,阿基琉斯已回到战场,只是高声呐喊三次便吓得特洛亚士兵撤离了阿开奥斯军营,因此,特洛亚人要在大会上决定究竟是继续留在特洛亚平原战斗还是退进特洛亚城(18.215 – 231)。荷马首先重点描述了包括赫克托尔在内的全部特洛亚将士所感到的恐惧,"会议站着进行,没有一个人敢坐下,他们全都余悸未消,看见阿基琉斯长时间退出战斗,现在又出现战场"(18.246 – 248)。荷马突出描写了全体特洛亚将士在阿基琉斯面前感受到的巨大恐惧,从而突出强调波吕达马斯的主张极具说服力。波吕达马斯认为,特洛亚军队应该在夜色的掩护下有序撤回特洛亚城,否则,他们将会在第二天面对阿基琉斯的血腥屠杀时四下溃逃,蒙受惨烈损失。荷马接下来阐明:

---

① 12.108 – 115,12.124 – 130,13.383 – 393。

明达事理的波吕达马斯首先发言,他们中只有他一人洞察过去未来,还是赫克托尔的同伴,出生在同一个夜晚,一个擅长投枪,另一个擅长辩论,怀着对同胞的赤诚,这样开始发言。(18.249 - 253)

但如荷马所述,波吕达马斯却未能通过言辞说服赫克托尔。赫克托尔不赞成波吕达马斯的主意,特洛亚将士也都站在赫克托尔一边。荷马强调指出,波吕达马斯本可以赢得支持,因为他预见到了,无论是特洛亚人还是赫克托尔,都将无力抵御阿基琉斯的屠杀,特洛亚将遭受无法弥补的损失。因为赫克托尔拒绝听从波吕达马斯的建议,特洛亚人后来确实蒙受了灾难般的后果,这跟阿伽门农当初拒绝接受祭司克律塞斯的建议,并在接下来跟阿基琉斯争斗,从而给阿开奥斯人带来的后果一样糟糕。[118]赫克托尔本人后来说道,因为没有采纳波吕达马斯的计划,他"摧毁了自己的军队"(22.107)。难怪荷马称特洛亚人是"蠢人",并表示雅典娜已经夺去了他们的理智,因为他们不赞成波吕达马斯的"周全"计划,却支持赫克托尔"不祥"(evil)的主意(18.310 - 313)。①

既然波吕达马斯的建议明智合理,赫克托尔为什么拒绝采纳呢?荷马并没说雅典娜夺去赫克托尔的理智之类的话,而且据波吕达马斯所言,赫克托尔一向不支持他:

赫克托尔,即使我在会议上发表的见解合理正确,也总会招来你严词驳斥,因为你不允许一个普通人在议院里或战场上和你争论,只想增加自己的威名。(12.211 - 214)

---

① 就连雷德菲尔德也承认,赫克托尔在此时犯下的错误是"灾难性的"(James M. Redfield, *Nature and Culture in the Iliad:The Tragedy of Hector*, p. 155;参页 145、154、146)。另参 Seth L. Schein, *The Mortal Hero:An Introduction to Homer's Iliad*, p. 185。

波吕达马斯在这里表明,尽管他始终都在向特洛亚大会提议采取周全之策,赫克托尔却高估了己方的实力,不断表示反对。赫克托尔过高估计了自己战胜敌人的能力,他看不到自身的缺点和弱点,因而也看不到审慎的高明之处(参13.727 – 734)。

赫克托尔曾告诉安德罗马克,他已经学会在时刻保持"周全"(noble)的前提下大胆冲杀(6.440 – 446)。然而,赫克托尔却反对波吕达马斯提出的"审慎"主张,这似乎有点出人意料。波吕达马斯表明,赫克托尔的勇敢并非建立在直面危险的高尚勇气之上,而是因为他高估了自己的能力,对眼前的危险视而不见。波吕达马斯的上述暗示有些出人意料。诗里的赫克托尔好像一直在面对危险,他之所以不赞成波吕达马斯的主意,应该是因为在他看来,波吕达马斯一直想要采取可耻的安全策略,退到特洛亚城苟且偷生。赫克托尔在极少见的情况下也会采纳波吕达马斯的主张——不再驱赶战马越过阿开奥斯人护墙外的堑壕,赞成把四处奔散的特洛亚兵力聚集起来——因为他觉得波吕达马斯的建议不失为躲避灾难和不幸($απήμων$,12.80,13.748)的安全之策。[119]但是,赫克托尔总体上反对安全之策,主张勇敢大胆地进攻。因此,赫克托尔谴责波吕达马斯是个胆小鬼,说他为了逃命卑劣自私地躲避危险:

> 可你竟然如此害怕战斗和厮杀?即使大家都战死在阿尔戈斯人的船边,你也用不着担心你自己会送掉性命,因为你的那颗心不坚定,也不好作战。(12.244 – 247)

赫克托尔表示,波吕达马斯因为胆怯而主张撤退,是不敢面对危险的表现,他本人号召大家勇敢进攻,则是甘于冒险的高贵意志的表现。可是,我们已经看到,赫克托尔告诉妻子他知道特洛亚必败,他应该已经放弃了对胜利的希冀(6.447 – 448)。由此可见,赫克托尔并不像波吕达马斯所说的那样高估了自己或过分自信,恰好相反,赫克托尔是个悲观主义者,他完全是在为了一项自己眼中彻底无望的事业,勇敢忘我地战斗。

然而,我们也看到,赫克托尔跟妻子所说的特洛亚战事无望的话,只说过这一次,他在诗歌的其他部分表现得信心十足。赫克托尔拒绝波吕达马斯的主张,不仅仅因为这个主张在他看来是怯懦的表现,更重要的是因为波吕达马斯的主张透露出一种对宙斯的不信任以及对宙斯助佑特洛亚的不信任。赫克托尔说道:

> 如果你刚才说这些话确实出于真心,那显然不巧的天神使你失去了理智,以至于竟要我忘记鸣雷神宙斯的意愿,那是他亲自晓谕我并且应允……我们应该信赖伟大的宙斯的意志,他统治全体有死的凡人和不死的天神。(12.233－242)

很显然,赫克托尔相信最强大的天神支持他,他因而不可能失败(8.172－183,13.149－154)。事实上,赫克托尔对宙斯的信任是如此坚定,以至于他在和将士们逃离手无寸铁的阿基琉斯之后,仍坚持认为自己能打败阿基琉斯,并轻蔑地拒绝了波吕达马斯提出的退入安全的特洛亚城的主张。"正当智慧的克洛诺斯之子让我在船边获得荣誉,把阿开奥斯人赶向大海,愚蠢的人啊,不要给人们出这种主意。"(18.293－295)赫克托尔认为,信赖宙斯的保护是明智的,波吕达马斯怀疑宙斯不会保护自己则是愚蠢的。由此可见,赫克托尔的勇武并非基于直面危险的勇气,而是基于一种信赖——波吕达马斯暗示,这是一种过度信赖——即在宙斯的保护下,他能战胜一切危险。

我们在荷马的叙述中看到,宙斯的确在多数战斗中一次又一次帮助赫克托尔。① [120]宙斯还派信使伊里斯告诉赫克托尔自己在支持他(11.195－213)。可是,赫克托尔凭什么如此确信宙斯会继续支持他,凭什么如此确信宙斯甚至会支持,比如说,他对决阿基琉斯本人?根据赫

---

① 8.215－216,11.163－165,11.299－309,15.220－280,15.457－483,15.592－725,16.786－850。

克托尔所述,他之所以信赖宙斯,是因为他相信宙斯会主持正义,而特洛亚的事业是正义的,所以应该会得到宙斯的帮助。赫克托尔说道:"我抱着希望祈求宙斯和别的天神把命运带来的、命运用船带来的这些狗子通通赶到海上去。"(8.526 – 528)既然正义决定了这些入侵特洛亚的卑劣之徒遭毁灭,宙斯和所有天神都会帮助特洛亚,而且会持续不断地帮助特洛亚。赫克托尔向特洛亚人报告说,他看见宙斯阻挡阿开奥斯人进军,他宣称:

> 宙斯给凡人显示意愿很容易识别:他是想赐给一些人更为显赫的荣誉,还是要贬抑他们,拒绝给予护佑,就像他现在贬抑阿尔戈斯人,助佑我们。让我们一起去进攻船只,如果你们有人被击中遭到不幸,被死亡赶上,那就死吧,为国捐躯并非辱事,他的妻儿将得平安,他的房产将得保全,只要这些阿开奥斯人不得不乘船赶回他们心爱的家园。(15.490 – 498,另参 15.719 – 725)

赫克托尔相信宙斯会帮助特洛亚,是因为他相信特洛亚的战事纯粹是为了保护特洛亚妇女和儿童免遭阿开奥斯人的蹂躏,因而完全合乎正义。

诚然,赫克托尔确实跟安德罗马克说过特洛亚注定毁灭的话,这似乎透露出他对神佑的不信任。但我们也看到,赫克托尔的失败主义情绪只出现了这一次,这可能是他给自己勇武冲杀以求声名的做法开脱,找来搪塞妻子的借口。他对声名的追求本身恰好证明了他对神佑的信任。赫克托尔表达自己的希望说,"我的名声将不朽"(7.91)。若非相信不朽的存在——永生天神——将赐给他此等荣耀,他作为一个凡人又怎会相信自己将得到不朽荣誉呢?①

那么,在赫克托尔看来,特洛亚的战事真的有资格获得神佑吗?我们看到,赫克托尔确实严肃质疑过特洛亚战争的正义性。[121]他在诗

---

① 赫克托尔跟海伦和阿基琉斯不同,他从没说过声名可以是任何歌者或艺术家赋予的东西。参 3.125 – 128,9.185 – 191。

中开口第一句话便是斥骂自己的"好色狂"兄弟"不祥的帕里斯",并谴责特洛亚人懦弱,不敢惩罚掠走海伦的"不祥的帕里斯"(3.39 – 57;另参6.279 – 285)。但我们也看到赫克托尔从没主动发起过结束战争的努力,也从未支持安特诺尔为结束战争所做的努力,他在诗歌后面的部分也没再次批评特洛亚人允许战争继续。赫克托尔显然很快打消了对战事正义性的怀疑,就像他更多关注怎样获得荣誉而不是自己能否配得上荣誉一样,他也更多关注对神佑的祈求而不是自己和特洛亚人是否真正配得上神佑。

相比而言,阿基琉斯对战事的正义性这个问题却敏感得多。阿基琉斯不同于赫克托尔,他向阿开奥斯战事的正义性发起了激烈挑战:

> 阿尔戈斯人为什么要同特洛亚人作战?阿伽门农为什么把军队集中带来这里?难道不是为了美发的海伦的缘故?难道凡人中只有阿特柔斯的儿子们才爱他们的妻子?(9.337 – 341)

阿基琉斯在阿伽门农和墨涅拉奥斯面前悲叹自己在佛提亚的老父亲因儿子不在身边而伤心落泪,他说道:"我为了可怕的海伦,来到遥远的异邦同特洛亚人作战。"(19.324 – 325)①尽管如此,阿基琉斯仍然勇往直前,跟特洛亚人战斗了九年。后来,帕特罗克洛斯死去,阿基琉斯重返战斗,在他嘴里,阿开奥斯战事突然变成正义之战,特洛亚成为违背正义的一方。"你们该偿付血债,你们都该暴死,杀死了帕特罗克洛斯,趁我没有参战,把许多阿开奥斯人在空心船前杀死。"(21.133 – 135)但我们也确实看到阿基琉斯在战争中对"许多"特洛亚人及其盟军——比如,对普里阿摩斯的一个名叫吕卡昂的儿子,还有安德罗马克

---

① 参涅斯托尔和墨涅拉奥斯关于帕里斯掠走海伦导致战争爆发的阐述(2.354 – 356,2.588 – 590,3.351 – 354)。然而,海伦在诗中首次开口便承认她跟随帕里斯离去纯属自愿(3.172 – 180,6.343 – 348)。墨涅拉奥斯意识到,一直以来,阿开奥斯人,还有特洛亚人,都在因为他跟妻子之间的私事而战斗和死去,他似乎为此感到愧疚。

的母亲——表现出一定程度的怜悯。① 阿基琉斯最后向普里阿摩斯和全体特洛亚人表现出极大的怜悯,[122]主动提出给对方十二天时间安葬他们亲爱的赫克托尔(24.512 – 551,24.648 – 672)。阿基琉斯的这些表现说明,他很严肃地意识到阿开奥斯战事的正义性是有问题的,赫克托尔却从没对特洛亚战事的正义性有过如此严肃的认识。

赫克托尔相信自己本人和特洛亚都受到天神的保护,有了天神的保护,他们当然可以不采纳波吕达马斯的审慎计划,胸有成竹地向阿开奥斯人发起勇武进攻。但波吕达马斯却认为,正因为赫克托尔过于相信天神和天神的帮助,他才拒绝采纳自己的主张,并过分夸大己方的力量。很显然,波吕达马斯对天神并不寄予同等的信赖和希望,这可能是因为他不相信特洛亚的战事配得到天神的帮助,也可能是因为他不确信天神是值得信赖的。所以,波吕达马斯跟赫克托尔和特洛亚将士强调,他们要保持理智、警惕和对危险的畏惧,他们要在保持理智和畏惧的基础上采取行动,他说:"我担心阿开奥斯人会报昨日之仇,因为船边还有位好战无餍的将领,我不相信他会永远不再作战。"(13.725,13.735 – 747)波吕达马斯很清楚地表达了关于依赖天神助佑不是明智之举的想法。

波吕达马斯确实在两个场合提到过天神,但他跟赫克托尔不一样,他每次提到天神都是为了建议审慎而不是冒进。他第一次提到天神时,特洛亚人正在攻打阿开奥斯人营帐外的护墙。他们看到一只半空飞翔的老鹰爪子里抓着一条蛇,蛇回咬了老鹰一口,老鹰只好把蛇抛下(12.200 – 209)。波吕达马斯表示,这是一个警示他们的征兆,即使阿开奥斯人像那条蛇一样看上去已经溃败,他们也仍有力量让特洛亚人饱受伤害,他因此认为特洛亚人应该退入特洛亚城(12.216 – 229)。但波吕达马斯在其他场合主张特洛亚人撤退时却并没提到天神(13.735 – 747,18.254 – 283)。这说明波吕达马斯认为特洛亚人应该撤退的主张,

---

① 21.100 – 105,21.34 – 48,6.414 – 428,11.101 – 112。

并不是建立在所谓的神圣预兆的基础之上。[123]波吕达马斯此时显然想利用赫克托尔对神的虔敬劝他收敛自己的鲁莽冲动,但波吕达马斯的努力并未奏效,因为赫克托尔怀疑波吕达马斯的这番虔敬之语并非发自真心,他坚持认为宙斯特别偏爱特洛亚人(12.233–243)。赫克托尔激烈驳斥波吕达马斯的意见,他不仅责骂波吕达马斯胆小懦弱,还威胁说如果他逃避战斗或鼓动他人不参战,就把他杀死(12.244–250)。

波吕达马斯第二次提到天神,同样是为了让赫克托尔克制他的鲁莽冲动:

> 赫克托尔,你一向难于接受别人的劝告,只因为神明们使你作战非凡超群,你因此也以为自己的思虑比别人深远,可是你怎么也不可能做到事事躬亲,神明让这个人精于战事,让另一个人精于舞蹈,让第三个人谙于竖琴和唱歌,鸣雷的宙斯又把高尚的智慧置于第四个人的胸中,使他见事最精明,他能给许多人帮助,也最明白自身的价值。(13.726–734)

波吕达马斯表示,赫克托尔因为作战英勇,便以为自己思虑深远。波吕达马斯的意思是说,赫克托尔不通情理的原因在于他过分夸大了自己的能力。然而我们看到,赫克托尔过度自信是因为他相信天神站在自己一边。波吕达马斯没有直接挑战赫克托尔对天神的信任,他十分肯定地说,天神从来都不会赐给哪个凡人多过一项的才能,天神总是把各项才能分配给不同的凡人。因此,波吕达马斯暗示,正因为赫克托尔是一位英勇非凡的战士,他便不可能拥有智慧非凡的头脑。波吕达马斯还表示,非凡的智慧是宙斯赐给人类的最伟大的礼物,一个人可以运用智慧拯救许多人。

波吕达马斯没告诉我们,他如何得知天神是如此分配才能的,我们也完全不明白为什么一个人不能拥有多于一项的才能。比如,阿基琉斯既是卓越非凡的勇士,又不同于诗中的其他战士,会唱歌弹琴(9.185–191;参3.54–55)。并且,我们在诗歌开篇处见到他只身一人督促阿伽门农把克律塞伊斯归还其父,从而把整个阿开奥斯军队从阿伽门农的愚妄中拯救出来。阿基琉斯还十分擅长为阿开奥斯同胞出主意。波吕达马斯本人也同样既擅长出主意,又是优秀的特洛亚战士。由此看来,波吕达马斯在此处说的这些话更像是一种修辞而不是合理的事实。[124]他希望利用赫克托尔对天神的虔敬来缓和他内心的鲁莽情绪,使他更趋于理性。

最后,赫克托尔承认波吕达马斯的撤军主张是高明之策。正如波吕达马斯所料,全副武装的阿基琉斯复出后,赫克托尔和特洛亚的将士纷纷奔逃,就像他们当初听到手无寸铁的阿基琉斯大声喊叫后落荒而逃一样(20.44 – 46,20.364 – 454,20.490 – 503,21.526 – 543;另参18.217 – 283)。那些未遭阿基琉斯屠杀的人逃回了特洛亚城内,只有赫克托尔一人站在城门外,"心情热切地想要同阿基琉斯打一场恶战"(22.36)。他的父亲"可怜地"哀求他进城来,不要死在"远比你强大的"阿基琉斯手下(22.37 – 40):

> 我的孩子,进城来吧,为了拯救特洛亚男女,也为了不让阿基琉斯赢得巨大的荣誉,你不至于失去宝贵的生命。可怜可怜不幸的我吧,我还活着,已进入老迈,天父宙斯却要让我度过可怕的残年,看见许多不幸:看见我的儿子们一个个惨遭屠戮,女儿们被掳丧失自由卧室遭洗劫,幼儿被敌人无情地杀害抛到地上,儿媳们一个个落入阿开奥斯人的魔掌。当有人用锐利的铜刃把我刺中或砍伤,灵魂离开身体,我最后死去的时候,贪婪的狗群将会在门槛边把我撕碎,它们本是我在餐桌边喂养的看门狗,却将吮吸我的血,餍足地躺在大门口。(22.56 – 71)

普里阿摩斯在这番撕心裂肺的恳求里强调指出,只要赫克托尔活下来,指挥和率领特洛亚人保卫城邦,城邦就或许还有希望,也就是说,普里阿摩斯恳求赫克托尔为了家人和城邦保全他自己的生命。然而,赫克托尔却对父亲以及母亲的意见和恳求置若罔闻。① [125]实际上，此时的赫克托尔根本没提起他那正在流泪的父母、妻子和尚是婴孩的儿子。②阿基琉斯后来因为同情普里阿摩斯跟特洛亚人休战十二天，好让他们安葬赫克托尔。赫克托尔却在紧要关头对自己的父亲和同胞完全无动于衷（24.512－517,24.650－672）。③

那么，赫克托尔为什么选择面对阿基琉斯，却不退入特洛亚城呢？赫克托尔为此做出解释之前，荷马补充说赫克托尔怒不可遏：

> 有如一条长蛇在洞穴等待路人，那蛇吞吃了毒草，心中郁积疯狂，蜷曲着盘踞洞口，眼睛射出凶光；赫克托尔也这样心情激越不愿退缩，把那面闪亮的盾牌倚着突出的城墙，但他也不无忧虑地对自己的傲心这样说。（22.93－98）

可是，赫克托尔的愤怒指向谁呢？有人可能会认为指向阿基琉斯，因为他刚屠杀了那么多赫克托尔的同胞，其中还包括赫克托尔的两个兄弟（20.407－418,21.34－135）。然而，赫克托尔在接下来的讲话中却并没表达对阿基琉斯的怒气。那么，赫克托尔的愤怒究竟针对谁呢？

> 天哪，如果我退进城里躲进城墙，波吕达马斯会首先前来把我责备，在神样的阿基琉斯复出的这个恶夜，他曾经建议让特洛亚人退进城里，我却没有采纳，那样本会更合适。现在我因自己顽拗损

---

① 克罗迪指出，这是普里阿摩斯全诗中唯一一次对赫克托尔讲话。"普里阿摩斯对赫克托尔说的话极其伤悲，儿子面对父亲的请求却一声没吭。"（Kevin Crotty, *The Poetics of Supplication*: Homer's Iliad *and* Odyssey, pp.24－25）

② 本人不同意沙因的看法，他认为"赫克托尔只有两个特点"："对家人的温柔和对敌人的凶狠。"（Seth L. Schein, *The Mortal Hero*: An Introduction to Homer's Iliad, p.191——强调为本书作者标注）

③ 参 Kevin Crotty, *The Poetics of Supplication*: Homer's Iliad *and* Odyssey, pp.98－99。

折了军队,愧对特洛亚男子和曳长裙的特洛亚妇女,也许某个贫贱于我的人会这样说:"只因赫克托尔过于自信,损折了军队。"人们定会这样指责我,我还远不如出战阿基琉斯,或者我杀死他胜利回城,或者他把我打倒,我光荣战死城下。(22.99 – 110)

让赫克托尔感到愤怒的人竟然是波吕达马斯!他生气的原因不是波吕达马斯给他造成了侮辱,而是因为波吕达马斯的主张如此高明,对他的批评也将因此显得恰当合理。赫克托尔此时承认,他在阿基琉斯复出后继续让特洛亚军队留守平原确实乃愚蠢之举,[126]他的做法给整个城邦带来了巨大损失。有人或许认为赫克托尔此时应该回到特洛亚城,向波吕达马斯表达赞赏并向他请教良策,竭尽全力保护城邦。虽然特洛亚人损失严重,但他们依然拥有像波吕达马斯、埃涅阿斯、格劳科斯、帕里斯这样的杰出战士,再加上赫克托尔本人,他们依然可以采取波吕达马斯主张的防御策略,这是特洛亚在过去九年一直坚持且行之有效的策略。

但赫克托尔并无此打算,因为他认为波吕达马斯会第一个过来谴责他,还会有人谴责他伤害了自己的人民,他会因此愧对特洛亚的男女。赫克托尔知道,如果骂他的人说他导致大量士兵丧命,他将无言以对。此时的赫克托尔心里清楚,他没有勇气面对这些合理的谴责,这说明他已经开始强烈地自我谴责。他是特洛亚的守护者,然而却亲手为它带来了毁灭,只因为他不肯听取波吕达马斯提出的审慎主张,一味相信靠天神的帮助可以战胜阿基琉斯,若不是因为愚蠢,这一切原本可以避免,结果却是,他给所有仰仗他保护的人们,包括他的家人和同胞,造成了罄竹难书的苦难。

赫克托尔担心受到指责,因为他说低贱于他的人会指责他。然而,这个担心似乎完全说不通。首先,如果对方的指责是公道的,那么他是不是一个像波吕达马斯一样明显不如赫克托尔的战士,又有什么关系呢?况且根据特洛亚的善恶标准,还有谁会比赫克托尔这样一个自己都承认摧毁了同胞性命的人更可耻呢？赫克托尔在此时的表现说明，他没勇气接受自己犯下的愚蠢错误，没勇气承担给特洛亚造成重大伤害的责任，也没勇气接受波吕达马斯更有智慧这个事实。赫克托尔不仅没有勇气接受指责，他也没有勇气承认自己该受到指责。他没勇气真心承认错误，也没勇气承认他对天神和神助的信赖是错误的。他无力面对这两个可能中的任何一个，那就是，要么他不配得到天神的帮助，[127]要么天神并非正义仁慈的存在。他无力承认自己是脆弱有死的凡人，用波吕达马斯的话说，他坚持夸大自己的力量（12.211 - 214）。因此，赫克托尔责怪波吕达马斯，是因为在他的想象里，波吕达马斯会谴责他，还会鼓动特洛亚人与他作对。

赫克托尔接下来以令人震惊的冷酷解释了为什么直面阿基琉斯是更加有利的选择。不管杀死阿基琉斯还是被最伟大的阿开奥斯勇士杀死，他都将赢得声名。此时的赫克托尔自私到令人瞠目结舌的地步。他热切地希望躲避耻辱、赢得声名，甚至为了个人声名不惜牺牲整座城邦和自己家人的福祉。① 这几乎相当于公开承认，他本人和他的声名，而非城邦和家人，凌驾于一切之上。但是，赫克托尔自己却并不承认这一点。他在诗中两次表示，因为损折了军队，特洛亚的命运已成定局，他用这种方式间接暗示自己，他已经失去拯救家人和城邦的机会。我们看到，赫克托尔的认识是有问题的。特洛亚还有许多强壮的勇士，特洛亚的城墙还可以有效抵挡阿开奥斯人，更何况阿开奥斯人一直不曾攻破特洛亚，他们最终凭借特洛亚木马的诡计才得以进城。赫克托尔夸大了自己给城邦造成的损失。赫克托尔还表示，既然特洛亚的命运已经没有回旋的余地，他光荣赴死也不会给特洛亚带来什么更大的伤害了。尽管此时的赫克托尔承认自己一心想要追求利己的声名，他却

---

① 本人不同意弗劳门哈夫特的看法，他认为赫克托尔——而不是波吕达马斯之类——是"公民责任感最强"的特洛亚战士（Mera Flaumenhaft, "Priam the Patriarch, His City, and His Sons", *Interpretation* 32, p. 19）。

连对自己也不承认,他在以牺牲特洛亚的利益为代价满足他个人的需要。跟对妻子讲话时一样,他此时又一次秉持一种毫无根据的失败论,来为自己的自私开脱。他既缺乏强大的心灵力量跟自己承认自己的错误,又缺乏强大的心灵力量对自己承认自己的自私。

然而,就在赫克托尔决定为赢得声名直面阿基琉斯的瞬间,他突然想到了跟阿基琉斯求和的可能:

> 当然我也可以放下这凸肚盾牌,取下沉重的头盔,把长枪依靠城墙,自作主张与高贵的阿基琉斯讲和,答应把海伦和她的全部财产交还阿特柔斯之子,[128]阿勒珊德罗斯当初用空心船把它们运来特洛亚,成为争执的根源。我还可以向阿开奥斯人提议,让他们和我们均分城里贮藏的所有财富,我们可以召集全体特洛亚人起誓,什么都不隐藏,把我们可爱的城市拥有的一切全都交出来均分两半。(22.111–121)

赫克托尔此时可能已经料到,他肯定会输给阿基琉斯,也有可能出于对城邦和家人的考虑,他想到可以把海伦和她所拥有的一切交给阿开奥斯人,再把特洛亚全部的财富送给对方。换句话说,赫克托尔想到可以舍弃海伦和特洛亚的全部财富,来挽救特洛亚人和自己的性命。既然赫克托尔不愿退入安全的特洛亚城,向阿基琉斯求和应该是比跟阿基琉斯决斗更加有利于特洛亚的选择。但是,赫克托尔最终却又决定放弃这个不同寻常的做法,不是因为这样帮不了特洛亚,而是因为这样会给他自己带来耻辱:

> 可我这颗心为什么考虑这些事情?我决不能走近他,他丝毫不会可怜我,不会尊重我,他会视我如同弱女子,赤裸裸地杀死,当我卸下这身盔甲时。现在我和他不可能像一对青年男女幽会时那样从橡树和石头絮絮谈起,青年男女才那样不断喁喁情语。还是让我和他尽快地全力拼杀吧,好知道奥林波斯神究竟给谁胜利。

(22.122–130)

赫克托尔此时根本没有表现出对特洛亚命运的关心,也没有表现出对父母和妻儿命运的关心,或者对特洛亚男人和拖曳长袍的特洛亚妇女的命运的关心。他表达了内心的恐惧,他害怕自己像个女人一样身不披甲地被砍死,因而失去声名。所以,赫克托尔决定遵从最初的想法,这样一来,即使他战死在阿基琉斯剑下,也仍然可以从特洛亚男女那里获得声名,因为特洛亚人总是赞美勇敢胜过审慎。赫克托尔显然认为,特洛亚人会愚蠢到敬佩一个鲁莽战死的人的地步,哪怕这个人给自己的同胞带去了毁灭。

此时的赫克托尔自私到无情且无知的地步。首先,也是最重要的一点,如果特洛亚人不顾赫克托尔给人民带去毁灭的事实,只因为他敢于跟阿基琉斯作战就敬佩他,那么,这么愚蠢的人们给予的称赞有什么价值可言?[129]另外,如果赫克托尔真给特洛亚人带去了毁灭,特洛亚成为被湮没的记忆,那么,特洛亚消失之后,赫克托尔想要的声名从哪里来呢?或许他会期待其他人——比如阿开奥斯人——以及诸位天神赐予他不朽的声名,但是,如果他真像他自己说的那样因为鲁莽牺牲了自己国家的人民,他凭什么期待从这些人和神那里得到敬重呢?况且,他前一天刚跟特洛亚同胞们一起逃离了手无寸铁的阿基琉斯,现在他凭什么以为自己能有勇气跟全副甲胄的阿基琉斯战斗呢?阿基琉斯不仅远比他英勇善战,他身后还有整个阿开奥斯大军,而此时的赫克托尔却是孤身一人站在特洛亚城外(22.205–207)。在这种情况下,赫克托尔凭什么希望自己能光荣获胜或光荣牺牲呢?赫克托尔对自我利益的追逐似乎跟他在保卫人民利益时一样思虑欠周。

当阿基琉斯步步逼近时,赫克托尔光荣对决的决心瞬间瓦解。他内心颤抖着"仓皇"奔逃(22.136–137)。阿基琉斯在后紧追奔逃的赫克托尔,两人都在"为赫克托尔的性命(灵魂)奔跑"(22.161)。赫克托尔开始对迎战阿基琉斯的决定感到后悔,他忘记了可能在特洛亚男女面前遭受的羞辱,一心想逃进特洛亚城寻求保护(22.194－198)。此刻,这位勇武的战士终于接受了波吕达马斯和安德罗马克强烈主张的审慎策略,只可惜为时已晚。在这个当下,赫克托尔内心深处对虚弱自我的认识和对死亡的恐惧显然远远超过了他对声名的热爱。

但是,赫克托尔对声名的希冀却在临死之际又一次升起。雅典娜装成赫克托尔的兄弟得伊福波斯,让赫克托尔瞬间鼓起勇气,想跟阿基琉斯决一死战。但是,当赫克托尔识破雅典娜女神的欺骗,知道"可怕的死亡"近在咫尺时,他却停止逃跑,大胆冲向阿基琉斯,希望在死时为自己赢得哪怕一丝声名,"我不能束手待毙,暗无光彩地死去,我还要大杀一场,给后世留下英名"(22.297－305)。

赫克托尔显然想从人们的记忆里抹掉他逃跑的这一部分,他在一定程度上做到了这一点。他的母亲在他死后认为阿基琉斯"杀他的时候,他没有胆怯偷生,而是挺身出来保卫特洛亚人和腰带低束的妇女,一点也没想到逃跑,想到躲避"。①

[130]赫克托尔临死时仍希望获得声名的另一个表现,是他希望阿基琉斯在他死后把尸体还给特洛亚人。他在错以为得伊福波斯前来助战时就表达过这个愿望,临死之际,他再次表达了同一个愿望(22.254－259,22.337－343)。有人可能认为赫克托尔只是想要尊重特洛亚和阿开奥斯都看重的丧葬习俗,因为赫克托尔许诺阿基琉斯,一旦他赫克托尔得胜,他同样会把阿基琉斯的尸体还给阿开奥斯人。但是我们看到,赫克托尔是《伊利亚特》里最重视安葬自己死后遗体的人,他在卷七提出跟最英勇的阿开奥斯战士决斗时,也提前要求对方承诺,万一他被杀死,要把他的尸体交给特洛亚人安葬(7.76－86)。双方军队再没有第二个人在类似情况下提出同样的请求。例如,帕里斯和墨涅拉奥斯在决斗前都没提这样的要求,萨尔佩冬在对战帕特罗克洛斯和临死时也没提这样的请求,帕特罗克洛斯在对战赫克托尔和临死时也

---

① 24.214－216。[译按]据本书原文对罗念生译文第一句稍作调整。

没有,甚至埃涅阿斯在对战阿基琉斯时也并没提出这样的要求。①

此外,赫克托尔并没打算把帕特罗克洛斯的尸体还给阿开奥斯人,他想要砍下帕特罗克洛斯的头颅,凌辱他的尸体。这个事实说明为死者举行葬礼并不是赫克托尔一以贯之的原则,他只是特别希望自己的遗体能够得到体面的安葬。② 赫克托尔甚至有一次威胁特洛亚士兵说,若是有人在进攻阿开奥斯船只时退缩,死后就得不到安葬(15.346—351;另参22.41—43)。③ 有人可能认为,赫克托尔希望对方归还自己的遗体,是因为他希望父母和城邦人民在葬礼中得到慰藉。但是,赫克托尔本人的表现说明,他最关心的还是自己有一个体面的葬礼。他在接近临终遗言的话中说,希望自己的身体被运回去,"好让特洛亚人和他们的妻子给我的遗体火葬行祭礼"(24.342—343)。

我们自然同情赫克托尔的去世,因为他的死给他的家人和人民带来了巨大的伤痛。但赫克托尔在临死之际却不曾表达任何关于家人和人民的牵挂,他挂念的只有他自己和他的声名。赫克托尔以一个无私爱民的特洛亚人的形象走进我们的视野,却逐渐暴露了他并不真心爱民的事实。[131]他在卷三抱怨说全体特洛亚人都是懦夫;他在卷十五表示,特洛亚人的头领们心性邪恶;他在卷二十二暗示,特洛亚人愚蠢到称颂一个人民的毁灭者的地步。④ 赫克托尔对特洛亚人没有什么过高的期待,他与特洛亚人之间的关系终究只是工具性的,他只是想得到特洛亚人的称赞。可是,他为什么想得到自己鄙视的人的称赞呢?

如果有一位特洛亚人最值得赫克托尔敬重,那就应该是波吕达马斯。波吕达马斯显然不是懦夫,哪怕赫克托尔威胁要处死他,他仍然坚持质疑赫克托尔的战略战术(12.248—250)。况且,赫克托尔最终也承认

---

① 3.264—354,16.419—507,16.816—854,20.158—260。
② 16.836,17.125—127,18.172—180。
③ 参 Charles Segal, *The Theme of the Mutilation of the Corpse in the* Iliad, pp. 19—20。
④ 3.56—57,15.719—723,22.99—110。

波吕达马斯提出的策略更为合理——要是采纳他的主张,特洛亚就不会灭亡了——因此,波吕达马斯似乎比赫克托尔思虑更周全(22.99 - 105)。有人可能因此认为,赫克托尔应该会敬佩波吕达马斯明察善断并希望获得波吕达马斯的敬重,因为这是一个配得上给他认可的人。然而,波吕达马斯却恰恰是那个让赫克托尔怒火中烧的特洛亚人。赫克托尔感到气愤的原因并不是波吕达马斯怯懦、邪恶或愚蠢,让他生气的是波吕达马斯睿智高明。在赫克托尔的想象中,波吕达马斯会谴责他,并且这个谴责是公正的,他还想象着波吕达马斯鼓动特洛亚人一起谴责和羞辱他,一想到这些,赫克托尔就感到义愤填膺(22.91 - 108)。赫克托尔的表现说明,他宁肯在愚蠢的特洛亚人给予他的称赞中死去——他相信这些愚蠢的特洛亚人会赞颂一个勇武作战的人,哪怕这个人毁了自己的国家——也不愿意活着接受睿智的波吕达马斯真诚的批评。要知道,只要他活下来,就还有可能帮助特洛亚免遭更大的苦难,并因而赢得人们的敬重。

阿基琉斯跟赫克托尔一样渴望得到敬重,但他更希望自己德行高尚,配得上人们的敬重。因此,阿基琉斯跟赫克托尔截然不同。他承认自己犯下的错误,并为此苛责自己,甚至想惩罚自己。当他得知赫克托尔杀死了帕特罗克洛斯,他便决意杀死赫克托尔,尽管他从母亲那里得知,这位特洛亚战士死后,他的死期也必将紧随而至。他解释说:

> 那就让我立即死吧,既然我未能挽救朋友免遭不幸。他远离家乡死在这里,危难时我却没能救助。现在我既然不会再返回亲爱的家园,我没能救助帕特罗克洛斯,没能救助许多其他的被神样的赫克托尔杀死的人,却徒然坐在船舶前,成为大地的负担,虽然没有哪个穿铜甲的阿开奥斯人作战比我强,尽管会议时许多人强过我。(18.98 - 106;参 18.82)

[132]此时的阿基琉斯因为好友帕特罗克洛斯和其他阿开奥斯人

的死而苛责自己,认为自己没能保护他们,简直该死。① 阿基琉斯还随口提到自己在大会上的讲话不如自己的一些朋友们。赫克托尔不能面对别人对他的正当批评,阿基琉斯却在进行上述的自我批评。

除此之外,阿基琉斯还有一点跟赫克托尔不一样,他挚爱那些言辞犀利的批评者。我们在前文看到,诗中对阿基琉斯批评最猛烈的那些人都被他称为"最亲爱的阿开奥斯人"和"最亲爱的朋友"——奥德修斯、福尼克斯、埃阿斯,还有他的养育者涅斯托尔和他最亲爱最敬重的同伴帕特罗克洛斯(9.198,9.204,18.79-82)。

尤其值得一提的是,阿基琉斯即使在愤怒之时也依然会表达对这些当面批评他的人的喜爱,承认他们的批评有道理,并在一定程度上接受他们的批评。②奥德修斯、福尼克斯、埃阿斯前来恳求他复出时,阿基琉斯随着他们的规劝逐渐改变了立场。尽管阿基琉斯两次对奥德修斯发誓说,他要在第二天离开特洛亚,但他在回应福尼克斯的批评时却表示,自己会在第二天考虑去留,等到回应埃阿斯的批评时,他已经表示同意说:"你说的这一切合我的心意。"——他说在赫克托尔攻击他本人的船只之前,他不会参战,从而表明他不会在第二天离开特洛亚。③阿基琉斯在回答奥德修斯时已经很大程度缓和了他对阿开奥斯人的顽拗态度。他起初祷告宙斯,让许多阿开奥斯人死在赫克托尔手下,作为对他们的惩罚。现在,他建议奥德修斯和其他阿开奥斯人离开特洛亚,乘船返家,以免遭赫克托尔更大的伤害(1.407-412,9.417-426)。到第二天,当阿基琉斯得知士兵牧者马卡昂——阿开奥斯大军的关键人物,如伊多墨纽斯所言,"一个高明的医生能抵许多人"(11.514)——

---

① 参 Seth Benardete, *Achilles and Hector: The Homeric Hero*, p. 112; Donald Lateiner, "The *Iliad*: An Unpredictable Classic", pp. 26, 28。

② 参 Seth L. Schein, *The Mortal Hero: An Introduction to Homer's* Iliad, pp. 113-115; Timothy Burns, "Friendship and Divine Justice in Homer's *Iliad*", p. 293。

③ 9.355-361,9.426-429,9.617-619,9.644-655。

受伤,他立刻派帕特罗克洛斯前往阿开奥斯军营了解阿开奥斯人的困境。[133]帕特罗克洛斯回来后严厉批评阿基琉斯拒绝参战,阿基琉斯随后派帕特罗克洛斯率领自己的全部士兵奔赴战场,帮助阿开奥斯人战斗。最后,帕特罗克洛斯被杀,阿基琉斯自责没能早点参战——也意味着他自责没有听取朋友们的建议——且进行自我惩罚。赫克托尔听到波吕达马斯的真诚批评后反唇相讥,阿基琉斯则认真对待朋友们的批评,哪怕受到他们的批评——甚至在一定程度上恰恰因为他们的批评——依然深爱着他们。①

阿基琉斯不想得到那些他鄙视的人的赞美,所以,他厌恶那个名叫特尔西特斯的阿开奥斯人,尽管对方曾公开赞美过他(2.220,2.239 - 242)。赫克托尔却恰好相反,他热切期望从他鄙视的特洛亚人那里得到赞美,反而并不在意安德罗马克和波吕达马斯这两位批评者对他认可与否。在整部诗歌中,赫克托尔只在受到安德罗马克的批评之后,顺带提过一次她的名字(8.185 - 190)。赫克托尔在受到波吕达马斯开诚布公的批评后对其大加斥责。赫克托尔非常重视他人和自己的称赞,反对和无视那些认为他不值得被称赞的人。相比之下,阿基琉斯想得到真正的荣誉,尤其希望自己真正做到德行高尚,配得上这份荣誉,所以,阿基琉斯挚爱那些有资格称赞他的人,他们的批评帮助他成为一个配得上荣誉的人。

---

① 根据沙因的评论,"《伊利亚特》既是一部围绕阿基琉斯的愤怒(philotēs;wrath)展开的诗歌,也是一部围绕阿基琉斯的友情(mēnis,friendship)展开的诗歌"(Seth L. Schein, *The Mortal Hero: An Introduction to Homer's* Iliad, p. 98;另参页 126 - 127)。

三 阿基琉斯和德行的局限

关于德行和幸福的问题

[134]阿基琉斯是《伊利亚特》最卓越的阿开奥斯人,也是诗里德行最高尚的凡人,就连他的批评者都承认他德行高尚。涅斯托尔对帕特罗克洛斯抱怨说:"阿基琉斯的德行(virtue)只会让他一人得益。"(11.762-763)帕特罗克洛斯同样对阿基琉斯说:"但愿我永远不会像你这样怀怨恨!无益的德行啊。"① 阿基琉斯是全诗最具德行的凡人,最为明显地展现出英勇的品质,除此之外,他还展现出公正、审慎和慈悲这些诗歌所定义的德行。

然而,阿基琉斯却与此同时遭受了可怕的苦难,他的苦难超过任何一个阿开奥斯人,甚至可能超过任何一个特洛亚人。诚然,安德罗马克和赫卡柏的确因为心爱的赫克托尔死去而悲痛欲绝,普里阿摩斯不仅蒙受了赫克托尔和其他儿子们的死亡,蒙受了众多将士的死亡,他还蒙受了自己最宠爱的儿子波吕多罗斯的死亡(20.407-410)。全诗也始终穿插战士们所经历的自身和同伴们的死亡,他们亲爱的家人最终等来的是他们丧亡的消息,同样万分痛苦(6.237-241)。但阿基琉斯首

---

① 16.30-31。([译按]据本书原文把罗念生译文中的"勇敢"改为"德行"。)"德行(virtue; ἀρετή)"这个词在全诗出现十七次,阿基琉斯本人使用该词两次,两次被用来描述阿基琉斯,还有一次是别人跟他提到这个词(22.268, 23.276, 11.762-763, 16.30-31 [ἀιναρέτη] 9.498, 8.535, 11.90, 13.237, 13.275, 13.277, 14.118, 15.642, 20.242, 20.411, 23.374, 23.571, 23.578)。

先蒙受了来自阿伽门农和阿开奥斯同胞的侮辱和令他怒不可遏的待遇,之后又失去了自己"敬重如自己的头颅"的挚爱同伴帕特罗克洛斯,①[135]并最终因为同伴的死亡而痛苦地谴责自己,他说:"是我害死了他。"(τὸν ἀπώλεσα - p. 135—18.82,参 18.98 - 106,18.324 - 327)这可以说是他最大的苦难。② 因此,在荷马的笔下,阿基琉斯流泪的次数多过诗中任何一个人。阿基琉斯第一次哭泣发生在他蒙受阿伽门农和阿开奥斯人的侮辱之后,然后,他一次次为帕特罗克洛斯的死去流泪。③

---

① 克罗迪认为,"随着帕特罗克洛斯的死去,我们清楚地看到,《伊利亚特》故事的主题并不是勇士信条或对'不朽声名'的追求,而是人类苦难引发的悲伤和各种情感——特别是慈悲(eleos)"(Kevin Crotty, *The Poetics of Supplication: Homer's* Iliad *and* Odyssey, p. 59)。据沙德瓦特所述,"诗人不断让我们感受到阿基琉斯所经受的痛苦的折磨"(Wolfgang Schadewaldt, "Achilles' Decision", in *Homer: German Scholarship in Translation*, trans. G. M. Wright and P. V. Jones, Oxford: Clarendon Press, 1997, p. 159)。

② τὸν ἀπώλεσα 也可以译成"我失去了他",但主要意思是"我害死了他"。我们可以在卷十八第 96 至 106 诗行阿基琉斯谴责自我的言辞里找到如此解读的依据,他说:

那就让我立即死吧,既然我未能挽救朋友免遭不幸。他远离家乡死在这里,危难时我却没能救助。现在我既然不会再返回亲爱的家园,我没能救助帕特罗克洛斯,没能救助许多其他的被神样的赫克托尔杀死的人,却徒然坐在船舶前,成为大地的负担,虽然没有哪个穿铜甲的阿开奥斯人作战比我强,尽管会议时许多人强过我。(另参 18.324 - 327)

另参安提洛科斯担心阿基琉斯听到帕特罗克洛斯的死讯后会自戕来惩罚自我(18.32 - 34)。赞克(Graham Zanker, *The Heart of Achilles: Characterization and Personal Ethics in the Iliad*, p. 18)曾引用阿基琉斯在此处的愧疚感反驳荷马笔下的人物只感到耻辱而不会愧疚的观点——多兹(E. R. Dodds, *The Greeks and the Irrational*, pp. 17 - 18)是该观点的主要支持者。

③ 1.348 - 361,18.22 - 35,19.4 - 6,19.338,23.12 - 18,23.108 - 110,23.152 - 155,23.222 - 225,24.3 - 13,24.507 - 512。

那么,荷马想通过描述阿基琉斯的苦难及其追求的高尚生活,给我们什么样的启示呢?德行和幸福之间是什么关系?德行会带来幸福吗?德行能否让一个人免遭不幸或最起码减少一个人的苦难?德行是否会带来不幸?阿基琉斯的苦难与德行无关,还是他的德行给他带来了苦难?

给阿基琉斯带来苦难的最直接原因是帕特罗克洛斯的死亡,而导致帕特罗克洛斯死亡的最直接原因应该是阿基琉斯针对阿伽门农和阿开奥斯人的愤怒。荷马从诗歌一开场就把我们的注意力引向这一愤怒:

> 女神啊,请歌唱佩琉斯之子阿基琉斯的致命的愤怒,那一怒给阿开奥斯人带来无尽的苦难,把战士的许多健壮英魂送往冥府,使他们的尸体成为野狗和各种飞禽的肉食。(1.1-5)

荷马在此处强调,这场愤怒对全体阿开奥斯人来说是"致命的",没想到最后却偏偏导致帕特罗克洛斯丧命——他是在诗歌中死去的最杰出的阿开奥斯英雄——从而对阿基琉斯来说也是致命的。[136]为了更好地理解阿基琉斯的德行和苦难之间的关系,我们需要更加深入地思考阿基琉斯愤怒的起源,并透过他的愤怒更加深入地了解阿基琉斯德行的本质。

阿基琉斯的愤怒是由一系列连锁事件引发的,而这些事件的源头显然是阿伽门农,他自私且无耻地拒绝把俘获的阿波罗祭司的女儿克律塞伊斯归还给她的父亲克律塞斯。阿基琉斯跟其他所有的除阿伽门农以外的阿开奥斯人一样,赞成把克律塞伊斯交还给她的父亲(1.22-23)。但是,其他阿开奥斯人却显然宁愿军队死于阿波罗播下的瘟疫,也不肯违逆他们的国王。阿基琉斯跟他们不一样,当他弄清楚这是阿波罗发出的威胁,目的是置阿开奥斯人于死地之后,他便不再对阿伽门农的决定保持沉默。他召集阿开奥斯人大会,敦促他们请教鸟卜师阿波罗发怒的原因。鸟卜师卡尔卡斯表示,自己不敢跟强大的阿开奥斯国王作对,阿基琉斯许诺给他提供保护。阿基琉斯说:

只要我还活着,看得见阳光,没有哪个达那奥斯人会在空心船旁对你下重手,即使阿伽门农也不会,尽管他宣称是阿开奥斯人中最高的君主。(1.88–91)

当卡尔卡斯阐明阿波罗要求阿伽门农归还克律塞伊斯时,阿伽门农凶狠地斥责鸟卜师,并发牢骚说自己的妻子克吕泰涅斯特拉不如克律塞伊斯,他要把克律塞伊斯留在身边(1.106–115)。然而,阿伽门农很快就向卡尔卡斯和阿基琉斯做出了让步,他表示"我还是愿意把她交出去,那样好得多,但愿将士安全,胜于遭受毁灭"(1.116–117)。但他要求另给他一份礼物——其中一位阿开奥斯将领的女奴——来替代克律塞伊斯。此时,阿基琉斯第一次向阿伽门农发出严厉谴责——"最贪婪的人"——并且指出所有的战利品已分配出去,不宜从将士那里收回(1.122–126)。阿基琉斯也以阿开奥斯人代表的名义承诺阿伽门农,在他们占领特洛亚之后,会给他三倍四倍的补偿(1.127–129)。这个许诺听上去很具讽刺意味,因为阿开奥斯人已攻打特洛亚九年之久,根本没人清楚他们什么时候能成功征服特洛亚。但是,从另一个方面来看,通过许诺给阿伽门农一个未来的更大的礼物,阿基琉斯确实给阿伽门农提供了一个向阿开奥斯人让步的同时还能保持颜面的办法。阿伽门农却讥讽阿基琉斯试图欺骗他,他坚持要阿开奥斯人找寻一个新的礼物送给他——[137]可以是他们从攻陷的某个周边城镇新近俘获的女奴,克律塞伊斯就是他们从忒拜城俘获来的——否则,"我就要亲自前去夺取你的或埃阿斯的或奥德修斯的荣誉礼物,去到谁那里谁就会生气"(1.137–139)。阿伽门农向他的三位主要将领发出集体威胁后,便暂时放下这件事,指派上述三位将领中的任何一位,或者伊多墨纽斯,担负把克律塞伊斯交到她父亲手里这件庄重的使命。

显然,阿伽门农在此时的所作所为既自私又愚蠢。他为了一个纯粹自私的理由——把一个女奴情妇留在身边——置整个阿开奥斯大军的安危于不顾,何况这支军队为了他和他的兄弟已经在特洛亚打了九年的战争。尽管阿伽门农在面对卡尔卡斯和阿基琉斯的正当要求时做了让步,但在此之后他仍然要求他们再给他一名女奴,并且威胁说自己要从他的重要将领们那里带走一名女奴。如果拯救军队是阿基琉斯超越一切的首要目标,那么他应该为自己的成功感到高兴,阿伽门农已经同意把克律塞伊斯还给她的父亲,并打算尽快付诸行动。此外,考虑到阿伽门农可以犯下如此无耻行径——宁愿为留住一个女奴牺牲整个阿开奥斯大军的安全——他希望某一天再获得一个女奴的愿望相对而言似乎只是一个小恶而已,这个愿望可以通过一次突袭征战得到满足,也可以通过哪一位重要将领出让一个女奴来实现(阿基琉斯本人显然不止拥有一个女奴,参 9.663 – 665)。

然而,阿基琉斯的愤怒却在这个时刻一触即发。当阿伽门农比较含混地威胁说要带走阿基琉斯或埃阿斯或奥德修斯的一个女奴时,阿基琉斯开始愤怒地谴责阿伽门农,宣布自己要启程返乡。乍一看,阿基琉斯的反应似乎相当令人困惑,他在这里已经打了九年仗,却突然为了一个看上去微不足道的小恶决定退出,把战友们中途抛在战场,自己则放弃身为高尚勇士的生涯。他为什么会对阿伽门农产生如此激烈的小题大做的反应呢?① 让我们一起细读阿基琉斯的解释:

> [138]你这个无耻的人,你这个狡诈之徒,阿开奥斯人中今后还有谁会热心地听你的命令去出行或是同敌人作战?我到这里来参加战斗,并不是因为特洛亚枪兵得罪了我,他们没有错,须知他们没有牵走我的牛群,没有牵走我的马群,没有在佛提亚那养育英雄的肥沃土地上毁坏谷物,因为彼此间有许多障碍——阴山和啸海。你这个无耻的人啊,我们跟着你前来,讨你喜欢,是为墨涅拉奥斯和你,无耻的人,向特洛亚人索赔你却不关心。你竟然威胁我,要抢走我的荣誉礼物,那是我辛苦夺获,阿开奥斯人敬献。每

---

① 比如,参 Michael Clarke, "Manhood and Heroism", pp. 74, 82。

当阿开奥斯人掠夺特洛亚人城市,我得到的荣誉礼物和你的不相等;是我这双手承担大部分激烈战斗,分配战利品时你得到的却要多得多。我打得那样筋疲力尽,却只带着一点小东西回到船上,然而属于我。我现在要回到佛提亚,带着我的弯船,那样要好得多,我可不想在这里,忍受侮辱,为你争得财产和金钱。(1. 149 – 171)

阿基琉斯在此处表示,他做出上述反应并不仅仅因为阿伽门农要掠走他的荣誉礼物,还因为阿伽门农在过去九年里实施的一切统治,阿伽门农的威胁只是最后一根稻草而已。阿伽门农统治的根本问题在于他违背了公道原则,他的统治如此失当,以至于任何一个阿开奥斯人都找不到服从他的理由。阿基琉斯首先表明,他和所有的阿开奥斯将士已经在特洛亚打了九年仗,他们这样做并不是为了争取私利,而是出于一种高尚的慷慨义气。他们是在帕里斯偷走阿伽门农的兄弟媳妇海伦之后,满足阿伽门农的愿望,替他和他的兄弟争夺荣誉。① 阿基琉斯两次强调说,阿伽门农在如此慷慨大义面前毫不知耻,在如此高贵的品格面前不知敬畏,在如此牺牲精神面前不懂感激。②阿伽门农确实像阿基琉斯强调的那样只考虑他个人的收益、荣誉和财富,[139]因此,尽管阿基琉斯比阿伽门农付出的辛劳多得多——尽管阿伽门农几乎不曾参加过战斗(1. 225 – 227)——阿伽门农却总是获得更多的财富、礼物和荣誉。阿基琉斯先前说过,阿伽门农还虚妄地断言自己是最卓越的阿

---

① 虽然涅斯托尔声称特洛亚人劫持并囚禁了海伦,虽然墨涅拉奥斯也这样认为,海伦本人却在诗中首次开口时坦率承认,她离开墨涅拉奥斯(和女儿)跟随帕里斯,完全出于自愿(2. 354 – 356, 2. 588 – 590, 3. 172 – 175)。后来,阿基琉斯哀叹自己的父亲会因为他这个儿子不在身边而流泪时,说道:"我为了可怕的海伦,来到遥远的异邦同特洛亚人作战。"(19. 324 – 325)

② 阿基琉斯可能在此处有意拿阿伽门农与其兄弟墨涅拉奥斯相比,墨涅拉奥斯多次表示,他对阿开奥斯人为他付出的牺牲心怀感激。参 3. 97 – 102, 10. 25 – 28, 17. 91 – 93, 23. 601 – 611。另参 17. 137 – 139, 17. 555 – 564, 7. 94 – 121。

开奥斯人(1.90-91)。阿伽门农剥夺阿基琉斯该得的荣誉,把更多不该得的荣誉据为己有,这种行为违背了公义。因此,阿基琉斯离开要"好得多",这样他就不必再为阿伽门农打仗,可以回家了。

阿基琉斯在此处表明,阿伽门农在阿波罗播下瘟疫期间对待阿开奥斯人的方式是他整个统治的缩影。仅仅为了实现留下阿波罗祭司的女儿做情妇的自私愿望,阿伽门农宁愿牺牲整个军队的安危。阿伽门农还利用军队的付出和牺牲,给自己聚敛财富和荣誉。阿基琉斯当初为了把阿开奥斯军队从阿伽门农的统治造成的灾难后果里解救出来,选择跟阿伽门农作对,但此时的他却好像要把阿开奥斯人完全丢给阿伽门农的暴政和特洛亚人的蹂躏。如果阿开奥斯人仅仅是阿伽门农统治下的无辜受害者,阿基琉斯的做法难道不是对他们不公吗?

尽管阿基琉斯把批评的矛头对准了阿伽门农,但我们应该看到,他同时也含蓄地批评了阿开奥斯人,因为他们对阿伽门农愚蠢不公的统治表示了默许。所以,阿基琉斯暗示,阿开奥斯人并不完全是阿伽门农手下的无辜受害者,他们一次又一次默许自己的国王掠夺更多不属于他的荣誉和财富,默许他夺走别人该得的东西。阿开奥斯人在阿伽门农侮辱阿基琉斯和他们本人时袖手旁观,他们默默容忍阿伽门农自称为最卓越的阿开奥斯人(1.90-91)。我们看到,阿开奥斯人完全默许阿伽门农拒绝把克律塞伊斯归还其父的做法,哪怕阿伽门农的拒绝引发了阿波罗的可怕惩罚。又比如,当阿伽门农为满足个人私欲,专横地威胁要带走埃阿斯或奥德修斯或阿基琉斯的女奴时,埃阿斯和奥德修斯只是默默坐在一边一言不发。涅斯托尔的确开口劝说阿伽门农不要带走阿基琉斯的女奴,后来还宣称所有阿开奥斯人都站在阿基琉斯一边反对阿伽门农(1.275-284,9.102-113),但是当阿伽门农坚持从阿基琉斯那里带走布里塞伊斯时,涅斯托尔却跟其他所有阿开奥斯人一样保持了沉默,[140]这跟当初阿伽门农坚持把克律塞伊斯留在身边而不交予其父时众人的反应是一样的。阿基琉斯对阿伽门农说:

如果不管你说什么,我在每一个行动上都听命于你,我就是懦夫和无用的人。(1.293)

既然其他阿开奥斯人已显然屈从于他们的国王,甚至屈从于国王最卑鄙无耻的行为,那么在阿基琉斯看来,他们肯定都是懦夫和无用的人,阿基琉斯的确曾对阿伽门农说过:"你统治着无用的人民。"(1.231)阿基琉斯接下来表示,阿开奥斯人不守公义,即使阿伽门农违背公义,他们可能也会像卡尔卡斯一样,因为畏惧阿伽门农发怒而默许他的统治(1.75-83)。尽管阿基琉斯不仅为阿伽门农也为全体阿开奥斯人付出了千辛万苦,尽管阿基琉斯靠个人力量把他们从阿波罗散播的可怕瘟疫中解救出来,阿开奥斯人却继续听命于阿伽门农,并且站在阿伽门农一边与阿基琉斯作对。那么,阿基琉斯之所以要离开特洛亚,显然是因为在他看来,无论阿伽门农还是阿开奥斯人,都不值得他付出坚忍不拔的辛苦努力。① 九年来,阿基琉斯为了他们在战争中慷慨辛劳地付出,高尚地容忍他们违逆公道、忘恩负义的行为。但是现在,阿基琉斯终于认识到他们的背信弃义能到达怎样可怕的地步了,因此,他要回去佛提亚。②

这是一个危机时刻,这个时刻关系到阿基琉斯对阿开奥斯人的忠诚以及他对德行的信守。他所信奉的德行本身所隐含的内在冲突在此时得以暴露。一方面,阿基琉斯相信有德行的生活是高尚无我的,因为德行的本质在于为他人付出。因此,阿基琉斯强调自己之所以一直在为阿伽门农战斗,是因为他心怀大义,而非为了满足他个人的需求和利益(1.152-160)。他还强调,自己跟总是为个人利益和需要打算的阿

---

① 关于阿基琉斯对全体阿开奥斯人的愤怒,另参 1.407-412,1.421-422,1.509-510,9.314-317。

② 本人不同意赞克的看法,他认为"阿基琉斯的怨恨只针对阿伽门农一人"(Graham Zanker, *The Heart of Achilles: Characterization and Personal Ethics in the* Iliad, p.75)。

伽门农不同,他心里装的是他人的安危和幸福(1.149,1.122)。如此看来,德行高尚的生活在本质上是痛苦的,因为它意味着为了别人的幸福无私地牺牲自己。正如阿基琉斯所言,他为了阿开奥斯人"辛苦夺获",为了他人战斗到筋疲力竭(1.162,1.168)。[141]另一方面,阿基琉斯却又相信有德行的生活里不该只有苦难、痛苦、牺牲和筋疲力竭,他应该得到"奖赏",一个代表尊严和敬重的"珍贵的"象征物(1.163 – 168)。阿开奥斯人当中的佼佼者应该得到那些了解他并因他受益的人的认可和敬重。所以,阿基琉斯相信有德行的生活高尚无私,他还相信有德行的生活应该给这样生活的人带来好处,有德行的生活应该享有特殊荣誉的装点。

阿基琉斯对德行的理解存在着内在的冲突,这个冲突引发了两个问题。首先,如果一个有德行的人为了他人的幸福而不是自己的幸福付出努力,他甚至为了他人不惜牺牲自己的幸福,那么,他会让人感觉他不能为自己获取幸福。例如,他没有把全部心思放在获得荣誉上,他想让自己配得上荣誉,这让人感觉他好像不能确保自己最终能得到该得的荣誉。所以,似乎恰恰因为有德行的人是高尚无私的,他反而不能确保这种生活能给自己带来幸福。如果有德行的生活不仅仅只有痛苦和苦难,那么有德行的人只有超越德行,跳出自己的世界,才能得到他该得的一切。

另外,若是有德行的人得益于自己的付出,哪怕只是单纯得到那些自身也很卓越的同伴们对他的卓越品质的认可,他的付出还是真正意义上的付出吗?如果德行为那些拥有者带来一种高尚的满足感,那德行还是无我的吗?有德行的生活显然应该兼具自我牺牲和自我满足两个方面,可是如何才能实现呢?

阿基琉斯因为没能从阿伽门农和阿开奥斯人那里获得他该得的荣誉,开始思考有德行的生活是否真正有益,有德行的生活是不是只意味着自己的付出得不到感谢,一生悲惨且无意义,阿基琉斯也在思考是否有必要延续这种痛苦的生活。阿基琉斯宣布他要回去佛提亚,原因可能是这样对他自己——而不是对阿伽门农或阿开奥斯人——会"好得多"。阿基琉斯似乎表明,他如今打算放弃为了他人的幸福而努力付出的生活,他要从此致力于追求自己的幸福,他的这个幸福跟阿开奥斯人——和他们的敬重——以及阿开奥斯人的幸福都毫不相干(1.169 – 171)。所以,阿基琉斯离开特洛亚的想法,不仅意味着他要抛下阿开奥斯人不管,[142]还意味着他要把有德行的生活一股脑儿抛下。他要去过另外一种生活,一种在佛提亚寻求自我幸福的生活。

可是阿基琉斯真的愿意离开特洛亚吗?他为了阿开奥斯人战斗了这么多年,跟他们在一起并肩战斗了这么多年,他真的能对他们无动于衷吗?他真的不想获得他们的敬重吗?他真的甘愿放弃对德行的信守吗?要是阿基琉斯离开阿开奥斯人回到家乡,阿开奥斯人会因此蒙受深重苦难,尽管赫克托尔离开宙斯的帮助能给阿开奥斯人造成多大伤害还是个未知数。可是,如果帕特罗克洛斯跟阿基琉斯一同返乡,阿基琉斯就很可能躲过苦难。但是阿基琉斯真的愿意扔下阿开奥斯人任他们自生自灭吗?

阿基琉斯宣布要离开特洛亚后,阿伽门农激将他,说他是要逃跑,阿伽门农表示,他并不需要阿基琉斯,"我还有别人尊重我,特别是智慧的宙斯"(1.174 – 175)。阿伽门农接着开始辱骂阿基琉斯,说他是最可恨的人,并宣称要把阿基琉斯的女奴情妇布里塞伊斯带走,他说:"好让你知道,我比你强大,别人也不敢自称和我匹敌,宣称和我相近似。"(1.185 – 187)阿伽门农在此刻发誓要羞辱阿基琉斯,强迫他放弃自己的荣誉礼物。如果阿基琉斯已下定决心放弃有德行的生活,如果他真的不在乎阿开奥斯人,也不在乎他们过去因为敬重他的德行而赠给他的礼物,那他可能就会让阿伽门农带走他的荣誉礼物,自己回到佛提亚去。他也确实考虑过这个可能性,因为他当时也考虑"他应该止住怒火"(1.191,[译按]据本书原文对罗念生译文略作改动)。然而,阿基琉斯无法对阿开奥斯人无动于衷,他感到愤怒,他指责阿开奥斯人侮辱了他,这些表现相当于承认他仍在寻求他们的敬重,他仍然相信他们的敬重是值得拥有的,仍然相信他们有资格给予他认可,他也希望自己能得到他们的认可。所以,如果阿基琉斯真的不再寻求或期望得到阿开奥斯人的敬重，他会在此时向阿伽门农做出让步并离开特洛亚。

但是，阿基琉斯却决定破釜沉舟，他打算联合所有支持他的阿开奥斯人，当场杀死阿伽门农(1.188 - 195,1.204 - 205)。这个决定首先说明，阿基琉斯并非不在乎阿开奥斯人给他的荣誉，[143]他想要留住荣誉的象征——他的战利品——哪怕这意味着杀死那些给他荣誉的人。阿基琉斯此时决定跟阿开奥斯人斗争，也突出表明他此时的处境极其糟糕。他在过往的九年里为阿开奥斯人出生入死，他希望对方主动认可和敬重他付出的辛劳。现在，阿开奥斯人要夺去他这微不足道的荣誉，而他想要留住这个荣誉。那么，阿基琉斯怎样才能留住阿开奥斯人给他的荣誉呢？

如果阿基琉斯在大会上杀死阿伽门农，跟阿开奥斯人开战，他将以一敌众，这无异于自取灭亡。或许他当时在盛怒之下只想惩罚这个极度自私的国王和这些怯懦的人，他根本不在乎自己的生死。但是，如果阿基琉斯并没有以死相拼的念头的话，他一定在内心深处暗暗希望正义的天神会出手相助，因为他在跟公然侮辱自己的人战斗。尽管阿伽门农宣称自己受到宙斯的重视，但天神曾为了正直的克律塞斯跟阿伽门农作对(1.174 - 175)。阿基琉斯刚亲眼目睹宙斯的儿子阿波罗散播瘟疫，惩罚阿伽门农这个罪恶的国王。

宙斯的女儿雅典娜的确在此时接到宙斯妻子赫拉的吩咐前来出面干预。阿基琉斯看到雅典娜时，当然希望她是来给自己帮忙的，他说道："手提大盾的宙斯的女儿，你怎么又降临？是来看阿特柔斯之子阿伽门农的傲慢态度？"(1.201 - 203)①所以，阿基琉斯在此时对抗阿开奥斯人时一定希望——甚至相信——天神最起码会因为敬重他的德行，帮他惩罚不公的阿伽门农和阿开奥斯人，甚至会以某种方式引领对方恢复他该得的荣誉。所以，他仰仗天神的助佑，希望他所追求的高尚生活能同时令他受益。

然而，雅典娜却带来一个震惊人心的消息，那就是，她是为了阿伽

---

① 参 Donald Lateiner, "The *Iliad*: An Unpredictable Classic", p. 24。

门农赶来的。首先,她告诉阿基琉斯,派她前来的赫拉"同样($o\mu\tilde{\omega}\varsigma$)""喜爱"和"关心"阿基琉斯和阿伽门农(1.209)。这个消息本身已足以让人震惊,[144]因为阿伽门农先是对阿波罗的祭司克律塞斯行为不义,继而为留下自己的情妇把阿开奥斯人置于危险境地,最后他又对阿基琉斯施加侮辱,而当时的阿基琉斯刚把阿开奥斯人从阿伽门农的愚蠢统治下解救出来。现在,尽管雅典娜同样承认阿伽门农傲慢无礼,但她却仍然代表赫拉要求阿基琉斯向阿伽门农做出让步(1.213 – 214)。她命令阿基琉斯控制自己,只能拿难听的话骂阿伽门农,不能有其他行动。雅典娜还许诺阿基琉斯将来会为此得到许多倍的礼物。如此一来,雅典娜和赫拉便把不义的阿伽门农和阿开奥斯人从阿基琉斯正义的怒火中解救出来,并且维护了阿伽门农对阿基琉斯施加的权威。虽然宙斯的妻子赫拉和宙斯的女儿雅典娜这两位女神并不赞成阿伽门农的做派,她们却在阿伽门农与阿基琉斯的斗争中支持他,从而兑现了阿伽门农宣称的宙斯对他的敬重。雅典娜的这次干预肯定对阿基琉斯产生了毁灭性打击。阿基琉斯此时终于明白,不仅阿伽门农和阿开奥斯人不敬重他的德行,就连天神也一样不敬重他的德行。因此,这次神明的干预一定加深了阿基琉斯心中业已产生的关于高尚生活的怀疑。如果凡人和天神都不看重他的德行,他为什么还要过有德行的生活?他为什么还要付出德行必然带来的这一切痛苦牺牲?

阿基琉斯没有因为雅典娜的干预离开特洛亚并放弃有德行的生活。实际上,阿基琉斯在那个当下闭口不提回佛提亚家乡的话。面对天神无视德行的真相,他反而更加相信天神终将敬重他的德行,终将证明他对于正义、高尚和有德生活的信仰是正确的。

阿基琉斯向雅典娜表示,他会听命于她,因为他相信"谁听从天意,天神更听取他的祈祷"(1.218)。事实上,眼下阿伽门农这件事恰恰对他的上述信仰构成了挑战。阿伽门农刚违逆天神阿波罗的命令,雅典娜和赫拉就来替他说话,阿基琉斯却在此时间接表明,敬神是德行的一部分。阿基琉斯显然相信,只要他持之以恒信守德行,早晚有一天天神会以他们惯常的神秘莫测的方式给他奖赏。

雅典娜离开后,阿基琉斯兑现自己对女神许下的诺言,只是责骂阿伽门农。[145]他谴责国王胆小怯懦——"身上长鹿心,不敢武装起来同将士并肩战斗"——不仁不义——"你是个吃人的国王"(1.225 - 226,1.231)。然后,阿基琉斯向阿伽门农发了一个恶咒:

> 总有一天阿开奥斯儿子们会怀念阿基琉斯,那时候许多人死亡,被杀人的赫克托尔杀死,你会悲伤无力救他们;悔不该不尊重阿开奥斯人中最英勇的人,你会在愤怒中咬伤自己胸中一颗忧郁的心灵。(1.239 - 244)

阿基琉斯此时表明,他深信阿伽门农率领的阿开奥斯人会悔恨当初对他阿基琉斯的侮辱,他们终会把他阿基琉斯尊为阿开奥斯最卓越的英雄。阿基琉斯表达了心中的希望,那就是,正义得以伸张,自己信守的德行得到同伴们的认可。

可是,阿基琉斯这些希望建立在怎样的基础之上呢?他的希望似乎只是建立在逻辑的基础之上:因为他是阿开奥斯迄今为止最卓越的勇士——涅斯托尔接下来说他是"全体阿开奥斯人的强大堡垒"(1.284),所以,没有他作战,阿开奥斯人自然会遭受重创,他们自然会悔恨当初对他的侮辱。可事实上,遭受苦难的阿开奥斯人也可能彻底离开特洛亚,压根不会给阿基琉斯荣誉,他们在卷二(155 - 156)就差点离开,阿伽门农本人也曾在卷九(26 - 28)和卷十四(74 - 81)敦促他们离开。另一方面,我们还有到,阿伽门农已经宣称他不需要阿基琉斯,因为他有宙斯的支持。涅斯托尔曾批评过阿伽门农,强调说阿开奥斯人非常需要阿基琉斯,但是就连涅斯托尔也表示宙斯支持阿伽门农(1.277 - 279)。事实也正如阿基琉斯所见,天神确实站在阿伽门农一边。既然如此,天神为什么不在阿基琉斯离开战斗后,保护阿伽门农和阿开奥斯人免遭赫克托尔的伤害呢?天神为什么不能像保护阿伽门农免遭阿基琉斯伤害那样,保护阿伽门农免遭赫克托尔的伤害呢?阿基琉斯希望阿开奥斯人在他退出战斗后遭受苦难,从而悔恨当初的不义之举,把他该得的荣誉还给他。阿基琉斯所有这些希望好像都建立在他对天神的信赖之上,他相信天神终会因为敬重他的高尚德行,对阿伽门农的傲慢施以惩罚,并引导阿开奥斯人承认和敬重阿基琉斯是最卓越的阿开奥斯人。

我们由此看到,对于雅典娜所揭示的天神无视德行的真相,阿基琉斯的反应是更加相信天神终将敬重他的德行。他对德行的信仰如此牢固,哪怕不会因此得到同伴和天神的敬重,他也仍不肯舍弃。[146]这同时也说明,阿基琉斯希望德行能获得回报的愿望如此强烈,以至于在天神无视德行的证据面前,他仍然抱住自己的愿望不放,仍然希望正义的天神会奖赏德行,并确保高尚无我的生活有益于其信守者。

事实上,阿基琉斯一面希望天神对自己的高尚生活予以奖赏,一面陷入痛苦的怀疑之中。他不确定自己是否会继续遭受不公,担心自己高尚而痛苦的牺牲到头来只是毫无意义的愚蠢之举。当阿伽门农的使者掠走他的荣誉时,阿基琉斯就像因为阿伽门农拒绝归还女儿而痛哭流涕的克律塞斯一样流泪了(1.348–350,42)。阿基琉斯的眼泪说明他在为阿伽门农的不义获胜感到悲伤,同时,他的眼泪也跟克律塞斯的眼泪一样,说明他不愿意接受这个结局。所以,像克律塞斯祈祷阿波罗匡扶正义一样,阿基琉斯向宙斯发出了祷告,先是请求自己的神祇母亲向宙斯诉苦。他请求说:

> 母亲啊,你既然生下我这个短命的儿子,奥林波斯的大神,在天空鸣雷的宙斯就该赐我荣誉,却没有给我一点,那位权力广泛的阿伽门农侮辱我,他亲自动手,抢走我的荣誉礼物。(1.352–356)

很显然,阿基琉斯埋怨宙斯支持阿伽门农。虽然宙斯并没亲自出面,但他却允许赫拉和雅典娜支持阿伽门农,让阿伽门农免受惩罚,从而间接默许了阿伽门农对阿基琉斯的侮辱。即使如此,阿基琉斯仍然相信正义,他相信最伟大的天神是公道的,相信宙斯终会惩罚阿伽门农和阿开奥斯人,给予他阿基琉斯该得的荣誉。克律塞斯曾成功祈祷阿波罗对阿伽门农和阿开奥斯人施加惩罚,迫使对方归还了女儿克律塞伊斯,克律塞斯的先例显然给了阿基琉斯更大的信心。阿基琉斯请求自己的母亲祷告宙斯惩罚阿伽门农和阿开奥斯人,引领他们给予他阿基琉斯该得的荣誉:

> 你现在就这件事情提醒他,坐在他身边,抱住他的膝头,求他帮助特洛亚人,把遭屠杀的阿开奥斯人逼到船尾和海边,使他们全都享受有这样的国王的乐趣,使阿特柔斯的儿子,权力广泛的阿伽门农知道他愚昧,不尊重最好的阿开奥斯人。(1.407－412)

此时的阿基琉斯内心并不全是仇恨和恶意,他并不想让宙斯害死所有的阿开奥斯人,甚至不希望杀死阿伽门农。他只是希望宙斯对阿开奥斯人的不义施加惩戒,[147]好让这些听命于阿伽门农的人认识到自己的失德和愚蠢,并最终尊奉他阿基琉斯为最有德行的阿开奥斯人。此时的阿基琉斯希望宙斯依照其儿子阿波罗的先例——阿波罗播下瘟疫,杀死了许多阿开奥斯人,从而迫使那些听命于阿伽门农的人把克律塞伊斯归还其父——让赫克托尔和特洛亚人杀死许多阿开奥斯人,从而引领他们,尤其是阿伽门农,悔恨和改过。

我们由此看到,阿基琉斯把一切希望寄托在宙斯身上,他希望宙斯惩罚不公的阿开奥斯人,迫使他们给予他阿基琉斯该得的荣誉,从而证明他信奉的高尚生活是有意义的。他没有擅自惩罚阿开奥斯人,比如,他没像后来的亚西比德(Alcibiades)和科利奥兰纳斯(Coriolanus)那样通过投靠敌军来惩罚自己的同胞,迫使同胞们敬重自己,这是因为天神禁止他这样做,也因为人们不可能被迫敬重某人。① 简而言之,阿基琉

---

① 关于阿基琉斯和科利奥兰纳斯的比较,参 C. M. Bowra, *Tradition and Design in* The Iliad, pp. 22－23, James M. Redfield, *Nature and Culture in the* Iliad: *The Tragedy of Hector*, pp. 104, 106, 以及 Seth Benardete, *Achilles and Hector: The Homeric Hero*, pp. 71－76。

斯没采取直接行动迫使阿开奥斯人敬重他的德行,那是因为德行本身要求他无私忘我。在阿基琉斯看来,德行意味着为了他人不求回报地付出,同时,德行也意味着得到他人相应的认可。

阿基琉斯对德行的信念以及他对德行的矛盾解读导致他把眼光投向天神。阿基琉斯既想为他人付出,又想为此获得回报。因此,他仰仗天神来圆满解决这个难题,让一个人因为无我的德行得到奖赏。阿基琉斯的故事表明,高尚生活在根本上依赖于神明的支持。① 即使是阿基琉斯,即使是最孔武有力的勇士,也束手无策,只能静待天神维护他对德行的信守。因为只有天神才有可能确保要求自我牺牲的高尚生活有益于其信守者。有德行的人可以独自信守高尚品格,但他无法在不失去高尚品格的情况下单独为个人谋得好处,因此,他需要仰仗天神。但是,天神真的能确保高尚生活既高尚又有好处,既无我又有回报吗? 天神能为有德行的阿基琉斯提供他想要的幸福和满足吗?

阿基琉斯对高尚生活的怀疑

[148]阿基琉斯退战十四天后,阿开奥斯人似乎为阿基琉斯献上了他想要的一切。在此两天前,宙斯允诺了忒提亚为儿子做的祈祷,答应利用特洛亚人惩罚阿开奥斯人,好让阿开奥斯人认识到他们给阿基琉斯带来的侮辱。于是围困特洛亚达九年之久的阿伽门农被特洛亚人围困在自己的船边,他率领的军队面临覆灭的危险。涅斯托尔对阿伽门农予以谴责,并表示所有的阿开奥斯人都站在阿基琉斯一边反对阿伽门农。在这种情况下,阿伽门农向阿基琉斯献上了代表凡人至高无

---

① 参 David Bolotin, "The Concerns of Odysseus: An Introduction to Homer's *Odyssey*", pp. 47 - 48; David Bolotin, "The Critique of Homer and the Homeric Heroes in Plato's *Republic*", in *Political Philosophy and the Human Soul: Essays in Memory of Allan Bloom*, ed. Michael Palmer and Thomas L. Pangle (Lanham, MD: Rowman and Littlefield, 1995), pp. 86 - 87。

上荣誉的礼物。阿伽门农献上大量黄金、骏马、七名从累斯博斯俘获的美貌女奴,并许诺即刻归还布里塞伊斯(9.119 – 135);阿伽门农还许诺攻下特洛亚后赠予阿基琉斯更多金银珠宝,还有二十个漂亮的特洛亚妇女(海伦除外),他还要把其中一个女儿嫁给阿基琉斯;除了成为阿伽门农的女婿外,阿基琉斯还将得到阿尔戈斯的七座城市,当地人会把他当作天神一样崇敬(9.135 – 156)。不仅如此,阿伽门农还许诺阿基琉斯说,阿开奥斯人也将把他当作天神一样敬重(9.300 – 303)。除了不能杀死阿伽门农奉阿基琉斯为王之外,阿开奥斯人给予了阿基琉斯他们眼下所能给予的荣誉之最。① 然而,阿基琉斯拒绝了这些礼物,也因而拒绝了他一直渴望获得的荣誉,而他当初正是因为得不到这些荣誉才退出了战争。现在,他却放弃了自己曾向天神和人类索要的象征高尚生活最高回报的荣誉,放弃了象征高尚生活价值的好处。这个转变从何而来?

我们在卷九遇到的阿基琉斯好像变了一个人。我们在卷一(十四天前)看到阿基琉斯冲阿伽门农和阿开奥斯人怒不可遏,面对他们的侮辱,他泪流满面,祈祷宙斯对他们施加致命惩罚(1.491 – 492)。荷马在卷二(两天前)把阿基琉斯描述为"生气""伤心""愤怒"(2.688 – 694,2.768 – 773),但奥德修斯、埃阿斯和福尼克斯却看到当时的阿基琉斯"在弹奏清音的弦琴,娱悦心灵","他借以赏心寻乐,歌唱英雄们的事迹"(9.186 – 189)。阿基琉斯是《伊利亚特》唯一一个歌唱凡人而不是天神的人物(参1.472 – 474,1.601 – 604),[149]他是《伊利亚特》唯一一个吟唱像《伊利亚特》这样的诗歌的人物,《伊利亚特》是荷马吟唱的描述阿基琉斯的愤怒的诗歌。② 这也是《伊利亚特》里阿基琉斯第一次——并且是唯一一次——表现得自足自乐、心灵愉悦,他至少暂时

---

① 参 Jasper Griffin, *Homer: Iliad IX*, pp.26 – 27。拉泰纳表示,阿伽门农应该亲自前来道歉(Donald Lateiner, "The *Iliad*: An Unpredictable Classic", p.25)。

② 西格尔指出,这部诗作"描写最卓越的阿开奥斯人扮演吟唱的角色,把艺术升华到更高境界"(Charles Segal, "Bard and Audience in Homer", in *Homer's Ancient Readers: The Hermeneutics of Greek Epic's Earliest Exegetes*, p.21)。

从因为遭阿开奥斯人和天神忽视而产生的愤怒和悲伤里解脱了出来。① 根据荷马的描述，阿基琉斯借吟唱"英雄们的事迹"来愉悦心灵，这一描述说明阿基琉斯从思考像他这样的英雄的生平中获得了愉悦和满足。无论是否得到了该得的荣誉，这些英雄都创造了值得赞颂的丰功伟绩(参9.524 – 525)。② 对这些英雄的思考让阿基琉斯获得了暂时的解脱，忘记了自己为他人牺牲个人幸福的痛苦以及因为他人忘恩负义而感到的愤怒(比较9.186 – 189和9.321 – 322两处)。当对荣誉的思考取代了对荣誉的追求和对荣誉的占有，阿基琉斯至少在那个瞬间感到了一些久违的幸福。

很显然，阿基琉斯对荣誉的思考使他开始怀疑荣誉的意义所在，并因此拒绝了阿开奥斯人后来献上的他最初想要的荣誉礼物。阿基琉斯紧接着跟朋友们，即最亲爱的阿开奥斯人，阐明了他拒绝礼物的原因。阿基琉斯此时给出的解释让人感觉十分不友好，因为这意味着他拒绝了朋友们在绝望中发出的救他们于水火的请求。另一方面，[150]阿基琉斯的解释又是友好之举，因为他跟朋友们分享了自己关于荣誉和德行的思考，并敦促对方听取自己的明智之见，离开特洛亚扬帆返航(9.417 – 420)。

奥德修斯送上阿伽门农和阿开奥斯人敬献的厚礼和荣誉之后，阿

---

① 阿基琉斯另外一些重要的愉悦时刻，一次是他把赫菲斯托斯为他打造的盔甲举在手里欣赏的时候(1915 – 20)，一次是他跟普里阿摩斯相遇的时候，普里阿摩斯恳求怜悯的言辞让阿基琉斯深受触动，他禁不住为父亲和帕特罗克洛斯伤心流泪。荷马描写道："在神样的阿基琉斯哭够，啼泣的欲望从他的心里和身上完全消退以后，他立刻从椅子上跳起……"(24.513 – 515;另参23.10 – 11)荷马接着叙述道："普里阿摩斯不禁对阿基琉斯的魁梧与英俊感到惊奇……阿基琉斯也对普里阿摩斯的态度与谈吐感到惊异。等他们互相看够了，那神样的老人普里阿摩斯首先开口。"(24.629 – 634)然而，所有这些愉悦时刻，就连最后一次，也都淹没在失去帕特罗克洛斯所带来的深切悲痛中了。

② 本人不同意伯纳德特对阿基琉斯的看法，他认为阿基琉斯"只要一思考，就会陷入迷茫"(Seth Benardete, *Achilles and Hector: The Homeric Hero*, p.94)。

基琉斯阐明了拒收的原因——特别是拒绝他们给予的荣誉礼物的原因——他接下来提出了一个关于荣誉和德行价值的深刻问题。他开口说道：

> 我看阿特柔斯的儿子阿伽门农劝不动我,其他的达那奥斯人也不行,因为同敌人不断作战,不令人感谢,那待在家里的人也分得同等的一份。胆怯的人和勇敢的人荣誉同等。(9.315 – 319)

此时的阿基琉斯清楚地表明,他尤其希望阿开奥斯人感激他的付出。荣誉的可贵之处在于,它是人们对一个人的德行和卓越品质所给予的名副其实的认可,但是阿开奥斯人当下敬献的荣誉却既超乎真诚的感谢,又逊于真诚的感谢。一方面,这个荣誉是过分的,阿伽门农许诺送给阿基琉斯七座阿尔戈斯的城池,那里的人们"会把你当作天神,用贡品致敬",奥德修斯又补充说阿开奥斯人"将把你当作天神来尊敬"(9.297,9.302 – 303)。但是阿基琉斯跟两次宣称"我会像雅典娜、阿波罗一样受尊重"的赫克托尔不一样,他并不渴求这样的殊荣(参8.540,13.825 – 827),他从没期望得到与事实和公义不符的荣誉。阿基琉斯希望得到敬重,但他想要的并非像天神一样的地位,他甚至没想过被尊为最伟大的凡人,他只希望被认可为"最卓越的阿开奥斯人"(1.243 – 244,1.410 – 412)。阿伽门农和奥德修斯此时献给阿基琉斯的荣誉并非真正的荣誉,跟真正的荣誉和感激不同,他们献上的荣誉是为自我利益着想的权宜之计。阿开奥斯人并非因为阿基琉斯的非凡付出前来致谢,他们也并非无私地敬重他的慷慨大义和英勇精神。很显然,他们敬献荣誉和礼物的目的是希望阿基琉斯能继续把他们从眼下的可怕灾难中救出来。他们十四天前侮辱了他,现在满载礼物来到他面前,只是因为他们走到了穷途末路。事实是,现在特洛亚人让阿开奥斯人感到心惊胆战,他们愿意花报酬请阿基琉斯回去,为他们打仗,充当他们的壁垒。[151]因此,只要阿基琉斯肯回去为他们打仗,也只有他肯回去为他们打仗,他们才会许诺像敬重天神一样敬重他。要知道,阿基琉斯确实曾祷告宙斯利用特洛亚人给阿开奥斯人恰到好处的惩罚，好让他们意识到他阿基琉斯的重要性，给他该得的荣誉（1.407 - 412；另参1.239 - 244）。但现在，阿基琉斯或许在思索自己所吟唱的英雄的荣誉之后，开始明白那些自私之徒所给予的"荣誉"并非真正的荣誉，这些人为了维护自己的利益，赞美那些让他们有利可图的人，荣誉只是他们用来拯救自己的工具，不是对另一个人的德行表示公正的认可和感激。

此时，阿基琉斯进一步质疑所有荣誉以及德行本身的价值，他表示"死亡对无所事事的人和建功立业的人一视同仁。我心里遭受很大的痛苦，舍命作战，对我却没有一点好处"（9.320 - 322，[译按]据本书原文对罗念生译文的第一句做了改动）。阿基琉斯已经表示过，阿开奥斯人不公不义，他们没有给予品格高尚的人相应的敬重。阿基琉斯此刻又表示，让高尚之人蒙受侮辱，甚至蒙受死亡，是不公道的，高尚之人应该获得比荣誉更高的东西作为他付出的回报，高尚之人应该拥有永恒的生命或者永生不死。阿基琉斯实际上认为，一个人死去之后，荣誉和感激都将不再有意义，因此，高尚的有德行的生活获得的好处不该是荣誉——哪怕是真正的荣誉——而应该是永生。但阿基琉斯又表示，即使高尚之人配得上不死的生命，他们也不可能得到永生，因为死亡对于所有的人，无论品格贵贱，全部一视同仁。阿基琉斯似乎在此处暗示，正如阿开奥斯人不给德行高尚者以荣誉是违背天道之举，众神不给高尚者以永生的待遇同样违背天道。①

我们此时更加清楚地看到阿基琉斯眼中的德行存在的问题。德行

---

① 参 David Bolotin, "The Concerns of Odysseus: An Introduction to Homer's *Odyssey*", pp. 47 - 48；本人认为伯纳德特的观点有失偏颇，他认为此时"阿基琉斯完全信赖"天神（Seth Benardete, *Achilles and Hector: The Homeric Hero*, pp. 97 - 98）。另参雷德菲尔德的观点，他认为"阿基琉斯从没丧失对天神的信任"，但21.273 - 283 除外（James M. Redfield, *Nature and Culture in the* Iliad: *The Tragedy of Hector*, pp. 213 - 214）。

意味着为他人而不是自己付出,因此,它意味着为他人经历痛苦甚至死亡,但德行高尚的人好像该为这份付出得到一些好处或回报。如阿基琉斯所言,他不停地为了他人受苦,理应得到更多的回报。[152]但阿基琉斯对荣誉的思考却又引领他得出结论,认为荣誉不能成为高尚生活的最大好处,一部分原因在于荣誉的授予者多为自私之徒,更重要的原因是荣誉对于那些死去的人毫无意义。阿基琉斯于是明白生命才是人类最终极的好处,也是最该珍视的好处,死亡——哈得斯的大门——是最令人痛恨的去处(9.312-313)。正因为德行意味着为他人付出,意味着把他人的利益置于自己的利益之上,它就必不可免意味着甘愿为他人牺牲自己珍贵的生命。如果天神赐予德行高尚者以永生,那么过有德行的生活便是有意义的。然而,天神并不会如此奖赏德行高尚者,因此我们每个人必须努力延长自己的生命,由此,我们必然得出结论:德行高尚的生活于人类无益。

有人可能认为阿基琉斯不至于偏激到认为一个人不该为他人付出,阿基琉斯可能只是觉得自己不该为自私卑劣的阿伽门农和阿开奥斯人这样的人付出。然而,事实并非如此。阿基琉斯把自己跟阿开奥斯人的关系比作母鸟和雏鸟的关系,说明他确实在怀疑为了他人牺牲自我的正当性。他表示:

> 有如一只鸟给羽毛未丰的小雏衔来它能弄到的可吃的东西,自己遭不幸;我就是这样度过许多不眠之夜,在作战当中经过许多流血的日子,同战士们一起,为了他们的妻室。(9.323-327)

阿基琉斯通过这个比喻提出了一个大胆的质疑,即使在母亲和孩子这样最明显的身心相连的存在之间,一方是否应当为另一方牺牲自我?① 若是一个人为了另一个人牺牲自己的幸福,哪怕是为了那些需

---

① 荷马本人把墨涅拉奥斯和埃阿斯保护帕特罗克洛斯的遗体不受特洛亚人侵害的决心比作母牛和公狮保护幼崽的决心(17.1-5;17.132-139)。

要并依赖自己的人牺牲幸福,这怎么可能是好的呢?阿基琉斯用上述方式对德行的核心本质发起了最根本性的挑战。①

[153]阿基琉斯对高尚生活的好处所产生的质疑最终指向一个结论,那就是一个人应该舍弃高尚生活,追求个人的幸福。但这个幸福是什么呢?在阿基琉斯的眼中,人类最大的幸福是什么呢?他追求什么样的幸福?我们看到此时的阿基琉斯好像已不再把荣誉看作圆满人生的关键要素。他认为,若是一个人为了他人度过许多不眠之夜,承受身体上的伤痛和精神上的折磨,甚至牺牲自己的生命,这是不合理的。他认为,一个人最大的幸福应该是度过悠长、自在与宁静的一生。② 然而,不管这样的生活有多么舒适,它真的能让狮心阿基琉斯感到满足吗?

阿基琉斯接着提出,他可以跟自己心爱的女人布里塞伊斯结婚,在婚姻里找到幸福:

> 阿尔戈斯人为什么要同特洛亚人作战?阿伽门农为什么把军队集中带来这里?难道不是为了美发的海伦的缘故?难道凡人中只有阿特柔斯的儿子们才爱他们的妻子?一个健全的好人总是喜爱他自己的人,对她很关心,就像我从心里喜爱她,尽管她是女俘。(9.337-342;另参19.282-300)

---

① 据加加林(Gagarin)所述,"很显然,阿基琉斯此刻表达的观点是,他反对寄予他人道义上的无私关怀,他甚至反对母亲对孩子的最低限度的本能呵护,他认为这于己无益"(Michael Gagarin, "Morality in Homer", *Classical Philology* 82[1987]:302)。加加林接着表示,失去帕特罗克洛斯是对阿基琉斯上述道德错谬的惩罚,阿基琉斯在卷二十四针对普里阿摩斯的悲悯施舍"是为了弥补他在卷九的行为,重塑阿基琉斯道德英雄的身份"(Michael Gagarin, "Morality in Homer", *Classical Philology* 82[1987]:302)。

② 赞克认为"在阿基琉斯慨叹生命无可替代、无比珍贵、无可补偿的瞬间,他拥有了跟萨尔佩冬截然不同的灵魂,对萨尔佩冬而言,荣誉让终结生命的死亡变得不那么残酷"(Graham Zanker, *The Heart of Achilles: Characterization and Personal Ethics in the* Iliad, p.88;另参页81-82,97-98)。

三 阿基琉斯和德行的局限

但是,阿基琉斯接下来却彻底拒绝了阿伽门农把布里塞伊斯还给他的提议,他还宣布要在几个小时太阳升起时离开特洛亚,并在朋友们离开后,马上跟另一个女奴同床共眠。从阿基琉斯的这些表现判断,他似乎并没把对幸福的希冀寄托在与女奴情妇的美好婚姻之上(9.356 – 363,9.663 – 665)。

根据阿基琉斯此刻讲给奥德修斯的话来判断,他好像已经下定决心回去佛提亚。他应该是在吟唱和思考英雄们的丰功伟绩并从中感到愉悦之后,得出结论:阿开奥斯人给予的荣誉根本不值得拥有,一个有德行的勇士不该度过高尚却痛苦的生活。他似乎立刻就要回去佛提亚家乡,去过悠长闲适的生活。他表示:

> 我来这里时把大量财产抛在了身后,[154]我将从这里带走更多的黄金和铜、青灰色的铁、束着美丽腰带的妇女,这都是我该得的份额。(9.364 – 367,[译按]据本书原文对罗念生译文进行部分修改)

可是,我们很快看到,阿基琉斯并没决心放弃他的高尚生活,他在回答埃阿斯时表示,他将继续留在特洛亚,甚至在此之前他回答奥德修斯时,这一点就已经十分清楚(9.649 – 655)。虽然阿基琉斯已经决定拒绝阿伽门农为请他复出拿来交换的礼物和荣誉,但他提供的理由却相互矛盾,这表明他仍然对高尚生活心存留恋。阿基琉斯之所以拒绝阿伽门农的礼物和荣誉,是因为他不想继续过为他人冒险和牺牲的生活:

> 在我看来,无论是据说人烟稠密的伊利昂在和平时代,在阿开奥斯人的儿子们到达之前获得的财富,或是弓箭神福波斯·阿波罗在多石的皮托的白云石门槛围住的财宝,全都不能同姓名相比。肥壮的羊群和牛群可以抢夺得来,枣红色的马、三脚鼎全部可以赢得,但人的灵魂一旦通过牙齿的藩篱,就再也夺不回来,再也赢不

到手。(9.400–409)

没什么幸福,没什么奖赏——甚至没什么"不朽名声"和"高贵名声"——能补偿一个生命的湮灭(9.410–416)。很显然,此时的阿基琉斯把灵魂的延续和满足等同于身体的延续和舒适,从而把幸福跟回到家乡享受物质丰裕、婚姻甜蜜的悠长生活联系在了一起:

> 要是众神保全我的性命,我回到家里,佩琉斯会为我寻找个妻子。赫拉斯、佛提亚有许多阿开奥斯少女,她们都是保卫城市的首领的女儿,我愿意选中谁,就把谁作为亲爱的妻子,我的高贵的灵魂时常驱使我从那里娶一个合法的妻子、一个合适的助手,尽情享受老人佩琉斯获得的财富。(9.393–400)

这种生活当然没什么高贵或光荣可言,因为除了有限的身体上的享受,就再没什么其他满足可言了。这种生活里甚至没有爱的装点,虽然阿基琉斯提到娶个女人做他"亲爱的妻子",但他所展望的婚姻是包办婚姻,是他父亲留给他的众多遗产之一。就连阿基琉斯对他父亲的称呼也相当客气,他不称呼对方"亲爱的",甚至不称呼"父亲",只是直呼"佩琉斯"或"老人佩琉斯"。[155] 在他想象的这种生活里,快乐停留在物质而不是精神层面,这种生活平庸乏味,既不辉煌也不崇高。然而,此时的阿基琉斯却分明欣然期待着这个幸福的画面,并且当阿基琉斯把关注点从荣誉和德行转移到悠长舒适的生活时,他似乎也放下了因阿伽门农和阿开奥斯人的侮辱而产生的愤怒。既然更好的选择是放弃荣誉,回归故里,过和平富足的长久日子,那么阿开奥斯人夺走他的荣誉还能对他造成什么伤害呢? 因此,他善意地规劝阿开奥斯人舍弃对德行和荣誉的追求,回去自己家乡过安乐长久的日子(9.417–426)。然后,他在结束跟奥德修斯的谈话时建议阿开奥斯人构想一个"比我生气后他们想到的"更好的策略挽救自己。阿基琉斯此刻谈起自己的愤怒,似乎有一种超脱的距离感(9.426)。

三 阿基琉斯和德行的局限

另一方面,阿基琉斯在跟奥德修斯讲话时却宣称,他之所以拒绝阿伽门农送来的礼物和荣誉,是因为他仍然因为阿伽门农的侮辱感到气愤。事实上,阿基琉斯气愤至极,他斩钉截铁地拒绝了阿伽门农送上的财富和享乐,也似乎因此拒绝了阿伽门农送上的幸福:

> 即使他把现有财产的十倍、二十倍给我,再加上从别的地方得来的其他的财产,连奥尔科墨诺斯或埃及的特拜的财富一起——在那个城市家家存有最多的财产,特拜共有一百个城门,每个城门口有二百名战士乘车策马开出来——即使赠送的礼物像沙粒尘埃那样多,阿伽门农也不能劝诱我的心灵,在他赔偿那令我痛心的侮辱之前。阿特柔斯的儿子的女儿我不迎娶,即使她的美貌比得上黄金的美神,她的手艺赶得上目光炯炯的雅典娜,我也不迎娶。(9.378–391)

此时的阿基琉斯发誓不接受阿伽门农送上的任何幸福,即使对方赠给他无尽的财富以及美貌和手艺堪比天神的妻子,他也不会接受。阿基琉斯在拒绝这些幸福的礼物时,打着的是公义的名义,而不是要回家过安乐长久生活的名义。阿基琉斯此时仍坚持认为,阿伽门农抢走了他的荣誉礼物,并对他施加侮辱,所以阿伽门农破坏公义、专横霸道、阴险狡诈、厚颜无耻(9.367–387)。[156]因此,阿基琉斯将拒绝所有礼物,他甚至宁肯牺牲自己的幸福,也要让阿伽门农为其失德行为彻底付出代价。此时的阿基琉斯似乎在重申他对德行的信守和他为了公义牺牲个人幸福的崇高愿望,他甚至决定留在特洛亚,不为参战,只为亲眼目睹正义在阿伽门农身上得到全然伸张。我们因而看到,虽然阿基琉斯对高尚生活——为他人付出和牺牲自我——的意义产生了怀疑,他却仍然心系这种生活。

让阿基琉斯无法完全放弃高尚生活的原因在于他对高尚生活之外的另一种生活的意义心存疑虑。关于荣誉和德行的思考使他得出结论,为他人牺牲自己的幸福是有悖常理的。他像为了雏鸟牺牲自己幸福的母鸟一样,为了阿开奥斯人牺牲自己的幸福,但这样做并不合理,他的理性告诉他要去追寻个人的幸福。但是,什么样的幸福能让他感到满足呢?什么样的生活能真正满足他的精神需要呢?阿基琉斯异常清楚地看到,幸福就是生命本身,任何东西都不值得他为之付出生命的代价,因为"人的灵魂一旦通过牙齿的藩篱,就再也夺不回来,再也赢不到手"(9.400–409)。相对于危险且难免短暂的高尚生活来说,幸福是长久、安全、舒适的生活。

> 要是我回家,到达亲爱的故邦土地,我就会失去美好名声,性命却长久,死亡的终点不会很快来到我这里。(9.414–416)

然而,此类生活带来的幸福感难免匮乏,因为它无法真正满足阿基琉斯心灵的需要和愿望。首先,此类生活无法满足阿基琉斯对永生的渴望,因为死亡必然将让这种安宁稳定的生活走到终点,虽然死亡不会立刻把阿基琉斯从佛提亚带走,但死亡早晚会夺去这幸福生活。此外,只关注肉体存在和享乐的生活根本不能充分满足阿基琉斯心灵深处的渴望,肉体享受不能给他的大脑和精神带来它们渴望和需要的愉悦感,无法带来那种吟唱和沉思英雄事迹时产生的愉悦感(比较9.398–400和9.286–189)。父亲安排的和谐婚姻也无法满足他对爱和友情的渴望。由此看来,虽然为他人牺牲自我的高尚生活痛苦又短暂,[157]可对阿基琉斯来说另一种生活似乎也并不完美,因为它无法使他永生,也无法提供他所渴望的充足的幸福感。

此时我们产生了一个疑问,除了度过平庸悠长的物质享乐的一生,或度过高尚痛苦的奉献的一生,吟唱和沉思英雄们的德行及荣誉能不能取代二者,成为一种最佳选择?这种生活跟德行生活不一样,它让人心灵愉悦,心满意足。这种生活跟单纯的感官享乐也不一样,它可以提供更为崇高更为深刻的精神享受。这样的生活恰恰是荷马本人所过的生活,它能否让阿基琉斯感到幸福,实现他所渴望的理性和精神上的满足呢?阿基琉斯的确很享受吟唱和思考人类活动带给他的快乐,但是不安分的阿基琉斯并没有意识到歌者的深思可以成为一种独立完整的生活方式,阿基琉斯可能也并不相信这样一种哲人的生活能满足他心灵深处的渴望。比起阿基琉斯谈论的佛提亚声色犬马的长久生活来说,歌者的沉思生活更能满足他对幸福的渴望,但却无法实现他对永生的渴望。

  尽管阿基琉斯不相信有德行的生活能给自己带来幸福,他却终究走上了德行生活的道路。吸引他走上这条路的原因在于,有德行的生活提供了超越生活本身、实现更大意义的可能。如前文所述,有德行的生活似乎内含矛盾,有德行的人为他人牺牲自己的幸福,同时又应该为此牺牲获得回报。但是,正是这个表面上的矛盾给实现真正的幸福带来了希望。有德行的人牺牲掉的往往是活得长久和身体享乐这些物质层面的好处,获得的却是超越物质的精神上的好处。因此,通过拒绝物质上的收获——阿基琉斯甚至拒绝想象中阿伽门农可能送上的数不清的财富和美女——阿基琉斯好像觉得自己应该获得比那些不计其数的好处更加崇高的奖赏,一种不仅能满足他的肉体需要,更能满足他的灵魂需要的更加崇高的幸福感。那么,问题又来了,这种幸福感是什么?这样的幸福感必须依赖于某种能让他的整个存在、整个身心都感到愉悦和满足的活动。然而阿基琉斯却并没认真思考这样的活动是什么。相反,他把一个凡人的最大幸福等同于长久的生命。[158]他表示,幸福的关键是永生不死,他认为高尚的人应该因为他的高尚品格获得永生。因此,阿基琉斯自然会继续相信德行,因为他期望正义的天神赐予他渴望拥有并值得拥有的不死的生命。这个期望似乎有些自相矛盾,他为了他人牺牲自己,却希望从天神那里获得回报。阿基琉斯盼望永生的愿望如此强烈,即使自相矛盾,他也紧抓不放。

  阿基琉斯继续信守德行并暗自希望因为德行获得永生的回报,这一想法在他的愤怒中得到体现。尽管阿基琉斯表示物质享乐的生活胜过有德行的生活,他却气愤地拒绝了阿伽门农送来的荣华富贵。尽管阿基琉斯表示长命百岁胜过追求荣誉的生活,他却因为阿伽门农夺去他的荣誉而怒火中烧,他还暗示要放弃回家的计划,好亲眼目睹阿伽门农因违背公义遭受惩罚。尽管阿基琉斯亲口说阿伽门农的侮辱并没伤害到自己——因为回佛提亚家乡过舒适长久的生活更好——阿伽门农却反倒因为失去唯一能保护他免受特洛亚人伤害的勇士,伤害了他自己。尽管阿基琉斯亲口说阿伽门农已经被宙斯夺去了理智,阿伽门农似乎因此沦为一个令人鄙视甚至可怜的对象,再不会让人心生愤怒和仇恨了,但阿基琉斯却不能停止他对阿伽门农的愤怒。阿基琉斯的这些作为——包括他对阿伽门农的愤怒,他坚持认为阿伽门农侮辱了自己,以及拒绝阿伽门农以恢复公义之名献上的财宝——都让他感到——如果这个世界还有公义可言——正义的天神将会因为他遭受的苦难给他补偿,将会为他付出的牺牲给他回报。如奥德修斯所言,阿基琉斯想让自己愤怒(9.678 - 679)。他想让自己愤怒,是因为他想让自己觉得,他值得获得自己渴望的永生。

因此,阿基琉斯虽然心存疑虑,却依然坚持有德行的生活,因为这似乎可以给他带来永生的希望。阿基琉斯渴望的不仅仅是不死的生命,他还渴望友谊,期望跟那些自己喜爱和敬佩的朋友们为伴,因为他们同样英勇、正直、善于思考。阿基琉斯坚持过有德行的生活,因为这样的生活似乎可以满足他对友情和对永生的渴望。

[159]涅斯托尔后来跟帕特罗克洛斯抱怨说:"阿基琉斯的品德只会让他一人得益。"(11.762 - 763)但是阿基琉斯却并不想孤芳自赏,他期望跟其他人,跟那些他喜爱的人一起过有德行的生活,期望自己能为他们付出,他们也为自己付出,并且一同为了他人付出。他并不只是想成为最好的阿开奥斯人,他想要阿开奥斯人把他视作最好的那一个予以敬重,他想要阿开奥斯人同样具备高尚的品格,只有这样,他们才有资格敬重他的德行。

阿基琉斯对阿开奥斯人的愤怒,甚至包括他对阿伽门农的愤怒,恰恰反映了他对这些人的爱。他信守德行,也希望对方信守德行。他希望对方敬重他的高尚品格——他的英勇,正直和奉献精神——也希望对方认可和欣赏他的高尚品格。他想要自己配得上他们给予的荣誉,也希望他们有资格给予他荣誉。所以,当阿伽门农行事自私卑劣,当阿开奥斯人可耻地默许阿伽门农的卑劣,阿基琉斯深感失望和愤怒,他想给他们恰如其分的惩罚,好让他们回归和重建对公义的信守。

如涅斯托尔所示,阿基琉斯即使在撤离阿开奥斯军帐,等候他们批评的时候,也远非离群寡居。他依然珍视跟帕特罗克洛斯之间的长久友谊——"我心中的喜悦"(11.607)。阿基琉斯弹奏竖琴娱悦心灵,以及吟唱和沉思英雄们伟大事迹的时候,帕特罗克洛斯都在他的跟前(9.185-191)。他不喜欢独自一人吟唱沉思,他希望为朋友吟唱,跟朋友分享自己的思想。他后来还跟奥德修斯、福尼克斯和埃阿斯这些被他称作最亲爱的朋友们的阿开奥斯人一同分享关于德行和荣誉的思考(9.197-198,9.204)。哪怕阿基琉斯在拒绝阿伽门农请求他复出救助阿开奥斯人时,他也还在关心着阿开奥斯人。他敦促阿开奥斯人跟他一起离开特洛亚,并特别敦促他的终生好友福尼克斯跟他一同回去佛提亚(9.417-429)。当福尼克斯再次重复阿伽门农的恳求,劝阿基琉斯消除愤怒时,阿基琉斯再次劝福尼克斯跟自己一同返乡,并许诺把自己的权力和荣誉分给他:"你同我一起为王,一半尊荣赠给你。"(9.616)最后,当埃阿斯采取了跟奥德修斯和福尼克斯相反的做法,不再试图唤起阿基琉斯对财富和荣誉的欲求,改为一心唤起他对朋友的感情时,阿基琉斯改变了离开特洛亚回去佛提亚的决定。① [160]当埃阿斯抱怨阿基琉斯"他很残忍,无视伴侣们的友爱,尽管我们在船只间尊重他,胜于尊重别人",阿基琉斯接受了埃阿斯的批评,并表示同意说:"埃阿斯,大神宙斯的后裔,特拉蒙的儿子,士兵的长官,你说的这一切合我的心意。"(9.630-631,9.644-645)虽然阿基琉斯表示,只要特洛亚人还没攻到他个人的帐篷和船只,他就不会参战,但他却同时传达了出于对朋友们的关心决定留在特洛亚的信息。这样一来,他至少给了阿开奥斯人一线希望,让他们觉得他可能会出手相救。在接下来

---

① 对比 9.649-655 和 9.356-368,9.426-429,9.617-619。

的第二天,他的确是这么做的。①

阿基琉斯留在特洛亚后依然信守德行,因为他相信只有有德行的生活才能满足他对永生和友情的渴望。尽管阿基琉斯依然想不明白,根据德行的要求为他人牺牲自己的幸福——自己的灵魂——究竟意义何在,他却依然固守这样的生活,因为他期望天神赐予有德行的人他们有资格享有的永生,他还相信德行是友情最牢固的基础。

阿基琉斯关于永生的期盼建立在两个信念的基础之上:一个是天神执掌公义,这个信念本身就是有问题的;另一个是自我牺牲的人终得回报,这个信念本身自相矛盾。由此可见,阿基琉斯关于永生的期盼存在问题,但是阿基琉斯把德行看作友情最牢固的基础,却好像十分合理。② 如果德行意味着为他人奉献自我,为他人英勇挺身、慷慨大义,那么有德行的人确实会尤其善待自己的朋友,也会因此成为尤其难得的朋友。另外,有德行的生活必定意味着为他人付出,因而必定会带来痛苦,这样一来,那些有德行的人便尤其需要朋友一同分担辛劳,为他们的辛劳提供补偿,所以,有德行的人尤为珍惜自己的朋友们。如此看来,友情似乎是有德行的生活最明确的好处,阿基琉斯跟埃阿斯、福尼克斯、奥德修斯之间的友谊,特别是跟帕特罗克洛斯之间的友谊,是德行高尚的阿基琉斯的幸福来源。不同于阿基琉斯对天神赐予永生生命的期望,友谊是阿基琉斯所享有的属于凡人的幸福。

[161]可是,正是阿基琉斯对帕特罗克洛斯的友爱把他引向了最可怕的苦难。③ 阿基琉斯的故事不禁让我们思考,友谊是不是有德行的人所能获得的最大好处,从而成为有德行的生活的幸福来源?友谊现象是否会引发更多关于德行生活的幸福来源的问题?为了回答这些

---

① 参 Seth L. Schein, *The Mortal Hero: An Introduction to Homer's* Iliad, pp. 113 – 116;Zanker 1994,88 – 90;Jasper Griffin,*Homer:Iliad IX*,p. 26。

② Cf. Aristotle *Nicomachean Ethics* 1155a1 – 33,1156b6 – 1157b38.

③ Cf. Kevin Crotty,*The Poetics of Supplication:Homer's* Iliad and Odyssey, p. 59.

问题,我们接下来要解读阿基琉斯和帕特罗克洛斯之间的友谊。①

关于德行和友谊的问题

阿基琉斯最终决定派帕特罗克洛斯率米尔弥冬人上战场跟特洛亚人战斗,他本人却未加入。这一时刻是《伊利亚特》最为关键的转折点。因为这个决定,阿基琉斯遭受了丧失亲爱同伴的巨痛,要知道,阿基琉斯把帕特罗克洛斯这个朋友看得跟自己的性命一样重要,此外,他还承受着因朋友之死而痛谴自己的折磨。② 后来,阿基琉斯仅靠三声呐喊便把特洛亚人吓得四散奔逃。再后来,他几乎是孤身一人把特洛亚军队赶回了城里。我们由此可以判断,如果阿基琉斯决定加入帕特罗克洛斯和米尔弥冬人,前去跟特洛亚人作战,他应该轻而易举就能拯救阿开奥斯军队,也根本不会失去帕特罗克洛斯(18.202 – 238, 21.526 – 529)。既然如此,他为什么要做出这样一个可怕且多余的自杀性决定,把最亲爱的伙伴送往葬身之地呢?

乍看上去,阿基琉斯继续袖手旁观的决定,让人感到费解。③ 如前文所述,尽管阿基琉斯已多次威胁说要回去佛提亚家乡,他却依旧留在特洛亚,这说明他计划在阿伽门农和阿开奥斯人因为对他的侮辱受到相应惩罚以后再参战。④ 然而,阿伽门农此时受伤严重,赫克托尔马上要纵火焚毁阿开奥斯人的船只,阿开奥斯人正处在无法逆转的溃败边缘,[162]这应该是阿基琉斯最后一次回到战争的机会。况且阿基琉斯对阿伽门农和阿开奥斯人的愤怒此时已消失殆尽,他在卷十一得知

---

① 关于对《伊利亚特》里的友情这一主题的讨论,参 Seth L. Schein, *The Mortal Hero: An Introduction to Homer's* Iliad, pp. 98, 126 – 127。

② 18.80 – 84;另参 18.98 – 106, 18.324 – 327。

③ Cf. John Alvis, *Divine Purpose and Heroic Response in Homer and Virgil: The Political Plan of Zeus*, p. 36.

④ 比较 1.169 – 171, 9.356 – 363, 9.426 – 429 和 9.617 – 619, 9.649 – 655;另参 1.239 – 244, 1.407 – 412, 9.379 – 387, 11.607 – 609。

阿开奥斯军队的重要人物马卡昂严重受伤——他是除阿基琉斯和帕特罗克洛斯之外唯一会医治伤口的人——曾派帕特罗克洛斯前去阿开奥斯军营探望,这一举动显然说明他在担心阿开奥斯人的安危。① 后来,帕特罗克洛斯回来向阿基琉斯汇报了阿开奥斯人的悲惨处境,阿基琉斯在提到阿伽门农的侮辱时说:"不过已经发生的事情让它过去吧,心中的愤怒也不会永远不可消弭。"(16.60-61)阿基琉斯接着便让自己最好的朋友帕特罗克洛斯披挂他本人的精美铠甲,率领米尔弥冬人前去救助阿开奥斯人,以免他们遭到毁灭。阿基琉斯说:

> 帕特罗克洛斯啊,尽力去打击特洛亚人,去保护船舶免遭毁灭,不让他们纵火烧船,截断我们神往的归程。(16.80-82)
>
> 宙斯养育的帕特罗克洛斯,驭马能手,你快起来,我看见船舶燃起了大火,不能让他们[特洛亚人]夺船,把他们[阿开奥斯人]的退路截断,你赶快披挂铠甲,我去集合队伍[米尔弥冬人]。②

如果阿基琉斯愿意花这么大的气力解救阿开奥斯人,他为什么不亲自上战场救援呢?

阿基琉斯的确跟帕特罗克洛斯说过:"我曾说过要我平息胸中的怒火,只有等战斗和喧嚣达到我的船只前。"(16.61-63)由此看来,阿基琉斯的意思是在特洛亚人攻击他的船只之前,他不会收回自己的话,不会说自己已停止愤怒而复出。③ 但是我们很难相信,阿基琉斯既然能在之前改变回佛提亚的决定,在特洛亚留下来,他怎么会仅仅因为不愿收

---

① 11.610-614,11.504-518,11.827-835。

② 16.126-129。[译按]据本书原文增加了括号及里面的文字。

③ 参James M. Redfield, *Nature and Culture in the* Iliad: *The Tragedy of Hector*, p.18; Cedric H. Whitman, *Homer and the Homeric Tradition*, pp.197-198; Richard Janko, *The Iliad: A Commentary*, IV: *Books 13-16*, Cambridge: Cambridge University Press, 1992, p.309; Seth Benardete, *Achilles and Hector: The Homeric Hero*, p.112。另参Kevin Crotty, *The Poetics of Supplication: Homer's* Iliad *and* Odyssey, p.56。

回继续愤怒的决定而把亲爱的朋友置于死亡的危险之中呢?① 阿基琉斯明明已经向帕特罗克洛斯承认他不再感到气愤了(16.60-61),况且他还把帕特罗克洛斯和自己所有的战士都派去救援阿开奥斯人,这个事实本身也说明他已经停止愤怒。[163]最重要的是,阿基琉斯亲口向宙斯表示,他祈求阿开奥斯人因为不尊公义而承受惩罚的祷告已经实现了,他说:"你宽厚地听取了我的祈求,充分满足了我的心愿,狠狠地惩罚了阿尔戈斯人,现在请求你再满足我的一个心愿。"(16.236-238)阿基琉斯此时向宙斯表示,他愤怒的缘由已消除,阿开奥斯人已为他们的谬误付出了代价。② 可见,他没有重复跟帕特罗克洛斯说过的只有当特洛亚人攻打自己的船只时才会放下对阿开奥斯人的愤怒之类的话。那么,阿基琉斯为什么仍不参战? 他为什么做出让帕特罗克洛斯在没有"全体阿开奥斯人的强大堡垒"的情况下上战场的糟糕决定(1.283-284)? 阿基琉斯为什么不上战场拯救阿开奥斯人,却把自己最好的朋友鲁莽地置于杀人无数的赫克托尔手中,使他面临死亡的危险?

如果要理解阿基琉斯为什么把好朋友送上战场,自己却并没加入的原因,我们需要认真思考荷马是如何描写帕特罗克洛斯以及他与阿基琉斯之间的友谊的。荷马在诗歌中直接对帕特罗克洛斯讲话的次数达九次之多,超过他跟阿基琉斯、赫克托尔和任何一位重要角色讲话的次数。实际上,荷马对帕特罗克洛斯讲话的次数超过他对诗中任何一位人物的讲话。③ 荷马用这种方式把我们的注意力拉向最卓越的阿开

---

① 1.169-171,9.357-361,9.617-619,9.649-653。

② 参 David Bolotin,"The Critique of Homer and the Homeric Heroes in Plato's *Republic*",p.86;Donald Lateiner,"The *Iliad*:An Unpredictable Classic",p.26。

③ 荷马对帕特罗克洛斯的九次讲话全部发生在卷十六(20,584-585,692-693,744,754,787,788-789,812-813,843),他对阿基琉斯讲过一次话(20.1-3),却从没直接对赫克托尔讲过话。荷马对墨涅拉奥斯的讲话达七次(4.127,4.146-147,7.104-107,13.602-603,17.679-681,17.702-704,23.600),对墨拉尼波斯讲话一次(15.582-583),对女神(应该是缪斯女神中

奥斯人身边这位极易被忽视的朋友,强调帕特罗克洛斯在故事里的关键地位。①

帕特罗克洛斯刚出场时完全笼罩在阿基琉斯的阴影之下。当阿基琉斯愤怒谴责阿伽门农和阿开奥斯人,宣布退出战争,并在一怒之下离开会议时,帕特罗克洛斯一声不响地跟随其后(1.306-307)。当阿基琉斯吩咐帕特罗克洛斯把不愿离开的布里塞伊斯交给阿伽门农的传令官时,他一声不响地"服从亲爱的朋友的吩咐"(1.345;另参9.205,11.615)。[164]当阿基琉斯吟唱英雄们的伟大事迹娱悦心灵时,帕特罗克洛斯"默默"坐在他的身旁(9.190)。后来,被阿基琉斯称作至爱的那些朋友们前来恳求他拯救阿开奥斯人,遭到阿基琉斯的拒绝,在整个紧张激烈的过程中,帕特罗克洛斯都只是听从"他亲爱的伙伴"的吩咐,默默地为他们端酒上菜(9.199-205)。由此可见,阿基琉斯和帕特罗克洛斯之间的友谊是严重不平等的,阿基琉斯是"最好的阿开奥斯人","是战斗危急时全体阿开奥斯人的强大堡垒"(1.412,1.282-283),帕特罗克洛斯则是阿基琉斯默默不语的忠诚伙伴。在卷十一之前,我们从没见到帕特罗克洛斯开口讲话,更没见到他以战士的身份讲话。② 就连他的情妇也既不是他自己俘获得来的,也不是阿开奥斯人因为他作战英勇赐给他的礼物,而是阿基琉斯送给他的(9.663-668)。帕特罗克洛斯敬爱阿基琉斯,并享受着这份友情带来的好处,他心甘情

的一位)讲话两次(1.1-7,2.761-762),对居住在奥林波斯山的全体缪斯女神讲话四次(2.484-487,11.218-220,14.508-510,16.112),对阿波罗讲话两次(15.365-366,20.151-152)。

① 斯科德尔表示,"帕特罗克洛斯的角色始终是次要的"(Ruth Scodel, *Listening to Homer: Tradition, Narrative, and Audience*, Ann Arbor: University of Michigan Press,2002,p.110)。伯纳德特却认为,"荷马似乎对其他英雄没有这么深的感情"(Seth Benardete, *Achilles and Hector: The Homeric Hero*, p.80)。

② 帕特罗克洛斯在卷十一第605诗行第一次开口说话。后来阿基琉斯在帕特罗克洛斯死后指出,他们在特洛亚作战的这许多年里,帕特罗克洛斯一直在沙场上战斗。参18.338-342,24.3-8。

愿地默默服侍阿基琉斯,似乎并不在意活在对方的影子里。①

但是帕特罗克洛斯在卷十一跟涅斯托尔的对话中透露出,他并不满足于生活在阿基琉斯的影子里。当阿基琉斯得知阿开奥斯大军仅有的两位士兵牧者之一马卡昂受伤,派帕特罗克洛斯去打探虚实,这应该是阿基琉斯判断是否复出的时刻,他说:"我看阿开奥斯人终于要来到我膝前,向我求情,情势迫使他们这样做。"(11.608-609)荷马在此处评论说,阿基琉斯派帕特罗克洛斯去询问涅斯托尔的决定"是不幸的开始",这个不幸要么是指帕特罗克洛斯经历死亡,要么是指阿基琉斯经历丧失朋友的痛苦(11.604)。荷马由此指出,阿基琉斯派帕特罗克洛斯去涅斯托尔那里的决定启动了最终导致帕特罗克洛斯死亡的一系列连锁事件。[165]荷马暗示,阿基琉斯后来决定派帕特罗克洛斯一人上战场跟特洛亚人作战,自己却并不一同参战,这是帕特罗克洛斯跟涅斯托尔对话的结果。② 现在让我们细读这场极为关键的对话。

这是我们在诗中第一次见到帕特罗克洛斯跟阿基琉斯分开。帕特罗克洛斯向涅斯托尔开口说的第一句话便是斥责他那位亲爱的朋友。

---

① 据克罗迪所述,"帕特罗克洛斯在跟阿基琉斯的关系里具有顺从和亲密两个特点,很奇怪地有点像妻子与丈夫之间的关系"(Kevin Crotty, *The Poetics of Supplication: Homer's* Iliad *and* Odyssey, p. 58)。克罗迪还认为,帕特罗克洛斯"像女人",具有"女性的特点",但他也不缺少男子气概,阿基琉斯"跟帕特罗克洛斯之间的关系充满强烈的爱欲,但却并不包含爱欲通常隐含的性意味"(Kevin Crotty, *The Poetics of Supplication: Homer's* Iliad *and* Odyssey, pp. 55, 58)。格里芬(Jasper Griffin, *Homer on Life and Death*, p. 104)和威恩(James Anderson Winn, *The Poetry of War*, pp. 161-162)继色诺芬笔下的苏格拉底(*Symposium* 8.31)之后提出,荷马笔下的阿基琉斯和帕特罗克洛斯并不是包含爱欲的情人关系。另参 Seth L. Schein, *The Mortal Hero: An Introduction to Homer's* Iliad, p. 127。

② 参 James M. Redfield, *Nature and Culture in the* Iliad: *The Tragedy of Hector*, p. 106; Seth L. Schein, *The Mortal Hero: An Introduction to Homer's* Iliad, p. 117; 另参 Jinyo Kim, *The Pity of Achilles: Oral Style and the Unity of the* Iliad, Lanham, MD: Rowman and Littlefield, 2000, pp. 104-106。

当涅斯托尔邀他入座时,帕特罗克洛斯解释说自己必须马上回到阿基琉斯那里,与此同时,他把对阿基琉斯的不满和盘托出:

> 我那可敬而易怒的主人派我来打听,你带回来的伤者是谁,但我已知道,因为我看见他正是马卡昂,士兵的牧者。我现在就去回禀阿基琉斯得到的消息。尊敬的长者啊,你也知道,他是一个可怕的人,很容易无辜地受他指责。①

此时的帕特罗克洛斯一改往日的沉默,向涅斯托尔抱怨阿基琉斯很容易指责别人,有时会无缘无故指责无辜的人,所以他的愤怒并不总是那么公道。帕特罗克洛斯由此表明,他认为阿基琉斯因为阿伽门农的侮辱继续谴责全体阿开奥斯人的做法是错误的,从而暗示阿基琉斯继续拒绝参战的做法也是错误的。我们看到,尽管帕特罗克洛斯深爱着阿基琉斯,可能也钦佩阿基琉斯的德行,但帕特罗克洛斯并非盲目崇敬或一味顺从对方,他对阿基琉斯的人格有自己的独立判断,他责怪自己的朋友违背正义,对阿开奥斯人见死不救。②

涅斯托尔力图劝说帕特罗克洛斯加入到拯救阿开奥斯人免遭祸难的阵营中来。在《伊利亚特》所有的阿开奥斯人当中,涅斯托尔最为清楚阿基琉斯的军事重要性,他一开始便极其积极主动地要把阿基琉斯

---

① 11.648－653。[译按]据本书原文(quick to indignation)把罗念生译文第一句中的"严厉"一词改为"易怒"。

② 本人不太赞同有些人的看法,他们把帕特罗克洛斯看作阿基琉斯的"象征性替身(ritual substitute)"(Nadia Van Brock,"Substitution rituelle",*Revue hittite et asiatique*[1959]65:117－146;Gregory Nagy,*The Best of the Achaeans: Concepts of the Hero in Archaic Greek Poetry*,pp.33,292－293;Dale Sinos,*Achilles, Patroklos,and the Meaning of "Philos"*,Insbruck:Institue für Sprachwissenschaft der Universität Innsbruck,1980)。有人甚至认为帕特罗克洛斯是阿基琉斯的"主题替身(thematic double)"(Jinyo Kim,*The Pity of Achilles;Oral Style and the Unity of the Iliad*,pp.108－109;另参 Cedric H.Whitman,*Homer and the Homeric Tradition*,pp.199－200)。

留在军中,后来又积极劝说阿基琉斯回到军队。涅斯托尔不仅出面劝说阿基琉斯服从阿伽门农的权威,他还专门提醒阿伽门农要清楚阿基琉斯的重要性——"他是战斗危急时全体阿开奥斯人的强大堡垒"[166]——劝他不要惹怒阿基琉斯(1.275 – 284)。涅斯托尔曾敦促阿开奥斯人在失去阿基琉斯的情况下修筑围墙保护军队和船只,以防遭到特洛亚人的杀戮(7.327 – 343)。涅斯托尔还劝说阿伽门农派遣福尼克斯、埃阿斯和奥德修斯三人充当使节,让他们带上丰厚的礼物和荣誉,去劝阿基琉斯为阿开奥斯人复出(9.96 – 113,9.163 – 172)。最后,涅斯托尔还具体嘱咐每一位使节,"特别是奥德修斯,要他们试图说服佩琉斯的光荣的儿子"(9.179 – 181)。当所有劝说阿基琉斯复出的努力都归于失败后,涅斯托尔在阿开奥斯人的毁灭即将来临之际,做了拯救阿开奥斯人的最后一搏:恳求阿基琉斯最好的朋友参战。涅斯托尔此次做法不同于以往,他的目标不再仅仅是规劝阿基琉斯复出,而是当面恳求帕特罗克洛斯,若是他的朋友不肯参战,请他替代阿基琉斯出征拯救阿开奥斯人。涅斯托尔在结束讲话前鼓励帕特罗克洛斯从阿基琉斯的影子里走出来,担当阿开奥斯人的拯救者——"达那奥斯人的希望之光"(11.793 – 802)。这样一来,涅斯托尔不仅唤起了帕特罗克洛斯对阿开奥斯人的同情,也唤起了他内在的野心。①

涅斯托尔对帕特罗克洛斯的讲话在很多方面都跟奥德修斯对阿基琉斯的讲话十分相像。这一点并不奇怪,因为荷马告诉我们,涅斯托尔曾专门指点奥德修斯如何劝说阿基琉斯(9.170 – 181)。涅斯托尔对帕特罗克洛斯的讲话由相当分明的五部分组成,其中有三部分跟奥德修斯对阿基琉斯的讲话或多或少地接近。② 另外两部分占涅斯托尔讲话

---

① 拉泰纳却认为,涅斯托尔仅仅唤起了帕特罗克洛斯对阿开奥斯人的忠诚(Donald Lateiner, "The *Iliad*: An Unpredictable Classic", p.26)。

② 比较 11.655 – 667 与 9.225 – 248 及 9.300 – 303;比较 11.761 – 763 与 9.249 – 251;尤其比较 11.764 – 792 与 9.252 – 260。

篇幅的三分之二,他在这两部分提出了一个拯救阿开奥斯人的全新策略(11.667–761,11.793–802)。

涅斯托尔首先描述阿开奥斯人所处的绝境,然后猛烈抨击阿基琉斯的冷酷无情:

> 阿基琉斯为何如此关心在战斗中遭受创伤的是哪位阿开奥斯人的儿子?他对全军受到的灾难无动于衷,最杰出的将士们都已受伤躺倒在船里。提丢斯之子、强大的狄奥墨得斯中了箭,名枪手奥德修斯和阿伽门农中了枪,[167]欧律皮洛斯的一条大腿也被箭射中,我刚从战场带回来的又是一个伤者,也被箭射中。阿基琉斯诚然勇敢,但他对达那奥斯同胞不关心,不同情。或许他在期待阿尔戈斯人停泊在海边的那些快船无可奈何地被大火焚毁,阿尔戈斯人一个接一个地被敌人杀死?(9.179–181)

涅斯托尔重申福尼克斯和埃阿斯对阿基琉斯的谴责,批评他毫无怜悯之心(9.496–501,9.625–631)。涅斯托尔像奥德修斯努力唤起阿基琉斯的同情一样,努力唤起帕特罗克洛斯对阿开奥斯人的同情(9.227–251,9.300–303)。奥德修斯警告阿基琉斯,如果就这样任阿开奥斯人遭受毁灭,他将为此感到悔恨——"你日后会感到非常苦恼,祸害造成,找不到挽救的方法"——涅斯托尔在讲话的第三部分以同样的方式警告帕特罗克洛斯,表示他亲爱的朋友"如果看到全军遭毁灭也会感到悔恨"。① 涅斯托尔讲话的第四部分与奥德修斯的讲话最为接近,他试图唤起帕特罗克洛斯对父亲的敬畏,他在此处运用的语言跟奥德修斯试图唤起阿基琉斯对父亲的敬畏时使用的语言几乎一模一

---

① 9.249–250,11.762–763,9.179–181。[译按]据行文需要对后一部分略作改动。

样(比较9.252–259与11.764–789)。① 涅斯托尔提醒帕特罗克洛斯,他的父亲墨诺提奥斯曾特意叮嘱他要给阿基琉斯忠告。虽然阿基琉斯出身更为尊贵,比帕特罗克洛斯更为勇猛,但帕特罗克洛斯比阿基琉斯年长,墨诺提奥斯因而告诉自己的儿子:"使他听从你大有裨益。"(11.785–788)接着,涅斯托尔敦促帕特罗克洛斯回去规劝阿基琉斯听从奥德修斯的劝告复出。涅斯托尔说:"你向他重提这些话,他也许会听从你。说不定你这样劝告能同神明一起撼动他的心:朋友的规劝容易被接受。"(11.789–792)涅斯托尔以上述方式间接复制了奥德修斯(应该是遵照涅斯托尔的吩咐)为拯救阿开奥斯人运用的策略:为了规劝阿基琉斯复出,奥德修斯试图利用阿基琉斯的同情心、对父亲的敬重之心以及他对自己将来会后悔的担心,[168]涅斯托尔则试图利用帕特罗克洛斯的同情心、他对父亲的敬重之心以及他对自己的朋友将来可能后悔的担心。

为了把阿开奥斯人从特洛亚人手中救出来,涅斯托尔在讲话主体的第二和第五部分采用了一个全新策略。在第二部分,涅斯托尔没有呼应奥德修斯对愤怒的阿基琉斯的讲话,而是重复了自己对胆怯的阿开奥斯人的一段讲话。那一次赫克托尔叫阵阿开奥斯人,问他们敢不敢挑最英勇的战士跟他对决,阿开奥斯人陷入一片沉默,无人应答。当时的涅斯托尔表达了自己重返年青岁月的愿望——"但愿我现在依然年轻,力量稳定"——从而可以跟赫克托尔对决。这一次,涅斯托尔用一模一样的言语表达了重返年青岁月,把阿开奥斯人从赫克托尔和特洛亚人手里拯救出来的愿望(比较7.157和11.670)。涅斯托尔上一次讲述说,尽管自己当时在全军"最年轻",却孤身一人杀死了敌军最

---

① 例如,两部分都以"朋友啊(ὦπέπον)"开头(9.252,11.765),佩琉斯和墨诺提奥斯的讲话都以"我的儿啊(τέκνον ἐμόν)"开头(9.254,11.785)。此外,卷九的第253诗行和卷十一的第766诗行非常相似:"从佛提亚送你去阿伽门农那里的当天。"同样,卷九的第259诗行和卷十一的第790诗行也非常相似:"老夫这样嘱托,或许你已经忘记。"

强大的战士,"雅典娜女神赐我以荣誉(εὖχος)"(7.153 – 154)。涅斯托尔这一次讲述说,他的父亲过去因为他尚且年少不允许他上场杀敌,——"他认为我对战争幼稚无知"(11.718)——然而他却违抗父命冲上战场,杀死敌军百余名,拯救了自己的人民,"人们称颂(εὐχετόωντο)神界的宙斯和人间的涅斯托尔"(11.760)。可见,涅斯托尔在上一次讲话中试图利用阿开奥斯人的羞耻心和赢得荣誉的抱负激励他们迎战赫克托尔,这一次他同样想利用帕特罗克洛斯的羞耻心和赢得荣誉的抱负激励他跟特洛亚人作战。不仅如此,此时的涅斯托尔还强调,正是由于他大胆行动,违背一心想要保护自己的父亲的意愿冲上战场,他才能够摆脱兄弟们的影子,表现他作为一名战士的英勇果敢。涅斯托尔以此暗示帕特罗克洛斯要摆脱朋友的影子,违抗卓越非凡的朋友一心要保护他的意愿,去证明他自身的能力和价值。

涅斯托尔在即将结束讲话时鼓励帕特罗克洛斯施展他自己的才能,为自己赢得荣誉,实现自己的抱负。涅斯托尔起先敦促帕特罗克洛斯规劝阿基琉斯复出,后来却突然表示阿基琉斯退出战斗是因为他担心自己有性命之忧,接下来,他又鼓励帕特罗克洛斯本人援救阿开奥斯人,[169]他说:

> 他若是心里惧怕某个预言,或是他的母亲向他传示了宙斯的旨意,他也该让你带着米尔弥冬人去参战,或许会给达那奥斯人带来拯救的希望。(11.793 – 796)

涅斯托尔接着解释说,帕特罗克洛斯完全有希望驱退阿开奥斯人船边的特洛亚人,如果阿基琉斯把他的盔甲给帕特罗克洛斯穿戴,这个可能性会更大,因为帕特罗克洛斯和他的士兵们精力旺盛,特洛亚人却已经筋疲力尽。他说道:"恢复了精力的你们很容易把也已战乏的特洛亚人从战船和营帐旁赶回城去。"(11.801 – 802)涅斯托尔此时试图利用的不仅仅是帕特罗克洛斯对阿开奥斯人的关心,他还试图利用帕特罗克洛斯的野心。如果帕特罗克洛斯率米尔弥冬人跟特洛亚人作战,不仅阿开奥斯人可能因此得救,帕特罗克洛斯还可能成为他们的拯救者。九年以来,帕特罗克洛斯的身份一直是阿基琉斯的忠诚伙伴,现在他有可能自己成为阿基琉斯,换句话说,他自己有可能成为击退赫克托尔的英雄,他将因此拯救阿开奥斯人免于毁灭,并由此证明他至少在那个当下是最卓越的阿开奥斯人(参17.689)。

涅斯托尔此时对帕特罗克洛斯的劝勉十分大胆。在此之前,帕特罗克洛斯从来不曾以战士的身份出现在诗歌里。他在诗中第一次未经阿基琉斯吩咐采取的行动是拯救一位受伤的勇士欧律皮洛斯的性命,但帕特罗克洛斯并非在战场上援助对方,他只是为欧律皮洛斯清洗伤口和敷上药膏(11.827 – 847)。①涅斯托尔能够利用帕特罗克洛斯对阿开奥斯人的同情,这并不奇怪,因为诗中许多人都曾提起帕特罗克洛斯富有同情心,如果阿基琉斯看到他的朋友帕特罗克洛斯因为同情阿开奥斯人流泪哭泣,也同样不会感到惊讶。② 但是,涅斯托尔试图唤起帕特罗克洛斯对荣誉的热爱却是神来之笔。荷马告诉我们,涅斯托尔对帕特罗克洛斯的讲话"激发了他胸中的热情"(11.804),帕特罗克洛斯立刻动身返回阿基琉斯那里。尽管帕特罗克洛斯为了关照受伤的欧律皮洛斯延搁了回程,但是他后来确实劝说阿基琉斯派他参战。除了涅斯托尔,没人看见帕特罗克洛斯心中燃烧着理想的火焰。这位老人感知到,[170]帕特罗克洛斯在最卓越的阿开奥斯人身边,喜爱和服侍了对方这么多年,他本人也一定渴望成为阿开奥斯人的英雄。涅斯托尔可能还感知到,即使阿基琉斯本人不会因为关心阿开奥斯人出手相救,他也一定会出于对亲爱伙伴的感情,让他担任阿开奥斯人的拯救者。

此时的涅斯托尔似乎已经看到,帕特罗克洛斯和阿基琉斯之间的

---

① 即使涅斯托尔敦促帕特罗克洛斯上战场击退特洛亚人,他同时也暗示,帕特罗克洛斯可能成功击退特洛亚人的主要原因在于,他身披阿基琉斯的盔甲——惊慌失措的特洛亚人可能因此把他错当成阿基琉斯本人——另一个原因在于他在休息后精力得到恢复,而不是因为他英勇善战。

② 11.805 – 847,16.1 – 19,17.204,17.670 – 672,19.282 – 300。

友谊存在一个根本问题。帕特罗克洛斯敬爱阿开奥斯人中卓越非凡的阿基琉斯,很大一部分原因可能在于阿基琉斯的德行,其中包括阿基琉斯对他人的责任感和关爱,他愿意为他人牺牲自我的高尚品格,还有他的英勇和审慎。同样道理,只要阿基琉斯敬重德行,他对帕特罗克洛斯的敬重就会超过他对任何其他人的敬重,他会像敬重自己的生命一样敬重对方,其中很大一部分原因在于阿基琉斯在帕特罗克洛斯的身上看到了他对德行的敬重(参 18.80 – 82,24.3 – 8)。两位英雄之间的友谊建立在彼此对德行的敬重之上,也建立在对彼此的高贵品质和责任心的敬佩之上。但是德行无法成为两人友谊的稳固基石,尽管两个人都英勇善战,他们对德行的固守却不可避免使他们成为竞争对手。① 最卓越的阿开奥斯人只能有一个,达那奥斯人的希望之光只能有一个,阿开奥斯军队的英雄和拯救者也只能有一个。很显然,到目前为止阿基琉斯已经成为英雄和拯救者。虽然帕特罗克洛斯热切盼望有机会出人头地,表现自己的英勇,赢得伟大的荣誉,但这些渴望全都因为自己最亲爱的朋友具备卓越非凡的德行而受到阻碍。阿基琉斯深爱他的朋友,应该也会希望他能充分展现自己的德行,赢得属于他自己的荣誉。但是阿基琉斯本人的德行却使得帕特罗克洛斯无法通过这种方式展现自我。这样看来,阿基琉斯和帕特罗克洛斯之间的关系说明,德行无法成为友谊的稳定基础,因为它无法被共享。② 一个人的德行会成为另一个人表现德行的阻碍。虽然德行意味着让他人受益,但却无法让他人得到充分发挥德行这个世间最大的好处。

这个问题在阿基琉斯和其他阿开奥斯英雄的关系当中表现得淋漓尽致。在诗歌开头处,阿开奥斯人看上去怯懦、卑劣又愚蠢。阿伽门农拒绝把克律塞伊斯交还给她担任阿波罗祭司的父亲,他的愚妄自私导

---

① Cf. Timothy Burns, "Friendship and Divine Justice in Homer's *Iliad*", pp. 294 – 298; Mark Lutz, "Wrath and Justice in Homer's Achilles", pp. 116 – 117.

② Cf. Aristotle, *Nicomachean Ethics*, 1169a1 – 34.

致整个阿开奥斯大军面临阿波罗的毁灭,但这时的阿开奥斯人却对此表示默许。[171]接下来,阿伽门农威胁要夺走阿基琉斯、埃阿斯或奥德修斯得到的荣誉礼物,从而给他们带来侮辱,阿开奥斯人同样对此表示默许。最后,阿伽门农再次不顾大军毁灭的风险羞辱最伟大的阿开奥斯战士,刺激他从特洛亚战争中退出。除了涅斯托尔之外,全体阿开奥斯人依然沉默不语。在卷一,阿基琉斯把阿开奥斯人描述为"无用的人民",因为这些人屈从于阿伽门农的一切言行,不管阿伽门农言行多么卑劣,在他们眼中都正当合理。因此,阿基琉斯暗指他们胆小懦弱(1.231,1.293 - 294)。

但是随着诗歌的展开,阿开奥斯人显然比刚出场的表现优秀得多。我们看到奥德修斯只身一人阻止了军队逃离特洛亚的企图,展现了过人智慧(2.166 - 335)。我们看到埃阿斯在单场战斗中两次打败特洛亚最杰出的勇士赫克托尔(7.178 - 312,14.402 - 432;另参 17.119 - 168)。我们看到在阿基琉斯退出后的那场惨烈战役中,阿开奥斯人面对强大的特洛亚人表现出非凡的勇气、作战能力和激励人心的领导力,尤其是埃阿斯,①还有奥德修斯②、狄奥墨得斯③、伊多墨纽斯④、墨涅拉奥斯⑤和阿伽门农(4.223 - 225,11.91 - 283)。我们甚至看到阿伽门农在一些行动中表现出一定程度的治国才略和深谋远虑:他努力达成结束战争的约定(3.76 - 120),他在战斗中召集并激励将士们(4.223 - 421)。更为重要的是,他承认自己的错误,向涅斯托尔、奥德修斯和狄奥墨得斯等人请教,并听取他们的建议,尽管这些建议有时听

---

① 4.472 - 489,11.485 - 573,12.265 - 276,12.342 - 441,13.701 - 722,15.300 - 327,15.405 - 483,15.559 - 746,16.101 - 123,17.115 - 168,17.223 - 325,17.626 - 672,17.705 - 761。
② 4.329 - 363,5.668 - 678,11.310 - 488。
③ 4.365 - 421,5.1 - 6.236,11.316 - 400。
④ 4.250 - 271,13.210 - 495。
⑤ 13.581 - 642,17.1 - 112,17.553 - 581。

上去尖锐刺耳。①

这些阿开奥斯人之所以能在阿基琉斯退出战斗后充分发挥他们的才能,恰恰是因为最卓越的阿开奥斯人不在场。② 阿基琉斯的才能(virtue)如此卓越,以至于遮掩了所有其他人的才能。③ 在诗歌开头,阿基琉斯跟阿开奥斯人一同出场,他独自一人劝说阿伽门农把克律塞伊斯归还其父,使大军免遭毁灭。[172]阿基琉斯在帕特罗克洛斯死后复出,几乎独自一人击垮了特洛亚大军,因而也就没人再听说过其他阿开奥斯人的英勇事迹。只要阿基琉斯登上舞台,其他阿开奥斯人的英雄业绩便会消失遁形。这并不是因为阿基琉斯有意胜过他们,而是因为阿基琉斯无与伦比的才能不可避免地令他们黯淡失色。荷马如此描述埃阿斯:

> [他]是眼下最英勇的战士,阿基琉斯却还在生气,他本是最强大。④

荷马在描述双方抢夺帕特罗克洛斯尸体的激烈战斗时,描述了埃阿斯如何独自一人把逃散的阿开奥斯人集合起来,英勇驱散了进攻的特洛亚队伍。荷马切中肯綮地穿插评论道:

> 论外表和功绩他仅次于佩琉斯之子,却远胜过所有其他的达那奥斯将士。(17.728-280,强调为本书作者所加)

---

① 9.9-173,10.1-239,14.27-134。
② 据伯纳德特所述,"阿基琉斯的愤怒给阿开奥斯人和特洛亚人带来了巨大伤亡,但也给每位英雄提供了尽力赢得荣誉的机会"(Seth Benardete, *The Argument of the Action: Essays on Greek Poetry and Philosophy*, Chicago: University of Chicago Press, 2000, pp. 48-49)。
③ Cf. Aristotle, *Politics*, 1284a4-23, 1284b25-33, 1288a17-29.
④ 2.768-769,强调为本书作者所加。[译按]据本书原文增加"眼下"一词。

但是当阿伽门农粗鲁对待阿波罗的祭司，威胁到军队安危时，英勇的埃阿斯、奥德修斯和狄奥墨得斯却显然并未予以阻止，因为他们有意或无意地希望阿基琉斯站出来制止。当阿伽门农的举动给他们造成侮辱时，他们同样没采取行动，这是因为九年以来，只要军队沉陷危险，不论危险来自特洛亚人还是阿伽门农，都是阿基琉斯一马当先把军队从种种危险中拯救出来。若是阿基琉斯不曾退出战斗，那么阿基琉斯——而不是奥德修斯——就会制止阿开奥斯士兵逃离特洛亚（如果阿开奥斯人仍胆敢逃离的话）；阿基琉斯——而不是埃阿斯——就会跟赫克托尔决斗并击败对方（如果赫克托尔仍胆敢跟他决斗）；阿基琉斯就会保护阿开奥斯人的战船和帕特罗克洛斯的尸体不受特洛亚人伤害（如果特洛亚人仍胆敢发起进攻）；阿基琉斯——而不是狄奥墨得斯或阿伽门农或其他任何阿开奥斯英雄——就会在特洛亚平原战胜特洛亚军队（如果特洛亚人胆敢贸然前往平原的话）。阿开奥斯人当然在一定程度上得益于阿基琉斯的才能，但阿基琉斯的才能也必然令他们相形见绌，因为——用阿基琉斯的比喻来说——过于精心周到的母鸟会害了自己的孩子，它让孩子们失去了飞翔的必要（9.323 - 327）。只有当阿基琉斯退出战场，埃阿斯、奥德修斯、狄奥墨得斯和其他人在独自面对愚妄的阿伽门农和强大的特洛亚人时，才会在迫不得已的情况下，有机会施展自己的才能。阿基琉斯的故事说明，德行本身会不可避免地把拥有德行的人置于相互争斗的地位，甚至会导致他们之间相互倾轧，原因在于德行至上者剥夺了同胞们展现德行的机会。[173]因此，德行并不能成为友谊的稳固基石，对德行的信奉不可避免地把各方引入冲突之中。

阿基琉斯在帕特罗克洛斯的葬礼之后举办的体育赛会最为生动地展现了他自身的非凡德行所带来的问题。在赛会上，阿开奥斯人展现了八个方面的杰出能力：驾辕、拳击、摔跤、跑步、铠甲对决、投掷铁块、箭术和投枪。许多英雄赢得了奖品，但是他们有机会展现卓越能力并赢得荣誉的前提是阿基琉斯没有参赛。若是阿基琉斯参赛，他应该会以遥遥领先的表现赢得许多赛事,甚至可能赢得所有赛事的桂冠(23.272 – 286,23.776;另参比如24.453 – 456)。阿基琉斯的宽容退让本身当然是一种德行,但他这样做显然是为了友情。他的退让使他隐藏了自己的卓越才能,给了其他人——他的朋友们——展现不凡才能的机会。这样一来,对卓越的追求便无法成为友谊的基础,要么他为对方牺牲自我满足感和幸福感,要么让对方为他付出牺牲。

德行和友谊之间存在天然的矛盾。阿基琉斯在这个问题上的顿悟让他做出了一个貌似不可思议的决定,那就是,派帕特罗克洛斯一人前去拯救阿开奥斯人。帕特罗克洛斯回到阿基琉斯的营帐后痛哭流涕,这在诗中是前所未见。帕特罗克洛斯对阿开奥斯人生出怜悯之情,有可能是因为受到涅斯托尔言语的打动,更有可能是因为他见到了受伤的欧律皮洛斯。但是他之所以等到此刻才放声痛哭,显然是因为他看到特洛亚人正准备焚毁阿开奥斯人的战船,给他们带来"可耻的毁灭"(16.32;参11.802 – 847)。帕特罗克洛斯的泪水打动了阿基琉斯(16.5),虽然阿基琉斯轻声责怪帕特罗克洛斯竟然会因为阿开奥斯人遭受正义的惩罚而如此悲伤,但此时的他已经对帕特罗克洛斯产生了同情:

> 你为什么哭泣,亲爱的帕特罗克洛斯,有如一个小姑娘,小姑娘追逐着母亲,渴求搂抱,紧紧地抓住母亲的长衣裙,泪水涟涟望母亲,求母亲快把她抱起。帕特罗克洛斯啊,你也像姑娘娇泪流。或者你有事要向我或米尔弥冬人禀报,或者你听到佛提亚的消息你一人知道?听说阿克托尔之子墨诺提奥斯还健在,埃阿科斯之子也活在米尔弥冬人中间,倘若他们已故世,我们确实会落泪。或者你是为阿尔戈斯人哀怆掉泪珠,他们因自己不公在空心船前被杀死?说吧,别闷在心里,让我们两人都清楚。(16.6 – 19)

[174]阿基琉斯显然在这时已经预料到帕特罗克洛斯——人们多

次提到他性格温柔(17.204,17.671,19.287-300)①——会因为怜悯阿开奥斯人劝他复出,救助阿开奥斯人免遭毁灭。帕特罗克洛斯也确实在回到阿基琉斯身边之前表达过这个想法,他告诉欧律皮洛斯说:"现在我得赶回去见阿基琉斯,劝他投入战斗。"(15.401-402)但帕特罗克洛斯在接下来的讲话里——他的讲话使得阿基琉斯"异常愤懑"(16.48)——却并非只是劝阿基琉斯复出,他甚至没有把劝阿基琉斯复出作为谈话的主要内容。

荷马强调了这次谈话的重要性,也从而强调了认真研究这段谈话的重要性。这是全诗唯一一次荷马通过直接跟讲话者对话的方式引入对方的讲话,荷马说:"然后,驭马能手帕特罗克洛斯,你长叹一声之后,对他讲道。"(16.20)帕特罗克洛斯首先把阿基琉斯的强大跟阿开奥斯人的悲惨处境做了对比:

> 佩琉斯之子阿基琉斯,我们最勇敢的人,宽恕我流泪,是阿开奥斯人遭了大灾殃。我们军中所有作战最勇敢的将士现在躺在船舶里被箭矢击中或射伤,提丢斯之子、强大的狄奥墨得斯中了箭,枪手奥德修斯和阿伽门农中了枪,欧律皮洛斯也被锐箭射中了大腿。精通药效的医生们正在医治他们。(16.21-29)

帕特罗克洛斯接下来对阿基琉斯拒绝援助阿开奥斯人展开了尖锐的批评:

> 可你阿基琉斯啊,却仍这样执拗。但愿我永远不会像你这样怀怨恨!无益的勇敢啊,如果你现在不去救助危急的阿尔戈斯人,

---

① Cf. Cedric H. Whitman, *Homer and the Homeric Tradition*, p. 200; Carroll Moulton, *Similes in the Homeric Poems*, p. 104; Graham Zanker, *The Heart of Achilles: Characterization and Personal Ethics in the* Iliad, pp. 138-140; John Alvis, *Divine Purpose and Heroic Response in Homer and Virgil: The Political Plan of Zeus*, p. 65.

对后代又有何用处？硬心肠的人啊，你不是车战的佩琉斯之子，也不是忒提斯所生，生你的是闪光的大海，是坚硬的巉岩，你的心才这样冷酷无情意！(16.29 – 35)

此时的帕特罗克洛斯首先表示，阿基琉斯的愤怒与其说是因为阿开奥斯人违背了正义，倒不如说是因为他喜欢这种愤怒的感觉和自己遭受了侮辱的感觉，因为这样会让他感觉到，天神将因他所受的侮辱给他补偿。帕特罗克洛斯此时重复了他先前向涅斯托尔表达的观点，即阿基琉斯有时会违背正义。他也重复了奥德修斯向涅斯托尔表达的观点，即阿基琉斯想让自己沉浸在愤怒里（11.647 – 653，9.678 – 679）。[175]帕特罗克洛斯由此暗示，阿基琉斯这种可怕的德行不符合真正的正义，这不是真正的德行，这实际是自私和任性，尤其是在眼下阿开奥斯人遭受如此重大磨难，濒于彻底毁灭的时刻，这一点变得更为突出。帕特罗克洛斯进一步表示，阿基琉斯对包括他在内的所有朋友都是冷酷无情的。帕特罗克洛斯似乎在通过谴责阿基琉斯对朋友不仁不义的方式，劝他回归战斗救助阿开奥斯人。

按常理，如果帕特罗克洛斯要劝阿基琉斯复出，他应该会接着重申以下事实。例如，阿开奥斯人已为自己的过错付出了代价，他们已经主动归还布律塞伊斯，并送上数不清的礼物和荣誉；或者他可以在讲话中提到佩琉斯和墨诺提奥斯，表明这两个人都希望阿基琉斯回归战斗；或者他可以只是提到他们之间的友情，提醒阿基琉斯应该听取他挚爱的朋友的建议，回战场拯救阿开奥斯人免遭毁灭。然而，帕特罗克洛斯虽然谴责阿基琉斯退出战斗是无情无义之举，并强调阿开奥斯人的命运完全取决于阿基琉斯是否参战，此刻的他却忽然话锋一转，表示要是阿基琉斯因担心性命安危退出战斗，他也能够理解：

> 如果是什么预言使你心中害怕，女神母亲泄露了宙斯的某种天机，那就让我带领米尔弥冬人的部队立即去战场，也许我会成为达那奥斯人的希望之光。再请你把那套铠甲借给我披挂，战斗时

特洛亚人可能会把你我误认，止住他们进攻，疲惫的阿开奥斯人稍得喘息：战斗的间隙难得可贵，精力恢复的我们很容易把战乏的敌人从这些船舶和营帐前驱开赶回城。（16.36 – 45，[译按]据本书原文对罗念生译文个别语句做了改动）

此刻的帕特罗克洛斯放弃了劝说阿基琉斯参战的努力，他甚至主动给阿基琉斯找了一个退出战斗的借口。帕特罗克洛斯这样做，是因为他希望阿基琉斯不要参战，因为他渴望自己能成为"达那奥斯人的希望之光"。他想成为达那奥斯人的拯救者，但只有阿基琉斯这位"阿开奥斯人中的最强者"退出战斗，他才能真正实现自己的愿望（16.21）。帕特罗克洛斯说的这些话正是涅斯托尔跟他说的原话（11.794 – 803），但帕特罗克洛斯并没提起涅斯托尔，他把涅斯托尔的话当作自己的话讲了出来。这是因为这些话表达了他内心深处的渴望，他想要向阿基琉斯以及包括他自己在内的所有人证明自己的卓越非凡。[176]帕特罗克洛斯通过诉诸友情的方式，含蓄而又明确地请求阿基琉斯不要参战。①

阿基琉斯听完帕特罗克洛斯的讲话后万分沮丧。他既心疼同情阿开奥斯人的帕特罗克洛斯，又因为觉察到朋友的野心而深感不安。阿基琉斯在此刻认识到，帕特罗克洛斯热切渴望卓越，渴望成为英雄。阿基琉斯意识到，他这么多年以来阻挡和妨碍了自己的挚爱友人实现获取荣誉的抱负。阿基琉斯因此决定让帕特罗克洛斯披上自己的铠甲，率领米尔弥冬人前去参战，而他自己却并不前往。阿基琉斯留在原地并不是因为他仍对阿开奥斯人心怀愤怒，也并不是因为对方献上的荣誉和礼物不够丰厚，他选择继续旁观，是因为他深爱着帕特罗克洛斯，

---

① 本人不同意赞克对帕特罗克洛斯的看法，他认为帕特罗克洛斯"的动力只是源自他对同胞们的怜悯，他缺少赢得荣誉的动力，因而（对阿基琉斯）回应非常冷淡"（Graham Zanker, *The Heart of Achilles : Characterization and Personal Ethics in the* Iliad, p. 139）。

他希望给帕特罗克洛斯展现才能、赢得英雄荣誉的机会。① 他在为帕特罗克洛斯祷告时,向宙斯吐露了自己的心声,他说:

> 雷声远震的宙斯啊,让荣誉和他同在,让勇气充满他心中,使赫克托尔知道,我的同伴是否也能单独出色地作战,是否只有当我亲自出阵的时候,他那双不可抵御的臂膀才能显威能。(16.241 – 245,[译注]据本书原文对罗念生译文略作改动)②

帕特罗克洛斯在战场上确实表现出色,他把特洛亚人从船旁赶回了特洛亚城,从而把阿开奥斯人从毁灭中拯救了出来;他杀死了几十个特洛亚战士——实际数目为五十四人,比到此刻为止诗歌里任何勇士的杀敌数量都要多——他还杀死了到此为止在诗中死去的最强大的英雄萨尔佩冬——特洛亚最重要的吕卡昂盟军的首领,最英勇的英雄之一,且为宙斯的儿子(16.419 – 507)。帕特罗克洛斯几乎单独征服了特洛亚(16.698 – 711),让他最终停下杀戮的是天神阿波罗,不是特洛亚人。帕特罗克洛斯表示,赫克托尔只是在阿波罗和欧福尔波斯之后,第三个最终导致他死亡的人(16.788 – 850)。[177]墨涅拉奥斯甚至把帕特罗克洛斯称作"阿开奥斯人当中最英勇善战的人"(17.689)。那么,到目前为止,阿基琉斯已经彻底实现了让自己亲爱的朋友闪耀英雄光芒、实现卓越抱负的愿望。

然而阿基琉斯的友爱之举却存在三个严重问题。首先,因为阿基琉斯要给挚爱的朋友展现卓越能力的机会,要让朋友赢得阿开奥斯人

---

① 费尔森和斯拉特金评论说,阿基琉斯和帕特罗克洛斯的友谊在《伊利亚特》当中"绝非独一无二"(Nancy Felson and Laura Slatkin, "Gender and Homeric Epic", p.101),但阿基琉斯此刻的友爱之举却是独一无二的。

② 本人不同意赞克的奇特见解,他认为阿基琉斯此时拒绝参战,源自"他对死亡的深刻认识","他对死亡的认识更加真实和个体化",而"他人可能把这看作对死亡的恐惧"(Graham Zanker, *The Heart of Achilles*: *Characterization and Personal Ethics in the* Iliad, p.97)。

的拯救者这样的荣誉,他就断然不能说出自己拒绝参战的真实原因是为了让逊色于己的伙伴在战场上光芒四射,否则的话,他只会让帕特罗克洛斯感到被羞辱。所以,尽管阿基琉斯后来私下向宙斯表示,他祈求让阿开奥斯人受惩的祷告已经实现,他却仍选择告诉帕特罗克洛斯说,自己之所以不能参战,原因之一是阿开奥斯人的侮辱仍然让他气愤,另外一个原因是他在之前发过誓,只有当特洛亚人攻击他本人的营帐和战船时才会出战。可见,阿基琉斯为了不让别人觉得他高高在上,他不得不对自己的朋友表现出一副高高在上的姿态;他只能靠说谎和无礼表现,才能帮朋友实现心愿。

其次,阿基琉斯派帕特罗克洛斯上战场展现自我和赢得荣誉的同时,也冒着个人荣誉受损的危险。阿基琉斯本人骄傲自尊,非常看重个人荣誉,因此,他着重强调自己并非因为了解预言、担心个人性命而拒绝参战。阿基琉斯还提醒帕特罗克洛斯不要乘胜追击,以免使阿基琉斯自己的荣誉受损(16.49–51,16.83–90)。德行和荣誉无法共享的问题此时再一次出现。只有一个人能成为最伟大的阿开奥斯人,也只有一个人能成为达那奥斯人的希望之光和军队的救主。一个人只要看重德行和荣誉,就不可避免跟其他人形成竞争,甚至陷入争斗,就算其他人是挚爱的朋友,也无法避免。阿基琉斯甚至表示,他但愿所有的特洛亚人和阿开奥斯人都统统被杀光,这样他和帕特罗克洛斯两个人便可以独享征服特洛亚的美名(16.97–100)。当然,即使只剩下他们两人,谁更卓越的问题仍将继续存在。

最后一个问题是,在阿基琉斯把帕特罗克洛斯派上战场表现自我的背后,隐含着他失去挚爱朋友的危险,后来他的确失去了对方。作为朋友,阿基琉斯想要帮助帕特罗克洛斯,他相信自己能够帮助帕特罗克洛斯展现才能,赢得属于帕特罗克洛斯自己的荣誉。但是,帕特罗克洛斯却被杀死。就算帕特罗克洛斯的死亡对他自身而言并不完全意味着不幸,但对阿基琉斯而言,却是确凿无疑的不幸,荷马在《伊利亚特》末卷生动描述了阿基琉斯的悲痛。作为帕特罗克洛斯的朋友,阿基琉斯既希望对方得偿所愿又希望对方陪在自己身边,[178]所以他希望自己能保护朋友的性命,①因此,阿基琉斯借两人的友情劝说朋友要在追求荣誉时记得适可而止(16.83-96)。阿基琉斯想要帮助朋友的慷慨心愿和他想要为自己保全友人性命的利己愿望之间存在着深刻的矛盾。

荷马生动刻画了阿基琉斯和帕特罗克洛斯建立在德行基础上的友谊,它美好却不幸。荷马由此引发我们思考,友谊能否建立在除德行之外的其他更加稳固的基础上。如果友谊建立在德行的基础上,一个根本问题在于德行无法全然共享。阿基琉斯和帕特罗克洛斯两人都想成为最英勇善战的英雄,都想获得公认的卓越英雄的美誉,可是卓越的英雄却是独一无二的,最伟大的阿开奥斯人的称号也是独一无二的。结果是,要么帕特罗克洛斯不得不生活在朋友的影子之下,任雄心壮志受挫破灭,要么阿基琉斯不得不为朋友牺牲自己的荣誉,甚至放弃自己的幸福。为了让帕特罗克洛斯实现愿望,阿基琉斯必须抑制自我,控制自己想要大显身手和出类拔萃的渴望。除此之外,他还要防止帕特罗克洛斯发现他在成就自己。

既然如此,我们不禁要问,有没有什么东西可以充分共享?有没有什么东西可以让阿基琉斯和帕特罗克洛斯共享并在共享中感到快乐?诗中给出的最确切答案也是荷马本人最擅长的事情:智慧。作为吟唱诗人,荷马可以跟别人分享他的智慧——跟他的友人,或者范围更广泛一点,跟他的听众——却不会给他的智慧带来任何损失。同样,我们在诗中见到的阿基琉斯最快乐的时光——也是我们在诗中见到的凡人所能拥有的最快乐的时光——是他的状态最接近于智慧沉思的歌者的时候,是他在帕特罗克洛斯面前歌唱、"娱悦心灵"的时候:

> 他借以赏心寻乐,歌唱英雄们的事迹。(9.186-189)

---

① Cf. Aristotle, *Nicomachean Ethics*, 1158b29-1159a12.

三 阿基琉斯和德行的局限

　　荷马通过强调阿基琉斯的心灵愉悦告诉我们,阿基琉斯通过吟唱思考荣誉的本质——德行和荣誉生活的本质——并从中获得由衷的快乐和满足。除此之外,我们还在这一幕看到阿基琉斯跟朋友们分享思想,分享的对象不仅包括最重要的帕特罗克洛斯,还包括奥德修斯、福尼克斯和埃阿斯等人。此时的阿基琉斯似乎领悟到友谊的另一种可能性,那就是让友谊建立在交流和思考的基础之上,[179]建立在令他心神愉悦的智慧之上。换句话说,此时的阿基琉斯似乎瞥见了一种不同的生活,这种生活不同于有德行的勇士和首领追求的高尚生活,不再遭受各种痛苦的困扰;它不同于建立在德行和荣誉基础上的友谊,它摆脱了其不幸色彩。换言之,这种生活就是智慧的吟唱诗人的生活。

　　但是,阿基琉斯对上述生活和建立在思想交流基础上的友谊认识十分有限。其原因有二。首先,这种友谊只是昙花一现,因为阿基琉斯的朋友们显然并不认同他对德行和荣誉生活的怀疑,他们甚至根本无法理解阿基琉斯的想法。即使阿基琉斯讲述了自己关于荣誉生活的怀疑之后,福尼克斯、奥德修斯和埃阿斯仍然认为荣誉是终极价值所在。根据前文所述,帕特罗克洛斯更是热切渴望成为阿开奥斯人的拯救者,并渴望因此获得荣誉。① 第二个原因更为重要,那就是阿基琉斯此后再没吟唱过,他在帕特罗克洛斯死后——除了跟普里阿摩斯的会面之外(24.477-674)——再也没通过沉思平息心中的怒火。阿基琉斯显然在沉思中平息了对阿伽门农和阿开奥斯人的怒火,但他却没用同样的方式平息对赫克托尔的愤怒。这一切说明阿基琉斯本人并不完全认为智慧歌者的生活能满足他心灵深处的渴望,他也并不认为思想上的共通和在此基础上建立的友谊能真正让人心神愉悦。阿基琉斯在帕特罗克洛斯死后彻底陷入狂乱和愤怒之中。虽然他最终在某种程度上克服了愤怒,但他从未真正超越自己的愤怒。相比之下,荷马本人却分明通过"弹奏弦琴娱悦他的心灵"超越了自我(9.186)。

---

① 参 9.603-605,10.280-282,11.404-411,15.561-564。

帕特罗克洛斯死后,阿基琉斯回归德行生活

我们在帕特罗克洛斯死后看到,阿基琉斯的内心失去了平衡,在巨痛和友善之间,在狂怒和仁慈之间剧烈摇摆。① 阿基琉斯是个情绪易激动的人,我们在卷一看到他狂怒和哭泣,在卷九看到他跟朋友们吐露柔情,向阿伽门农发泄愤怒。② [180]阿基琉斯从得知帕特罗克洛斯死讯的那刻起,就一次又一次陷入剧烈的恸哭③和狂暴的愤怒④之中。与此同时,他又对朋友们表现出前所未有的关心,对敌人表现出前所未有的宽宏大量。阿基琉斯先是抓起泥土往身上挥涂,撕扯着自己的头发,大声恸哭。⑤ 之后,他便加入战斗——《伊利亚特》诗中首次参战——杀死不计其数的特洛亚人,包括普里阿摩斯两个年少的儿子,其中一个在哀求活命时被杀(21.406-418,21.34-135)。然后,他在赫克托尔悲痛欲绝的父母、同胞和遗孀的注视下,凌辱赫克托尔的尸体(22.395-474)。接下来,阿基琉斯在帕特罗克洛斯的葬礼上深情哀悼,场面感人至深(23.1-257)——"有如父亲悲痛地焚化未婚儿的尸骨"(23.222)。与此同时,他在葬礼上残忍地砍下十二名特洛亚少年的头颅——"心中计划好了恶毒之举"(23.175-177)。结束这些之后,阿基琉斯拿出丰厚的奖品为阿开奥斯人组织葬礼赛事,并在主持赛事时一如既往地幽默、友好和灵活得体(23.258-897)。赛事结束后,

---

① Cf. Kevin Crotty, *The Poetics of Supplication*: *Homer's Iliad and Odyssey*, pp.10-11. 另参 Michael Clarke, "Manhood and Heroism", p.84。

② 1.149-244,1.348-361,9.193-204,9.369-392。

③ 18.22-35,19.4-6,19.338,23.12-18,23.108-110,23.152-155,23.222-225,24.3-13,24.507-512。

④ 参 18.333-342,19.15-20,19.365-22.24,22.131-404,23.17-37,23.170-191,24.14-22。

⑤ 18.79-93,18.98-127,18.324-355,19.315-337。

阿基琉斯回到帐篷继续哀悼帕特罗克洛斯(24.1-14),继续损毁赫克托尔的尸首(24.15-22)。再后来,他痛快答应了天神的命令,决定把尸首归还给赫克托尔的父亲(24.138-140)。最后,阿基琉斯向赫克托尔的父亲普里阿摩斯表达了发自肺腑的怜悯,并主动提出为特洛亚人停战十二天,给他们时间安葬赫克托尔(24.512-672)。在《伊利亚特》最后七卷中,我们目睹阿基琉斯度过了悲痛至极和慷慨至极的时刻,也目睹了他残暴至极和仁慈至极的时刻。我们该如何理解阿基琉斯这些并存的对立情绪,如何理解他情绪上的剧烈动荡?

要理解阿基琉斯对帕特罗克洛斯之死所做出的反应,我们首先要思考帕特罗克洛斯的死亡对阿基琉斯意味着什么。首先,帕特罗克洛斯之死带来的直接后果是阿基琉斯失去了最敬重最喜爱的朋友。阿基琉斯把这位朋友看得如同亲爱的父亲和儿子一样重要,甚至如同自己的生命一般珍贵(18.80-82,19.321-327)。阿基琉斯珍视跟帕特罗克洛斯之间的友谊已久,我们也在诗歌的前面部分看到阿基琉斯向福尼克斯、埃阿斯和奥德修斯表达情义。[181]但是,阿基琉斯直到此刻才开始倾诉他对帕特罗克洛斯感人肺腑的爱,这说明阿基琉斯只有在失去帕特罗克洛斯之后才强烈意识到他们两人之间的友谊究竟有多么宝贵(另参24.1-13)。阿基琉斯在诗中对着死去的帕特罗克洛斯说话的次数(六次)跟帕特罗克洛斯活着时说话的次数一样多。① 失去挚爱的朋友似乎让阿基琉斯更为敏感地领悟到友情在生命中的重要意义,也因此更加珍惜跟安提洛克斯和奥托墨冬等其他"亲爱的"朋友们之间的感情。阿基琉斯甚至领悟到,其他人的心爱之人对于他们本人而言是何等重要,他最终懂得了普里阿摩斯"亲爱的"儿子对普里阿摩

---

① 阿基琉斯六次对着死去的帕特罗克洛斯说话:18.333-342,19.315-337,23.19-23,23.94-98,23.179-183,24.592-595。他在帕特罗克洛斯活着时也对他有六次讲话:1.337-344,9.202-204,11.607-614,16.49-100,16.126-129。

斯有何等重要。①

随着阿基琉斯愈来愈强烈地感悟到友情的重要性,他对死亡的感知也越来越清晰。在过去九年多的时间里,阿基琉斯不断给他人带去死亡,也不断把自己置于死亡的危险之中,他还在抽象意义上思考过死亡——包括他自身的死亡。但是,我们在卷九看到,帕特罗克洛斯的死显然是他第一次真正体验心爱之人死去的经历。尽管特洛亚战争已经持续了九年多,荷马笔下的这场战争却主要表现为围攻的阿开奥斯人和被困的特洛亚人之间的相互对峙,战争伤亡相对较少。不得不承认,阿基琉斯确实率领阿开奥斯人对周围的城池(共二十三座)进行了血腥屠杀。例如,在《伊利亚特》开篇不久,阿开奥斯人进攻了布律塞伊斯的家乡以及安德罗马克和克律塞伊斯的家乡,并给布律塞伊斯和安德罗马克的家人带去了死亡。② 但在荷马关于阿开奥斯和特洛亚将士的记载中,迄今死掉的却只有普罗特西拉奥斯一人,这说明直到阿基琉斯退出战斗,也就是停战盟约失败、特洛亚平原爆发战争之前,阿开奥斯和特洛亚双方都不曾经历重大伤亡(2.698 – 702,4.457 – 458)。在特洛亚平原战役打响的第一天,荷马笔下的阿开奥斯和特洛亚经过一整天的战斗后,在傍晚时分经历了空前的巨大悲痛。[182]荷马具体描写的战死沙场的将士有四十八人以上,这说明对于双方的将士来说,这样的血腥屠杀是一次前所未有的经历(7.421 – 432;另参 7.327 – 335)。但是阿基琉斯在帕特罗克洛斯死去之前并没加入这场特洛亚前所未见的大规模厮杀,除帕特罗克洛斯以外,阿基琉斯深爱的其他人——他的父亲、儿子,还有他永生的母亲——都尚在世间,他那些亲爱的朋友们,包括福尼克斯、埃阿斯、奥德修斯、安提洛克斯和奥托墨冬,也都依然活着。③

---

① 23.555 – 556,23.563,24.618 – 620。

② 2.686 – 694,19.291 – 296,1.366 – 369,6.413 – 428;另参 9.328 – 329,20.186 – 194。

③ 荷马从没提起阿基琉斯的妻子,即阿基琉斯的儿子涅奥普托勒摩斯的母亲。

因此，我们可以说，帕特罗克洛斯的死使得阿基琉斯第一次真正直面死亡，这也是他人生中第一次为心爱的人哀悼和举行丧礼。当阿基琉斯看到亲爱的帕特罗克洛斯——身穿阿基琉斯的盔甲——死去，他自然而然会想到自己的死亡。阿基琉斯知道，如果他为给帕特罗克洛斯报仇杀死赫克托尔，他的死期也将随之而至，这使得帕特罗克洛斯的死和阿基琉斯的死之间的关系更加密切(18.95 – 96)。所以，阿基琉斯对死去的帕特罗克洛斯的哀悼，掺杂着他对自身死亡的哀悼：

> 我现在就去找杀死我的朋友的赫克托尔，我随时愿意迎接死亡，只要宙斯和其他的不死神明决定让它实现。(18.114 – 116)
>
> 我们两人注定要用自己的血染红特洛亚这片土地，我不会再返回家园，车战的佩琉斯老父和母亲忒修斯不可能在家中迎接我，这块土地将把我埋葬。(18.329 – 332)
>
> 凭宙斯起誓，他在神明中至尊之上，要直到把帕特罗克洛斯焚化建起墓茔，我也剪下一绺儿头发向他敬献，否则决不让浴水把我的脑袋沾湿，我活在人间不会再忍受这样的痛苦。(23.43 – 47)

在帕特罗克洛斯的葬礼即将结束时，阿基琉斯告诉阿伽门农和其他阿开奥斯人，不要马上掩埋帕特罗克洛斯的骨骸，他请求他们等到自己死去时，把他的骨骸跟他亲爱的朋友的骨骸埋葬在一起(23.236 – 257；另参23.91 – 92)。所以，帕特罗克洛斯的葬礼在某种意义上也是阿基琉斯为自己举行的葬礼。①

[183]阿基琉斯在帕特罗克洛斯死去之后，进入死亡阴影的笼罩之下，他内心混乱不堪，强烈拒绝接受死亡的终结意义。阿基琉斯除了哀悼死去的挚爱友人，还抱着帕特罗克洛斯的遗体(18.317, 23.18)，跟

---

① Cf. Seth L. Schein, *The Mortal Hero: An Introduction to Homer's* Iliad, p. 132.

遗体说话,①并恳求自己的母亲不要让尸体腐烂,阿基琉斯显然想要保持帕特罗克洛斯依然活着的幻觉(19.21 – 33)。除此之外,阿基琉斯不但一心想要杀死害死帕特罗克洛斯的赫克托尔,他还在赫克托尔死后不停地对赫克托尔讲话——根据荷马的描述,"尽管他已经死了"(22.364)——他一再凌辱赫克托尔的遗体,似乎也是为了维持赫克托尔依然活着的幻觉,而不是为了给赫克托尔的家人和城邦带去痛苦。②

最为关键的是,帕特罗克洛斯之死使得阿基琉斯最终义无反顾地回归追求德行的生活,他希望天神会因为他高尚忘我的生活赏赐给他应得的好处——永恒的好处。阿基琉斯因为自己退出战争,没能保护帕特罗克洛斯,没能保护所有的阿开奥斯人而感到自责。阿基琉斯的自责说明他应该已经放弃了此前一切关于德行生活的怀疑。③ 此外,阿基琉斯决意杀死赫克托尔,并认为杀死赫克托尔是高尚正直的行为。阿基琉斯告诉母亲,他宁死也要杀死赫克托尔,他说:

> 因为我的心灵不允许我再活在世上,不允许我再留在人间,除非赫克托尔首先放走灵魂,倒在我的枪下,为杀死墨诺提奥斯之子把血债偿还。(18.90 – 93,强调为本书作者所标注)

虽然赫克托尔只是在阿开奥斯人攻打自己的城邦时杀死了他们当中最具威胁的战士,虽然阿基琉斯很快得知阿波罗对帕特罗克洛斯之死负有主要责任(19.409 – 414),但阿基琉斯自始至终认为赫克托尔违背了正义——他是个"刽子手",是条"狗"④——因此必须遭到惩罚。阿基琉斯本人曾祈求宙斯让赫克托尔和特洛亚人屠杀阿开奥斯人,现

---

① 18.333 – 342,19.315 – 337,23.19 – 23,23.179 – 183。另参 24.592 – 595 和 23.94 – 98。
② 22.395 – 405,23.24 – 26,24.14 – 17。
③ 18.98 – 104;另参 18.82,18.231 – 238,18.324 – 327。
④ 18.335,20.425 – 426,20.449,22.345。

在却谴责对方在他退出战争时趁火打劫(1.407－412,16.236－238)。[184]他说：

> 你们该偿付血债,你们都该暴死,杀死了帕特罗克洛斯,趁我没有参战,把许多阿开奥斯人在空心船前杀死。(21.133－135,强调为本书作者所标注)

> 你杀死了我那么多朋友,使我伤心,你将把欠债一起清算。(22.271－272,强调为本书作者所标注)

阿基琉斯自欺欺人地告诉自己,返回战争是正义之举,是对那些理应承受他所有正义怒火的人的惩罚。① 阿基琉斯的母亲提醒他说,如果他参战并杀死赫克托尔,他本人也将必死无疑,阿基琉斯回答说："那就让我立即死吧。"(18.98)因为这样一来,阿基琉斯就可以证明,他甘愿为了让赫克托尔和特洛亚人接受正义的惩罚而牺牲自己的性命,他期望这样的高尚之举能获得正义的回报："现在我要去争取高尚的荣誉。"②阿基琉斯后来表示,这个回报可能是神圣的永生不死的生命。阿基琉斯在杀死赫克托尔之后两次表示,帕特罗克洛斯去了哈得斯(译注:冥界)继续生活,他想象着或梦见身在哈得斯的帕特罗克洛斯跟他说话,他还在帕特罗克洛斯的葬礼结束时宣称,他将在哈得斯跟帕特罗克洛斯相拥(23.19,23.179,23.65－107,23.244)。

阿基琉斯内心的悲痛没有因为他拒绝接受死亡的终结意义和回归荣誉生活得到缓解,反而因此变得更加强烈。虽然阿基琉斯逃避凡人

---

① 参19.15－16,19.366－367,20.75－78,20.381－503,21.17－33,21.139－227,21.520－525。据伯纳德特对阿基琉斯的评论,"他对赫克托尔的愤怒大大超出一个清白无辜的人可能产生的愤怒,他对赫克托尔的惩罚包含着他认为自己该受到的惩罚"(Seth Benardete, *Achilles and Hector*: *The Homeric Hero*, p.112)。

② 18.121;另参20.503,21.543,22.18。[译按]据本书原文增加了"高尚的"三个字。

会死这个残酷的真相,但他同时也在某种程度上感知到这个真相。曾经有一次,他对凡人会死的事实表达了相当清醒的认识。普里阿摩斯的儿子吕卡昂一心想"躲过昏晦的命运和可怕的死亡",他抱住阿基琉斯的双膝,哀求他手下留情,当时,阿基琉斯的回答平静又理性:

> 朋友啊,你也得死,为何这样悲伤? 帕特罗克洛斯死了,他可比你强得多。你难道没看见我如何俊美又魁伟? 我有伟大的父亲,由女神母亲生养,但死亡和强大的命运也会降临于我。(21.106 – 110)

[185] 阿基琉斯此时对吕卡昂说的话跟他在卷九跟自己的朋友们说的话十分相似:"死亡对不勤劳的人和非常勤劳的人一视同仁。"(9.320) 阿基琉斯说的这些话好像是在给对方提供友善智慧的建议:吕卡昂和所有凡人都应顺从于死亡这个人类必然的命运。①可是阿基琉斯自己却无视这个建议,怒不可遏地杀死了吕卡昂,还对着尸体解释说,他这么做是为了让"全部"阿开奥斯人接受正义的惩罚,"因为你们杀死了帕特罗克洛斯,毁灭了许多阿开奥斯人"(21.114 – 135)。这一幕说明,阿基琉斯已经觉察到死亡的终结意义,但他却不愿接受这个真相,因为他内心明显怀揣着永生的渴望。同样,阿基琉斯一方面为失去帕特罗克洛斯悲痛欲绝,一方面又拒绝接受失去帕特罗克洛斯的事实;他杀死了赫克托尔,却又拒绝接受赫克托尔已经死去的事实。很显然,阿基琉斯的内心经历着一场觉察和否认死亡终结性的拉锯战,这场拉锯战不断啃噬着他的心灵,让他悲苦难耐,痛苦不堪。

有人可能觉得阿基琉斯会把内心的苦痛转化为诗歌,通过对死亡

---

① 沙因甚至认为,"跟吕卡昂对话的场景虽然残酷,却让我们看到英雄(译注:阿基琉斯)的人文关怀和柔情"(Seth L. Schein, *The Mortal Hero: An Introduction to Homer's* Iliad, p. 149)。据惠特曼评论,"这里只有对死亡的全然洞见,对死亡的憎恨里没有怨怼"(Cedric H. Whitman, *Homer and the Homeric Tradition*, p. 207)。

的吟唱和思考让心灵和头脑——如果无法感到愉悦——平静下来。我们在卷一看到,吟唱诗人荷马正是通过对死亡的吟唱引领我们接受死亡的终结意义。荷马的描述既满腹哀伤,又发人深省;既客观冷静,又充满悲悯。荷马对吕卡昂死亡过程的描写清晰有力,突出强调了死亡意味着生命的终结,从而说明阿基琉斯对着无生命的尸体说话是丧失理智的表现。"阿基琉斯随手抽出自己的锋利长剑,劈中吕卡昂颈部的锁骨,双刃剑面完全陷进肉里。吕卡昂向前扑倒,黑血不断涌出,浸湿了身下的泥土。"(21.116-119)荷马本人对待死亡的态度比诗里带去死亡的英雄要清醒得多。《伊利亚特》最让人难忘的死亡终结生命的画面应该出自特洛亚盟友格劳科斯的讲话,他说:

> 正如树叶的枯荣,人类的世代也如此。秋风将树叶吹落到地上,春天来临,林中又会萌发,长出新的绿叶,人类也是一代出生,一代凋零。(6.146-149)

[186]格劳科斯的比喻不禁让我们思考:就像地上的落叶是树上叶子的残余,难道尸体不也只是自然物,只是曾经活着的生命的残余吗?虽然阿基琉斯在早些时候思考过这样的问题,虽然他也跟朋友们表示过"人的灵魂一旦通过牙齿的樊篱,就再夺不回来,再也赢不到手"(9.408-409),但他显然在帕特罗克洛斯死后放弃了此类思考,放弃了对德行生活意义的思考。帕特罗克洛斯死去后,阿基琉斯的全部身心都沉浸在对阿开奥斯人的愤怒之中,他强烈抗拒死亡对生命的终结,并在诗歌接近结尾时放弃了一切关于德行生活的怀疑,全然投入到不幸当中。

然而,阿基琉斯的狂怒却逐渐消退,取而代之的是他的慷慨和怜悯。他先是在卷二十三对阿开奥斯人做出异乎寻常的慷慨之举,后又在卷二十四对普里阿摩斯和特洛亚人表现出异乎寻常的怜悯。《伊利亚特》的主题是阿基琉斯摧毁一切的愤怒,结局却是阿基琉斯极大地超越了自己的愤怒。阿基琉斯在诗歌结尾处的慷慨似乎表明,阿基琉斯在面对挚爱友人的死亡时，更为深刻地领悟到友情和爱的重要性，同时也表明，阿基琉斯很长时间以来一直清楚，如今更加清楚，德行生活的局限性。

阿基琉斯对阿开奥斯人的慷慨

在帕特罗克洛斯的葬礼之后，阿基琉斯对阿开奥斯人表现出异乎寻常的谦卑和慷慨。首先，阿基琉斯组织各项赛事——共八项赛事（驾辕、拳击、摔跤、跑步、铠甲对决、投掷铁块、箭术和投枪）——给他的阿开奥斯同胞们创造表现本领和赢得荣誉的机会。卷二十三比《伊利亚特》其他各卷更多地提到本领这个词：阿基琉斯谈到自己战马的本领一次（23.276），墨涅拉奥斯谈到自己的本领两次（23.571，23.578）。① [187]更重要的是，为了把赢取荣誉的机会让给阿开奥斯人，阿基琉斯选择不参赛。阿基琉斯是有名的飞毛腿，又是最英勇善战的阿开奥斯人，就连他的战马也属于神族，如果参赛，他肯定会赢得八项赛事里的多个项目——他至少会赢得驾辕比赛、跑步比赛和铠甲对决——甚至可能赢得所有赛事的桂冠。② 因为阿基琉斯不参赛，像狄奥墨得斯这样仅次于阿基琉斯的无畏勇士就有机会赢得驾辕和铠甲对决两项比赛（23.506-513，23.802-825），奥德修斯赢得跑步比赛（23.777-779），并在摔跤项目中跟埃阿斯赛成平局（23.700-737），阿伽门农夺得标枪投掷的头筹（23.884-894）。此外，相对次要的人物也有机会表现自己，埃佩奥斯、波吕波特斯和墨里奥涅斯分别摘走了拳击比赛、投掷铁块和箭术的桂冠（23.664-699，23.830-883）。最重要的是，阿基琉斯还善解人意地把荣誉赠给那些没赢得比赛的人，很多阿开奥斯人，无论知名与否，都从阿基琉斯那儿拿到了荣誉。

---

① 参见本章的第一条注解。
② 23.272-286，23.776；另参24.453-456。

阿基琉斯对赛事的主持相当公平且富有人情。据荷马的描述,奥伊琉斯的儿子埃阿斯愚蠢地咒骂伊多墨纽斯,说出的话"粗俗不堪"(23.455–498)。阿基琉斯巧妙化解了高傲的伊多墨纽斯跟埃阿斯之间的争执。阿基琉斯因为同情欧墨洛斯,要把驾辕比赛的二等奖颁给他——荷马笔下最好的驭者,因为雅典娜的无端惩罚最晚加入比赛。①但是,实获第二的安提洛克斯却对该裁决表达了"公正的"抗议。于是,阿基琉斯把二等奖颁给安提洛克斯,慷慨地送给欧墨洛斯一份特殊奖品(23.539–565)。看到勇猛的奥德修斯和埃阿斯两人在摔跤比赛中受伤流血,阿基琉斯立刻宣布两人打成平手,同获一等奖,巧妙阻止了两人为证明谁更厉害给彼此造成更大伤害(23.700–739)。后来,阿基琉斯又以同样方式阻止了埃阿斯和狄奥墨得斯在铠甲比赛中伤及彼此,阿基琉斯肯定了狄奥墨得斯略占上风的事实,又给两人颁发了同等奖品(23.798–825)。阿基琉斯仅仅因为喜欢安提洛克斯的称赞就颁给这位"亲爱的朋友"一份奖品(23.555–556,23.786–797)。阿基琉斯竟然还给两位根本没上场比赛的人颁发了奖品!阿基琉斯给涅斯托尔颁发了驾辕比赛的五等奖,他善解人意地表示,要是涅斯托尔再年轻几岁,他一定会赢得比赛(23.615–653)。阿基琉斯把标枪投掷的一等奖颁给了阿伽门农——并取消了比赛——他慷慨又得体地表示,[188]阿伽门农毫无疑问会赢得比赛,所以这项赛事就没必要举行了(23.884–897)!

此时的阿基琉斯对全体阿开奥斯同胞——不再只限于他在卷九一起进餐和对话的四位好友——所表现出的仁慈和情谊达到了整部诗歌的巅峰。阿基琉斯在诗歌一开篇就把阿开奥斯人从阿波罗的怒火和阿伽门农的愚妄中拯救出来,在过去九年多的时间里,他显然一直在为阿开奥斯人战斗。但是,阿基琉斯此时此刻对同胞们的仁爱举动却好像来自他内心深处的真情流露,帮助阿开奥斯同胞赢得属于他们自己的

---

① 23.288–289,23.382–397,23.532–538。

荣誉,让阿基琉斯深感愉悦。阿基琉斯此刻的仁爱意味着他显然已经超越了持续全诗大部分时间的极具破坏性的愤怒。同时值得注意的是,阿基琉斯此时对阿开奥斯人的慷慨隐含着一种漠视阿开奥斯人的荣誉和德行,尤其是漠视公义的态度。阿基琉斯不参赛的决定说明他不再渴望阿开奥斯人认可他为最卓越的阿开奥斯人。此外,阿基琉斯不单单根据个人表现颁发奖品,说明他不再认为荣誉只属于那些配得上荣誉的人,给未参赛的涅斯托尔和阿伽门农颁奖便是最好的证明。我们此时很容易赞美阿基琉斯,觉得他在对待那些本领不如自己,但年龄和地位上高于自己的人时,表现得灵活得体、慷慨仁爱。但是要知道,阿基琉斯慷慨仁爱的前提和基础是他对公义的漠视,他把奖品和荣誉颁给了那些在严格意义上不配得到这些东西的人。①

由此可见,阿基琉斯在帕特罗克洛斯的葬礼赛事上如此慷慨仁慈地对待阿开奥斯同胞,说明他已经平静且全然地接受了德行的局限性,接受了荣誉和德行不成正比的必然性,也接受了凡人世界缺乏公义的必然性。② 既然阿基琉斯已经接受德行的局限性,他应该也会接受人类生命在本质上的局限性,从而放弃死后得到永恒的神圣赏赐的期望。[189]然而,阿基琉斯却在葬礼结束后继续凌辱赫克托尔的尸体,继续对死去的帕特罗克洛斯说话,这说明阿基琉斯显然没在死亡的终结意义面前做出妥协(24.1 – 22,24.591 – 595)。

此外,阿基琉斯在葬礼赛事上慷慨对待同胞们的另一个前提是,他清楚地知道他们之间横亘着一条鸿沟。阿基琉斯跟同胞们保持距离,好让他们彼此之间在较为平等的基础上进行竞争,这说明阿基琉斯很清楚自己的才能胜过同胞们太多。就像他通过自己不参战的方式帮帕特罗克洛斯赢得他自己的荣誉一样,他也用同样的方式让阿开奥斯同

---

① Cf. Arlene Saxonhouse, "Thymos, Justice, and Moderation of Anger in the Story of Achilles", p. 40.

② 本人不同意伯纳德特的看法,他认为阿基琉斯没参赛是因为他心怀罪疚。

胞在比赛中赢得他们自己的荣誉。

另外,他不参与葬礼赛事的事实也说明他已经不在乎阿开奥斯人的荣誉和感谢。阿基琉斯逐渐明白,阿开奥斯人的荣誉并不值得他争取,这些人并不真正具备给予他荣誉的资格。虽然阿基琉斯对阿开奥斯人心怀友善,愿意为他们提供赢得荣誉的机会,但他的友善却并非源自对骨肉同胞的爱,这份友善是他在知道自己优越于对方时产生的一种宽宏大量。阿基琉斯曾在卷九跟帕特罗克洛斯、奥德修斯、福尼克斯和埃阿斯交流自己的思想,当下的阿基琉斯却甚至不愿跟阿开奥斯人谈起自己的想法。所以,我们看到阿基琉斯在赛事结束后一个人孤独回忆跟帕特罗克洛斯之间的友情,这便不足为怪(24.1 - 13)。同样不足为怪的是,阿基琉斯没跟任何阿开奥斯人商议,甚至根本没考虑阿开奥斯人的利益,就做出了他在诗中的最后一个决定,答应为阿开奥斯的敌人——特洛亚人——休战十二天(24.650 - 670;另参 24.683 - 688)。阿基琉斯在卷二十三对阿开奥斯人的慷慨仁慈和他在卷二十四对特洛亚人的悲悯同情说明了同一个事实,那就是阿基琉斯已经彻底独立于阿开奥斯同胞之外,并对他们保持相当冷淡的态度。

阿基琉斯的人性关爱

《伊利亚特》的结尾表现了阿基琉斯最令人敬佩的一面。荷马在诗歌开篇处严厉谴责了阿基琉斯的愤怒,这一愤怒给包括他本人在内的许多人带去了深重苦难,[190]但在诗歌结尾时,阿基琉斯的愤怒却化作了悲悯。① 《伊利亚特》的结尾跟开头一样,描述的是一位饱受折

---

① 参 Colin MacLeod, *Homer*: Iliad: *Book XXIV*, Cambridge: Cambridge University Press, 1982, pp. 32 - 35 以及 Jinyo Kim, *The Pity of Achilles*: *Oral Style and the Unity of the* Iliad 全文。

磨的父亲哀求强大的阿开奥斯统治者归还自己的孩子。在诗歌开头处,阿伽门农残忍地驳回了特洛亚盟友克律塞斯的恳求,但在结尾处,阿基琉斯却向特洛亚国王普里阿摩斯表达了善意的怜悯(1.8-42)。① 在诗歌结尾处,阿基琉斯明白了荷马用整部创作传递给我们的启示:阿开奥斯人和特洛亚人共同拥有人性的关怀,特洛亚人一样高尚,他们的苦难一样令人同情。② 因此,由悲天悯人的诗人荷马来告诉我们,最卓越的阿开奥斯人也是最悲天悯人的那一个,这是再合适不过的事情。③

但是,悲痛万分的普里阿摩斯之所以能接回儿子的遗体,首要原因在于天神而不是阿基琉斯的怜悯。在《伊利亚特》末卷开篇处,我们看到阿基琉斯在帕特罗克洛斯的葬礼结束后,仍日复一日持续凌辱赫克托尔的尸体(24.1-31)。此后,天神接受阿波罗的规劝,决定命令阿基琉斯把赫克托尔的遗体归还普里阿摩斯(24.32-120)。阿波罗曾在全诗开篇处命令阿开奥斯人归还克律塞斯的孩子,这一次,阿波罗再次出面干预,让阿基琉斯归还普里阿摩斯的孩子(1.35-52)。阿基琉斯跟违抗天神的阿伽门农不一样,他总是积极遵循天神的指示(24.126-140;另参24.559-570)。那么,《伊利亚特》的结尾究竟是在赞美阿基琉斯对天神的敬畏,还是赞美阿基琉斯对普里阿摩斯的怜悯?荷马最终强调的是天神的仁慈还是阿基琉斯的悲悯?荷马是否教导我们,虔敬神明是最卓越的阿开奥斯人的最高德行?为回答这些问题,我们要更加认真地研究诗歌的结尾部分。

---

① 赞克对阿基琉斯的比较研究很有启发意义,他把阿基琉斯对普里阿摩斯的仁慈和对安德罗马克的父亲埃提昂的(相对)仁慈做了比较,后者见安德罗马克在6.416-428的叙述(Graham Zanker, *The Heart of Achilles: Characterization and Personal Ethics in the* Iliad, pp.123-125)。另参 Charles Segal, *The Theme of the Mutilation of the Corpse in the* Iliad, p.65。

② 参 Jasper Griffin, *Homer on Life and Death*, p.69。

③ Cf. Kevin Crotty, *The Poetics of Supplication: Homer's* Iliad *and* Odyssey, pp.98-99。

阿波罗严厉斥责阿基琉斯对普里阿摩斯及其家人冷酷无情、不敬天神以及抗拒帕特罗克洛斯已死的事实：

> [191]阿基琉斯也是这样丧失了怜悯心，不顾羞耻，羞耻对人有害也有益。有人会失去比他的伴侣更亲密的人，同母所生的弟兄或是自己的儿子，他哀悼过了，伤心够了，就算完了，因为命运赐予人一颗忍耐的心。但这个人在他剥夺了神样的赫克托尔的生命以后，却把他拴在马车后面，拖着他绕着他的伴侣的坟冢奔驰，这不是一件光荣的事，也没有益处。(24.44-52)

阿波罗对阿基琉斯的斥责同样冷酷无情。阿基琉斯自称对帕特罗克洛斯的爱丝毫不逊于他对自己儿子的爱，天神阿波罗却斥责他对帕特罗克洛斯的爱不及父亲对亲生儿子的爱(19.321-327；另参23.43-47)。阿波罗还敦促阿基琉斯怜悯悲痛中的普里阿摩斯，停止哀悼帕特罗克洛斯。阿波罗的做法看上去十分荒谬，正是因为阿波罗无情抛弃了赫克托尔，他才落入阿基琉斯手中，此外，无情杀死帕特罗克洛斯的也正是阿波罗本人(22.212-213,16.804-805,18.453-456)。

阿波罗强烈谴责阿基琉斯对普里阿摩斯冷酷无情。普里阿摩斯是《伊利亚特》最后几卷除安德罗马克之外最可怜的人物。我们在卷二十二看到这位老人"可怜地"哀求他"亲爱的儿子"赫克托尔退进特洛亚城，远离追来的阿基琉斯，以保全赫克托尔自己、家人和城邦的安全(22.33-76)。接着，普里阿摩斯亲眼目睹阿基琉斯凌辱赫克托尔的尸首，"可怜地"高声痛哭。最后，普里阿摩斯和阿基琉斯目睹普里阿摩斯从荣华富贵的巅峰跌入凄惨深渊(24.497-506,24.543-548)。《伊利亚特》以一位无辜的父亲哀求敌方归还女儿的感人场面开篇，又以一位伟大的国王父亲哀求凶手归还儿子遗体的加倍感人的场面结束。这位传奇城邦的国王曾经拥有五十个儿子，如今所有英勇的儿子都已死去，他自己扑倒在泥粪里哀求杀死儿子的凶手归还那个最卓越的儿子的遗体。

但是，普里阿摩斯跟克律塞斯并不一样，他并非绝对无辜的受害者。作为统治特洛亚的强权国王，普里阿摩斯支持儿子帕里斯，反对参事安特诺尔的意见，拒绝把海伦交给她的合法丈夫，因此导致了战争的延续（7.345-380；另参 7.381-393,3.146-160）。另外，普里阿摩斯显然已把军队的指挥权交给了儿子赫克托尔，他自己则从没听取波吕达马斯的审慎建议出面干预，没有命军队留在特洛亚牢不可破的城墙之内跟阿开奥斯人周旋。① [192]实际上，普里阿摩斯是特洛亚的专制君主，是他做出了继续战争的决定，因此，繁荣的特洛亚城最终遭毁，他的诸多儿子因为他所任命的将军犯下愚蠢错误死去，他对这一切都负有最根本的责任。② 阿基琉斯会为帕特罗克洛斯的死感到自责，普里阿摩斯却从没因为犯下致命错误批评自己，他甚至辱骂那些幸存的儿子是"混蛋……我的坏孩子，他们辱没我的名声……撒谎，踏地跳舞"，因为他的"最好的儿子们"都死去了，他们怎么竟敢活下来（24.239-264）。此外，因为普里阿摩斯对战争的延续负有责任，他也间接导致了阿基琉斯的挚爱伙伴帕特罗克洛斯被杀。所以，普里阿摩斯是一个道德意义上比较复杂的人物——肯定比克律塞斯更为复杂。那么，如果阿基琉斯犹豫该不该同情他，应该可以理解。③

普里阿摩斯跟诸位天神不一样，他很清楚，要让阿基琉斯放下对赫克托尔的愤怒，把杀害帕特罗克洛斯的凶手的遗体归还其父，这是一件多么艰难的事情。这一点说明普里阿摩斯世事洞明，人情练达。宙斯认为一大笔赎金再加上对天神的畏惧就能"打动"阿基琉斯的心，"因为他并不愚蠢，不轻率，也不冒犯人。他会宽宏大量地饶恕一个祈愿人"（24.111-119,24.144-158）。赫尔墨斯叫普里阿摩斯放心，告诉

---

① 2.816-818,12.195-250,18.243-314；另参 20.178-183。

② Cf. Flaumenhaft 2004,5-6,24,28-30。

③ 本人不大同意赞克的看法，他认为根据荷马所述，"怜悯是合乎道义的反应，缺乏怜悯则不合乎道义"（Graham Zanker, *The Heart of Achilles: Characterization and Personal Ethics in the* Iliad, p.24）。

他只要礼节性地提到阿基琉斯的家人即可。他说:

> 你一走进[阿基琉斯的营帐],就抱住佩琉斯的儿子的膝头,以他的美发的母亲、父亲和儿子的名义向他恳求,这样打动他的心灵。(24.465-467,[译按]据本书原文对罗念生译文略作修改)

但是,普里阿摩斯却在三个关键地方没有听从天神的指示。首先,跟卷九奥德修斯劝说阿基琉斯的方式截然不同,普里阿摩斯几乎只字未提他带来的礼物,他不想唤起阿基琉斯对自我利益的关注,以免起到适得其反的作用。奥德修斯则在规劝阿基琉斯时明显犯了上述错误(比较 9.260-299 和 24.502;另参 9.378-429)。其次,普里阿摩斯不仅抱住阿基琉斯的膝头,他还亲吻对方的双手,正是这双手杀死了他的儿子。最后,普里阿摩斯并没提起阿基琉斯那位永生不死的母亲,他仅仅提到了对方的凡人父亲。① 以下是普里阿摩斯的讲话:

> [193]"神样的阿基琉斯,想想你的父亲,他和我一般年纪,已到达垂危的暮日,四面的居民可能折磨他,没有人保护,使他免遭祸害与毁灭。但是他听说你还活在世上,心里一定很高兴,一天天盼望能看见儿子从特洛亚回去。我却很不幸,尽管我在辽阔的特洛亚生了很多最好的儿子,可是我告诉你,没有一个留下来……阿基琉斯,你要敬畏神明,怜悯我,想想你的父亲,我比他更是可怜,忍受了世上的凡人没有忍受过的痛苦,把杀死我的儿子们的人的手举向唇边。"他这样说,使阿基琉斯想哀悼他父亲……阿基琉斯则哭他父亲,一会儿又哭帕特罗克洛斯。(24.486-512)

---

① 普里阿摩斯知道佩琉斯是阿基琉斯的父亲,参 22.38-41,22.56-58。普里阿摩斯的儿子赫克托尔知道忒提斯是阿基琉斯的母亲,佩琉斯是阿基琉斯的父亲,相关内容参 16.860-861,20.366-372,20.431-437,22.250-253。关于特洛亚人和他们的盟友普遍知晓忒提斯是一位女神,参 20.206-207(另参 1.357-358,18.35-49,18.138-142)。

普里阿摩斯显然考虑过，要想打动阿基琉斯，让他放下对赫克托尔、普里阿摩斯以及全体特洛亚人的愤怒和仇恨，方法只有一个，那就是唤起他的同情和爱的体验。普里阿摩斯必须引导阿基琉斯在他身上看到父亲佩琉斯的样子，在想象中体会阿基琉斯死去时佩琉斯的悲伤。① 普里阿摩斯必须引导阿基琉斯记起父亲对他的爱，甚至要引导他记起自己对帕特罗克洛斯的爱，然后在这些爱的体验的基础上，去体会是何等伟大的爱驱使特洛亚国王冒着生命危险，牺牲一切尊严、荣誉和骄傲，来取回儿子的遗体。那么，普里阿摩斯在阿基琉斯的内心唤起人性和怜悯的唯一方式，是让他看到他和普里阿摩斯共同拥有的人类爱的体验和悲伤的体验。因此，普里阿摩斯提起阿基琉斯的凡人父亲，只字不提他那位永生不死的母亲。② 普里阿摩斯的策略最终圆满成功，③荷马明确表示，阿基琉斯为自己慈爱的父亲和挚爱的朋友流泪，同时对年老的国王普里阿摩斯生出了深切的怜悯(24.511 – 516)。

阿基琉斯不仅表达了对普里阿摩斯的怜悯，归还了赫克托尔的遗体，他还做了更多。他首先给普里阿摩斯提出了非常周到友善的建议——跟他在卷九给朋友们的建议一样周到，[194]不同的是，此时的他已没有了跟朋友们在一起时的愤怒情绪。④阿基琉斯被普里阿摩斯对儿子的深爱所打动，否则普里阿摩斯不会来到敌人战船边，面对杀死

---

① 普里阿摩斯在赫克托尔死后立刻意识到，他需要唤起阿基琉斯的同情。参 22.415 – 422。

② 参 Kevin Crotty, *The Poetics of Supplication*: Homer's Iliad and Odyssey, pp. 75 – 77。

③ 麦克劳德认为，这一幕是普里阿摩斯的巅峰时刻(aristeia)，也就是说，这一幕展现了普里阿摩斯的卓越不凡(Colin MacLeod, *Homer*: Iliad: Book XXIV, p. 127)。

④ 关于阿基琉斯的怜悯，麦克劳德有如下评论："它不仅仅是一种情感，它还是一种深刻的思想。"(Colin MacLeod, *Homer*: Iliad: Book XXIV, p. 27) 另参页 34 – 35; Seth L. Schein, *The Mortal Hero*: An Introduction to Homer's Iliad, pp. 159 – 162; Jasper Griffin, *Homer*: Iliad IX, p. 45。

"你的许多英勇的儿子"的那个人。阿基琉斯说道:"你来坐在椅子上,让我们把忧愁储藏在心里,尽管很悲伤。"(24.518–523)阿基琉斯不仅认识到苦难是他们两人的共同体验——他们都会为心爱之人遭受磨难而深感痛苦和悲哀——阿基琉斯还表示,他接下来的建议既是给普里阿摩斯的,也是给自己的。也就是说,阿基琉斯不仅表达了对普里阿摩斯的同情,他还跟普里阿摩斯交流了对他们两人都有益的思想。阿基琉斯接着解释说:

> 因为冰冷的哭泣没有什么好处,神们是这样给可怜的人分配命运,使他们一生悲伤,自己却无忧无虑。(24.524–526)

阿基琉斯这时不仅指出他跟特洛亚国王境况相同,而且强调他们作为凡人跟天神之间存在天壤之别。凡人注定遭受渴望和悲伤等痛苦的折磨,并且凡人在苦难和死亡面前怎么哀叹都无济于事,他们最终只能归于某种程度的平静和顺服。另外,天神把这些悲痛降于人类,而天神却并不知悲痛为何物,因此,凡人无法向天神寻求慰藉。阿基琉斯这时表示,自由自在的天神既不关心也不理解人类。

阿基琉斯接着指出,宙斯也会给人类带来一些福祉。但是他着重强调这位天神派给人类许多苦难:

> 宙斯的地板上放着两只土瓶,瓶里是他赠送的礼物,一只装祸,一只装福,若是那掷雷的宙斯给人混合的命运,那人的命运就有时候好,有时候坏;如果他只给人悲惨的命运,那人便遭辱骂,凶恶的穷困迫使他在神圣的大地上流浪,既不被天神重视,也不受凡人尊敬。(24.527–533)

因此,哪怕是宙斯,人类也不能指望从他那里获得帮助。阿基琉斯接着以佩琉斯和普里阿摩斯为例,强调指出天神们冷酷无情。天神赐给佩琉斯幸福和财富,却又赐给他一个名叫阿基琉斯的儿子,[195]"他年事已高,我却不能给他养老,因为我远离祖国,在特洛亚长期逗留,给你和你的儿子们带去痛苦"(24.540–542,[译按]据本书原文对罗念生译文最后一句做了修改）。天神降下战争摧毁了普里阿摩斯的幸福(24.543-548)。因此，阿基琉斯规劝普里阿摩斯接受亲人生命已终结的事实，劝他化解内心的悲痛，不要期待天神的仁慈。阿基琉斯送给普里阿摩斯的劝告，也在心里默默说给自己听。

阿基琉斯跟普里阿摩斯的这段关于天神的讲话，还藏着另一条建议。阿基琉斯因为不能照顾需要陪伴的父亲自责，因为给普里阿摩斯带去悲痛自责，阿基琉斯认为自己给父亲和普里阿摩斯带去了更多不必要的痛苦。由此可见，天神并不是两位老人受苦或所有凡人受苦的唯一原因。阿基琉斯给佩琉斯和普里阿摩斯造成了伤害，我们还可以再加一条，那就是佩琉斯和普里阿摩斯给自己带来了伤害——可以说，佩琉斯是因为把儿子派去了特洛亚作战(9.252-259,9.438-443)，普里阿摩斯则显然是因为延续了战争，以及把军队的指挥权完全交给了儿子赫克托尔。既然人类能给自身带去伤害，他们同样也能终止对自身的伤害，甚至能支持和关爱自身。因此，阿基琉斯的讲话间接建议普里阿摩斯，还有他自己，或许尤其是他自己，要接受我们作为凡人必须承受的苦难，不要再向自由自在的天神寻求帮助，向人类——向自身——寻求支持和关爱。①

阿基琉斯接下来开始将这个建议付诸行动，给予普里阿摩斯——而不是他自己的父亲——关爱。当普里阿摩斯忽然开口要拿带来的赎金跟阿基琉斯交换赫克托尔的遗体时，阿基琉斯严厉且一本正经地警告这位老人，莫要激发他心中的可怕怒火(24.552-570)。然后，阿基琉斯用心包裹赫克托尔的遗体，为运回特洛亚做准备，他在包裹遗体时，有意避开普里阿摩斯的目光，以免遗体的模样激起对方的愤怒，并因此引发阿基琉斯体内一触即发的怒火(24.571-586)。阿基琉斯接

---

① 本人不同意斯科德尔的看法，她认为此时的"阿基琉斯完全无视人类的责任"（Ruth Scodel, *Listening to Homer: Tradition, Narrative, and Audience*, pp.211-212)。萨克森豪斯则认为，阿基琉斯得出结论"人类要靠自身建立天神拒绝赐予的秩序和价值"(Arlene Saxonhouse, "Thymos, Justice, and Moderation of Anger in the Story of Achilles", p.42)。

着提醒普里阿摩斯——还有他自己——在哀悼死去的亲爱的儿子的同时不要忘了照顾好自己:"现在让我们想想进餐的事。"(24.601,强调为本书作者所标注)[196]阿基琉斯接着讲述了尼奥柏在天神那里饱受苦难的故事,重申上述提醒,并通过这个故事再次暗示,莫要信赖神明的护佑(24.602-620)。最后,阿基琉斯招待普里阿摩斯享用晚餐,安排他睡在一个不会被其他阿开奥斯人发现的安全之所。在普里阿摩斯入睡前,阿基琉斯送给他一件大礼,这件礼物或许比归还赫克托尔的遗体还要珍贵:阿基琉斯询问普里阿摩斯,他希望用多少日子来为赫克托尔举行葬礼,他好在这段日子里停战,他还在询问时称呼普里阿摩斯为"亲爱的老人家"(24.650-672)。这一馈赠完全出于阿基琉斯自愿:天神未做如此要求,就连普里阿摩斯也不曾有勇气提出这样的请求。阿基琉斯本人不会从中得到任何好处,他不会因此得到阿开奥斯人的荣誉,也不会从天神那里得到什么回报。这是整部诗歌最高贵最仁慈的举动,它完全跟神明无关,它源自人类而非神明的慈悲,它展现了人类而非神明的爱。

阿基琉斯在诗中的最后举动无关乎道德,它更像是一种对普里阿摩斯的友爱之举。① 诚然,阿基琉斯跟普里阿摩斯的关系并不像他跟帕特罗克洛斯一样是患难与共的好友,但他们拥有同样伟大的爱和失去亲人的痛苦。在当下这一刻,阿基琉斯显然感觉普里阿摩斯比阿开奥斯人更为亲近,他跟普里阿摩斯分享了关于天神冷漠无情以及凡人

---

① 萨克森豪斯指出,赫克托尔向阿基琉斯提议缔结停战约定时,向天神做了祈祷,但阿基琉斯却"没有祈求天神见证"他许诺给普里阿摩斯和特洛亚人的停战约定(22.254-259)。我们还可以补充一点,阿基琉斯不祈求天神见证的做法有悖于所有阿开奥斯人和特洛亚人的做法,阿开奥斯人和特洛亚人曾祈求天神见证两军停战的盟誓(3.95-112,3.249-301,7.76-86,7.408-411)。据萨克森豪斯得出的结论,"这个停战约定是阿基琉斯声明人类要为自己的世界建立秩序的宣言"(Arlene Saxonhouse,"Thymos, Justice, and Moderation of Anger in the Story of Achilles", p.44)。

要节哀顺变、关爱自己的感悟,要知道,他并没跟阿开奥斯人分享这一切。阿基琉斯向普里阿摩斯说出了自己的洞察、领悟和劝告,他也通过普里阿摩斯告诉了自己这一切。不仅如此,阿基琉斯和普里阿摩斯两人显然相互欣赏,他们在彼此打量时感到心情愉悦。根据荷马所述:

> 普里阿摩斯不仅对阿基琉斯的魁梧与英俊感到惊奇……阿基琉斯也对普里阿摩斯的态度和谈吐感到惊异。[197]等他们互相看够了,那神样的老人普里阿摩斯首先开言。(24.629-634,[译按]据本书原文对罗念生译文略作改动)

荷马通过描述阿开奥斯英雄和特洛亚国王之间短暂的交往,让我们瞥见建立在共情基础上的友谊是何等美妙和愉悦。

阿基琉斯在诗歌结尾处的悲悯之举说明,他已经认识到德行的局限和问题,这意味着他在一定程度上接受了死亡。但是我们同时也要看到,阿基琉斯的认识仍然是有限且不稳定的。① 阿基琉斯在为帕特罗克洛斯举行的葬礼赛事上表现得冷静、友好,可他回到自己营帐之后,却继续凌辱赫克托尔那具毫无生命的遗体。同样,即使他为普里阿摩斯提供友善明智的建议,他自己却还没完全接受这些建议。当他对普里阿摩斯的哀痛表达怜悯和同情时,他同时警告对方不要激发他内心可怕的愤怒(24.560-571)。② 即使他在劝告普里阿摩斯接受亲爱的儿子已经死去的事实时——既然"你救不活他"(24.551,622)——阿基琉斯仍在跟他挚爱的朋友讲话——"帕特罗克洛斯,请你不要生我的气"(24.592)——尽管这位挚爱的朋友已经死了。尽管他警告普

---

① 参麦克劳德的评论,他认为"《伊利亚特》的伟大之处尤其在于,它真实地表现了怜悯、友善和文明,但却没让这些品质在生活中取胜"(Colin MacLeod, *Homer*: Iliad: *Book XXIV*, p. 16)。

② Cf. Charles Segal, *The Theme of the Mutilation of the Corpse in the* Iliad, p. 65.

里阿摩斯不要相信天神的庇佑,却仍在某种程度上希望宙斯——利用他"装福"的土瓶——能给凡人带来某种"好的"东西(24.527 – 530)。

阿基琉斯在克服愤怒方面已经发生了很大变化,但他一直没能彻底摆脱出来。他一面怀疑追求德行和荣誉的意义,一面深受这种生活的吸引。他看到了死亡对生命的终结,却不能完全承认和接受这个事实。因此,我们在阿基琉斯的身上看到,一个人瞥见了另一种生活的可能,这种生活正是智慧诗人荷马所过的生活,但这个人却不能完全认可和拥抱这种生活。尽管如此,比起《伊利亚特》里的其他人物,阿基琉斯更加接近灵魂的圆满、清澈,更加接近荷马本人的清醒和人性关怀。

四　奥德修斯与阿基琉斯

奥德修斯支持论：理性英雄

[198]如果《伊利亚特》旨在教导我们，阿基琉斯的卓越源于他的思想而不是力量，取决于他思虑周全，而不是英勇善战，那么，难道我们不应该把奥德修斯——而非阿基琉斯——看作荷马笔下最伟大的英雄吗？毕竟，奥德修斯显然才是荷马笔下那个最足智多谋、诡计多端的人。① 《奥德赛》几乎刚开篇，宙斯就称赞奥德修斯在凡人中智慧（νόον）超群，且虔敬天神（1.66 - 67）。后来，雅典娜亲口——用她自己的话说，众天神皆知她足智多谋——宣称奥德修斯"在凡人中最善谋略，最善词令"（13.296 - 299）。② 如果荷马的诗歌旨在教导人们智慧

---

① 参纳吉的观点，他认为"《奥德赛》卷八第 78 诗行把相互争执的阿基琉斯和奥德修斯称作'最卓越的阿开奥斯人'，这是因为根据叙事诗的传统，奥德修斯和阿基琉斯被分别定义为智慧（metis）[纳吉把这个词译作'巧计（artifice）''策略（stratagem）']和力量（bie）[纳吉把这个词译作'蛮力（might）']的化身"（Gregory Nagy, *The Best of the Achaeans: Concepts of the Hero in Archaic Greek Poetry*, p.43）。海特曼（Heitman）表示，"如果《伊利亚特》的真正主题是力量（force），那么《奥德赛》的真正主题就是智慧（mind）"（Richard Heitman, *Taking Her Seriously: Penelope and the Plot of Homer's Odyssey*, Ann Arbor: University of Michigan Press, 2005, pp. 104 - 105）。

② [译按]全书所引《奥德赛》皆采用王焕生译文，只注明原文诗行。后皆仿此，不再单独说明。

是人类至高无上的品质,为什么奥德修斯没被描述为最卓越的凡人?①

[199]荷马把以奥德修斯——一个足智多谋($πολύτροπος$)②、老谋深算($πολύμητις$)③、诡计多端($πολυμήχανος$)④、智慧机敏($πολύφρων$)⑤的英雄——为主人公的诗歌安排在以阿基琉斯的愤怒为主题的诗歌之后,不就是为了达到上述目的吗?

从表面上看,《奥德赛》里的奥德修斯显然比阿基琉斯更具理性。

---

① 根据维柯的观点,《伊利亚特》称赞阿基琉斯为"暴力英雄(eroe della forza)",《奥德赛》则称赞奥德修斯为"智慧英雄(eroe della sapienza)"(Giambattista Vico, *The New Science*, p. 383; Giambattista Vico, *La scienza nuova*, p. 579)。克雷认为,"荷马对阿基琉斯的刻画客观中正,他赋予了阿基琉斯与其伟大品质相匹配的地位"。但克雷也在最后的分析中指出,奥德修斯更加富有人性的英雄主义建立在智慧和忍耐的基础之上,比阿基琉斯转瞬即逝的荣誉更胜一筹(Jenny Strauss Clay, *The Wrath of Athena: Gods and Men in the Odyssey*, p. 96;另参页132, 244)。

② 《奥德赛》两次用$πολύτροπος$一词描述奥德修斯,一次是荷马本人,另一次是基尔克(Circe):1.1, 10.330。参 Jenny Strauss Clay, *The Wrath of Athena: Gods and Men in the Odyssey*, pp. 29–32。

③ 《奥德赛》共六十八次用$πολύμητις$一词描述奥德修斯:2.173, 4.763, 5.214, 7.207, 7.240, 7.302, 8.152, 8.165, 8.412, 8.463, 8.474, 8.486, 9.1, 11.354, 11.377, 13.311, 13.382, 13.416, 14.191, 14.390, 14.439, 15.380, 16.201, 17.16, 17.192, 17.353, 17.453, 18.14, 18.51, 18.124, 18.312, 18.337, 18.365, 19.41, 19.70, 19.106, 19.164, 19.220, 19.261, 19.335, 19.382, 19.499, 19.534, 19.582, 19.585, 20.36, 20.168, 20.183, 20.226, 21.274, 21.404, 22.1, 22.34, 22.60, 22.105, 22.170, 22.320, 22.371, 22.390, 22.430, 22.490, 23.129, 23.247, 23.263, 24.302, 24.330, 24.356, 24.406。

④ 《奥德赛》共十七次用$πολυμήχανος$一词描述奥德修斯:1.205, 5.203, 10.401, 10.456, 10.488, 10.504, 11.60, 11.92, 11.405, 11.473, 11.617, 13.375, 14.486, 16.167, 22.164, 24.192, 24.542。

⑤ 《奥德赛》共五次使用$πολύφρων$一词描述奥德修斯:1.83, 14.424, 20.239, 20.329, 21.204。关于《奥德赛》里所有包含$πολύ$的复合词,参 William Bedell Stanford, "Homer's Use of Personal $πολυ$-Compounds", *Classical Philology* 45 (1950):108–110。

奥德修斯通过巧妙的特洛亚木马计策带领阿开奥斯人战胜了特洛亚。回到家乡后,足智多谋的奥德修斯又在敌众我寡的情况下打败了肆无忌惮的求婚者们。最了不起的是,奥德修斯凭借巧计、自制和远见在看似毫无生机的情况下战胜了力大无穷的骇人独目巨怪。奥德修斯在其他一些场景同样展现出靠智慧取胜的能力,他能准确评估眼前的障碍,对各种策略进行权衡,并主动选择最有效的良策(5.464 – 487,6.142 – 185)。阿基琉斯单靠勇气和力量战胜敌人,奥德修斯则具备智胜敌人蛮力的本领。① 由此看来,奥德修斯应该更为确实地代表了理性生活的现实好处——实际能力和效果。

当然,奥德修斯的生活并不幸福。荷马在《奥德赛》开篇处告诉我们,奥德修斯未能救得同伴,帮他们返回家乡,"尽管他费尽了辛劳"(1.6)。[200]他自己也花了十年之久才回到家乡,这十年之内他"深深怀念着归程和妻子"(1.13)。荷马在诗中反复提醒我们,奥德修斯是一位"历尽艰辛"($\pi o \lambda \acute{u} \tau \lambda a \varsigma$)的英雄。② 跟阿基琉斯不一样,奥德修斯的艰辛似乎并非他自己造成的。《伊利亚特》开篇强调阿基琉斯的愤怒"给阿开奥斯人带来无数的苦难($\acute{a} \lambda \gamma \varepsilon a$)"(《伊利亚特》1.1 – 2),尤其是给他本人带去了苦难,他的愤怒最终导致他珍若生命的挚友帕特罗克洛斯死去(18.80 – 82)。奥德修斯却是作为一个"在广阔的大海上身受无数的苦难($\acute{a} \lambda \gamma \varepsilon a$)"的英雄进入我们视野的(《奥德赛》1.4),这些苦难是他人行为的结果。我们从开篇处得知,他的同伴们"为自己招灾祸,一群愚蠢人,拿高照的赫里奥斯的牛群饱餐"(1.7 –

---

① 海特曼认为,"《奥德赛》几乎每一场较量都是以智取胜"(Richard Heitman, *Taking Her Seriously: Penelope and the Plot of Homer's Odyssey*, p. 105)。

② 《奥德赛》共三十七次用 $\pi o \lambda \acute{u} \tau \lambda a \varsigma$ 一词描述奥德修斯:5.171,5.354,5.486,6.1,6.249,7.1,7.133,7.139,7.177,7.329,7.344,8.199,8.446,13.250,13.353,14.148,15.340,16.90,16.186,16.225,16.258,16.266,17.280,17.560,18.90,18.281,19.102,21.414,22.191,22.261,23.111,24.176,24.232,24.348,24.490,24.504,24.537。

8);渴望爱情的神女卡吕普索"把奥德修斯强留在她的岛屿达八年之久"(1.14-15);愤怒的天神波塞冬迫害他(1.19-21);还有那些肆无忌惮的求婚人,消耗他的财产,折磨他的家人(1.159-162)。① 所以,奥德修斯的苦难不是他自己造成的,他的智慧能帮他躲避那些可以避免的苦难,但他却因为其他人智力低下、缺乏自制、犯下愚蠢错误而无辜遭难。

如我们所见,奥德修斯的确在德行和智力上皆胜过阿基琉斯。这两位英雄都曾以正义之名怒不可遏,但奥德修斯的愤怒似乎更合乎理性和道义。② [201]阿基琉斯因为内心的愤怒先是把阿开奥斯同胞置于特洛亚人的屠刀之下,接着又导致特洛亚士兵在战场上遭杀戮,导致十二名特洛亚少年在帕特罗克洛斯的葬礼上遭屠杀,最终导致赫克托尔了无生命的遗体遭到——一次又一次毫无意义的——凌辱。愤怒导致阿基琉斯背信弃义、丧失理智,走上自我毁灭之路。他在《伊利亚特》的最后几卷开始反思,最终放下愤怒,这说明他认识到

---

① 克雷表示,在《奥德赛》的开篇处,"荷马透露了他对这位英雄的偏爱"(Jenny Strauss Clay, *The Wrath of Athena: Gods and Men in the* Odyssey, p. 34;参页35-38 和 David Bolotin, "The Concerns of Odysseus: An Introduction to Homer's *Odyssey*", p. 41)。

② 伯纳德特认为,《奥德赛》"比起《伊利亚特》对待阿基琉斯的愤怒的态度,似乎更偏向于理解和支持奥德修斯的愤怒"(Seth Benardete, *The Bow and the Lyre*, p. 1)。另参迪莫克(Dimmock)的观点,他认为:"《奥德赛》是一部有关是非善恶的诗歌,《伊利亚特》却并非如此……《奥德赛》……毫不掩饰地表现了生命对于死亡、正义对于邪恶的胜利,这显然说明,奥德修斯除恶扬善、伸张正义,名声将永垂千古。"(George E. Dimmock, *The Unity of the* Odyssey, Amherst: University of Massachusetts Press, 1989, p. 25)劳埃德琼斯同样表示,"奥德修斯有幸活下来并战胜求婚者们,这是对他的德行(arete)的赏赐"(Hugh Lloyd-Jones, *The Justice of Zeus*, p. 29)。据拉泰纳的评论,"要是寻求道德上的满足感,你可以跟艾略特(T. S. Eliot)一样首选《奥德赛》"(Donald Lateiner, "The Iliad: An Unpredictable Classic", p. 27)。克罗迪则较为谨慎地表示:"奥德修斯杀死求婚者们给人留下的第一印象可能会是代表正义的世界显著获胜。"(Kevin Crotty, *The Poetics of Supplication: Homer's* Iliad *and* Odyssey, p. 151)

自己的愤怒所带来的伤害。① 相反,愤怒却好像让奥德修斯采取了一种忠诚和审慎的态度,引领他杀死了那些威胁他和家人生命的求婚者们。由此看来,愤怒好像引领奥德修斯保护了自己和自己所爱的人。

最重要也是最显而易见的一点是,《奥德赛》里的奥德修斯始终清楚,跟心爱之人在家园安享和平是一个人幸福的所在,《伊利亚特》里的阿基琉斯却只是偶尔意识到这一点。②《奥德赛》讲述的故事——使其长久不衰、家喻户晓的魅力所在——不就是一个人满怀渴望、竭尽全力回归心爱家园的故事吗?诗歌对奥德修斯的首次描写是雅典娜讲述他如何在卡吕普索的囚禁下心感无望,"一心渴望哪怕能遥见从故乡升起的飘渺炊烟,只求一死"(1.55-59)。荷马这样描述因于卡吕普索海岛上的奥德修斯:"两眼泪流不断,消磨着美好的生命,怀念归返。"(5.151-153)奥德修斯对款待他的费埃克斯的主人们说:"即使在见到我的家产、奴隶和高大的宅邸那刻,让我丧失性命都可以。"(7.224-225,[译按]据本书原文对王焕生译文稍作修改)

奥德修斯思乡情结的核心是对妻子的渴望(1.13)。③ 奥德修斯对瑙西卡娅表示,"世上没有什么能如此美满和怡乐,有如丈夫和妻子情趣相投意相合"(6.182-184)。这似乎是奥德修斯跟"审慎"($περίφρων$)的佩涅

---

① 参例如,18.98-113,19.54-75,23.257-897,24.507-672。

② 用纳吉的话说,"阿基琉斯赢得了荣誉(kléos),却失去了家园(nóstos)……奥德修斯不一样,他是个双面赢家,既赢得了荣誉(kléos),也赢得了家园(nóstos)"(Gregory Nagy, *The Best of the Achaeans: Concepts of the Hero in Archaic Greek Poetry*, p. 39)。另参 Seth L. Schein, "Introduction", in *Reading the Odyssey*, pp. 12-13。

③ 根据费尔森和斯拉特金的观点,《奥德赛》"把婚姻放在核心地位",通过对奥德修斯和佩涅洛佩的描写,"把婚姻变得理想化"(Nancy Felson and Laura Slatkin, "Gender and Homeric Epic", p. 104;另参页 112)。

洛佩的婚姻写照。①［202］佩涅洛佩在谋略、②耐心和智慧方面显然跟奥德修斯旗鼓相当，两人在身体和精神上都能令彼此感到欢愉。③ 荷马如此描写两人时隔二十年后的重逢："他们二人在尽情享受欢爱之后，又开始愉快地交谈，互相诉说别情。"④奥德修斯在心有灵犀的婚姻里获得如此巨大的幸福感，以至于心甘情愿拒绝女神卡吕普索赠予他的神圣不死的机会。⑤

---

① 《奥德赛》共五十五次用"审慎"($περίφρων$)一词描述佩涅罗佩：1.329，4.787，4.808，4.830，5.216，11.446，14.373，15.41，15.314，16.329，16.409，16.435，17.100，17.162，17.306，17.492，17.553，17.498，17.528，17.562，17.585，18.159，18.177，18.245，18.250，18.285，19.53，19.59，19.89，19.103，19.123，19.308，19.349，19.375，19.508，19.559，19.588，20.388，21.2，21.311，21.321，21.330，23.10，23.58，23.80，23.104，23.173，23.256，23.285，24.404。《奥德赛》用"审慎"($περίφρων$)一词描述的其他人物只有阿瑞塔女王一次(11.345)和欧律克勒娅四次(19.357,19.491,20.134,21.381)。该词语在《伊利亚特》只出现一次，用来描述狄奥墨得斯的妻子(5.412)。

② 例如，$δόλος$(计谋、诡计)一词被用来描述奥德修斯设计的特洛亚木马计，该计策帮助奥德修斯攻下了特洛亚城。该词还被用来描述佩涅洛佩为拉特尔特斯编织和拆毁寿衣的计策，该计策帮助佩涅洛佩把那些飞扬跋扈的求婚人牵制了三年(8.492-495,2.93-126,24.126-146)。该词还被用来描述基尔克对奥德修斯同伴们的欺诈(10.232)。

③ Cf. Seth L. Schein, "Introduction", in *Reading the Odyssey*, p. 27.

④ 23.300-301。费尔森鲁宾(Felson-Rubin)甚至表示，"荷马把两人的重逢设计为整部《奥德赛》故事的高潮"(Nancy Felson-Rubin, *Regarding Penelope: From Character to Poetics*, Princeton: Princeton University Press, 1994, p. 65)。克罗迪拿奥德修斯和佩涅洛佩的重逢跟《伊利亚特》结尾处阿基琉斯和普里阿摩斯的会面相比，还把这次重逢比作诗歌和听众之间的关系(Kevin Crotty, *The Poetics of Supplication: Homer's* Iliad *and* Odyssey, pp. 181-184, 199-203)。

⑤ 5.203-224,7.245-260,23.333-337。沙因(Seth L. Schein, "Introduction", *Reading the Odyssey*, p. 22)和伯纳德特(Seth Benardete, *Achilles and Hector: The Homeric Hero*, pp. 2-3)比较了奥德修斯和阿基琉斯的选择，认为奥德修斯甘愿放弃卡吕普索回到佩涅洛佩身边，阿基琉斯则甘愿放弃悠长平庸的一生，选择短暂却高尚的生活。另参 Nancy Felson and Laura Slatkin, "Gender and Homeric Epic", p. 106。

比起充斥着愤怒和战争的日子来说,奥德修斯更享受拥有理性和爱情的生活。如此看来,奥德修斯好像不仅比阿基琉斯杰出,他还跟吟唱这些诗歌的歌者即荷马本人智慧相当。奥德修斯的确跟吟唱《奥德赛》的歌者一样,是一位吟唱英雄事迹的歌者:全诗六分之一的篇幅(从卷九到卷十二)都是奥德修斯在向费埃克斯人吟唱自己的冒险经历。此外,奥德修斯还跟独目巨怪、雅典娜、欧迈奥斯、求婚人安提诺奥斯,自己的妻子和父亲反复讲述自己编织的冒险经历,展现出非凡的想象力和创造力。① 阿尔基诺奥斯(11.366 – 369)、欧迈奥斯(17.513 – 521)以及荷马本人(21.404 – 409)都把奥德修斯比作吟唱故事的歌者。通过强调奥德修斯跟吟唱活动之间的联系,《奥德赛》暗示奥德修斯的理性英雄主义跟荷马的人性智慧密切相关。②

奥德修斯的愤怒

[203]然而,诗歌的结尾却让我们对这一初步印象产生了怀疑。乍看上去,奥德修斯了解许多人的想法,善于思考,智慧过人(1.3,1.66 – 67,13.296 – 299),但他却在诗歌结尾处怒杀一百零八位几乎手无寸铁的求婚人(并连带杀死八位男仆)——其中包括那些乞求饶命者——他还下令杀死所有不忠的女奴,甚至还想违抗雅典娜的命令,杀死那些已死求婚人"所有"的兄弟和父亲,就连在逃者也不放过(24.528)。③

---

① 9.280 – 286,13.250 – 286,14.192 – 359,14.468 – 503,17.415 – 444, 18.138 – 140,19.165 – 202,19.269 – 307,24.258 – 314。参 Suzanne Saïd,*Homer and the Odyssey*,Oxford:Oxford Unversity Press,2011,pp. 183 – 188。

② 参 Carroll Moulton,*Similes in the Homeric Poems*,p. 147;Seth L. Schein, "Introduction",in *Reading the Odyssey*,p. 19;Suzanne Saïd,*Homer and the Odyssey*,pp. 235 – 237。

③ 克罗迪认为,"杀戮……是《奥德赛》最令人不安的地方",他还表示"奥德修斯不仅在智力上胜过安提诺奥斯,在残忍的程度上也一样占上风",

四　奥德修斯与阿基琉斯　245

　　奥德修斯在跟求婚者们打斗的过程中,有一个极其危急的关头。当时,求婚人们拿到了许多武器,奥德修斯应该非常需要他的三位同盟在场——他的儿子、牧猪奴和牧牛奴,然而,奥德修斯却命令两位奴仆退出战斗,去把不忠的牧羊奴捆起来,"让他活活地长久忍受巨大的折磨"(22.177)。奥德修斯还在跟求婚人打斗的过程中一怒之下砍掉了预言师勒奥得斯的脑袋——"唯有他对种种恶行心中烦厌,对求婚人的行为感到不满"(21.146 – 147)——只因为勒奥得斯真实阐述了自己的无辜(22.320 – 329)。奥德修斯杀死全部求婚人之后,在完全没必要的情况下,轻率地折磨和杀死了其中一位忠仆的两个孩子,而这位仆人一家——[204]对此尚不知情——在奥德修斯面对那些已死求婚人的亲戚们时,提供了十分宝贵的帮助。① 诗歌末尾几卷的奥德修斯似

"奥德修斯的报复跟埃吉斯托斯伏击餐桌上的阿伽门农及同伴们一样使人震惊和不安"(Kevin Crotty, *The Poetics of Supplication*; Homer's Iliad *and* Odyssey, pp. 154,153)。赛义德把杀害求婚人的行为称作"屠杀",她认为《奥德赛》里的人物"在惩罚求婚人的那些下等同谋时表现出的残忍程度大大超过《伊利亚特》,他们不仅勒死了女奴,还把墨兰提奥斯的私处割下扔给了野狗(在《伊利亚特》中,赫克托尔的遗体并未遭到野狗的侵犯)"(Suzanne Saïd, *Homer and the Odyssey*, pp. 213 – 214)。迪莫克认为,虽然杀死包括勒奥得斯在内的求婚人、折磨并杀死墨兰提奥斯以及杀死女奴是(荷马笔下的)正义之举,但是此时此刻的奥德修斯"毫无怜悯之心"(George E. Dimmock, *The Unity of the* Odyssey, p.298;又参见 295 – 297,301 – 302,306 – 315)。普奇表示,"《奥德赛》几乎直接表明了对于奥德修斯返乡后实施报复的态度,认为奥德修斯不配享有不朽美名(kleos)——专指传奇英雄的名望"(Pietro Pucci, *Odysseus Polutropos*: *Intertextual Readings in the* Odyssey *and the* Iliad, Ithaca: Cornell University Press, 1987, p.216)。

① 墨兰透斯和墨兰提奥斯两人是多利奥斯的儿子,他们支持求婚人,粗鲁且恶毒地对待奥德修斯。但是多利奥斯对佩涅洛佩忠心耿耿,后来带着其他儿子们一起帮助奥德修斯对付求婚人的亲戚们。参 17.212 – 216, 22.131 – 141, 18.307 – 336, 19.65 – 95, 23.417 – 476, 4.734 – 741, 24.386 – 411, 24.489 – 501。

乎因愤怒丧失了理智,①尤其在末卷,他一边扑向那些已死求婚人的父亲和兄弟们,一边"可怕地大喊"(24.537)。只有在受到宙斯强制干预时,奥德修斯才停下杀戮(24.536-544)。奥德修斯应该同样因为宙斯的干预才最终平息怒火(参24.545-548)。天神最终不得不出面干预的事实恰恰说明奥德修斯在诗歌结尾时愤怒失控的程度。

这一幕跟《伊利亚特》形成鲜明对比。② 在《伊利亚特》最后两卷,阿基琉斯终于消解了他对阿开奥斯人和特洛亚人的愤怒,他先是向阿伽门农和阿开奥斯人释放出宽容和善意(卷二十三),接着又向普里阿摩斯——他亲手杀死的敌人的父亲——表达真诚的怜悯和同情(卷二十四)。然而,一向思虑周全、自我克制的奥德修斯却在《奥德赛》结尾处盲从于内心——对求婚人及其父亲——的复仇情绪,不问青红皂白一律格杀勿论。贯穿《伊利亚特》和《奥德赛》的是同一个主题:愤怒。两部诗歌里的英雄对待敌人皆疾恶如仇、怒不可遏。③ 但最终只有一位英雄超越了内心的愤怒,而这位英雄并非奥德修斯。④

[205]《奥德赛》的结尾促使我们从一个崭新的视角进一步审视奥

---

① 鲁德曼(Ruderman)用"几乎无穷无尽(almost limitless)"一词来描述奥德修斯对求婚人和女奴的愤怒(Richard S. Ruderman,"Love and Friendship in Homer's *Odyssey*",p. 47)。

② 荷马为了引导我们比较《伊利亚特》卷二十四描述的阿基琉斯跟《奥德赛》卷二十四描述的奥德修斯之间的区别,有意在《伊利亚特》卷二十四(15-97)描述了阿基琉斯的个性,并特意在《奥德赛》卷二十四(226-317,尤其315-317)刻画了年老的拉埃尔特斯的形象,在一定程度上跟《伊利亚特》卷二十四年老的普里阿摩斯形成呼应。

③ Cf. Michael Clarke,"Manhood and Heroism",p. 87.

④ 伯纳德特甚至表示,"奥德修斯的愤怒……跟他的身份密切相关"(Seth Benardete, *The Bow and the Lyre*, p. 44)。奥德修斯这个名字可能由一个表示愤怒的词语派生而来,参 Seth Benardete, *Achilles and Hector*; *The Homeric Hero*, pp. 44, 130; Jenny Strauss Clay, *The Wrath of Athena*; *Gods and Men in the Odyssey*, p. 60; Richard S. Ruderman, "Love and Friendship in Homer's *Odyssey*", pp. 47, 155。

德修斯这位复杂善变的人物。①在整部诗歌中,奥德修斯既拥有卓越的理智和自制能力,又有无节制宣泄愤怒和报复情绪的时刻。奥德修斯在诗歌结尾处的愤怒之举究竟是一时失态,还是诗歌有意安排以奥德修斯的愤怒和报复作为高潮,以说明奥德修斯的理智和克制最终让步于他的情绪?

奥德修斯是否对同伴们的死亡和返乡行程的延搁负有责任?

或许有人会为奥德修斯在诗歌结尾处的愤怒宣泄辩解,认为这一切都是因为奥德修斯在帮自己和伙伴们返乡的十年时间里遭受了太多磨难所致。另外,特勒马科斯、欧迈奥斯、欧律克勒娅和拉埃尔特斯(尽管佩涅洛佩可能不在其内)也强烈要求向那些折磨他们的求婚人实施报复。② 对于那些这么多年以来一直无辜忍受残酷恶行的人来说,向那些折磨自己的人施以痛击,哪怕行为有些草率,甚至偶尔有些残忍,似乎也是无可厚非的。何况荷马在诗歌开篇就指出,奥德修斯"在广阔的大海上身受无数的苦难"(1.3),他自己没犯下任何过错——却因为同伴们的"邪恶愚蠢"、卡吕普索一厢情愿的爱情(1.14 – 15)、波塞冬的恼怒(1.19 – 21)和求婚人的无耻行径——在十年的漫长凄凉岁月里回不去心爱的家乡。如果他丧失理智,控制不住内心正义的怒火,难道不也很正常吗?③ 一个人满怀对家园和妻子的渴望,却无辜遭受如此漫长的磨难,如果他的心中充满了正义的怒火,并一时间压倒了理性,难道不是很正常的反应吗?

---

① 斯坦福表示,奥德修斯最重要的性格特点是"他的核心部分生来模糊不定"(William Bedell Stanford, *The Ulysses Theme:A Study in the Adaptability of a Traditional Hero*, Oxford:Basil Blackwell,1963, p. 79)。

② 22.194 – 199,22.285 – 291,22.401 – 476,24.351 – 352;比较19.535 – 558。

③ Cf. George E. Dimmock, *The Unity of the Odyssey*, pp. 295 – 315.

然而，尽管荷马在诗歌开篇给人留下的第一印象是，奥德修斯因为同伴们的愚蠢过错耽搁了返乡的航程，[206]尽管奥德修斯在跟费埃克斯人和自己的妻子讲述漂泊经历时，也给对方造成了一模一样的整体印象，荷马却在后面相当明确地指出，奥德修斯自身对于返乡航程的延迟负有很大的责任。例如，虽然诗歌开篇指出，奥德修斯未能帮同伴安全返乡的原因在于"他们亵渎神明，为自己招灾祸：一群愚蠢人，拿高照的赫利奥斯的牛群饱餐"（1.7-8）。这里提到的同伴却只是一小部分，不到奥德修斯"在摧毁特洛亚的神圣城堡后"余下同伴的十二分之一（1.2）。① 我们在卷九到卷十二看到，奥德修斯绝大多数同伴都并非因自己犯错死去，他们死在基科涅斯人、独目巨怪、斯库拉和最重要的敌人莱斯特律戈涅斯人的手下，奥德修斯的十二艘船中有十一艘被莱斯特律戈涅斯人摧毁，船上水手无一幸存（10.112-132，9.159-160）。奥德修斯的确表示，在基科涅斯人的土地上遭难的同伴死于他们自己犯下的愚蠢错误，但是关于其他伤亡更为惨重的冒险经历，奥德修斯却再没说过同样的话（9.43-44）。此外，荷马的总体描述表明，奥德修斯对同伴们的死负有相当大的责任，在所有情节当中，跟独目巨怪的遭遇最能清楚地证明这一点。

我们在研究《奥德赛》时要谨记，诗歌作者和诗歌里的英雄都是心机巧妙的人物。荷马通过巧妙的叙述让我们一开始对奥德修斯心生敬佩和同情，接下来又让我们不得不深思和质疑这位英雄的智慧和德行。这部错综复杂的诗歌一步步铺陈开来，引领我们穿越认识和评价奥德修斯

---

① 关于奥德修斯的同伴，伯纳德特认为"荷马在《奥德赛》开篇时指出，奥德修斯的同伴犯下了糟糕且愚蠢的错误，就连奥德修斯也救不了他们。但是想到奥德修斯已经失去了那么多战士，这点损失似乎微不足道"（Seth Benardete, *Achilles and Hector: The Homeric Hero*, p. 83）。另参 David Bolotin, "The Concerns of Odysseus: An Introduction to Homer's *Odyssey*", p. 48。

复杂性格的多个阶段。① 通过促使我们不断看到和剥掉这位变化多端的英雄的层层伪装,荷马引领我们不断反思奥德修斯的英雄特质给我们留下的初始印象。[207]可以说,荷马引领我们踏上了一条精神归乡之旅。

我们从诗歌的开场得知,奥德修斯的同伴们死于他们自己的愚蠢,卡吕普索把奥德修斯强留岛上很多年,奥德修斯返乡的最后一道障碍是波塞冬的愤怒(1.16-21)。那么,波塞冬为什么要对奥德修斯发怒呢?卷一往下五十多行之后,我们通过宙斯的话语了解到,奥德修斯刺瞎了最强大的独目巨怪波吕斐摩斯的眼睛,而波吕斐摩斯正是波塞冬的儿子(1.68-75)。虽然宙斯并没说明奥德修斯为什么刺瞎独目巨怪的眼睛,但荷马本人在卷二告诉我们,"残忍"的独目巨怪杀死和吞食了奥德修斯的好几个同伴(2.17-20)。根据前几卷的描述,我们初步认为,波塞冬没有理由对奥德修斯生气。奥德修斯本人在卷九完整叙述了遭遇独目巨怪的故事,他的叙述再一次证实了上述的初步认识。我们从他的叙述中得知,奥德修斯凭借自己的智慧战胜了独目巨怪,把自己和六个最好的同伴成功营救出来。

但是,与此同时,我们也得知奥德修斯犯下一个极其糟糕和愚蠢的错误,这个错误导致他又失去了六位亲爱的同伴,并且导致他和余下的同伴们自此开始遭受波塞冬的迫害(9.193-196)。最一开始,奥德修斯在完全没必要的情况下提议探察独目巨怪居住的海岛(9.166-176,

---

① 克雷表示,"诗作《奥德赛》跟其中所描述的英雄人物一样多面、多元、多变"(Jenny Strauss Clay, *The Wrath of Athena: Gods and Men in the* Odyssey, p.6)。克雷后来表示,这部诗歌像一座"迷宫","位于迷宫中心的是诡计多端的奥德修斯"(Jenny Strauss Clay, *The Wrath of Athena: Gods and Men in the* Odyssey, p.54)。另参斯拉特金的观点,她认为:"《奥德赛》讲述的故事……在纵横交错中隐含着逆转、对时间线的扭曲以及独特的智慧(mētis)。"(Laura M. Slatkin, "Composition by Theme and the Mētis of the Odyssey", in *Reading the Odyssey*, ed. Seth L. Schein, Princeton: Princeton University Press, 1996, p.237)另参 Seth L. Schein, "Introduction", in *Reading the Odyssey*, pp.17-18。

9.193－196)。然后,奥德修斯不顾那些更为审慎的同伴们的反对,坚持留在洞穴等待独目巨怪归来,尽管他们都知道独目巨怪是一个无比巨大的怪物,尽管包括奥德修斯在内的每个人都立刻对这一决定感到了后悔(9.224－236)。最终,六位同伴死在独目巨怪手下,奥德修斯巧妙救出余下的伙伴们。然而,奥德修斯却又一次不顾同伴劝阻,坚持向独目巨怪炫耀自己的胜利,向独目巨怪通报了姓名(9.473－525)。奥德修斯通报姓名的多余举动使得独目巨怪能够向他的父亲祷告——祷告显然很成功——祈求让奥德修斯失去全部同伴,很多年以后才得返乡,并且在他最终返乡后还要在家里遭到祸殃(9.526－536)。

但是,波塞冬阻挡奥德修斯和同伴们返乡的力量是否不可超越,我们对此并不确定。[208]根据奥德修斯向费埃克斯人讲述的历险遭遇,他和同伴们驶离艾奥洛斯的海岛后不久,故乡伊塔卡便进入他们的视野(10.28－30)。根据先知特瑞西阿斯的魂灵的讲述,即使波塞冬愤怒阻挠,奥德修斯和他的(幸存的)同伴们似乎仍有可能安全抵达伊塔卡(11.100－109)。但是可以确定的是,奥德修斯确实犯下许多错误,这些错误导致他和同伴们的返乡航程遭遇危险和延搁。①

奥德修斯跟费埃克斯人讲述冒险经历时,并没完全做到实事求是,他有意隐瞒了自己犯下的错误,强调那些他眼里的成功之举,而且他掩饰得如此巧妙,他的错误很难有人觉察得到。② 例如,奥德修斯从特洛

---

① 据费尔森和斯拉特金所述,"奥德修斯失去了所有同伴,只身一人返回家乡,他没能团结同伴们,保护他们返乡,(总之)他不是一个成功的领袖"(Nancy Felson and Laura Slatkin,"Gender and Homeric Epic",p.104)。

② 沙因认为,"奥德修斯擅长说谎,《奥德赛》的整体氛围也是伪装和欺骗,这二者构成了《奥德赛》的鲜明特点。《奥德赛》跟《伊利亚特》不同,读者或听者要对诗中人物讲述的故事时刻保持警惕"(Seth L. Schein,"Introduction",in Reading the Odyssey,p.18)。关于奥德修斯的讲述,格里芬评论道:"这些水手的故事,谁知道里面有多少真实成分呢?"(Jasper Griffin,"The speeches",p.159)另参 Seth Benardete, Achilles and Hector:The Homeric Hero, pp.63－64,82;Laura M. Slatkin,"Composition by Theme and the Mētis of the Odyssey",pp.231－232。

亚启程返乡开始讲起,讲述他们首先攻陷了基科涅斯人的城市,然后,奥德修斯敦促同伴们立即撤退,可是这些"蠢货"拒绝听从他的劝告(9.43-44),等到基科涅斯人反击时,奥德修斯和同伴们只有落荒而逃(9.39-61)。奥德修斯没有解释他当初为什么没直接返乡,却决定去袭击基科涅斯人(他们是特洛亚的盟友——《伊利亚特》2.846),也没解释他的手下为什么能在过去十年愚蠢地无视自己的领袖所下达的命令。不过,奥德修斯通过他的讲述暗示,他们跟基科涅斯人的战斗相对而言不是什么大事,因为他只用了二十二个诗行就讲完了这段故事,而他却用了四百六十三个诗行讲述遭遇独目巨怪的故事(《奥德赛》9.104-566)。奥德修斯总共有六名手下死在独目巨怪手中,基科涅斯人却让他的每一艘船都失去了六名手下。① 那么,基科涅斯人一共杀死奥德修斯多少名手下呢? 当时奥德修斯一共有多少艘战船? 奥德修斯起初没有讲,但在约一百个诗行之后,他透露自己当时共有十二艘船(9.159)。[209]虽然奥德修斯有意遮掩,但我们仍可以依此推断,基科涅斯人给奥德修斯造成了极其严重的损失——共有七十二名手下丧生,这是遭遇独目巨怪时丧生人数的十二倍。这起事件让我们对奥德修斯进攻基科涅斯人的决策以及他在长期追随自己的同伴们心中建立信任和信心的能力产生了怀疑。奥德修斯在讲述时模糊其词,没有明确说明他的损失有多严重,以至于让人以为他和同伴们在独目巨怪那里遭受的损失跟他们在对阵基科涅斯人的惨败中遭受的损失一样大。奥德修斯只用两个诗行就讲完了两次历险之后同伴们的悲痛心情(9.62-63,9.565-566)。独目巨怪的故事诚然值得特别关注,奥德修斯也确实承认自己当时犯下过错(9.228-230;对比9.491-501)。奥德修斯当然也(有理由)为自己智胜巨怪感到自豪。所以,无论在费埃克斯人那里,还是在其他场合,奥德修斯都反复强调这次历险,并巧妙

---

① 9.287-291,9.310-314,9.343-344,9.60-61。

掩饰他在基科涅斯人那里的血腥遭遇。①

奥德修斯和手下们在陆地上遭遇的最大灾难发生在莱斯特律戈涅斯人的土地上。在那里，奥德修斯的十二艘船有十一艘被成千上万的食人巨怪摧毁。这个故事情节让人对奥德修斯的审慎以及他对手下人的感情产生了严重怀疑。他为什么登上这个海岛？他为什么把自己的船泊在海上，却派遣十一艘船驶入只有一条狭窄出口的港湾？如果他已经察觉到危险，那他为什么还要登岛？为什么还要派船只驶入港湾？如果他没察觉到危险，那他为什么把自己的船停在港湾之外？② 奥德修斯又一次对灾难三缄其口，他只用五十三行来讲述这一段经历，要知道他接下来用（仅卷十而言）四百三十二个诗行描述他在基尔克海岛上逗留的经历（10.80 – 132, 10.133 – 574）。奥德修斯此时照样闪烁其词，闭口不谈他在莱斯特律戈涅斯人那里遭到的重创。根据奥德修斯后来的讲述，他自己的船这时共剩四十六名水手（10.203 – 209），加上他自己的船在独目巨怪岛上损失的六名水手，他的船在出发时应该有五十二名水手。[210] 假如出发时每艘船上的人数相等，我们可以推断，他在莱斯特律戈涅斯人那里丧失了 572 名水手（11 × 52），这远远超过《奥德赛》任何一场历险的死亡人数，甚至超过《伊利亚特》任何一场战役造成的损失。然而，奥德修斯却对这场灾难轻描淡写，一味高歌自己在基尔克海岛上的最终胜利（另参 9.29 – 33）。

---

① 参 9.413 – 414, 9.473 – 479, 9.500 – 505, 9.522 – 525, 10.431 – 442, 12.209 – 213, 23.312 – 313；另参 20.18 – 21。奥德修斯后来告诉佩涅洛佩，他"征服"了基科涅斯人，他的意思可能是他攻陷了对方的城市，但他却向佩涅洛佩隐瞒了自己惨败以及手下人被对方"征服"的事实。对比 23.310 和 9.58 – 59。

② 伯纳德特甚至认为，奥德修斯此时的行为属于"失误"（Seth Benardete, *Achilles and Hector: The Homeric Hero*, p. 114）。鲍洛金（Bolotin）指出，奥德修斯此时的行为"或许最有力地证明了他是个一心只想让自己活下来的自私之徒，最起码可以说明他无视同伴们的死活"（David Bolotin, "The Concerns of Odysseus: An Introduction to Homer's *Odyssey*", p. 48）。

奥德修斯特别强调,同伴们在两次历险中犯下过错,以至于未能幸存。一次发生在他们离开艾奥洛斯的海岛之后,另一次发生在特里那基亚海岛。他的同伴们两次都在即将抵达伊塔卡时犯错,结束了返乡的航程。但是这些过错同时凸显了奥德修斯能力上的缺陷,也就是说,他没能让手下人对他产生信任和信心,这个缺陷在他们遭遇基科涅斯人时就已经显露出来。

奥德修斯和同伴们离开基科涅斯人之后,在遭遇莱斯特律戈涅斯人的灾难之前,来到艾奥洛斯的海岛。在那里,艾奥洛斯送给奥德修斯一个装满风的魔法口袋,用来把握十二艘船的航向。奥德修斯成功引领船队朝着家乡伊塔卡的方向航行了九天,但正值他和手下们驶入伊塔卡海岛的地平线时,一直亲自掌管风袋的奥德修斯却睡着了。他的手下误以为奥德修斯把从特洛亚掠来的金银财宝装在这个袋子里,打算据为己有。于是,他们打开风袋,里面刮出来的风暴把他们吹回了艾奥洛斯那里,而此时的艾奥洛斯惊恐万分,再也不肯帮助他们。奥德修斯特别强调手下人的愚蠢和自己的无辜,他说:

>他们的愚蠢使我们遭毁灭……同伴们的坏主意得到了赞同……我无辜的心灵反复思索……我回答……"可恶的同伴们坏了我的事"。(10.27,46,50,68)

由此可见,奥德修斯的手下无端对他产生怀疑,奥德修斯也无端怀疑自己的手下。他究竟为什么不能向手下人透露风袋的秘密,甚至跟他们轮流掌管风袋呢?难道他想不到自己会需要睡觉,从而需要他们的帮助吗?奥德修斯对手下人的不信任可能是因为他们曾经非常愚蠢地拒绝离开基科涅斯人的土地,结果遭到对方的反击。可是,他的手下们在独目巨怪的历险中已经变得更为谨慎,他们不仅敦促奥德修斯趁独目巨怪回来之前离开洞穴,还在逃离后劝他不要叫喊。返乡既是奥德修斯的强烈诉求,也是他们的强烈诉求。奥德修斯对手下们的怀疑似乎有些不可理喻,而且他的怀疑给所有人都带来了糟糕的后果。

[211]再退一步讲,哪怕奥德修斯完全有理由怀疑自己的手下们,①他怎么会跟这些同伴一起待了十年,却仍然找不到一个朋友或手下在忠诚或判断力方面让他信得过呢?在《伊利亚特》里,战争双方只要有指挥官负伤,总可以找到能干的副指挥官或战友顶替。② 阿基琉斯派遣米尔弥冬人上战场时,便把指挥权全部交给了帕特罗克洛斯,还任命了五个人辅佐左右(《伊利亚特》16.64 - 82,168 - 197)。就连年轻的特勒马科斯也有"忠实的同伴"佩赖奥斯,佩赖奥斯曾随特勒马科斯一同驶往皮洛斯,他"最听从"特勒马科斯的命令,特勒马科斯甚至可以托付他把自己的客人——逃亡的预言师特奥克吕墨诺斯——带回家(《奥德赛》15.539 - 541)。相比之下,奥德修斯却找不到一个值得信任的伙伴替他看管几小时风袋。

尽管奥德修斯的手下们怀疑奥德修斯有意私吞财宝纯属无中生有,但他们对奥德修斯领导能力的怀疑却并非完全没有道理。首先,他们有理由认为,正因为奥德修斯愚蠢的好奇心和莽撞,六名同伴才会在独目巨怪的地盘上丧生,之后奥德修斯又不计后果地炫耀自我和宣泄愤怒,结果差点船毁人亡。正如后来欧律洛科斯在基尔克岛上所言,"由于他的过错,同伴们(在独目巨怪的洞穴里)丧失了性命"(10.437)。此外,奥德修斯显然没跟手下人商量便决定在艾奥洛斯的宫殿逗留一个月,他这样决定只是因为艾奥洛斯"亲切招待我,细细询问我关于伊利昂、阿尔戈斯船队和阿开奥斯人归返的事情"(10.14 - 15,强调为本书作者标注)。所以,如果手下们对奥德修斯这位领袖的判断力和人品产生怀疑,难道不也是很正常的现象吗?

从总体情况来看,奥德修斯的手下们也有理由怀疑奥德修斯究竟

---

① 迪莫克认为,此时的同伴们根本不值得信任(George E. Dimmock,*The Unity of the* Odyssey,pp. 120 - 122)。

② 参,例如,5.655 - 691,11.264 - 335,11.369 - 501,11.565 - 594,13.306 - 575,14.440 - 522,16.394 - 428。

在多大程度上关心他们的安危。如前文所述,他们抵达莱斯特律戈涅斯人的领域后,奥德修斯派十一艘船驶入海港,却显然为了以防万一,把自己的船只停在港外。尽管奥德修斯偶尔也会表达对手下人的感情,尤其当手下人遭遇磨难时,他也会悲痛不已(10.375 – 405),但令人惊讶的是,他在整个讲述过程中只提到四位手下的名字。我们从没见奥德修斯提起任何一个死在基科涅斯人、莱斯特律戈涅斯人、斯库拉或独目巨怪手中的同伴姓名,[212]尽管荷马本人提起过其中一个被独目巨怪波吕斐摩斯吞掉的人的名字——安提福斯(2.17 – 20)。

就连奥德修斯提到的那四个名字,也无不说明奥德修斯与同伴们之间显而易见的冷漠关系。用奥德修斯的话说,波利特斯在"同伴中他最令我喜欢,也最善解人意",但在整部诗歌里,奥德修斯只提到他这一次(10.224 – 225)。埃尔佩诺尔在基尔克海岛上因醉酒意外而死,当奥德修斯在哈得斯的冥界见到他时流下了同情的泪水,但是奥德修斯对同伴如此忽视——此时他们只剩下四十五个人——以至于起码有整整一天的时间他都不知道自己的手下少了一位(10.550 – 560,11.51 – 58)。① 奥德修斯提到佩里墨得斯的名字两次,但是没对他作任何具体描述(11.23,12.195)。

还有一位是欧律洛科斯,他既是奥德修斯的重要参谋,又是他的姻亲,其重要性远在其他同伴之上,然而奥德修斯却说他是个恶棍,说他曾在基尔克海岛上严厉批评奥德修斯,并在特里那基亚海岛上发动叛变,最终把同伴们引上了毁灭之路。② 值得一提的是,欧律洛科斯在基

---

① 奥德修斯在离开基尔克海岛去往冥界之前,很可能已经知道了埃尔佩诺尔死亡的消息。如果是这样,他不为埃尔佩诺尔举行葬礼便是有过失的(11.51 – 80)。埃尔佩诺尔(译注:他的魂灵)认为,他无论如何都要威胁奥德修斯埋葬自己的尸体(11.71 – 76)。

② 参 George E. Dimmock, *The Unity of the* Odyssey, pp. 129 – 130,171;Said 2011,239。参克罗迪更为恰当的评论(Kevin Crotty, *The Poetics of Supplication*: Homer's Iliad and Odyssey, pp. 149 – 150)。

尔克海岛对奥德修斯的批评并非毫无道理。① 奥德修斯及手下们抵达这座海岛时,已有七十二人在基科涅斯人那里丧生,六人被独目巨怪吞食,五百七十二人死在莱斯特律戈涅斯人的手里。奥德修斯看到基尔克海岛上有人烟迹象,不顾惊恐万分的同伴们阻止,派出一支由二十三人组成的小队,命令其中的欧律洛科斯率领小队上岛探查。欧律洛科斯率领同伴们来到热情好客的神女基尔克的宅邸后,因为疑心可能会有阴谋而选择一个人留在了门外(10.232)。当他发现同伴们消失不见后(因为基尔克施展魔法把他们变成了牲畜),立即回到奥德修斯那里报告所发生的一切,并请求奥德修斯逃离该地(10.244-269)。奥德修斯却决定亲自动身去找基尔克。因为有了天神赫尔墨斯的帮助,奥德修斯最终征服神女,救出同伴们。但要知道,奥德修斯的同伴们此前刚经历重重磨难,奥德修斯也根本无从得知赫尔墨斯会出面相助,在这种情况下贸然前往显然是愚蠢且不负责任的举动,[213]因此,欧律洛科斯建议奥德修斯逃离海岛是有道理的。后来,奥德修斯又回到同伴们那里,没作任何解释就用一副不容商量的口气要他们一同前往基尔克的住处。欧律洛科斯表示反对,并让同伴们想想奥德修斯在独目巨怪岛上的莽撞冒失,欧律洛科斯此时的反对同样是有道理的(10.406-437)。然而,奥德修斯却勃然大怒,要不是因为其他同伴阻止,他将会砍下欧律洛科斯的脑袋(10.438-445)。

  欧律洛科斯的故事表明,阿基琉斯和奥德修斯与同伴的关系形成鲜明对比。首先,如果把全部阿开奥斯人看作阿基琉斯广义上的朋友,阿基琉斯跟他们之间的关系看上去确实更加糟糕。《伊利亚特》开场后不久,阿基琉斯差点杀死阿伽门农。尽管阿基琉斯看似真诚地表示,自己喜爱阿开奥斯人当中的安提洛克斯、埃阿斯和奥德修斯,他却依然祷告宙斯惩罚全部阿开奥斯人。② 然而,如果只把阿基琉斯的同胞米

---

① Cf. Seth Benardete, *Achilles and Hector: The Homeric Hero*, p. 90.
② 1.188-195,1.407-412,9.192-204,23.555-557。

尔弥冬人看作他的朋友,那么他跟朋友们的关系显然比奥德修斯跟伊塔卡的追随者之间的关系要亲近得多。很显然,阿基琉斯深爱这两位家乡的朋友——帕特罗克洛斯和福尼克斯,他也从来没跟任何一位米尔弥冬人产生激烈争执或对抗(18.80–82,9.606–616)。此外,阿基琉斯最爱的两位朋友帕特罗克洛斯和福尼克斯也是他最具独立见解的朋友,他们曾经当面严厉批评阿基琉斯(16.29–35,9.496–523)。相比之下,奥德修斯显然没跟任何一位同伴发展出真诚的友谊,欧律洛科斯在他的同伴当中最具独立见解和理性,但他却是最令奥德修斯讨厌的家伙。①

奥德修斯的同伴们在特里那基亚海岛上的彻底毁灭十分清晰地表明奥德修斯作为领袖的失职,这个情节尤为清楚地揭示奥德修斯对手下人的怀疑如何引发了极其悲惨的后果。奥德修斯独自一人从基尔克那里得知,他和同伴们必须经过六头海怪斯库拉才能最终抵达伊塔卡,这头怪物将掠走他的六个同伴,接着他们会路过特里那基亚海岛,在那里,他们绝不能吃食那些属于太阳神的神圣牛羊(12.85–142)。[214]奥德修斯得知这一切之后,对手下们宣布说:

> 朋友们,不应该只有一两个人知道,神女中的女神基尔克对我预言的事情,因此我现在向你们说明,这样你们也清楚之后,我们或许可以免于死亡,逃脱毁灭。(12.154–157,[译按]据本书原文对王焕生译文略作修改)

然而,奥德修斯一边声称要把真相全部告诉同伴们,一边却拿谎言

---

① 参 Richard S. Ruderman, "Love and Friendship in Homer's *Odyssey*", pp. 36,39; John Alvis, *Divine Purpose and Heroic Response in Homer and Virgil: The Political Plan of Zeus*, p. 93. 劳伦斯(T. E. Lawrence)甚至认为奥德修斯是"冷血的利己主义者"(T. E. Shaw [T. E. Lawrence], *The Odyssey of Homer*, New York: Oxford University Press,1932,iii)。

欺骗这些人,他隐瞒了基尔克关于斯库拉和特里那基亚的启示。奥德修斯在讲述这段经历时为自己的欺骗辩解说,他担心同伴们心生恐惧,后退不前而致使返乡计划失败(12.222-225)。无论奥德修斯的担心多么合理,他的无耻谎言一旦被揭穿——也不可避免会被揭穿——同伴们对他仅存的那一点信任便会荡然无存。

首先,同伴们在没得到领头人任何警告的情况下,亲眼目睹怪物斯库拉掠走和吞食了六个同伴——"他们呼喊着,一面可怕地挣扎,把双手向我伸展"(12.256-257)。并且,奥德修斯早在斯库拉发起攻击之前就已经把自己武装起来,他却并没让手下人武装起来,这一做法肯定会让手下人产生怀疑,认为奥德修斯早已知道怪物有致命危险,然而却有意向他们做了隐瞒(12.225-233)。因此,他们在船只驶离斯库拉之后,立刻就会明白奥德修斯撒了谎,他们可能还会出于人之常情觉得奥德修斯为了个人安危不顾他们的死活(对比12.108-110)。① 当他们的船只离开斯库拉,抵达特里那基亚海岛之后,奥德修斯说出了基尔克和特瑞西阿斯两人的预言,那就是,只要他们在路过这个海岛时不宰食这里的牛羊,他们就能最终回到家乡。然而,奥德修斯的手下们此时已心灰意冷,满腹疑虑,自然难以从命(12.270-294)。手下们坚持要登上海岛,奥德修斯的反对不够坚决,没能成功阻止他们。接下来,狂风把他们困在海岛上整整一个月,所有人都处在饿死的边缘。奥德修斯此时并没跟同伴们在一起,可想而知,他们开始宰杀牛群。② 最终,在他们离开海岛之后,宙斯接受太阳神的请求摧毁了船队和所有人,只留下奥德修斯漂流到奥古吉埃岛,得到神女卡吕普索的照顾(12.295-453)。

---

① 关于奥德修斯此时的举动"主要是为手下们着想"的观点,参 David Bolotin,"The Concerns of Odysseus: An Introduction to Homer's *Odyssey*",pp. 50-51。

② Cf. David Bolotin,"The Concerns of Odysseus: An Introduction to Homer's *Odyssey*",p. 48。

荷马的讲述表明,奥德修斯不是一位称职的领袖,他的过错给自己和手下人招致了灾难。首先,[215]奥德修斯有时判断力极其糟糕,最明显的一次是他决定在独目巨怪的洞穴逗留,逃离后又向独目巨怪透露姓名,从而给自己和同伴招来波塞冬的怒火。此外,奥德修斯显而易见且莫名其妙地不相信自己的手下人,并且对手下人表现得相当——同样显而易见——冷漠无情,因而不能唤起手下人的信任和忠诚。因此,他们在离开艾奥洛斯之后和到达特里那基亚海岛之后,都遭到深重的灾难。由此看来,奥德修斯应该为同伴们的死亡和自己返乡航程的延搁承担相当一部分甚至是最主要的责任。① 当伊塔卡人安提诺奥斯的父亲欧佩特斯得知奥德修斯只身一人回到伊塔卡的家中并屠杀了所有求婚人时,他言辞尖锐又不无道理地说:

> 朋友们,想那奥德修斯对阿开奥斯人恶贯满盈,用船只载走无数的勇士,结果丧失了空心船,也丧失了军旅,他归来又杀死这许多克法勒涅斯显贵。(24.426-429)②

正如欧佩特斯所言,因为奥德修斯的过错,那些已经丧生的同伴们的家人遭受到沉重苦难。奥德修斯的过错也给自己的家人带去了苦难,他们不仅因为他离家在外而受苦,而且他们对他的命运一无所知,

---

① Cf. John Alvis, *Divine Purpose and Heroic Response in Homer and Virgil: The Political Plan of Zeus*, pp. 86 – 87; Seth L. Schein, "Introduction", in *Reading the Odyssey*, p. 30.

② 豪伯德(Haubold)认为,"欧佩特斯的看法一点也不荒谬,相反,他表达了一种不同于主流的认识,这种认识合情合理,自然朴素。对这种认识加以抵制的事实本身恰恰说明它让人信服。这位发表反对奥德修斯的奥德赛论的讲话人被称作'善辩者',也一定不是偶然"(Johannes Haubold, *Homer's People: Epic Poetry and Social Formation*, Cambridge: Cambridge University Press, 2000, p. 108)。据伯纳德特评论,欧佩特斯在此处的讲话"雄辩有力,无可辩驳"(Seth Benardete, *Achilles and Hector: The Homeric Hero*, p. 10)。

他的儿子因此又多了一个没有父亲陪伴的十年,①他的父亲拉埃尔特斯为他而消瘦憔悴,②他的母亲因为儿子迟迟不归悲伤过度而死,他的妻子不仅想念他,渴望他的保护,并且不确定如果再嫁会不会遭到他的报复(11.181 – 203,23.213 – 224)。③那些求婚人当然该为奥德修斯的家人所遭受的苦难承担很大一部分责任,奥德修斯理当对他们充满愤怒。但是,因为奥德修斯本人对返乡延搁负有很大一部分责任,[216]他也该为家人遭受的苦难承担很大一部分责任,因此,我们对于面对求婚人时怒不可遏的奥德修斯,至少会收敛一部分同情。④

奥德修斯归家的渴望究竟多么迫切?

有人可能认为奥德修斯在诗歌末尾怒杀求婚人的行为完全是因为他深爱自己的家人,而回家的愿望又太久没能得到实现。是的,奥德修斯犯下过错,导致同伴们遭遇毁灭,并且导致自己跟家人和故乡分离了又一个十年。因此,奥德修斯不仅伤害了同伴和他所爱的人,他也伤害

---

① 参 Kevin Crotty, *The Poetics of Supplication: Homer's Iliad and Odyssey*, pp. 115 – 116。

② 因为上述及其他原因,本人不同意伯纳德特的奇特看法,他认为奥德修斯在前往特洛亚之前篡夺了自己父亲的王位(Seth Benardete, *Achilles and Hector: The Homeric Hero*, p. 4;另参页 111 – 112)。

③ 关于佩涅洛佩所处境况的不确定性和危险性,参 Nancy Felson – Rubin, *Regarding Penelope: From Character to Poetics*, pp. 15 – 16, 19 – 20, 56; Nancy Felson – Rubin, "Penelope's Perspective: Character from Plot", in *Reading the Odyssey*, ed. Seth L. Schein, Princeton: Princeton University Press, 1996, pp. 165 – 166; Nancy Felson and Laura Slatkin, "Gender and Homeric Epic", p. 107。另参 Marilyn Katz, *Penelope's Renown: Meaning and Indeterminacy in the Odyssey*, Princeton: Princeton University Press, 1991, pp. 80 – 93。

④ 参 David Bolotin, "The Concerns of Odysseus: An Introduction to Homer's Odyssey", p. 51; Richard S. Ruderman, "Love and Friendship in Homer's Odyssey", p. 47。

了渴望回家的自己。那么,当这个历经磨难之人,在遭遇这么多挫折,特别是忍受跟亲爱家人长久分离的苦痛之后,回到家乡时看到那些肆无忌惮的迫害者,难道不会怒不可遏吗?他内心燃烧的怒火不正说明他挚爱自己的家人,为自己这么久没能回来保护家人而深感懊恼吗?①

但是,我们是否可以就此认为奥德修斯一心渴望回到伊塔卡?他对家人的爱和忠诚是否毫无保留?他是否对探查遥远陌生的海岛不感兴趣?他的理性——对智慧的热爱——是否不会促使他探访有许多人居住的城市,了解这些人的想法,甚至不惜牺牲他和同伴们的回家之旅?

有人或许认为奥德修斯虽然幸存下来,回到家乡打败了敌人,但他仍是返乡之旅遭到延搁的主要受害人。正如雅典娜和奥德修斯本人反复强调的那样,奥德修斯被迫蒙受了十年苦难,因为远离家人和故乡而日益憔悴。②荷马在诗歌一开场便把奥德修斯描绘为一个思乡的流浪者,"他在广阔的大海上身受无数的苦难……他深深怀念着归程和妻子"(1.4,13)。[217]雅典娜向她的父亲宙斯强调说,奥德修斯在卡吕普索的小岛上"久久远离亲人遭不幸"(1.48-50)。荷马本人这样描述卡吕普索海岛上的奥德修斯:

> 他正坐在海边哭泣,像往日一样,用泪水、叹息和痛苦折磨自己的心灵。(5.83-85)

与此同时,荷马在此处的巧妙描写引导我们再次思考我们对奥德

---

① 海特曼认为,"奥德修斯当然渴望回家"(Richard Heitman, *Taking Her Seriously: Penelope and the Plot of Homer's Odyssey*, p. 9)。赛义德表示,"奥德修斯从没忘记伊塔卡"(Suzanne Saïd, *Homer and the Odyssey*, p. 277)。迪莫克认为,奥德修斯即使在基尔克海岛上时也没忘记伊塔卡,同伴们曾在海岛上特意提醒他,他们渴望回家(George E. Dimmock, *The Unity of the Odyssey*, p. 131)。用克罗迪的话说,"家人是《奥德赛》里的奥德修斯所有渴望的焦点"(Kevin Crotty, *The Poetics of Supplication: Homer's Iliad and Odyssey*, p. 211)。

② 1.48-59, 5.7-17, 7.151-152, 7.211-225, 7.241-260, 8.154-157, 8.477-478, 9.21-38。

修斯的最初印象。我们对《奥德赛》的研究越深入,我们便越是怀疑奥德修斯是否一直热切盼望回家。奥德修斯没有像涅斯托尔、狄奥墨得斯、伊多墨纽斯、阿伽门农和墨涅拉奥斯一样径直返乡。① 他先是中止航程去攻打基科涅斯人的城市(9.39-40),接着又停下来去探查洛托法戈伊人的土地,并且更加广泛地探查独目巨怪的领地(9.87-90,9.166-196)。然后,他在艾奥洛斯那里自愿度过了一个月的时间(10.14-15)。最不可思议的是,他在基尔克海岛上与神女同床共枕,自由快乐地度过了一年的时光(10.467-471;参10.333-347,10.476-482),②要不是同伴们催促他为回家做打算,奥德修斯肯定会继续逗留些日子,同伴们说:"糊涂人啊,现在是考虑回乡的时候。"(10.472)虽然我们在诗歌开篇处看到奥德修斯在卡吕普索的小岛上流泪,但荷马随即用下面的动人语句解释了他流泪的原因:"因为神女不再令他感到欢愉。"(5.153,强调为本书作者标注)那么,奥德修斯在岛上的八年时间,卡吕普索曾经令他愉悦了多久?她是不是跟另一位神女基尔克一样,令他感到同样强烈且同样长久的欢愉?即使此刻的他流了好久的眼泪,他仍然跟卡吕普索——用荷马的话说——"享受欢爱"(5.227,)。据荷马所述,当他跟卡吕普索在一起时,"神女曾对他如对神明般地体贴"(8.450-453)。由此可见,在一段我们不确定其长短的时间里,奥德修斯十分享受跟卡吕普索共度时光,就像他曾经很享受跟基尔克共处一样。③ [218]总之,奥德修斯跟基尔克、艾奥洛斯共处时好像并没

---

① 3.130-192,3.276-303,4.351-352,4.495-521。

② 荷马暗示,拉特尔特斯跟奥德修斯不同,他很想跟年轻的欧律克勒娅同榻共眠,但他从没采取行动。"他在家里对待她如同对待贤惠的妻子,但没碰过她卧榻,免得妻子生怨气。"(1.428-433)参 Seth Benardete, *Achilles and Hector:The Homeric Hero*, pp. 151-152。

③ 参 Richard S. Ruderman, "Love and Friendship in Homer's *Odyssey*", p. 37. 就连迪莫克也承认,奥德修斯"起初""喜欢"卡吕普索和她周围的环境(George E. Dimmock, *The Unity of the Odyssey*, pp. 66-67)。另参 Jean-Pierre

盼望回家,他跟卡吕普索共处的某段时光里也没想着回家。

实际上,奥德修斯在《伊利亚特》和《奥德赛》的大部分时间里都对家人好像有一种生疏感。阿基琉斯谈起自己对父亲的牵挂时非常感人,《伊利亚特》里的奥德修斯却从未提起自己的父亲、妻子或母亲,他只顺带①提到自己的儿子两次。② 奥德修斯在《奥德赛》卷十一向费埃克斯人讲述自己从基尔克岛去往哈得斯的旅程时,才第一次提起父母和儿子(66 - 68,84 - 87,170 - 179),他从来没提起过自己的妹妹(参15. 352 - 370)。奥德修斯跟母亲在哈得斯冥界的见面十分鲜明地表现了他对家人的情感与家人对他的情感之间的不对等。奥德修斯确实讲述说,当他见到十多年未见的母亲安提克勒娅的魂灵时,"我见她前来,心中怜悯,潸然泪下"(11. 87)。但是当奥德修斯讲述见到死去的同伴埃尔佩诺尔的感受时,他竟然说了一模一样的话。要知道,埃尔佩诺尔刚死于前一天,且奥德修斯显然并不怎么在意埃尔佩诺尔的死亡(11. 55)。此外,奥德修斯很轻易便克制住了对母亲的情感,只待先询问过特瑞西阿斯的魂灵自己怎样可以抵达伊塔卡之后,才让母亲的魂灵上前来(11. 88 - 89)。接下来,我们从安提克勒娅的口中得知,佩涅洛佩"内心忍受着煎熬,凄凉的白天和黑夜一直把她摧残,令她泪流不止",奥德修斯的父亲拉埃尔特斯"心中无限悲愁,盼望你为儿能归返",而安提克勒娅自己"是因为思念你,光辉的奥德修斯啊,因为渴望

Vernant, "The Refusal of Odysseus", in *Reading the Odyssey*, ed. Seth L. Schein, Princeton: Princeton University Press, 1996, p. 189。伯纳德特认为,在《奥德赛》"迷宫"的"核心""有两个神秘事件,一个是跟卡吕普索一起度过七年的神秘时光,另一个是第二次驶向一个对海洋一无所知的民族。这两次经历……定义了奥德修斯和《奥德赛》"(Seth Benardete, *The Bow and the Lyre*, p. 38)。

① 伯纳德特认为,"奥德修斯跟阿基琉斯最大的不同在于跟父亲之间的关系"(Seth Benardete, *Achilles and Hector: The Homeric Hero*, p. 150)。

② 2. 260,4. 354;对比 18. 329 - 332,24. 533 - 542。

你的智慧和爱抚夺走了甜蜜的生命"。① 在诗歌的这一部分,一边是安提克勒娅催人泪下地讲述奥德修斯的家人如何在煎熬中企盼他归来,一边是奥德修斯承认(约三百诗行之前)自己花了一整年的时间留恋于基尔克岛,全然忘记了自己的家人,这一段对比突出表现了奥德修斯对待家人相对而言比较冷漠(11.50－203,10.467－474)。

卷十一同样在奥德修斯对家人的冷淡和阿基琉斯对家人的挚爱之间做了颇有启发意义的对比。奥德修斯非常简短地询问母亲"我的父亲和被我留下的儿子的情形"之后,[219]便转而询问是否有人抢夺了他的财产和妻子。相比之下,阿基琉斯首先询问奥德修斯,自己的儿子涅奥普托勒摩斯是否在特洛亚战场身先士卒,然后非常详细地打听父亲佩琉斯的消息,"他在米尔弥冬人的各城邦继续受尊敬,还是在赫拉斯和佛提亚人们已不敬重他,由于年龄高迈,双手双脚已不灵便"(11.174－179,11.492－497)。阿基琉斯接着哀叹自己留下父亲一人在世,不能保护他不受敌人的伤害(11.498－503)。当奥德修斯告诉他,涅奥普托勒摩斯在特洛亚英勇善战并最终安全脱险时,阿基琉斯——据奥德修斯所述——"听说儿子很出众,心中充满了喜悦"(11.538－540)。奥德修斯对家人的关心跟他对王位和婚姻的关注密切相关,阿基琉斯却更为无私地关心家人的安危以及父亲和儿子的荣誉,他的关心里掺杂着懊悔(奥德修斯从未有过懊悔),尤其懊悔自己不在父亲身边,让他受到了伤害。

奥德修斯最终回到伊塔卡后,仍然在很大程度上抑制着自己对家人的感情。他压抑了自己想要第一时间见到家人的冲动。即使在见到儿子、妻子和父亲之后,他仍然坚持隐瞒自己的身份。奥德修斯回到家乡时,已是离家二十年之后,他当然有理由保持警惕。首先,求婚人就在现场;其次,阿伽门农就是遭遇矢忠的妻子及其情人所害。然而,奥

---

① 11.181－183,11.195－196,11.202－203。[译按]据本书原文对王焕生译文做了结构上的调整。

德修斯曾对妻子不忠,并且在离家很长一段时间内对家人比较冷淡,这不禁让我们怀疑奥德修斯此时的情感克制是否源于他对家人的情感原本就没有那么强烈。例如,特勒马科斯和欧迈奥斯会急切地想要向忧心忡忡的拉埃尔特斯报告特勒马科斯安全归来的消息,奥德修斯却截然不同,虽然他从母亲那得知父亲拉埃尔特斯因他而伤心欲绝——因儿子命运未卜,渴望儿子归来而深受折磨,他却没有想办法去看望父亲,也没派人给父亲报信(16.135-153)。当奥德修斯终于在二十年后见到蒙受了无数折磨的父亲时,他确实流下了眼泪,但他与此同时却仍要进一步试探父亲对他的爱有多深。仅仅为了满足自己的好奇心,或者还有虚荣心,奥德修斯对父亲进行了相当长时间的试探,这份试探又给他的父亲增添了心灵上的折磨(24.226-317)。①

[220]至于特勒马科斯,奥德修斯二十年前离家时他还是个婴儿。奥德修斯终于向儿子说出真实身份的那一刻,他也确实泪流不止,"他亲吻自己的儿子,泪水涌流,滴落地面,到现在他一直控制着自己"(16.190-191)。但是,奥德修斯是在雅典娜的敦促之下才向儿子表明身份的。荷马对奥德修斯时隔二十年后首次见到儿子的描述十分巧妙,我们从中进一步了解到奥德修斯的为人。当时,特勒马科斯刚从皮洛斯和斯巴达航行数周回来,他在牧猪奴的农舍见到了牧猪奴欧迈奥斯和乔装打扮的奥德修斯。荷马在此处运用了一个非常生动的比喻:

> 有如父亲欣喜地欢迎自己的儿子,儿子历时十载远赴他乡终回返,独子多娇惯,父亲为他无限担忧愁;高贵的**牧猪奴**也这样把他全身吻遍,拥抱逃脱了死亡的神样的特勒马科斯。(16.17-21,强调为本书作者标注)

---

① 参 David Bolotin, "The Concerns of Odysseus: An Introduction to Homer's *Odyssey*", p. 55. 对此时的奥德修斯的辩护,参 George E. Dimmock, *The Unity of the Odyssey*, pp. 329–330。

荷马起初让读者误以为,这个比喻形容的是奥德修斯对儿子发自心底的爱,但荷马随即表明这个比喻形容的并非奥德修斯对儿子的爱,而是欧迈奥斯对特勒马科斯的伟大的爱。荷马要我们想象奥德修斯对儿子无以言表的爱究竟会有多么强烈。

那么,佩涅洛佩呢?奥德修斯尤其严格地克制自己对佩涅洛佩的情感。奥德修斯到达伊塔卡后,压制了立刻见到妻子的冲动,尽管——如雅典娜所述——"其他人历久漂泊终得如愿返故乡,必定即刻返家看望孩子和爱妻"(13.333 – 334)。奥德修斯时隔二十年第一眼见到妻子时,她正在跟求婚人们讲话。奥德修斯并没像求婚人那样按抑不住自己的爱欲,他抱着欣赏的态度,在一旁思量。"睿智的神样的奥德修斯心中窃喜,因为她向他们索取礼物,语言亲切惑心灵,自己却另有打算。"(18.212 – 213, 18.281 – 283)荷马在描述假扮乞丐的奥德修斯跟妻子第一次对话时,着重强调了他如何娴熟地欺骗流泪的妻子,如何在妻子面前稳稳把控自己的情感:

> 他说了许多谎言,说得如真事一般……奥德修斯心中也悲伤,怜惜自己的妻子,可他的眼睛有如牛角雕成或铁铸,在睫毛下停滞不动,狡狯地把泪水藏住。(19.203, 19.209 – 212)

当然,有人可能认为奥德修斯努力克制他对妻子的强烈爱意,[221]只是因为他担心她已不再爱他,或者担心她不小心把自己的真实身份泄露给求婚者们,帮了倒忙。值得一提的是,奥德修斯控制对妻子的爱欲的能力由来已久。根据十年之前特洛亚战争接近尾声时墨涅拉奥斯的讲述,海伦为了试探特洛亚木马里是否藏有阿开奥斯将士,绕行木马三圈,"模仿阿尔戈斯妻子的声音"逐个呼唤那些最为杰出的英雄的名字(4.277 – 279),狄奥墨得斯、墨涅拉奥斯和安提克洛斯听到爱妻的声音心有触动,想要应答,但奥德修斯显然不为佩涅洛佩的声音所动,及时制止了其他人(4.280 – 289)。奥德修斯在跟基尔克共度的一年时光里,显然把佩涅洛佩忘在了脑后,他跟卡吕普索刚开始在一起的那些日子,似乎同样没记起佩涅洛佩。

但是,奥德修斯和佩涅洛佩最终相认的一幕却令人心酸感动。奥德修斯不仅表示,他清楚地记得自己怎样制作了卧床,还表示一旦有人挪动了卧床,他会多么"懊恼"。他的这些话说明,即使这么多年过后,这张床作为他们婚姻的象征,仍然对他具有无比重大的意义(23.181－182)。跟这一幕相比,似乎所有关于奥德修斯对爱妻情感的质疑都是小题大做、吹毛求疵。① 然而,就在这对英雄夫妻欢喜团圆的时刻,荷马却针对奥德修斯对妻子的感情提出了两个质疑。首先,荷马运用他在描述奥德修斯跟儿子首次会面时使用的技巧,先是打了一个比喻,形容奥德修斯跟妻子的第一次拥抱,他接着话锋一转,写道:

> 他搂住自己忠心的妻子,泪流不止。有如海上飘游人望见渴求的陆地,波塞冬把他们的坚固船只击碎海里,被强烈的风暴和险恶的巨浪猛烈冲击,只有很少飘游人逃脱灰色的大海,游向陆地,浑身饱浸咸涩的海水,兴奋地终于登上陆岸,逃脱了毁灭;佩涅洛佩看见丈夫也这样欢迎她,白净的双手从未离开丈夫的脖颈。(23.232－24,强调为本书作者所标注,[译按]据本书原文对王焕生译文稍作改动)

由于奥德修斯是整部诗歌的焦点,此处使用的比喻又显然跟奥德修斯游上陆地的经历相似——奥德修斯在船只遭宙斯和波塞冬摧毁后,一路游到奥古吉埃、卡吕普索的海岛和费埃克斯人的国土——我们以为荷马终于在高潮时刻让我们见证这位英雄丈夫内心深处对他那位英雄妻子的深情厚爱(12.415－449,5.282－463)。[222]但是,荷马却不肯满足我们的期待,只允许我们瞥进佩涅洛佩的内心。荷马以这种方式加大了我们的疑问:奥德修斯对妻子的感情究竟有多深?

此外,让人惊讶的是,奥德修斯在两人含泪团圆后不久,就向佩涅

---

① Cf. Michael Silk,"The Odyssey and Its Explorations",pp.38－39.

洛佩表示，他还要再次离家。奥德修斯向妻子转述了特瑞西阿斯的魂灵跟他讲的预言——为了平息波塞冬的怒火——奥德修斯必须探寻一处当地居民对海洋一无所知的国土，在那里向海神献上丰厚的祭礼，以传播虔敬波塞冬的信仰(23.248 – 281, 11.101 – 137)。

奥德修斯为什么选择在此刻突然告诉佩涅洛佩，他即将踏上一场显然会历时很久的旅程呢——尽管奥德修斯知道这个消息会让佩涅洛佩心生不快(23.266)？虽然奥德修斯确实告诉妻子，想到要远行他自己也很不高兴(23.266 – 267)，但奥德修斯没有立刻讲述在两人分离的这些年里所发生的事，却选择告诉妻子他很快又要离家，这说明他对于彻底待在家里的前景本能地有一种不安，他甚至可能对下一次历险心怀期待。①

毕竟，如前文所述，奥德修斯在艾奥洛斯岛上时显然并不急着回家；他在基尔克海岛待了一年时间，种种迹象表明他当时并没想起伊塔卡。此外，当特瑞西阿斯的魂灵宣称他必须再次踏上历险旅程时，奥德修斯并没像从前那样悲伤。要知道，当初基尔克告诉他必须去哈得斯一趟的时候，他悲伤欲绝，"她这样说，我听完不禁震颤心若碎，我坐在卧榻上伤心地哭泣，简直不想再继续活下去，看见太阳的灿烂光辉"(10.496 – 498)。这一次，奥德修斯表现得泰然自若，"特瑞西阿斯，定是神明们安排这一切"(11.139)。奥德修斯向佩涅洛佩转述特瑞西阿斯的话时，更换了语句，说特瑞西阿斯要他"前往无数的人间城市漫游"，这说明他想开启一场比特瑞西阿斯所预言的时间更长、范围更广的旅程，他对这场旅程充满期待。② 奥德修斯扮作流浪汉，跟欧迈奥斯

---

① 参 David Bolotin, "The Concerns of Odysseus: An Introduction to Homer's *Odyssey*", pp. 55 – 56。伯纳德特甚至认为，对于佩涅洛佩而言，"奥德修斯将再次离家的消息，决定了她最终对他的接受……如果他不喜欢留在家里，那他肯定不是冒牌货"(Seth Benardete, *Achilles and Hector: The Homeric Hero*, p. 146；另参页 35, 113)。

② 比较 11.121 – 123 和 23.267 – 270，强调为本书作者标注；另参 1.3。

讲话并编造关于自己的传闻时,[223]有过一段有趣的内心独白——经过二十年的战争和漂泊,回到家乡的第一天——他不满足于家庭生活,战争和旅行历险总能让他感到愉悦。首先,他告诉牧猪奴:

> 我当年就是这样作战,却不喜欢干农活和家庭琐事,生育高贵的儿女,我一向只是喜欢配备划桨的战船、激烈的战斗、光滑的投枪和锐利的箭矢,一切令他人恐惧、制造苦难的武器。定是神明使我喜爱这一切,其他人则以种种其他劳作为乐事。(14.222-228)

他接着表示,在特洛亚作战十年返回家园后,"我在家逗留仅一月,同我们的孩子们和高贵的妻子同欢乐,享受丰盈的财富,心灵又迫使我外出航行,前往埃及"(14.244-246)。有人可能会反驳说,奥德修斯此刻谈论的是假想的自我,假想的奥德修斯(pseudo-Odysseus),而不是那个跟亲爱的家人刚刚久别重逢的人。然而,真实的奥德修斯确实经历了十年战争,他确实很享受在艾奥洛斯和基尔克海岛上度过的时光,也很享受在卡吕普索岛上刚开始的那些日子,他也并没对再次离家的前景感到沮丧。无论是真实的奥德修斯,还是他假想的自我,二者都对战争和历险有着某种向往和欢欣,难道不是吗?①

奥德修斯对声名的热爱

如果奥德修斯最重要的志趣不在于对家和家人的渴望,那会在哪里呢?奥德修斯心中的最大愿望似乎是对声名的渴望。奥德修斯离开

---

① 参但丁(Dante)的《炼狱》(Inferno),26.55-142,以及丁尼生(Alfred Lord Tennyson)的诗歌《尤利西斯》(Alfred Lord Tennyson, *Selected Poems*, London: Penguin Classics, 2007, pp. 49-51)。伯纳德特认为,奥德修斯的谎言"暴露了他是怎样一个人"(Seth Benardete, *Achilles and Hector: The Homeric Hero*, p. 107;另参页113)。

卡吕普索的奥古吉埃岛后,船筏已遭波塞冬摧毁,以为"我必遭悲惨的毁灭"。于是,奥德修斯说出了内心最深切的愿望:

> 那些达那奥斯人要三倍四倍地幸运,他们为阿特柔斯之子战死在辽阔的特洛亚。我也该在那一天丧生,接受死亡的命运,当时无数特洛亚人举着锐利的铜枪,围着佩琉斯之子的遗体向我攻击;阿开奥斯人会把我礼葬,传我的英名,可现在我却注定要遭受悲惨的毁灭。(5. 305 – 311)

[224]奥德修斯在临死关头的最大遗憾不是死亡剥夺了他返乡的机会,也不是死亡会导致他亲爱的家人失去他的保护。奥德修斯以为自己将死的时候并没后悔当初离开了奥古吉埃岛,放弃了跟卡吕普索一起长生不老的生活。奥德修斯最大的遗憾在于,如果他孤寂无名地死于风暴之中,他将不能获得战死沙场带来的英名。他渴望的既不是跟家人共享彼此之间的凡人之爱,也不是跟卡吕普索共享永恒的欢愉,他真正渴望的是声名。

同样,当奥德修斯请一位名叫得摩多科斯的费埃克斯人歌唱时,他恳请对方歌唱最令他感到光荣的计谋——攻陷特洛亚的载人木马计(8. 492 – 495)。得摩多科斯演唱这段辉煌故事时,奥德修斯泪流不止,这甚至比跟佩涅洛佩团聚更让他激动。荷马运用一个感人至深的比喻直抒奥德修斯的内心感受:

> 奥德修斯听了心悲怆,泪水夺眶沾湿了面颊。有如妇人悲恸着扑向自己的丈夫,他在自己的城池和人民面前倒下,保卫城市和孩子们免遭残忍的苦难;妇人看见他正在死去作最后的挣扎,不由得抱住他放声哭诉;在她身后,敌人用长枪拍打她的后背和肩头,要把她带去受奴役、忍受劳苦和忧愁,强烈的悲痛顿然使她面颊变憔悴;奥德修斯也这样睫毛下流出忧伤的泪水。他这样流泪,瞒过了所有在座的人们。(8. 521 – 532)

荷马在此处暗示,对声名的热爱是奥德修斯最强烈的情感。奥德修斯就像一个妇女深爱自己高贵的丈夫一样深爱声名。奥德修斯之所以在听到得摩多科斯歌唱他辉煌过去时潸然泪下,是因为他想要创造光荣事迹、赢取更大名声的愿望长久受挫,特别是在奥古吉埃岛上的停留耽搁了那么久,他担心将来再也不能创造光荣事迹了。然后,他就像安德罗马克哀悼赫克托尔的尸体一样哀悼自己雄伟野心的尸体。① 事实上,奥德修斯在卡吕普索的海岛上悲伤流泪,并拒绝了卡吕普索赠予他的永恒生命,[225]就是因为他已在岛上度过八年时光,他渴望回到伊塔卡,或者更确切地说,他渴望离开这座与世隔绝的小岛,到外面更广阔的天地获取声名(比较 8.521 – 531 和 5.81 – 84)。②

奥德修斯对声名的热爱在诗歌的许多地方都有体现。他在向费埃克斯人透露真实身份时宣布:"我就是那个拉埃尔特斯之子奥德修斯,平生多智谋为世人称道,声名达天宇。"(9.19 – 20)③他的声名——成为一个远近闻名的人——在他自己看来,跟他与生俱来的狡诈一样,是他的标签。他犯下致命过错,把姓名透露给独目巨怪,部分目的也是宣

---

① 本人不同意普奇和克罗迪的观点,他们认为奥德修斯"因为怜悯流泪",认为他同情"那些被摧毁的人",因而认为他跟《伊利亚特》里怜悯普里阿摩斯的阿基琉斯有相似之处(Pietro Pucci, *Odysseus Polutropos*:*Intertextual Readings in the* Odyssey *and the* Iliad, p. 222;Kevin Crotty, *The Poetics of Supplication*:*Homer's* Iliad *and* Odyssey, pp. 125,127)。

② 韦尔南(Vernant)指出,"对于奥德修斯来说,在神女的臂弯里享受神圣的永恒,意味着放弃他作为传奇英雄的身份……意味着把有关他的记忆从人们的头脑里抹掉,原本死后会享有的英名也将被剥夺;尽管他依然活着,但他将不得不落入遗忘之海"(Jean – Pierre Vernant, "The Refusal of Odysseus", p. 188)。另参 John Alvis, *Divine Purpose and Heroic Response in Homer and Virgil*:*The Political Plan of Zeus*, p. 86;Seth L. Schein, "Introduction", *Reading the Odyssey*, p. 23。

③ Cf. Charles Segal, "Kleos and Its Ironies in the *Odyssey*", in *Reading the Odyssey*, ed. Seth L. Schein, Princeton: Princeton University Press, 1996, pp. 203 – 205.

扬自己的声名。

> 库克洛普斯,要是有哪个世人询问,你的眼睛怎么被人不光彩地刺瞎,你就说是那个攻掠城市的奥德修斯,拉埃尔特斯的儿子,他的家在伊塔卡。①

就连他在向瑙西卡娅说明婚姻有多么美好时,他的话语中除了对爱情的赞美,还包含着对声名的歌颂。

> 世上没有什么能如此美满和怡乐,有如丈夫和妻子情趣相投意相合,家庭和谐,令心怀恶意的人们憎恶,亲者欣慰,为自己赢得最高的荣誉。(6.182-186)②

奥德修斯向费埃克斯人讲述自己的历险故事时,也在总体上体现了他对声名的重视。我们看到他着力渲染成功经历,对失败则轻描淡写。不仅如此,他还略去任何一个可能跟他的声名形成竞争的人,他讲述的历险故事围绕神女们——基尔克、塞壬、卡吕普索——以及包括艾奥洛斯、独目巨怪、莱斯特律戈涅斯人、斯库拉和卡律布狄斯在内的半神人以及怪物之类的对象展开,我们对他的同伴们的名字几乎一无所知,我们也从来没见他提起基科涅斯人里任何一个凡人对手的名字。[226] 还有一点值得注意,奥德修斯乐于描述他在哈得斯见到的那些著名的凡人英雄的魂灵,当谈到在人间遇到的著名英雄时,他却戛然而止。只有在费埃克斯王后阿瑞塔、国王阿尔基诺奥斯和老年英雄埃克

---

① 9.502-505. Cf. Jenny Strauss Clay, *The Wrath of Athena: Gods and Men in the Odyssey*, pp. 121-122.

② 如鲁德曼所述,"让奥德修斯感到心满意足的不是家庭幸福本身,而是拥有一个幸福家庭可以给他带来的声名(这是阿伽门农、墨涅拉奥斯、赫菲斯托斯和其他人不曾拥有的成就)"(Richard S. Ruderman, "Love and Friendship in Homer's *Odyssey*", p. 42)。

涅奥斯的一再请求下,奥德修斯才开始讲述他跟那些杰出的凡人英雄一起经历的故事——包括最重要的"阿开奥斯人的俊杰"阿基琉斯,还有"除了高贵的阿基琉斯,容貌和身材超越所有的达那奥斯人"的埃阿斯(11.478,11.469-470;参11.326-384,[译按]据行文需要对王焕生译文稍作调整)。

奥德修斯如此执着于声名,以至于不能容许任何竞争对手的出现,哪怕是他头脑里有关某些人的记忆也不行,哪怕这些人分明是他的朋友。相比之下,阿基琉斯却乐于歌唱其他英雄的光荣事迹,并钟爱埃阿斯、奥德修斯、安提洛科斯和帕特罗克洛斯这些热爱荣誉的英雄。在《伊利亚特》里,阿基琉斯为了让朋友们赢得他们自己的荣誉而退出运动赛事和战争,奥德修斯却从来没有让自己对声名的热爱让步于对他人的热爱。①

奥德修斯在《奥德赛》里给人留下深刻印象的关系不是跟男性之间的关系,而是跟女性(瑙西卡娅、基尔克、卡吕普索、佩涅洛佩)之间的关系,这是因为他不把女性看作争夺声名的竞争对手。例如,他对待费埃克斯国王的女儿瑙西卡娅宽厚和蔼、温雅有礼,与此同时却跟费埃克斯宫廷那些自负的无关紧要的年轻人——包括国王的儿子在内——陷入不必要的粗鲁争吵和较量之中。② 奥德修斯甚至不允许自己的儿子特勒马科斯赢得拉弓比赛的荣誉,荷马强调说奥德修斯在特勒马科斯即将成功时阻止了他(21.128-129)。③ 奥德修斯和儿子在诗中的最后一次对话——奥德修斯对自己和祖先的事迹充满溢美之词("我们以英勇威武扬名于整个大地"),并严厉要求"他亲爱的儿子"不要"辱没"祖辈的名声——被拉埃尔特斯定义为父子之间的"斗争($\delta\eta\rho\iota\varsigma$)"(24.505-

---

① 《伊利亚特》9.185-204,23.555-557,18.80-82,16.241-245。
② 对比6.149-185,8.464-468,8.131-234。
③ 对比赫克托尔对宙斯和其他天神的祷告,他祈祷将来某一天会有人这样说他的儿子:"他比父亲强得多。"(《伊利亚特》6.473-481)

515,[译按]据本书原文对王焕生译文略作修改)。

奥德修斯本性中对声名的热爱甚至超过他对家人的爱。奥德修斯年少时曾跟随祖父在帕尔涅索斯山狩猎,对声名的热爱激励他"第一个"冲上去刺杀野猪(19.447－467)。[227]想要赢得声名的抱负可能也是驱使他跟其他阿开奥斯人一同前往特洛亚的原因,而如今这个抱负已经实现。① 对声名的热爱还驱使他拒绝了卡吕普索赠予的长生不老。

但是,对声名的热爱却并不足以解释这位英雄的多面性格,其原因有二。首先,奥德修斯从没思考过自己对声名——尤其是那种值得追求的声名——的热爱。按理说,如果他真的深爱功名,他应当会予以思考。跟阿基琉斯相比,奥德修斯对声名的热爱似乎完全不看对象,他不仅希望得到那些熟悉的人们的敬重,还希望得到全体阿开奥斯人和全体费埃克斯人的敬重,甚至希望得到独目巨怪的敬重。实际上,他希望得到"一切人类"的敬重,对方的高低贵贱,智慧与否,都无关紧要(9.19－20)。

然而,对声名的热爱好像又并非时刻占据奥德修斯的头脑。他在艾奥洛斯岛上逗留了一个月,在基尔克岛上住了一年,在此期间的种种迹象表明,他不仅彻底忘记了家人,他也彻底忘记了对声名的追求。在卡吕索普岛上刚开始的那些日子里,神女仍然能让他感到身心愉悦,他似乎同样忘却了对声名的兴趣。除此之外,奥德修斯一开始曾犹豫是否返乡,他探察了洛托法戈伊人和独目巨怪的领地,可能还对基科涅斯人的居住地进行了探察,这些行动背后的原因显然不是他对声名的热爱。所有这些历险都是因为奥德修斯受到一种好奇心的驱使,他对这些遥远陌生的土地和土地上陌生的居民感到好奇。

那么,奥德修斯内在的驱动力除了他对家人和声名的热爱,是否还

---

① 据伯纳德特所述,"奥德修斯唯一一次暗示自己前往特洛亚并非完全出于自愿"是在他编的一次谎言当中(14.239 ——Seth Benardete, *Achilles and Hector: The Homeric Hero*, p. 113)。

包括一种广泛的好奇——对知识的热爱？奥德修斯对家人和声名的热爱会不会甚至不及他对知识的渴望——渴望了解有许多人居住的城市和这些人的思想？是不是这种渴望使他愿意接受特瑞西阿斯预言的下一次冒险之旅？那么，就算奥德修斯宣泄了愤怒，就算他受到对家人和对声名的渴望的驱使，难道他与此同时本质上不是一位理性英雄、深思熟虑的英雄和初始的哲学英雄，因而该被看作荷马叙事诗中最伟大的英雄吗？①

奥德修斯和神助的问题

[228]奥德修斯的好奇尤其指向一个问题，实际上也是《奥德赛》开篇提出的问题，即关于神助的问题。天神在意凡人吗？他们是惩恶扬善还是任邪恶肆意践踏公义？

从表面上看，《奥德赛》似乎明确教导人们，天神帮助那些正直善良的人们。荷马在开篇处把宙斯描述为"凡人和神明之父"，宙斯在《奥德赛》的第一次讲话以抱怨开场，"可悲啊，凡人总是归咎于我们天神，说什么灾祸由我们遭送，其实是他们因自己丧失理智，超越命限遭不幸"(1.28,1.32-34)。宙斯拿"埃吉斯托斯"举例，因为埃吉斯托斯不顾赫尔墨斯的警告，跟克吕泰墨涅斯特拉通奸，并谋害其丈夫阿伽门农，最终被阿伽门农跟克吕泰墨涅斯特拉的儿子奥瑞斯特斯杀死。埃吉斯托斯主动招致命运之外的灾祸上身——所有凡人的正常命运都是寿终正寝，天父宙斯因而表示，凡人把自己的灾祸归咎于天神是荒谬之举(1.28-43)。

然而，雅典娜却向父亲发出质疑，她以奥德修斯为反例，暗示奥

---

① 鲁德曼认为，"正是对天神和凡人思想(1.3)的好奇使得奥德修斯成为荷马笔下的英雄"(Richard S. Ruderman, "Odysseus and the Possibility of Enlightenment", p.147)。另参 Edith Hall, *The Return of Ulysses: A Cultural History of the Odyssey*, pp.147-159; Suzanne Saïd, *Homer and the Odyssey*, p.231。又参 Leo Strauss, "Introduction", pp.2-3。

德修斯无辜遭受不幸的命运(1.44-62),宙斯立即表示,所有天神都要向奥德修斯伸出援手。诗歌余下部分详细描述了天神对奥德修斯的帮助。在诗歌的前四卷,雅典娜不仅帮助奥德修斯的儿子获悉了自己父亲的命运,还让他在老年英雄涅斯托尔,特别是老年英雄墨涅拉奥斯的陪伴下,获得了自信和经验。在接下来的四卷里,赫尔墨斯劝说卡吕普索释放囚禁在岛上的奥德修斯,然后雅典娜协助奥德修斯获得了费埃克斯人的帮助。在诗歌的最后十二卷,雅典娜帮助奥德修斯及其儿子杀死了纠缠奥德修斯妻子佩涅洛佩的傲慢无礼的求婚人。在诗歌结尾,我们看到天父宙斯和他的女儿雅典娜——诗歌开篇即出现的两位天神——出面保护奥德修斯免遭那些被杀死的求婚人的家人的报复,协助他们达成和解。宙斯在诗歌所说的最后几句话是:

> 既然英雄奥德修斯已报复求婚人,便让他们立盟誓,奥德修斯永远为国君,我们让这些人把自己的孩子和兄弟被杀的仇恨忘记,[229]让他们彼此像从前一样,和好结友谊,充分享受财富和安宁。(24.482-486)

从表面上看,《奥德赛》彻底伸张了天神维护的公义。当拉埃尔特斯得知儿子归来并杀死了全部求婚人时,他表示,"父宙斯,神明们显然仍在高耸的奥林波斯,如果求婚人的暴行确实已受到报应"(24.351-352)。《奥德赛》好像旨在告诉读者,天神不仅"巡游许多城市,探察哪些人狂妄,哪些人遵守法度",还惩罚他们的狂妄之举,奖励他们的正直行为(17.485-487)。①

---

① Cf. Hugh Lloyd-Jones, *The Justice of Zeus*, pp. 28-32; Mark W. Edwards, *Homer: Poet of the Iliad*, p. 130; George E. Dimmock, *The Unity of the Odyssey*, pp. 25-26, 30-31; Seth L. Schein, "Introduction", in *Reading the Odyssey*, p. 15; Emily Kearns, "The Gods in the Homeric epics", in *The Cambridge Companion to Homer*, ed. Robert Fowler, Cambridge: Cambridge University Press, pp. 67-69.

但是,《奥德赛》之所以给人留下天神帮助人类的表面印象,是因为这部诗歌的叙事结构并非顺叙。① 换句话说,尽管诗歌开头指出奥德修斯的故事起始于"在他摧毁特洛亚的神圣城堡后",诗歌却并没有从故事的开头讲起(1.2)。诗歌以奥德修斯故事的结尾为开篇,当时特洛亚战争已结束十年之久,宙斯和雅典娜正打算援助奥德修斯。诗歌以这种叙事方式巧妙地聚焦奥德修斯故事中的某一部分:天神帮助他成功返乡,又在激烈的高潮部分帮助他报复求婚人,重登伊塔卡的国王宝座。② 诗歌叙事以被囚禁的奥德修斯流泪为开端,以天神帮助他成功做回国王为结局。

然而,透过令人欣慰的天神助佑的表象,整个叙事却指向一个让人不安的天神抛弃奥德修斯的事实。从奥德修斯攻陷特洛亚城到天神出手相助的这段时间里,奥德修斯遭到了众天神的抛弃。在这十年里,宙斯和雅典娜没有奖励遵守法度的人,也没有对肆意妄为者施以惩罚。相反,他们抛弃了遵守法度的奥德修斯,把他丢给肆意妄为、无法无天的独目巨怪任其宰割;把奥德修斯的家人丢给肆意妄为、无法无天的求婚人任其欺辱。③ [230]奥德修斯在卷九到卷十二向费埃克斯人生动讲述了他十年的漂泊经历,诗歌通过奥德修斯的讲述,十分显著地揭示出上述事实。诗歌还通过散布各处的评论点明了故事的重要节点和内容。所以,这部构思巧妙的诗歌表面上是一部神义论,内核却更像是希

---

① 参 Laura M. Slatkin,"Composition by Theme and the Mētis of the *Odyssey*",pp. 223 – 224;Michael Silk,"The *Odyssey* and Its Explorations",p. 43;Suzanne Saïd,*Homer and the Odyssey*,pp. 110 – 116。赛义德指出,《奥德赛》既有"倒叙(flashbacks)"也有"提前叙述(flashforwards)"(Suzanne Saïd,*Homer and the Odyssey*,pp. 110,112)。

② Cf. Jenny Strauss Clay,*The Wrath of Athena:Gods and Men in the Odyssey*,pp. 39 – 41,51 – 53.

③ Cf. David Bolotin,"The Concerns of Odysseus:An Introduction to Homer's *Odyssey*",p. 44.

腊人的杰作(a Greek Job)[译注:一个骗局]:一个人先是无缘无故遭到天神的摒弃甚至惩罚,最终又获得天神的帮助。奥德修斯的故事表现的不是神明的仁慈,而是神明的变化无常。①

我们很难在诗歌中找到奥德修斯历险故事的开端——发生在摧毁特洛亚城之后——无论荷马还是奥德修斯,都没从故事的开头讲起。然而,我们可以通过巧妙穿插在荷马叙述中的其他人的讲述——费弥奥斯、涅斯托尔、墨涅拉奥斯和赫尔墨斯的讲述——得知奥德修斯的故事始于天神对他和许多其他阿开奥斯人的抛弃。

荷马一开篇简短地告诉我们,在奥德修斯位于伊塔卡的宅邸中,费弥奥斯为求婚人吟唱了一首歌曲,"歌唱阿开奥斯人由雅典娜规定的从特洛亚的悲惨归程"(1.326-327)。我们从中得知,雅典娜惩罚了包括奥德修斯在内的全体阿开奥斯人,但费弥奥斯的歌唱没有交代背后的原因,我们不由得产生疑问:雅典娜在战争中一直支持奥德修斯,为什么此时突然变卦?②

我们接下来从涅斯托尔对特勒马科斯的讲话中得知,阿开奥斯人在特洛亚战争结束准备返乡时,宙斯为他们安排了悲惨的归程,因为"有些人违背了法度和公义"(3.132-134)。涅斯托尔的讲话表明,惩罚阿开奥斯人是天神的维护正义之举。可是涅斯托尔在余下的讲话中并没解释阿开奥斯人究竟为什么遭到惩罚,也没说明为什么有些人受到严厉惩罚,另外一些人却安然无恙。涅斯托尔解释说,雅典娜明显站在她父亲的立场,也对阿开奥斯人心生愤怒,故意在阿伽门农和墨涅拉奥斯二人之间挑起纷争。阿开奥斯军队因而一分为二,一部分人跟随阿

---

① 如克雷所述,"如果把《奥德赛》看作一部彰显天神正义的诗歌,就会忽略奥德修斯的漂泊所隐含的深层伦理、他在天神手里的遭遇以及作为英雄的性情特点"(Jenny Strauss Clay, *The Wrath of Athena: Gods and Men in the* Odyssey, p. 235, 参 217-235; Kevin Crotty, *The Poetics of Supplication: Homer's* Iliad *and* Odyssey, pp. 132-133)。

② 参 3.218-224,3.377-379 及《伊利亚特》10.241-245。

伽门农暂时留在特洛亚向雅典娜献祭,以平息她的怒火,另一部分人则跟随墨涅拉奥斯径直驶回家乡。[231]显然,那些跟随墨涅拉奥斯的人最终都得以安全返乡——涅斯托尔本人、狄奥墨得斯、阿基琉斯的儿子涅奥普托勒摩斯、菲洛克特特斯和伊多墨纽斯——墨涅拉奥斯却因为阿波罗和宙斯的干预被强风吹离了航向(3.165-192)。墨涅拉奥斯在外漂泊八年后,最终带着他收获的无数财宝安全返回故土(3.276-312)。奥德修斯最初加入了墨涅拉奥斯的队伍,后来却又决定回到阿伽门农那里。尽管涅斯托尔没有明确说出,但他却暗示,奥德修斯可能在驶向阿伽门农的途中遭遇大风偏离了航向,因而最终没能跟阿伽门农会合(3.83-95,3.162-164)。根据涅斯托尔的讲述,阿伽门农很快返回家乡,却遭失忠的妻子和情夫谋害致死(3.134-200,3.254-312)。

涅斯托尔此时关于宙斯的正义的描述极其模糊。我们只知道,有一位重要的阿开奥斯人遭到了惩罚,那就是阿伽门农。但是从阿伽门农向雅典娜献祭以平息其怒火的行为来看,他应该最为虔敬天神。另外,尽管阿伽门农的确是被杀死的,但他并没死在天神手里,他死在了克吕泰墨涅斯特拉和埃吉斯托斯的手下——根据诗歌开篇处宙斯的讲述,埃吉斯托斯罔顾天神的建议,擅自杀死了阿伽门农(1.28-43)。墨涅拉奥斯因为被迫漂泊失去了为兄复仇的机会,从这个意义上看,他也算是遭到了惩罚。但与此同时,他在埃及生活的八年间积累了巨额财富。由此看来,奥德修斯是最为确切的天神惩罚的对象——被阿波罗杀死的墨涅拉奥斯的舵手们除外(3.278-281)——他在去向阿伽门农的路上,竟然兀自失踪了。要知道,奥德修斯当时去找的阿伽门农是正在给雅典娜献祭的阿开奥斯人的领袖,宙斯和雅典娜为什么单单挑选奥德修斯作为惩罚的对象呢?涅斯托尔特意强调雅典娜过去一向宠爱奥德修斯,此刻她为什么要单单针对他呢(3.218-222)?

墨涅拉奥斯关于天神正义的讲述也让人深感困惑。墨涅拉奥斯告诉特勒马科斯,他从一位神明——"海中老神"普罗透斯——那里听说,他的返乡航程将遭到天神阻挠,因为他没有"向宙斯和其他众神明奉献丰盛的祭品"(4.472-473)。但有两个事件表明,天神的惩罚似乎完全变幻莫测。

首先,我们从涅斯托尔处得知,阿伽门农跟他的兄弟墨涅拉奥斯不同,他在攻陷特洛亚后便向天神雅典娜奉献了祭品(3.141-146)。[232]但涅斯托尔强调指出,雅典娜对阿伽门农献上的祭品并不满意。然而,阿伽门农却顺利回到家中,他最终死在克吕泰墨涅斯特拉和埃吉斯托斯的手下。尽管宙斯在诗歌开篇时特意让天神警告埃吉斯托斯不要谋害阿伽门农,天神却没有保护阿伽门农免遭杀害。阿伽门农比墨涅拉奥斯更为虔敬天神,天神为什么反而让他遭受更加严苛的惩罚?而墨涅拉奥斯受到的"惩罚"却可以说非常温和。墨涅拉奥斯跟海伦——我们只知道海伦在特洛亚城陷落后回到了墨涅拉奥斯身边——在埃及和非洲其他土地上漂泊时,不仅获得大量财富和"奇特的药液"(4.81-91,4.226-232),而且根据普罗透斯对墨涅拉奥斯所言,不朽的天神还将在他死后把他送往埃琉西昂原野,"居住在那里的人们过着悠闲的生活……因为你娶了海伦,在神界是宙斯的佳婿"(4.561-569)。也就是说,墨涅拉奥斯虽然没向天神献祭,却因为妻子——离弃他十多年——是宙斯的女儿,就可以享受天神赐予的永恒享乐。要知道,宙斯甚至无法让自己的儿子萨尔佩冬免遭毁灭(《伊利亚特》16.431-461)。

最后,普罗透斯向墨涅拉奥斯讲述了——除墨涅拉奥斯和阿伽门农之外——另外两位没能在特洛亚战争结束后立即返回家园的英雄的故事,这段讲述同样给天神的正义罩上了一层神秘莫测的面纱。奥伊琉斯之子埃阿斯先是因为不明原因遭到雅典娜憎恨,后来又遭波塞冬惩罚,然后又被波塞冬救起,当埃阿斯吹嘘自己违逆天意存活下来时,波塞冬又将其致死(《奥德赛》4.499-511)。普罗透斯讲到奥德修斯时表示,他并没像埃阿斯和阿伽门农那样依天神的旨意死去,但他丧失了全部船只和同伴,被神女卡吕普索囚禁在海岛上(4.555-560)。据普罗透斯所述,在这四位归乡航程遭天神阻挠的英雄当中,奥德修斯的命运显然好于死去的埃阿斯和阿伽门农,却逊于墨涅拉奥斯。墨涅拉奥斯虽然失去了自己的兄弟,却获得了财富,找回了妻子,并且有永恒的享乐生活在未来等着他。最重要的是,关于奥德修斯命运的讲述跟普罗透斯关于埃阿斯和墨涅拉奥斯命运的讲述以及涅斯托尔关于阿伽门农命运的讲述不同,讲话人没有说明天神为什么剥夺奥德修斯顺利返乡的机会。墨涅拉奥斯曾向特勒马科斯暗示说,奥德修斯可能在某个方面激怒了天神,[233]但他并没说明奥德修斯究竟做了什么,才会招致——或够得上——如此惩罚(4.181-182)。①

最后一位讲述奥德修斯在攻陷特洛亚之后所遭命运的人是赫尔墨斯。他向卡吕普索转告宙斯的话,说奥德修斯是特洛亚英雄们中"受苦难最多的人",说阿开奥斯人"在归返途中犯亵渎得罪雅典娜,女神遣来强烈的风暴和滔天的狂澜。他的所有杰出的同伴全部丧命,只有他被风暴和波澜推拥来到你这里"(5.105-111)。赫尔墨斯的转述表明,奥德修斯和同伴们得罪了雅典娜,因此,迫使奥德修斯到处漂泊的天神不是诗歌开头提到的波塞冬,而是过去一直庇护他的女神雅典娜。但是这段讲述同样没有明确说明奥德修斯究竟做了什么,以至于招致这样的惩罚。

总而言之,这些讲述表明,阿开奥斯人利用奥德修斯的木马计摧毁特洛亚之后,诸位天神,尤其是雅典娜,便开始跟奥德修斯作对,阻止他顺利返乡。② 此时的奥德修斯对埃阿斯、墨涅拉奥斯和阿伽门农的苦难遭遇肯定还蒙在鼓里,他必然会认为天神的惩罚是单独针对他一个人的。这样的惩罚对奥德修斯来说,必定犹如晴天霹雳,因为诸位天神,尤其是雅典娜,一向偏爱他。正如涅斯托尔对特勒马科斯所言:

---

① 克雷认为雅典娜的愤怒源自"奥德修斯过于聪明,他的聪明才智导致天神至高无上的地位受到了威胁"(Jenny Strauss Clay, *The Wrath of Athena: Gods and Men in the Odyssey*, p. 209)。

② 参 Jenny Strauss Clay, *The Wrath of Athena: Gods and Men in the Odyssey*, pp. 43-53。本人不同意迪莫克的看法,他认为"在《奥德赛》中……雅典娜显然觉得奥德修斯无可挑剔"(George E. Dimmock, *The Unity of the Odyssey*, p. 65)。

但愿目光炯炯的雅典娜也能喜欢你,就像在特洛亚国土关心奥德修斯那样,阿开奥斯人在那里忍受了无数的苦难。从未见神明们如此明显地关心凡人,就像帕拉斯雅典娜明显地助佑奥德修斯。(3.218–222;另参3.377–379)

然而,当奥德修斯终于率领阿开奥斯人攻克特洛亚,登上辉煌巅峰时,诸位天神,尤其是雅典娜,却弃他于不顾,甚至对他实施惩罚。正如奥德修斯后来回到伊塔卡后对雅典娜所言:

我深切感知我当年多蒙你垂爱护佑,当阿开奥斯子弟们作战在特洛亚城下。[234]待我们摧毁了普里阿摩斯的巍峨都城,登上船只,神明把阿开奥斯人打散,宙斯之女啊,从此我便再没有见到你,未见你登上我的船,帮助我脱离苦难。我怀着憔悴破碎的心灵不断飘泊,直到神明们终于把我解脱不幸。(13.314–321)

奥德修斯此时透露,他在攻陷特洛亚后遭雅典娜和其他天神抛弃,蒙受了巨大的痛苦。他的苦难如此深重,以至于在他到达费埃克斯人的宫廷后仍无法开口讲述攻陷特洛亚后的航程,他只能选择从攻克基科涅斯人的城市开始讲起(9.39–40)。特洛亚战争结束后天神的摒弃显然是奥德修斯所面临的一场深重危机。那么,天神究竟为什么抛弃他?他究竟做错了什么?或者天神有没有可能根本不在意对错?当时的他对这些问题百思不得其解,也正是这些问题促使他前去探察独目巨怪的领地。

奥德修斯和同伴们抵达一个受大自然和神明赐福的无人居住的海岛后,发现在附近海湾的对面,还有一个受自然和神明惠赐的有人烟的小岛,奥德修斯于是决定乘船前去探查。他对同伴们所做的解释十分明确地表达了他的想法:

我要前去探察那岛上居住的是些什么人,他们是强横、野蛮、不讲正义的族类,还是些尊重来客、敬畏神明的人们。(9.174–176,[译按]据本书原文对王焕生译文稍作修改)

奥德修斯决定探察这座受神明赐福的海岛,并不是因为受到一般好奇心的驱使——了解有许多人居住的城市和人们的思想(1.3)——他要专门去看看这座受神明赐福的海岛上的居民是否遵循公义,从而看看他们是否值得拥有这样的赐福。在攻陷特洛亚遭到众神的离弃后,奥德修斯显然想弄明白天神是否维护正义——他们是否真的"巡游许多城市,探察哪些人肆意妄为,哪些人遵守法度",并惩罚他们见到的狂妄之举(17.485 – 487, 24.351 – 352)——人们普遍相信天神是正义的,奥德修斯也一直这样认为。此刻的他想要搞明白,自己究竟做错了什么,遭到天神的厌弃,还是天神根本不在乎正义。因此,奥德修斯要探察的不仅是当地居民的德行,还有天神的德行。这位不断考察身边人是否遵循公义的英雄——奥德修斯将在后面"考察"他的仆人、求婚人、妻子和父亲以得知"哪些人守法,哪些人狂妄无羁"(17.350 – 363)——此刻要考察天神本尊是否遵循正义天道。①

[235]无论拿什么标准衡量,天神都没通过考察。体形巨大的独目巨怪波吕斐摩斯无疑该受到神明的惩罚。他"缺乏正义""凶残无比",还狂妄地违逆天神(9.106, 9.189, 9.272, 9.287)。奥德修斯见到他时表示:"巨人啊,你也应敬畏神明,我们请求你,宙斯是所有求援者和外乡旅客的保护神,他保护所有应受人们怜悯的求助人。"(9.269 – 271)然而,波吕斐摩斯的回答却表现出他对天神的公开蔑视,他说:"须知库克洛普斯们从不怕提大盾的宙斯,也不怕常乐的神明们,因为我们更强大。我不会因为害怕宙斯愤怒而宽饶你或你的那些同伴们,那得看我的

---

① 另参13.333 – 338, 14.459 – 461, 15.303 – 306, 16.303 – 307, 17.411 – 414, 24.232 – 240。参 David Bolotin, "The Concerns of Odysseus: An Introduction to Homer's *Odyssey*", pp. 44 – 45; Richard S. Ruderman, "Odysseus and the Possibility of Enlightenment", p. 153。斯坦福认为,奥德修斯此刻受到"好奇心和求知欲"的驱使(William Bedell Stanford, *The Ulysses Theme: A Study in the Adaptability of a Traditional Hero*, p. 76)。另参 Jenny Strauss Clay, *The Wrath of Athena: Gods and Men in the Odyssey*, pp. 74, 116。

意愿。"(9.275－278)独目巨怪接下来杀死并吞吃了奥德修斯的两个同伴当晚餐,吞吃了两个当早餐,后来又吞吃了两个当晚餐。尽管奥德修斯和同伴们张开双手向宙斯祷告——所有求援者和外乡旅客的保护神——但是对于如此明目张胆的为非作歹和亵渎神明,宙斯却没实施任何惩罚(9.294;另参9.317)。相反,天神站在波吕斐摩斯一边,身为波吕斐摩斯父亲的波塞冬在儿子被奥德修斯刺瞎眼睛后,答应儿子的祷告,要为他复仇(9.526－536)。尽管奥德修斯和同伴们在脱险后向"统治一切的"宙斯献上祭品,"他却没有接受献祭,仍然谋划如何让排桨精良的船只和我[译注:奥德修斯]的那些忠实同伴们全部遭毁灭"(9.551－555)。

奥德修斯对天神的考察似乎相当清楚地表明,天神不会真正维护正义。天神过去关照过奥德修斯,将来可能还会关照他,但他们实质上根本不在意凡人。正如阿基琉斯在《伊利亚特》的结尾所示,天神不在意凡人的根本原因在于永生不死的天神跟有死的凡人之间存在天壤之别,"神们是这样给可怜的人分配命运,使他们一生悲伤,自己却无忧无虑"(《伊利亚特》24.525－526)。天神们按照自己的方式存在着,我们不能期待他们理解和关心凡人的生老病死。① 既然我们凡人不能依赖神明的关照,我们就只有自助,也就是依靠凡人自身的理性。

这似乎就是奥德修斯的想法,他在独目巨怪洞穴里也是这样出色行动的。[236]奥德修斯头脑冷静,逻辑清晰地分析面前的复杂形势。波吕斐摩斯一向用巨石封堵洞口,这块巨石除他之外没人能够挪动,所以奥德修斯既要削弱独目巨怪,阻止他继续吞吃洞里的幸存者,又不能杀死他,否则,他和同伴们都将困死在洞里。因此,他必须刺瞎独目巨怪(9.298－305,9.315－333)。由于独目巨怪力大无穷,奥德修斯只能以智取胜,所以他要把独目巨怪灌醉(9.345－354)。因为独目巨怪的周围还生活着其他同伴——加上独目巨怪头脑简单——奥德修斯必须告诉波

---

① 在迪莫克看来,"奥德修斯已经明白,没有哪个凡人能依靠神明的助佑"(1989,185)。

吕斐摩斯一个假名——"没人（nobody）"。波吕斐摩斯眼睛被刺后必然大声呼救,这个假名可以让他的呼救无效(9.355－367,9.401－414)。接下来,瞎了眼的巨怪必然会挪开巨石,因为他必须把维以生计的羊群放出去吃草。当他这样做时,奥德修斯必须让同伴们不出动静,然后把他们绑在羊肚子下逃出洞穴,回到船上(9.415－470)。这时的奥德修斯思维缜密,神机妙算,足智多谋。最重要的是,奥德修斯具备自制的能力,他知道自己不能被独目巨怪的恶行激怒,因为他知道天神绝对不会支持他的怒火。奥德修斯清楚地知道,要为自己和同伴们谋得活路,就必须听从理智的指引。

奥德修斯对神助的执念

然而,奥德修斯却终究没从根本上接受凡人需要自我关照,不再依赖神助的思想。他用智慧把自己和同伴们从邪恶的波吕斐摩斯的魔爪下成功营救出来之后,便立刻向独目巨怪宣称,他不过是天神维护正义的工具,他喊道：

> 库克洛普斯,并非软弱无能之人的同伴们在空旷的洞穴里被你残忍地吞噬。不幸的祸患已经很快降临到你身上,可恶的东西,竟敢在家里把客人吞食,宙斯和众神明让你受到应有的惩处。(9.475－479)

此时的奥德修斯以一种出人意料的谦卑和虔敬态度描述了自己的英勇之举。要知道,奥德修斯热衷于声名,十分喜欢炫耀帮助阿开奥斯人攻陷特洛亚的木马计(8.492－495,9.19－20)。[237]但奥德修斯此刻却把帮助同伴脱险和惩罚独目巨怪的功劳归于天神的正义。不仅如此,他还坚持高声叫喊,让独目巨怪知道这一切,这说明他真心如此认为。奥德修斯此时的举动胆大鲁莽,好像因为相信自己有天神的助佑而不再畏惧独目巨怪。即便独目巨怪差点摧毁他所在的船只,即便同伴们央求他闭嘴,他仍执意发泄自己的愤怒——"我重又对巨人愤怒地呼喊",再次对独目巨怪大声呼喊,并说出了自己的身份(9.500-505,[译按]据本书原文对王焕生译文做了修改)。奥德修斯的举动似乎说明,他之所以敢肆意怒骂独目巨怪的恶行,是因为他相信天神会支持他正义的愤怒。

我们看到,奥德修斯坚信天神是维护正义的,以至于当他痛苦地意识到天神根本无视正义的真相时,他选择予以逃避。奥德修斯刚刚经历天神对他的遽然离弃,他凭一己之力战胜了邪恶,但他却断言众神从没抛弃过他。奥德修斯靠自己的智慧战胜了可怕的独目巨怪,却坚持把胜利归功于天神的助佑。身处波吕斐摩斯洞穴的奥德修斯已遭众神抛弃十年之久,然后亲眼目睹天神站在独目巨怪一边,答应独目巨怪的祷告,摧毁了他所有的同伴,并阻挠他的返乡航程。然而即便如此,奥德修斯在跟费埃克斯人讲述自己的故事时,仍坚持认为,不能排除天神给洞穴中的自己提供了某种帮助的可能性。他表示,就在他计划刺瞎独目巨怪的那晚,独目巨怪"或是有什么预感,或是受神明启迪",把包括公羊在内的所有羊群都赶回了洞里——而奥德修斯正打算利用这些羊群作为逃脱的工具(9.336-339;参9.237-239)。奥德修斯后来表示,就在他和同伴们准备刺瞎醉卧的独目巨怪的那一刻,"神明赐予了他们无比的勇气和力量"(9.381;另参9.317)①。虽然十年的经历指向相反的结论,奥德修斯仍抓住让他欣慰的神助信念不放。

[238]如前文所述,奥德修斯的举动源自他对天神正义与否的好奇。他在攻陷特洛亚后遭到众神遗弃,迷失了航向,无法迅速返乡。于是,他开始怀疑天神的助佑是否值得信赖,天神是否惩恶扬善。当他看到独目巨怪所在的得享福佑的小岛时,便想前去探察岛上居民是否正直善良,配得上享有如此富足的生活。奥德修斯从而展开科学调查,旨

---

① 本人觉得克雷的观点有失偏颇,她认为奥德修斯讲述自己的历险故事时"很奇怪地没提到神明的行动",她还表示奥德修斯全然相信"遭遇独目巨怪的历险是一次没有神明助佑的英勇之举"(Jenny Strauss Clay, *The Wrath of Athena: Gods and Men in the* Odyssey, pp. 24, 125)。

在收集证据来决定神明维护正义的论点是否正确。调查结果表明,神明根本不关心正义,奥德修斯却选择对这些结果视而不见,继续断言神明是正义的。奥德修斯聪明非凡,好奇心强,然而却终究没有勇气面对天神不关心人类这个令人痛苦的真相。

有人可能认为奥德修斯关于神助的信念最终会被莱斯特律戈涅斯灾难击垮。要知道,可怕的莱斯特律戈涅斯人无缘无故对奥德修斯发起攻击,摧毁了他十一艘船和船上所有同伴。奥德修斯刚开始好像很清楚,必须靠自己谨慎行事,不能依靠天神惩恶扬善。这一次,他没有像对待独目巨怪那样被莱斯特律戈涅斯人的恶行激怒,也没有像对待独目巨怪那样希望天神对莱斯特律戈涅斯人进行惩罚,他只考虑怎样才能让自己和幸存的同伴们逃出去。①

奥德修斯抵达基尔克海岛之后,半数的同伴都在跟神女见面后不见了踪影,奥德修斯的同伴欧律洛科斯非常明智地建议余下的人立刻逃离海岛,但是奥德修斯否定了这个建议,他表示,哪怕自己一人前往,也一定要会一会这位神女。要知道,这位神女不费吹灰之力就征服了——奥德修斯以为她毁灭了——他的二十二位同伴,此时的奥德修斯却没有预先准备任何取胜的计划。跟遭遇独目巨怪时相反,此时的奥德修斯根本没有深谋远虑,他像是在怒不可遏地横冲直撞。他告诉欧律洛科斯"我感到一股强烈的冲动",后来他又两次表示自己心绪混乱(10.273,10.309,10.313)。奥德修斯似乎期待(其他)天神前来助佑,惩罚这位不守法度的神女或女人(参 10.254 – 258)。② [239] 后来

---

① 比较 10.125 – 134 与 9.294 – 295,9.473 – 505,9.522 – 525,9.550 – 555。

② 此时的奥德修斯有自我毁灭的可能性。奥德修斯在卷十确实有过两次自杀的念头,一次是在他们马上要到达伊塔卡时,他的同伴们打开了艾奥洛斯的魔力风袋,另一次发生在基尔克告诉他必须去哈得斯请教特瑞西阿斯的时候(10.46 – 55,10.488 – 498)。奥德修斯最终选择前去面见基尔克——根据欧律洛科斯的描述,她可能是个神女——而没有自行了断,这说明他确实在某种程度上希望得到那位天神的助佑,从而战胜对方。

的确有一位天神——赫尔墨斯——向奥德修斯伸出援手,帮助他抵制住基尔克的魔药,救出了他的同伴们。后来,基尔克猜测奥德修斯之所以能抵御魔药的力量,是因为他的智慧——"你胸中的思想却丝毫不会被蛊惑"(10.329)。事实上,奥德修斯这一次丝毫不曾使用他的智慧,他的胜利完全归功于天神。天神确实在此处救了他,但我们却一直无从得知赫尔墨斯为什么此时前来帮忙,不知道他是受命于宙斯——就像宙斯后来派他去卡吕普索的海岛上救助奥德修斯一样(5.28-148)——还是像基尔克后来暗示的那样是他的个人行为(10.330-332)。更重要的是,我们一直不知道天神为什么没在独目巨怪的洞穴以及莱斯特律戈涅斯人的土地上帮助奥德修斯救出同伴,奥德修斯也并没请教赫尔墨斯这个问题或者询问任何其他问题,他只是一声不响地听从赫尔墨斯的指示(对比13.316-323)。

奥德修斯在向费埃克斯人讲述这段经历时,十分虔敬地看待赫尔墨斯的帮助。赫尔墨斯向奥德修斯透露了一种药草的"自然属性(nature)",它能让神女基尔克的可怕魔药失效(10.303)。如此一来,赫尔墨斯便清楚地表明,世间有着恒定的秩序——一种天然的秩序——就连神明的力量也受其制约。赫尔墨斯的这个启示极其重要,这说明天神不是全能的,要是凡人掌握了关于大自然的知识,他们便可以在没有神明助佑的情况下保护自我。① 然而,奥德修斯却在向费埃克斯人讲述赫尔墨斯时得出了相反的结论,他认为天神确实无所不能。奥德修斯首先解释说,凡人难以挖到赫尔墨斯指给他看的这种可以击败基尔克的药草,然后紧接着说:"神明们无所不能。"(10.306)因此,当奥德修斯又一次遇到有悖于他的虔敬信仰的证据时,他再一次选择坚持自

---

① 在目前尚存的所有希腊文学作品中,"自然(nature;φύσις)"这个词首次出现。参 Leo Strauss, "Introduction", in *The History of Political Philosophy*, 3rd ed. Eds Leo Strauss and Joseph Cropsy, Chicago: University of Chicago Press, 1987, pp. 2-3。

己的信仰（另参 10. 573 – 574）。可见，奥德修斯越是有理由怀疑天神的正义和力量——[240]天神把他和同伴们弃于独目巨怪的洞穴以及莱斯特律戈涅斯人那里不顾，赫尔墨斯披露了天神并非全能的真相——他的信仰越是坚定。

奥德修斯在伊塔卡依靠神助而非人助

奥德修斯回到伊塔卡后的举动最为明确地展现出他在《奥德赛》这部诗歌里盲目虔信和依赖天神而非依靠自身的智慧。奥德修斯在外漂泊二十年后回到家时，眼前是一个极其错综复杂的局面。他从特瑞西阿斯那里得知（11. 113 – 117），一大群来自伊塔卡和附近城邦的"专横霸道"之徒——求婚人加上他们的仆从，共一百一十八位（奥德修斯后来从特勒马科斯那里得知）（16. 245 – 253）正在追求他的妻子，消耗他宅邸的财产。为了维护自己、家人及王国的利益，奥德修斯必须想办法让这些飞扬跋扈的求婚人从他的宅邸消失。很多人物在诗歌一开篇谈到这个问题时就表示，最显而易见的办法——可能也是唯一的办法——就是杀死求婚人。例如，雅典娜在卷一首次见到特勒马科斯时，便督促他思考如何才能杀死求婚人（1. 293 – 296；对比 1. 113 – 117）。特勒马科斯也告诉求婚人，他惟愿他们遭到毁灭（2. 145，2. 314 – 317）。奥德修斯年老的朋友哈利特尔塞斯也预言说，奥德修斯会杀死所有的求婚人（2. 163 – 167）。特勒马科斯访问斯巴达时，墨涅拉奥斯告诉他，要是奥德修斯有朝一日回到伊塔卡，他一定能单枪匹马杀死求婚人（4. 333 – 350）。特瑞西阿斯好像也敦促奥德修斯回家后杀死求婚人。奥德修斯回到家乡后，恳请雅典娜教他向求婚人复仇（11. 112 – 120，13. 386 – 396）。

然而，杀死全部求婚人是不是真的有利于奥德修斯及其家人呢？这个问题的答案并不十分清楚。首先，就像特勒马科斯后来所言，单凭奥德修斯一人，哪怕再加上他的儿子，怎可能战胜一百一十八个人呢

(16.233－257)？更何况,即使奥德修斯成功杀死所有求婚人,他和他的家人又怎能摆脱这些求婚人的家人前来寻仇呢(参23.117－122)？面对强烈的仇恨,奥德修斯如何保全自己的家人和王位？[241]更何况,若是遵从特瑞西阿斯的预言,他随后就将离家,开启一段长久的旅程(11.119－137)。①

奥德修斯此刻面临的来自求婚人的挑战,跟他当初困在独目巨怪洞穴时面临的挑战,存在明显的相似之处。当独目巨怪显露其凶残本性,吞食两位同伴之后,奥德修斯的第一个冲动就是想办法杀死对方。但他迅速意识到,若是杀死独目巨怪,他和同伴们没有足够的力气推开洞口的巨石,那样一来,他会把自己和同伴们带入灭亡之地(9.296－305)。因此,奥德修斯谋划了一个极其巧妙的计策,那就是先刺瞎独目巨怪,再等他挪开巨石后逃走。可是眼下要靠他一个人的能力杀死全部求婚人,这个任务显然比杀死独目巨怪难得多。另外,即使奥德修斯能成功杀死全部求婚人,他和家人也势必死在为这一百一十八位求婚人复仇的亲友们手中。在杀死一百一十八位求婚人中的一百一十六位之后,奥德修斯对自己的儿子说:

> 我们还得考虑,如何善后更有利。通常不管谁在本地即使只杀死一人,只有为数很少的人会为被杀者报仇,杀人者也得离开故乡,躲避其亲友,更何况我们刚才杀死的是城邦的栋梁,伊塔卡青年中的显贵,我要你对此事细思量。(23.117－122;另参15.222－224)

奥德修斯为了不让自己和同伴因无法逃离而困死在洞穴,放弃了杀死独目巨怪的想法,他改为刺瞎对方的眼睛将其致残。现在奥德修斯身处相同境地,他既要解除求婚人的威胁,又不能把对方全部杀死。首先,他可能杀不死全部的求婚人;其次,即使他成功了,他和家人也会死在为求婚人报仇的父亲和兄弟们手中。所以,明智的做法似乎是在

---

① Cf. Seth Benardete, *Achilles and Hector: The Homeric Hero*, pp. 8－9.

屈服于霸道的求婚人和把他们全部杀死这两个极端之间找一条中间道路。具体而言,理智的做法是奥德修斯试图争取到至少一部分求婚人的支持,甚至是多数求婚人的支持,而不是把他们统统杀死。

有人可能持反对意见,认为奥德修斯根本不可能获得求婚人的支持,因为他们全都是恶人,①[242]奥德修斯除了把他们全部杀死之外别无选择。但是,荷马笔下的求婚人真的千篇一律是不可救药的恶人吗?荷马本人一直强调求婚人及其家人愚蠢狂妄,却并没说他们凶残邪恶(22.31-33,24.469)。② 要知道,求婚人跟所有其他人一样,以为奥德修斯十年音信全无,定然已不在人世。尽管勒奥克里托斯宣称,要是奥德修斯回到家乡,求婚人很可能置他于死地,但是求婚人却好像跟特勒马科斯持同样看法,认为奥德修斯这么多年没回来,肯定已经客死他乡。③ 求婚人的做派起码不同于埃吉斯托斯,埃吉斯托斯明知道阿伽门农尚在人世,还坚持追求克吕泰墨涅斯特拉,并谋划在阿伽门农回来后杀死他。④

不得不承认,求婚人确实给佩涅洛佩造成了巨大压力,这三年以来,他们每天都在她的宅邸消耗大量食物,还要求她嫁给他们当中的一位。可是,佩涅洛佩实际上也给了求婚人某种希望,这或许是因为她也

---

① 克拉克表示,"对求婚人的惩罚不仅仅是报复之举,它还意味着对绝对和永恒正义的维护……他们的愚妄足以让他们集体遭毁灭"(Michael Clarke,"Manhood and Heroism",pp. 88-89)。据沙因所述,"所有"求婚人"都是十恶不赦的歹徒"(Seth L. Schein,"Introduction",in Reading the Odyssey, p. 9;又参页 30)。同样观点,参 Hugh Lloyd - Jones, The Justice of Zeus, p. 31; George E. Dimmock, The Unity of the Odyssey, pp. 295-307; Donald Lateiner,"The Iliad: An Unpredictable Classic", pp. 22, 25; Suzanne Saïd, Homer and the Odyssey, pp. 249-250。

② 参 Michael Silk,"The Odyssey and Its Explorations", pp. 36-37。

③ 2.242-251,1.166-168,1.353-355,1.394-396,1.413,2.182-183。

④ 1.32-43,3.193-198,3.232-235,3.261-272,4.512-537。

不确定未归的丈夫是否依然在世,是否还会回来(2. 91 – 92)。荷马描述了一位名叫安菲诺摩斯的重要求婚人,"他的言谈令佩涅洛佩最中听,因为他心地善良"(16. 397 – 398)。奥德修斯也欣赏安菲诺摩斯,警告他离其他求婚人远点,叫他赶紧回家去,但雅典娜却不知用什么办法使他留了下来(18. 119 – 157)。荷马还向我们描述了一位名叫勒奥得斯的求婚人,"唯有他对种种恶行心中烦厌,对求婚人的行为感到不满"(21. 146 – 147)。荷马通过这些描述表明,至少有一部分求婚人不完全是恶人。①

求婚人最显著的恶行是阴谋杀死特勒马科斯,虽然这个阴谋的策划者是安提诺奥斯,但"所有"求婚人都对此表示同意。② 但这个计划并没成功实施。从这个意义上说,求婚人实际上没给奥德修斯一家造成什么不可弥补的伤害。③ [243]说到求婚人在奥德修斯离家时给他的家人造成的损害,奥德修斯本人也在很大程度上负有责任,他从特洛亚启程后半路迂回,还曾经一度忘记回家这件事。④

奥德修斯是否可能劝说许多甚至全部求婚人离开他的宅邸,接受他的回归,从而避免大肆杀戮呢?若如此,奥德修斯还乡后的第一件事就应该是集中精力寻找除求婚人之外的同盟,动员自己的儿子、欧迈奥斯、牧牛奴菲洛提奥斯和奶妈欧律克勒娅,以及佩涅洛佩、门托尔、哈利特

---

① 参费尔森罗宾的精彩评论,她分析了"荷马[译注:如何]运用各种策略降低了求婚人本该承受的罪责"(Nancy Felson – Rubin, *Regarding Penelope: From Character to Poetics*, pp. 111 – 123)。

② 4. 669 – 674;20. 240 – 242;参 16. 363 – 406。

③ Cf. Seth Benardete, *Achilles and Hector: The Homeric Hero*, p. 131.

④ 奥德修斯表示,勒奥得斯必定经常向神明祷告,祈求奥德修斯永不得归返,好让佩涅洛佩"嫁与他,为他育儿女"(卷二十二 310 – 329),奥德修斯以此为由杀死了勒奥得斯。鲍洛金对此提出质疑,认为:"一个丈夫二十年离家在外,其中十年里杳无音信,且部分原因在于他自己耽于玩乐。然而,他却以此为由杀死一个清白无辜的人,这难道合乎正义吗?"(David Bolotin, "The Concerns of Odysseus: An Introduction to Homer's *Odyssey*", p. 51)

尔塞斯和安提福斯这些忠于自己的年老的朋友们(2.252-254,17.68-69),以及佩赖奥斯和其他忠于特勒马科斯的伙伴和朋友们(17.71-85,15.495-546),再加上拉埃尔特斯、多利奥斯及其儿子们(24.489-525)。接下来,奥德修斯在拉埃尔特斯、门托尔、哈利特尔塞斯和安提福斯这些德高望重的老者的协助下,完全可能赢得整个伊塔卡的支持,这意味着他将获得相当一大批求婚人的支持——墨冬、费弥奥斯、勒奥得斯和安菲诺摩斯肯定会支持他,可能还会得到其他人的支持。安提诺奥斯曾表示,他担心特勒马科斯会召集众人把求婚人赶出宅邸(16.370-392;另参2.80-81)。若是如此,奥德修斯岂不更有能力做到这一点?墨冬和费弥奥斯在奥德修斯杀死全部求婚人之后,依然为他获得最终胜利起到了关键作用,他们劝说一小部分求婚人的亲友放弃了复仇的打算,而这一部分人的数量并不小。① 如果他们在奥德修斯杀死那么多人之前去劝说求婚人的家人,甚至去劝说求婚人本人,效果会不会更好?安提诺奥斯或许跟奥德修斯势不两立,但欧律马科斯——他在奥德修斯杀死安提诺奥斯并说出真实身份后主动提出和解和给予赔偿(22.44-59)——[244]和其他求婚人难道不会在看到奥德修斯归来并大受拥护后,心感悔恨或畏惧而放弃吗?②

既然求婚人本性骄横,又有杀死特勒马科斯,甚至杀死奥德修斯的想法,那么,奥德修斯跟他们及其家人之间就免不了一场恶战。既然奥德修斯面临着既要杀死求婚人,又要在某种程度上安抚其家人的艰巨挑战,他至少应该像过去那样估量一下眼下形势,对各种策略进行权衡比较。③ 然而令人不可思议的是,奥德修斯丝毫没考虑该不该杀死以及如何杀死求婚人,也没考虑之后该怎样安抚他们的家人。奥德修斯

---

① 参22.330-380,24.412-471,尤参24.463-466。

② 克罗迪认为,"解决求婚人问题的最佳方案,是欧律马科斯这个最邪恶的求婚人提出的,这十分符合《奥德赛》一贯的讽刺风格"(Kevin Crotty, *The Poetics of Supplication*; *Homer's Iliad and Odyssey*, p.154)。

③ 9.298-305,9.315-470;另参5.464-487,6.142-185。

一回到伊塔卡就把自己交给了雅典娜,因为雅典娜来到他面前,宣称她过去"一直"站在奥德修斯一边保护他,所以他应该相信她(13.299 - 301)。虽然奥德修斯表示,他很清楚自己在过去十年里"从未"见过雅典娜或得到过她的帮助,但他却依然表示愿意相信她。奥德修斯甚至表示,有了雅典娜的帮助,他可与三百人对战(13.314 - 321,13.386 - 391)。奥德修斯宁愿相信明显靠不住的雅典娜,也不愿相信那些可以结盟的凡人,这个鲜明的反差实在让人惊讶。奥德修斯在雅典娜的吩咐下才向特勒马科斯吐露了自己的真实身份;他只有经过试探后才向欧迈奥斯、费弥奥斯和父亲拉埃尔特斯表明了身份;等到全部求婚人死掉后他才告诉了佩涅洛佩实情。奥德修斯根本没试图联系门托尔、哈利特尔塞斯和安提福斯这样的潜在同盟,而他对雅典娜却有着绝对和彻底的信任。

雅典娜告诉奥德修斯不要相信任何凡人,还把他化成一个年老的乞丐,指示他去找欧迈奥斯,奥德修斯则彻底遵从雅典娜的指示(13.307,13.396 - 439)。当奥德修斯——在雅典娜的吩咐下——向儿子表明身份,并告诉他自己准备杀死全部求婚人后,特勒马科斯反对说,父亲因深思熟虑而得名,如果要报复一百一十八位求婚人和仆从,只会自取灭亡(16.233 - 256)。奥德修斯回应说:"你仔细想想,如果雅典娜和天父宙斯襄助我们,我是否还需要帮助求他人?"(16.260 - 261)[245]接下来,奥德修斯向特勒马科斯说明自己的计划:奥德修斯将化成乞丐前往自己的宅邸,如果特勒马科斯看到求婚人欺凌自己的父亲,要竭力忍耐。考虑到求婚人打发时光的地方是厅堂,特勒马科斯要把厅堂的武器全部藏起来,然后奥德修斯和特勒马科斯两人趁求婚人缺少武器时把他们杀光(16.270 - 297)。奥德修斯自己也承认,只有在雅典娜和宙斯的神奇助佑下,他和特勒马科斯两人才有希望杀死一百一十八位求婚人和仆从(16.267 - 269,16.297 - 298)。

既然奥德修斯把希望寄托在天神而不是凡人同盟身上,他自然会遵从雅典娜的指示,嘱咐特勒马科斯不要相信任何人——甚至不能相信佩涅洛佩和拉埃尔特斯（16.299－304）。奥德修斯在复仇当晚盘算如何杀死求婚人时，他的头脑里只有雅典娜这一个帮手（19.1－2, 19.50－52）。他想当然地认为雅典娜不会弃他于不顾——尽管雅典娜曾经离弃他十年之久——奥德修斯没想过万一雅典娜再次抛弃他，他该怎么办，奥德修斯担心的是，他和儿子如何才能杀死那么多求婚人，并顺利摆脱死者家人的报复。雅典娜只说，有她的帮助奥德修斯就会战无不胜，奥德修斯便相信了她的话（20.36－53）。奥德修斯杀死安提诺奥斯之后，欧律马科斯代表其他一百一十七位求婚人和仆从提议和解，表示愿意赔偿已造成的损失，奥德修斯却宣布说：

> 欧律马科斯，即使你们把全部财产悉数作赔偿，外加许多其他财富，我也不会让我的这双手停止杀戮，要直到求婚人偿清自己的累累罪恶。（22.61－64）

此刻的奥德修斯坚决要把复仇进行到底，因为他坚信天神会赐予他战胜一百一十七人的奇迹。

奥德修斯的鲁莽在求婚人被杀后表现得更加清楚。尽管奥德修斯向特勒马科斯指出，他们抵挡不住求婚人亲属们的复仇怒火，他却只设计了一个计谋，就是佯装佩涅洛佩正在庆祝跟其中一位求婚人的订婚事宜，这样一来就不会有人在当晚得知求婚人被杀的消息。然后，他将跟特勒马科斯一同（竟然没有佩涅洛佩）赶去拉埃尔特斯的乡下住宅，"到那里再思虑奥林波斯神会给我们什么启示"（23.139－140，[译按]据本书原文对王焕生译文做了修改）。第二天，奥德修斯跟特勒马科斯、欧迈奥斯和菲洛提奥斯一起动身赶往乡下时，他们选择在大白天离开，而且没做任何藏匿行踪的安排，[246]最终因为雅典娜的帮助，奥德修斯一行人才没被发现（23.366－372）。求婚人的家人发现真相后，决意杀死奥德修斯。后来因为墨冬和费弥奥斯出面劝说——奥德修斯因为遭到特勒马科斯反对才没杀死这两人，他们没有接到奥德修斯的任何指示便主动出面做说客——将近半数求婚人的家人没有出门

(24.412—471)。当求婚人的家人不断接近拉埃尔特斯的乡下住宅时，奥德修斯没有准备任何防御措施，反而花了超乎寻常的时间来试探父亲对他的感情(24.213—326)。最后，当求婚人的家人来到跟前，奥德修斯才开始发起攻击。

奥德修斯显然没考虑怎样打败对手，也没考虑经过如此血腥残杀他该如何统治伊塔卡，更没考虑在他开启特瑞西阿斯预言的下一段航海历程之前，如何确保自己的王位和家人的安全(24.489—540)。奥德修斯似乎遗忘了所有遭天神抛弃的经历——特别是在独目巨怪洞穴和莱斯特律戈涅斯土地上的遭遇①——他相信天神会助佑他免遭伤害，天神会让他超越所有这些看上去无法逾越的挑战——就像唯一一次在基尔克海岛上天神帮助过他那样。

佩涅洛佩的帮助

有人或许认为，奥德修斯因为天神的助佑打败了求婚人及其家人，彻底证明他虔敬天神是正确的。奥德修斯毕竟是因为雅典娜的帮助才成功杀死一百零八位求婚人（此外还有八位求婚人的仆从）。同样因为宙斯和雅典娜的帮助，奥德修斯才能跟那些死去的求婚人的家人达成和解，让伊塔卡重归和平——尽管人们不由得担心这样的和平能持续多久。就算奥德修斯此时得到天神的帮助，独目巨怪洞穴的教训依然有效，也就是说，凡人不能指望神秘无常的天神关照自己，凡人要依靠自己的同类而不是天神的助佑。

凡人的帮助确实为奥德修斯战胜求婚人及其家人发挥了举足轻重的作用。[247]奥德修斯在紧急关头未经雅典娜的吩咐，独自决定寻求欧律克勒娅、欧迈奥斯和菲洛提奥斯的帮助，这三个人给奥德修斯提

---

① 参克拉克的评论，他认为奥德修斯"极大程度上经历了天神莫名其妙的反复无常"(Michael Clarke, "Manhood and Heroism", p. 87)。

供了十分宝贵的支持。他们跟奥德修斯一起杀死了求婚人,并把求婚人被杀的消息成功封锁一个晚上,没泄露给伊塔卡的任何其他人。①如前文所述,特勒马科斯曾劝奥德修斯不要杀害墨冬和费弥奥斯,后来这两个人主动劝阻了一小部分数目可观的求婚人的家人,使他们没有加入报复奥德修斯的队伍(22.354-377,24.439-466)。

除了这些人,佩涅洛佩提出的拉弓比赛的主意,也给奥德修斯帮了大忙。正是拉弓比赛让奥德修斯获得了一件致命武器,使他能够在特勒马科斯去取剑矛和盔甲时,在远处的安全位置射杀多名求婚人(22.1-25,22.70-125)。若不是有拉弓比赛,我们很难想象奥德修斯如何在一开始抵得住一百一十八个敌人一拥而上,除非雅典娜一开始就把这些人消灭掉(22.205-309)。安菲墨冬的魂灵总结得很到位,他说正因为有拉弓比赛,加上厅堂内的武器已被挪走,再加上天神的帮助,奥德修斯才得以成功杀死求婚人(24.154-185)。安菲墨冬猜测是奥德修斯指示佩涅洛佩安排了拉弓比赛,作为他摧毁求婚人计划的一部分(24.167-169)。但荷马的叙述清楚表明,这个拉弓比赛的计谋并不是奥德修斯或雅典娜策划出来的,它纯粹是"聪明无比的($περίφρων$)"佩涅洛佩的智慧产物(19.570-581)。佩涅洛佩在全诗共策划了两个计谋,一个是拉弓比赛,另一个是她为拉埃尔特斯织造和拆毁寿衣的计谋。第二个计谋帮她在最关键的三年时间里成功拒绝求婚人,最终等到儿子长大成人,等到丈夫归来。通过前者,她为奥德修斯成功消灭求婚人发挥了重要作用——根据安菲墨冬的回忆,她一直在为这个目标努力,"为我们谋划死亡和黑色的毁灭"(24.127,24.125-148)。②

那么,佩涅洛佩主张举行拉弓比赛是不是为了帮助奥德修斯呢?

---

① 21.188-244,21.378-395,22.160-204。

② 参 Nancy Felson and Laura Slatkin,"Gender and Homeric Epic",pp.110-111;Kevin Crotty, *The Poetics of Supplication*;*Homer's Iliad and Odyssey*, pp.196-197。

奥德修斯——在雅典娜的吩咐下——并没向她说明身份,但她是否知道奥德修斯已经归来?荷马在卷二十三奥德修斯杀死求婚人之前,从未明确表示佩涅洛佩认出了奥德修斯,荷马只表示阿尔戈斯和欧律克勒娅认出了奥德修斯。[248]而且,当欧律克勒娅告诉佩涅洛佩,奥德修斯已回到家中并杀死了全部求婚人,佩涅洛佩起初根本不相信她的话(23.1-24)。但令人惊讶的是,佩涅洛佩很快便打消了疑虑。而且,她最先怀疑的显然不是奥德修斯是否已经归来,她怀疑的是——因为欧律克勒娅只字未提特勒马科斯、欧迈奥斯、菲洛提奥斯和雅典娜发挥的作用,她的怀疑合情合理——奥德修斯怎么可能"孤身一人"杀死全部求婚人(23.38,23.32-84)。佩涅洛佩见到的奥德修斯是年老乞丐的装扮,但她却对他的身份没表示出多大怀疑(23.85-95,23.104-110)。当然,佩涅洛佩确实在投入奥德修斯的怀抱前对他进行了试探——尽管雅典娜已卸去他的装扮(23.152-180)。佩涅洛佩此时要试探的显然不仅仅是或不主要是奥德修斯是否知道他们的婚床不能挪动,从而证明他的身份是否属实;佩涅洛佩要试探的是,如果奥德修斯得知婚床被挪动,他是否会感到沮丧懊恼,从而判定——经过二十年的分离——他是否依然在意他们的婚姻,是否依然把她放在心上(23.181-230)。佩涅洛佩此时试探的不仅是奥德修斯的身份,还有他的情感。① 这场试探不仅仅是一场记忆力的考验,更重要的,这是一场爱的考验。

荷马笔下的佩涅洛佩精明世故、高深莫测。② 例如,她一心一意挚爱自己的丈夫和儿子,同时却向私通的海伦表达了一定程度的同情

---

① 据迪莫克所述,"奥德修斯的愤怒""是他深爱她的证明"(George E. Dimmock, *The Unity of Odyssey*, p. 319)。另参 Richard Heitman, *Taking Her Seriously: Penelope and the Plot of Homer's Odyssey*, pp. 99-100; Kevin Crotty, *The Poetics of Supplication: Homer's Iliad and Odyssey*, pp. 197-199。

② Cf. Nancy Felson-Rubin, "Penelope's Perspective: Character from Plot", p. 164; Marilyn Katz, *Penelope's Renown: Meaning and Indeterminacy in the Odyssey*, pp. 93-113.

(23.215 – 224),她还对求婚人中的安菲诺墨斯抱有一些好感,或许对其他一些求婚人也并不反感(16.397 – 398,19.535 – 550)。① 佩涅洛佩既受害于傲慢无礼的求婚人,又跟基尔克、卡吕普索和塞壬这些施计欺骗男性受害者的神女一样,运用计谋(δόλοι)欺瞒(θέλγει)求婚人,所以她同时又是求婚人的强大对手。② 在荷马笔下的所有人物当中,只有佩涅洛佩被同时比作另外两个人物——两位性情截然不同的女神。荷马的这一做法至为清楚地表明了他笔下的佩涅洛佩这个人物的模糊性。

> 审慎的佩涅洛佩这时也走出寝间,有如阿尔特弥斯或黄金的阿佛罗狄忒。(17.36 – 38,另参19.53 – 54)

[249]佩涅洛佩究竟是她们中的哪一个?是冷酷神圣的狩猎女神还是温柔迷人的爱情女神?佩涅洛佩对丈夫的忠贞远近闻名,因而显得可爱动人,与此同时,她也是求婚人的强大对手,是《奥德赛》和《伊利亚特》两部诗歌里唯一一位祷告阿尔特弥斯女神的凡人(20.60)。③

佩涅洛佩有没有怀疑这位年老的乞丐就是奥德修斯呢?她是否已经意识到奥德修斯正在谋划一场报复求婚人的行动,所以她提议举行

---

① Cf. Nancy Felson – Rubin,"Penelope's Perspective:Character from Plot", pp. 168 – 179;Nancy Felson and Laura Slatkin,"Gender and Homeric Epic", pp. 111 – 112;Kevin Crotty,*The Poetics of Supplication:Homer's Iliad and Odyssey*, pp. 189,193 – 196;Sheila Murnaghan,*Disguise and Recognition in the Odyssey*, Princeton:Princeton University Press,1987,pp. 141 – 143.

② 对比 2.93 – 126, 24.126 – 146, 18.281 – 283 和 10.232, 10.291, 10.318,10.326,1.55 – 57,12.39 – 46。参 Pietro Pucci, *Odysseus Polutropos:Intertextual Readings in the Odyssey and the Iliad*,pp. 193 – 195。费尔森罗宾认为, "求婚人不是佩涅洛佩的对手"(Nancy Felson – Rubin,*Regarding Penelope:From Character to Poetics*,p. 111)。另参 George E. Dimmock,*The Unity of the Odyssey*, p. 61。

③ Cf. Nancy Felson – Rubin,"Penelope's Perspective:Character from Plot", p. 181.

拉弓比赛是不是为了给他帮助?① 荷马的很多描述表明,佩涅洛佩确实怀疑奥德修斯化作乞丐回到家乡。首先,她从特勒马科斯那里听说,奥德修斯还活着,然后,她又从预言师特奥克吕墨诺斯那里得知,奥德修斯已回到伊塔卡,了解了求婚人的恶行,并且正在筹划把对方一举歼灭(17.142 - 161)。如果佩涅洛佩相信特奥克吕墨诺斯的预言,她应该能猜到,奥德修斯已经乔装打扮回到伊塔卡。当佩涅洛佩接下来得知一个陌生人——一位声称是奥德修斯朋友的年老乞丐,说他有关于奥德修斯的消息——出现在她的宅邸且挨了打时,她愤怒地为乞丐鸣不平,并坚持要见一见这位乞丐,还三次催促欧迈奥斯把对方带来她的面前(17.492 - 550;另参18.215 - 225)。她有没有怀疑这个陌生人就是奥德修斯呢?

奥德修斯与妻子之间的戏剧性会面更加清楚地回答了这个重要问题,即时隔二十年后,佩涅洛佩是否还能认出自己的丈夫? 我们知道奥德修斯那条名叫阿尔戈斯的老狗认出了他,奶妈欧律克勒娅也认出了他(17.290 - 327,19.392 - 394)。欧律克勒娅还没见到奥德修斯那道独有的伤疤前就表示,这个陌生人的体形、声音和双脚都跟奥德修斯十

---

① 哈什(Harsh)认为,佩涅洛佩是一个"精明的女人",她性格"谨慎、保守",她已经认出了奥德修斯,或者至少"暗自怀疑这个陌生人的身份",所以卷十九是"一场激动人心的间接对决,对决过程微妙、精彩"(Philip Whaley Harsh, "Penelope and Odysseus in *Odyssey* XIX", *American Journal of Philology* 71[1950]: 6,4,19,18)。另参 John Jay Winkler, *The Constraints of Desire*: *The Anthropology of Sex and Gender in Ancient Greece*, New York: Routledge, 1990, pp. 129 - 161。相反,默纳汉(Murnaghan)则认为,佩涅洛佩并没疑心乞丐是奥德修斯,她此时提出举行拉弓比赛纯属"偶然"(Sheila Murnaghan, *Disguise and Recognition in the Odyssey*, pp. 134 - 139,139)。另参 Seth L. Schein, "Introduction", in *Reading the Odyssey*, p. 29; Suzanne Saïd, *Homer and the Odyssey*, pp. 286 - 289。关于上述问题,另参 Nancy Felson - Rubin, *Regarding Penelope*: *From Character to Poetics*, pp. 3 - 5,16 - 18; Kevin Crotty, *The Poetics of Supplication*: *Homer's Iliad and Odyssey*, pp. 191 - 192; William G. Thalmann, *The Swineherd and the Bow*: *Representations of Class in the Odyssey*, Ithaca: Cornell University Press, 1998, pp. 232 - 233。

分相像(19.379 – 381)。[250]佩涅洛佩本人也向陌生人表示,"奥德修斯的双手和双脚可能也这样"(19.358 – 359)。如果连阿尔戈斯和欧律克勒娅都能认出奥德修斯,"聪明无比的"佩涅洛佩——已经听到特勒马科斯传递的消息和特奥克吕墨诺斯的预言——还会认不出他吗?

那么,如果佩涅洛佩怀疑离家二十年的丈夫就在眼前——她知道,在这二十年里,他跟一位神女共度了部分时光(17.142 – 144)——她当然想要试探一下这位陌生人,一方面想验证他就是奥德修斯本人,另一方面想要确认他心里是不是还爱着自己。佩涅洛佩确实像她自己所说的那样,对陌生人进行了"考验"。为了确定陌生人二十年前确实见过奥德修斯,她请对方描述一下二十年前见到奥德修斯时,他穿的什么衣服。接下来,陌生人准确描述了奥德修斯穿戴的外袍、扣针和衬衣,这些都是佩涅洛佩在奥德修斯出发前往特洛亚时送给他的。根据荷马的描述,佩涅洛佩如此回答:"他这样说,激起探询者更强烈的哭泣,奥德修斯说出的证据确凿无疑端。"(19.249 – 250)很显然,陌生人的描述深深打动了她,因为这说明他的确见过自己的丈夫——即使是在二十年前。如果佩涅洛佩怀疑这位陌生人就是她的丈夫,难道她不会因为他如此详细清楚地记得她二十年前赠送的东西而深受感动吗?奥德修斯的这番回想不恰恰表明他的爱始终不渝吗?佩涅洛佩在这里展开的不仅仅是对陌生人记忆力的考验,这更是对长久离家的丈夫展开的一场爱的考验——跟她后来用婚床试探对方的爱如出一辙。

二人见面的余下部分愈加证明佩涅洛佩认出了丈夫。化成乞丐的奥德修斯接下来安慰佩涅洛佩说,她的丈夫就在近处,很快就会回到家中(19.300 – 307),虽然佩涅洛佩回答说,奥德修斯永远不会回来了(19.312 – 316),她却紧接着又跟欧律克勒娅说,陌生人的手脚跟奥德修斯十分相像(19.358 – 360)。接下来,欧律克勒娅在为奥德修斯洗脚时认出了他——佩涅洛佩应该就在跟前①——佩涅洛佩向这位素未谋

---

① 19.385 – 394,19.467 – 479,19.503 – 507。

面的陌生人吐露心事,说不知自己该不该嫁给求婚人中的一位,然后她又给奥德修斯讲述自己做的一个很直白的梦,梦里的奥德修斯将回到家中,杀死所有求婚人(19.509 – 553)。当奥德修斯坚持说,奥德修斯很快就会回来摧毁求婚人时,佩涅洛佩突然表示,她要在第二天举行拉弓竞赛。她这样做的目的不正是要给奥德修斯提供杀害求婚人的工具吗?[251]奥德修斯对这一计划表示积极赞同,还暗示说奥德修斯会在第二天来到比赛现场。奥德修斯的回答不正说明她的丈夫确实就在眼前吗?(19.583 – 587)荷马评论说,那一夜,奥德修斯怀疑他的妻子"已经认出"他(20.93 – 94)。

佩涅洛佩此时给丈夫提供了必不可少的帮助。此外,佩涅洛佩聪明智慧,又在奥德修斯离家的这些年里一直待在伊塔卡,对伊塔卡的情况了如指掌,完全有能力给奥德修斯献计献策。① 比如,求婚人中哪些人可以通过言语劝服,伊塔卡哪些人一直忠于奥德修斯。然而奥德修斯却果断拒绝妻子可能给出的任何建议,就像他一开始果断拒绝"智慧过人"的欧律克勒娅给出建议一样。欧律克勒娅想要告诉他家中的哪些女仆行为不光彩,哪些行为无罪过,奥德修斯却要求她"只需保持沉默,其余的由神明照应"(19.491 – 502)。奥德修斯拒绝听取忠诚智慧的妻子给出的建议,却把所有信任交给了天神,尽管他很清楚天神有多么不值得信任。② 比起凡人的帮助,他更相信天神的助佑。天神确实在求婚人这件事上给他提供了至关重要的帮助,但是凡人,特别是佩

---

① 参 John Alvis, *Divine Purpose and Heroic Response in Homer and Virgil: The Political Plan of Zeus*, p. 91。另参海特曼的评论,他认为"在《奥德赛》这部思想叙事诗里,佩涅洛佩的声音在智慧的深谷回响"(Richard Heitman, *Taking Her Seriously: Penelope and the Plot of Homer's Odyssey*, p. 111)。

② 本人认为费尔森罗宾对奥德修斯和佩涅洛佩的看法有点偏颇,她认为奥德修斯"清楚她的长处并利用了她的诡计多端",她还认为"奥德修斯和雅典娜在伊塔卡的会面是夫妻团圆的预演"(Nancy Felson – Rubin, *Regarding Penelope: From Character to Poetics*, pp. vii, 50)。

涅洛佩,也同样给他提供了宝贵的支持。

结　语

　　阿基琉斯跟奥德修斯不同,他坦诚、直率、勇敢地面对内心有关神助的怀疑。他跟奥德修斯一样对天神的正义产生质疑,也跟奥德修斯一样对天神的正义展开考察——尤其表现为祷告宙斯为阿开奥斯人对他的侮辱施加惩罚。在《伊利亚特》卷九,阿基琉斯提出一个奥德修斯从未明确提过的问题:[252]既然正直和不正直的人都不免一死,天神会不会赏赐正直者？如果正义得不到天神的赏赐,还应不应该选择正义(9.314 – 343,9.400 – 420)？宙斯确实答应了阿基琉斯的祷告,如此一来似乎打消了他的疑虑(16.236 – 238)。但阿基琉斯的祷告引发了一系列的连锁事件,最终导致帕特罗克洛斯被杀,帕特罗克洛斯的死再次让阿基琉斯对天神及其助佑产生怀疑。阿基琉斯特别思考一个问题,那就是永无伤痛的永生的天神和充满伤痛的凡人之间是不是有一条无法逾越的鸿沟。因此,阿基琉斯在《伊利亚特》结尾处表现出一种独立于天神之外的人性,他向普里阿摩斯充分表达了自己的怜悯,并赋予其实质内容,主动提出为特洛亚人休战(24.507 – 672)。奥德修斯在《奥德赛》结尾处对已死去的敌人的亲人怒不可遏,对天神寄予盲目崇拜。而阿基琉斯却在《伊利亚特》结尾处对已死去的敌人的亲人充分表达了内心的怜悯,并从人性的层面理解了天神助佑的局限性。阿基琉斯在《伊利亚特》结束时更加独立、更加充满人性和理性,奥德修斯在《奥德赛》结束时则恰恰相反。

　　为什么相比奥德修斯,阿基琉斯越来越理性？阿基琉斯在本性上比奥德修斯拥有更激烈的情感,他更容易愤怒,流泪,爱得也更投入。阿基琉斯的情感,尤其是他的爱,使他对别人的苦难——比如帕特罗克洛斯和普里阿摩斯的苦难——更加敏感,使他更容易认识到天神没有怜悯之情。阿基琉斯至少可以坦诚面对自己和他人的情感与痛苦,这份坦诚引领他走向更加深刻的自我怀疑和思考。奥德修斯从来没像阿基琉斯那样因为同伴和家人遭受苦难而自责,阿基琉斯因为帕特罗克洛斯、阿开奥斯人和自己的父亲蒙受苦难而深深自责。同样,奥德修斯从来没像阿基琉斯那样对敌人表达过理解或同情,他也基本没向家人和同伴表达过理解或同情,冷酷无情没有让奥德修斯变得更加理性。

阿基琉斯好像比奥德修斯拥有更强大的承受痛苦的能力,这是一种心智上的长处,它让阿基琉斯更加勇敢地承受怀疑带来的痛苦。跟奥德修斯不同,阿基琉斯怀疑的对象不仅仅是天神,他还怀疑荣誉和德行的意义,对个人信仰和德行的质疑让阿基琉斯处于痛苦的挣扎之中。[253]奥德修斯跟阿基琉斯不一样,他对肉体和精神享乐表现出浓厚的兴趣,他跟基尔克和卡吕普索之间的恋情是为了寻欢作乐,好像跟爱没什么关系。跟基尔克在一起的欢愉时光让奥德修斯在一年的时间里把其他一切都抛到了脑后。跟卡吕普索刚开始在一起时,也同样如此。虽然奥德修斯最终厌倦了这种生活,但如果换成阿基琉斯,他忍受得了这种无爱的空虚吗?奥德修斯对享乐的喜好决定了他会逃避自我怀疑,会逃避对荣誉之类问题的怀疑,最重要的是,他会因此放弃对天神的正义性的怀疑。虽然这样的怀疑合乎理性,却让人感到痛苦,奥德修斯好奇心很强,却并不具备理性生活所需的苦行。荷马最后把奥德修斯描述成一个变化无常的人,很可能是对他的一种批评。奥德修斯是多面的——手段多样、足智多谋、诡计多端——但他缺少阿基琉斯的狮心,即孤注一掷的激情和勇气。① 奥德修斯的性情在审

---

① "狮心"或"狮子的精神"($\vartheta\upsilon\mu o\lambda\acute{\epsilon}o\nu\tau a$)这个绰号在荷马的两部诗歌里共出现五次。一次是埃阿斯用来指称阿基琉斯(《伊利亚特》7.228),一次是赫拉克勒斯的儿子特勒波勒摩斯用来指称他的父亲(《伊利亚特》5.639),还有一次是奥德修斯用来指称赫拉克勒斯(《奥德赛》11.268),佩涅洛佩两次用来指称奥德修斯(《奥德赛》4.724,4.814)。值得注意的是,当佩涅洛佩称奥德修斯为"狮心"的时候,她已有二十年没见到自己的丈夫了。

慎与鲁莽、享乐与荣誉、克制与狂怒、怀疑与虔诚之间摇摆不定。① 他的性情缺乏锚点,可能因为他缺乏内在的力量,归根究底因为他的思想缺少深度。

有人可能坚持认为奥德修斯比阿基琉斯智慧,因为他更像一个歌者,也更接近荷马这位智慧的歌者。奥德修斯在卷九到卷十二歌吟的个人历险故事比阿基琉斯或荷马作品里任何一个人物吟唱的诗歌都美妙。奥德修斯还被比作歌者,阿基琉斯却并没有类似经历。② 奥德修斯的创造力——不断编造精巧细致的故事——无疑让我们想到荷马无穷无尽的想象力。

阿基琉斯通过吟唱英雄们的丰功伟绩娱悦心灵(9.180 – 185)。虽然阿基琉斯很少歌唱,他却把诗歌看作思想的来源——智慧的来源——和心灵的娱悦。特勒马科斯从墨涅拉奥斯的讲话当中得到愉悦,求婚人从他人的歌吟中得到快乐,阿基琉斯则通过歌吟娱悦自己的心灵(4.597 – 598,17.605,18.304)。赫尔墨斯在凝视卡吕普索的美丽洞穴时感到心灵愉悦,[254] 费埃克斯人通过运动竞赛娱悦自己,阿基琉斯则在吟唱中找到心灵的愉悦(5.74,8.131)。由此看来,阿基琉斯好像尤为接近荷马,因为荷马的歌吟同样既娱悦心灵,又给人以智慧的启迪。③

---

① Cf. John Alvis, *Divine Purpose and Heroic Response in Homer and Virgil: The Political Plan of Zeus*, pp. 86 – 87.

② 11.366 – 369,17.513 – 521,21.404 – 409。

③ 阿基琉斯在《伊利亚特》里的讲话十分具有诗意(参 Jasper Griffin, *Homer on Life and Death*, p. 75;Mark W. Edwards, *The* Iliad: *A Commentary, V: Books* 17 – 21, p. 39)。例如,他使用的比喻多于《伊利亚特》中任何一个人(《伊利亚特》共十四个比喻,四个为阿基琉斯所用),并且他用的比喻全都引人入胜,妙趣横生(9.323 – 327,16.6 – 10,21.281 – 283,22.262 – 267);关于其他比喻,参 3.59 – 63(帕里斯),3.195 – 198(普里阿摩斯),4.243 – 246(阿伽门农),6.146 – 150(格劳科斯),12.167 – 172(阿西奥斯),13.99 – 110(波塞冬),17.20 – 23(墨涅拉奥斯),20.251 – 255(埃涅阿斯),21.462 – 466(阿波罗),24.39 – 45(阿波罗)。

我们完全不清楚奥德修斯是否视歌吟为思想或智慧的来源。奥德修斯似乎把歌吟看作一种手段——比如他通过歌吟从费埃克斯人和欧迈奥斯那里得到帮助,歌吟还可以用来获得荣誉,比如他请求歌人得摩多科斯歌吟他谋划的著名的木马计(8.487-498)。我们也并不清楚奥德修斯是否在歌吟中深感愉悦,得摩多科斯唱的三首歌里有两首让奥德修斯潸然泪下——包括奥德修斯请求他唱的那首——他一开始不太情愿向费埃克斯人唱自己的故事,中间他又不太情愿继续唱下去。① 根据荷马的描述,得摩多科斯吟唱的其中一首歌——关于赫菲斯托斯的歌——确实让奥德修斯心灵愉悦(8.367)。但我们并不清楚奥德修斯是否从中获得了什么感悟。赫菲斯托斯和奥德修斯存在一些相像之处,两位都不相信自己妻子,都想要报复,且都善用计谋。得摩多科斯的吟唱却似乎在批评赫菲斯托斯,他所吟唱的赫菲斯托斯既心思恶毒——如果阿佛洛狄忒不爱他,她也不可以爱上别人;又自相矛盾——他要求妻子爱自己,同时又明白妻子根本不爱自己(8.270-281,8.303-366)。但是奥德修斯却在《奥德赛》接下来的部分向所有追求他妻子的人展开了报复。基于此,我们不清楚奥德修斯是否真正理解得摩多科斯歌吟的故事里隐含的道理。②

阿基琉斯和奥德修斯的对比突出表明,勇气作为一种精神力量至

奥德修斯在《奥德赛》使用的比喻确实多过阿基琉斯,但是只有一个比喻——最后一个比喻——跟他讲述的历险故事以及对瑙西卡娅、欧迈奥斯和佩涅洛佩的谎言无关(6.166-169,9.4,9.51-53,9.287-291,9.291-293,9.310-314,9.382-390,9.391-394,10.118-123,10.123-124,10.210-219,10.410-418,11.205-209,11.605-606,11.606-608,12.237-239,12.251-256,12.411-417,12.417-419,12.431-436,12.438-441,14.307-309,14.476-477,19.107-114,19.233-234,23.190-191)。

① 8.72-95,8.485-534,11.328-384。

② Cf. Richard S. Ruderman, "Love and Friendship in Homer's *Odyssey*", pp.42-43; Richard S. Ruderman, "Odysseus and the Possibility of Enlightenment", pp.155,158-159.

关重要。[255]奥德修斯聪明非凡,却终究缺乏勇气面对令人痛苦的怀疑和令人痛苦的真相。阿基琉斯显然不具备荷马式的智慧,虽然吟唱让阿基琉斯心灵愉悦,但他终究选择做一名战士而不是歌者,虽然阿基琉斯对普里阿摩斯和全部阿开奥斯人表现出伟大的悲悯和理解,但他终究回到与他们为敌的战场。但是阿基琉斯能够超越内心的愤怒,鼓起勇气质疑他珍视的德行生活和天神的正义,这说明最接近智慧歌者荷马的英雄仍然是狮心阿基琉斯,而不是足智多谋的奥德修斯。

参考文献

Adkins, Arthur. 1960. *Merit and Responsibility: A Study in Greek Values*. Oxford: Clarendon Press.
Alvis, John. 1995. *Divine Purpose and Heroic Response in Homer and Virgil: The Political Plan of Zeus*. Lanham, MD: Rowman and Littlefield.
Ambler, Wayne. 2009. "On Strauss on Vico: A Report on Leo Strauss's Course on Giambattista Vico." *Interpretation* 36: 165–187.
Armstrong, C. B. 1969. "The Casualty Lists in the Trojan War." *Greece and Rome* 16: 30–31.
St. Augustine. 1984. *City of God*. Trans. Henry Betteson. London: Penguin Classics.
Bacon, Francis. 1974. *The Advancement of Learning and New Atlantis*. London: Oxford University Press.
Barchilon, Jacques and Flinders, Peter. 1981. *Charles Perrault*. Boston: Twayne Publishers.
Benardete, Seth. 1997. *The Bow and the Lyre*. Lanham, MD: Rowman and Littlefield.
Benardete, Seth. 2000. *The Argument of the Action: Essays on Greek Poetry and Philosophy*. Chicago: University of Chicago Press.
Benardete, Seth. 2005. *Achilles and Hector: The Homeric Hero*. South Bend, IN: St. Augustine's Press.
Bentley, Richard. 1713. *Remarks upon a Late Discourse of Free-Thinking: in a Letter to F.H. D. D. by Phileleutherus Lipsiensis*. Printed for John Morphew. London.
Berlin, Isaiah. 2000. *Three Critics of the Enlightenment: Vico, Hamann, Herder*. Ed. Henry Hardy. Princeton: Princeton University Press.
Berlin, Isaiah. 2002. *The Power of Ideas*. Ed. Henry Hardy. Princeton: Princeton University Press.
Bolotin, David. 1989. "The Concerns of Odysseus: An Introduction to Homer's *Odyssey*." *Interpretation* 17: 41–57.
Bolotin, David. 1995. "The Critique of Homer and the Homeric Heroes in Plato's *Republic*." In *Political Philosophy and the Human Soul: Essays in Memory of Allan Bloom*. Eds. Michael Palmer and Thomas L. Pangle. Lanham, MD:

Rowman and Littlefield. Pp. 83–94.
Borges, Jorge Luis. 1971. "El hacedor." In *El hacedor*. Buenos Aires: Emecé Editores. Pp. 9–11.
Borges, Jorge Luis. 1974. "El inmortal." In *El Aleph*. Madrid: Alianza Editorial. Pp. 7–28.
Bowra, C. M. 1977. *Tradition and Design in* The Iliad. Westport: Greenwood Press.
Browning, Robert. 1992. "The Byzantines and Homer." In *Homer's Ancient Readers: The Hermeneutics of Greek Epic's Earliest Exegetes*. Eds. Robert Lamberton and John J. Keaney. Princeton: Princeton University Press. Pp. 134–148.
Burkert, Walter. 1985. *Greek Religion*. Trans. John Raffan. Cambridge, MA: Harvard University Press.
Burns, Timothy. 1996. "Friendship and Divine Justice in Homer's *Iliad*." In *Poets, Princes, and Private Citizens*. Eds. J. Knippenberg and P. Lawler. Lanham, MD: Rowman and Littlefield. Pp. 289–303.
Buxton, Richard. 2004. "Similes and Other Likenesses." In *The Cambridge Companion to Homer*. Ed. Robert Fowler. Cambridge: Cambridge University Press. Pp. 139–155.
Clarke, Michael. 2004. "Manhood and Heroism." In *The Cambridge Companion to Homer*. Ed. Robert Fowler. Cambridge: Cambridge University Press. Pp. 74–90.
Clay, Jenny Strauss. 1983. *The Wrath of Athena: Gods and Men in the Odyssey*. Princeton: Princeton University Press.
Clay, Jenny Strauss. 2010. *Homer's Trojan Theater: Space, Vision, and Memory in the Iliad*. Cambridge: Cambridge University Press.
Collingwood, R. G. 1956. *The Idea of History*. Oxford: Oxford University Press.
Croce, Benedetto. 1964. *The Philosophy of Giambattista Vico*. Trans. R. G. Collingwood. New York: Russell and Russell.
Crotty, Kevin. 1994. *The Poetics of Supplication: Homer's* Iliad *and* Odyssey. Ithaca: Cornell University Press.
d'Aubignac, François-Hédelin. 1925. *Conjectures académiques, ou Dissertation sur l'Iliade*. Paris.
Deneen, Patrick J. 2000. *The Odyssey of Political Theory*. Lanham, MD: Rowman and Littlefield.
Dimmock, George E. 1989. *The Unity of the Odyssey*. Amherst: University of Massachusetts Press.
Dobbs, Darrell. 1987. "Reckless Rationalism and Heroic Reverence in Homer's *Odyssey*." *American Political Science Review* 81: 491–508.
Dodds, E. R. 1973. *The Greeks and the Irrational*. Berkeley: University of California Press.
Edwards, Mark W. 1987. *Homer: Poet of the Iliad*. Baltimore: Johns Hopkins University Press.
Edwards, Mark W. 1991. *The Iliad: A Commentary, V: Books 17–20*. Cambridge: Cambridge University Press.
Farrell, Joseph. 2004. "Roman Homer." In *The Cambridge Companion to Homer*. Ed. Robert Fowler. Cambridge: Cambridge University Press. Pp. 254–271.
Felson, Nancy and Slatkin, Laura. 2004. "Gender and Homeric Epic." In *The Cambridge Companion to Homer*. Ed. Robert Fowler. Cambridge: Cambridge University Press. Pp. 91–114.

Felson-Rubin, Nancy. 1994. *Regarding Penelope: From Character to Poetics*. Princeton: Princeton University Press.
Felson-Rubin, Nancy. 1996. "Penelope's Perspective: Character from Plot." In *Reading the Odyssey*. Ed. Seth L. Schein. Princeton: Princeton University Press. Pp. 163–183.
Finley, Moses I. 1978. *The World of Odysseus*. New York: Viking Press.
Fisch, Max Harold and Bergin, Thomas Goddard. 1963. "Introduction." In *The Autobiography of Giambattista Vico*. Trans. Max Harold Fisch and Thomas Goddard Bergin. Ithaca, NY: Great Seal Books.
Flaumenhaft, Mera. 2004. "Priam the Patriarch, His City, and His Sons." *Interpretation* 32: 3–32.
Fowler, Robert. 2004. "The Homeric Question." In *The Cambridge Companion to Homer*. Ed. Robert Fowler. Cambridge: Cambridge University Press. Pp. 220–232.
Fradkin, Hillel. 1995. "Poet Kings: A Biblical Perspective on Heroes." In *Political Philosophy and the Human Soul: Essays in Memory of Allan Bloom*. Eds. Michael Palmer and Thomas L. Pangle. Lanham, MD: Rowman and Littlefield. Pp. 55–66.
Fustel de Coulanges, Numa Denis. 1900. *La Cité Antique*. Paris: Libraire Hachette.
Gagarin, Michael. 1987. "Morality in Homer." *Classical Philology* 82: 285–306.
Grafton, Anthony. 1992. "Renaissance Readers of Homer's Ancient Readers." In *Homer's Ancient Readers: The Hermeneutics of Greek Epic's Earliest Exegetes*. Eds. Robert Lamberton and John J. Keaney. Princeton: Princeton University Press. Pp. 149–172.
Grafton, Anthony. 1999. "Introduction." In *The New Science* by Giambattista Vico. Trans. David Marsh. London: Penguin Books. Pp. xi–xxxiii.
Grafton, Anthony, Most, Glenn W., and Zetzel, James E. G. 1985. "Introduction." In *Prologomena to Homer (1795)* by F. A. Wolf. Trans. Anthony Grafton, Glenn W. Most, and James E. G. Zetzel. Princeton: Princeton University Press. Pp. 3–35.
Graziosi, Barbara. 2002. *Inventing Homer: The Early Reception of Epic*. Cambridge: Cambridge University Press.
Griffin, Jasper. 1980. *Homer on Life and Death*. Oxford: Clarendon Press.
Griffin, Jasper. 1995. *Homer: Iliad IX*. Oxford: Clarendon Press.
Griffin, Jasper. 2004. "The speeches." In *The Cambridge Companion to Homer*. Ed. Robert Fowler. Cambridge: Cambridge University Press. Pp. 156–167.
Grote, George. 1861. *History of Greece*, vol. 1. 2nd ed.. New York: Harper and Brothers.
Hall, Edith. 2008. *The Return of Ulysses: A Cultural History of the Odyssey*. Baltimore: Johns Hopkins University Press.
Harsh, Philip Whaley. 1950. "Penelope and Odysseus in *Odyssey* XIX." *American Journal of Philology* 71: 1–21.
Haubold, Johannes. 2000. *Homer's People: Epic Poetry and Social Formation*. Cambridge: Cambridge University Press.
Haugen, Kristine Louise. 2011. *Richard Bentley: Poetry and Enlightenment*. Cambridge, MA: Harvard University Press.
Hegel, Georg Wilhelm Friedrich. 1956. *Philosophy of History*. Trans. J. Sibree. New York: Dover Publications.

Heitman, Richard. 2005. *Taking Her Seriously: Penelope and the Plot of Homer's Odyssey*. Ann Arbor: University of Michigan Press.
Hobbes, Thomas. 1894. *The Illiads and Odysses of Homer*. London: Longman, Brown, Green, and Longmans.
Homer. 1976. *Opera: Odysseae*. Vols. III–IV. Ed. Thomas W. Allen. Oxford: Oxford University Press.
Homer. 1988. *Opera: Iliadis*. Vols. I–II. Eds. David B. Munro and Thomas W. Allen. Oxford: Oxford University Press.
Homer. 1992. *The Iliad*. Trans. Richmond Lattimore. Chicago: University of Chicago Press.
Homer. 1999. *The Odyssey*. Trans. Richmond Lattimore. New York: Perennial Classics.
Horkheimer, Max and Adorno, Theodor W. 1972. *Dialectic of Enlightenment*. Trans. John Cumming. New York: Herder and Herder.
Hunter, Richard. 2004. "Homer and Greek literature." In *The Cambridge Companion to Homer*. Ed. Robert Fowler. Cambridge: Cambridge University Press. Pp. 235–253.
Janko, Richard. 1992. *The Iliad: A Commentary, IV: Books 13–16*. Cambridge: Cambridge University Press.
Jong, Irene J. F. de. 1987. *Narrators and Focalizers: The Presentation of the Story in the Iliad*. Amsterdam: B. R. Grüning.
Jullien, Dominique. 1995. "Biography of an Immortal." *Comparative Literature* 47: 136–159.
Katz, Marilyn. 1991. *Penelope's Renown: Meaning and Indeterminacy in the Odyssey*. Princeton: Princeton University Press.
Kearns, Emily. 2004. "The Gods in the Homeric epics." In *The Cambridge Companion to Homer*. Ed. Robert Fowler. Cambridge: Cambridge University Press. Pp. 59–73.
Kim, Jinyo. 2000. *The Pity of Achilles: Oral Style and the Unity of the Iliad*. Lanham, MD: Rowman and Littlefield.
Kirk, G. S. 1962. *The Songs of Homer*. Cambridge: Cambridge University Press.
Kirk, G. S. 1974. *The Nature of Greek Myths*. Harmondsworth, UK: Penguin Books.
Lateiner, Donald. 2004. "The *Iliad*: An Unpredictable Classic." In *The Cambridge Companion to Homer*. Ed. Robert Fowler. Cambridge: Cambridge University Press. Pp. 11–30.
Lattimore, Richmond. 1992. "Introduction." In *The Iliad of Homer*. Trans. Richmond Lattimore. Chicago: University of Chicago Press. Pp. 11–55.
Lessing, Gotthold Ephraim. 1970. *Laocoon*. Trans. W. A. Steel. London: J. M. Dent and Sons.
Lilla, Mark. 1993. *G. B. Vico: The Making of an Anti-Modern*. Cambridge: Harvard University Press.
Lloyd-Jones, Hugh. 1971. *The Justice of Zeus*. Berkeley: University of California Press.
Locke, John. 1988. *Two Treatises of Government*. Ed. Peter Laslett. Cambridge: Cambridge University Press.
Long, A. A. 1992. "Stoic Readings of Homer." In *Homer's Ancient Readers: The Hermeneutics of Greek Epic's Earliest Exegetes*. Eds. Robert Lamberton and John J. Keaney. Princeton: Princeton University Press. Pp. 41–66.
Lord, Albert Bates. 1960. *The Singer of Tales*. Cambridge, MA: Harvard University Press.

Lord, Albert Bates. 1991. *Epic Singers and Oral Tradition*. Ithaca: Cornell University Press.
Lukàcs, Georg. 1977. *The Theory of the Novel: A Historico-Philosophical Essay on the Forms of Great Epic Literature*. Trans. Anna Bostock. Cambridge, MA: MIT Press.
Lutz, Mark. 2006. "Wrath and Justice in Homer's Achilles." *Interpretation* 33: 111–132.
Macaulay, Thomas Babington. 1903. *Critical and Historical Essays*, vol. 2. Ed. F. C. Montague. New York: G. P. Putnams's Sons.
Machiavelli, Niccolo. 1966. *Il Principe, Discorsi Sopra La Prima Deca di Tito Livio*. Ed. Piero Gallardo. Milano: Edizioni per il Club del Libro.
Machiavelli, Niccolo. 1998. *The Prince*, 2nd ed.. Trans. Harvey C. Mansfield. Chicago and London: University of Chicago Press.
MacLeod, Colin. 1982. *Homer: Iliad: Book XXIV*. Cambridge: Cambridge University Press.
Manent, Pierre. 2010. *Les Métamorphoses de la Cité: Essai sur la dynamique de l'Occident*. Paris: Flammarion.
Mazon, Paul. 1942. *Introduction à l'Iliade*. Paris: Les Belles Lettres.
Michelet, Jules. 1971. *Oeuvres complètes*, vol. 2. Ed. Paul Viallaneix. Paris: Flammarion.
Montaigne, Michel de. 1976. *The Complete Essays of Montaigne*. Trans. Donald M. Frame. Stanford: Stanford University Press.
Moulton, Carroll. 1977. *Similes in the Homeric Poems*. Göttingen: Vandenhoeck and Ruprecht.
Mueller, Martin. 1984. *The Iliad*. London: G. Allen & Unwin.
Murnaghan, Sheila. 1987. *Disguise and Recognition in the Odyssey*. Princeton: Princeton University Press.
Murray, Gilbert. 1924. *The Rise of the Greek Epic*. 3rd ed. Oxford: Clarendon Press.
Myres, John L. 1958. *Homer and His Critics*. Ed. Dorothea Gray. London: Routledge and Kegan Paul.
Nagy, Gregory. 1974. *Comparatives Studies in Greek and Indic Meter*. Cambridge, MA: Harvard University Press.
Nagy, Gregory. 1979. *The Best of the Achaeans: Concepts of the Hero in Archaic Greek Poetry*. Baltimore: Johns Hopkins University Press.
Nagy, Gregory. 1996. *Homeric Questions*. Austin: University of Texas Press.
Nagy, Gregory. 2004. *Homer's Text and Language*. Urbana: University of Illinois Press.
Nagy, Gregory. 2009. *Homer the Classic*. Cambridge, MA: Harvard University Press.
Nagy, Gregory. 2010. *Homer the Preclassic*. Berkeley: University of California Press.
Nietzsche, Friedrich. 1954a. "Thus Spoke Zarathustra." In *The Portable Nietzsche*. Trans. Walter Kaufmann. New York: Viking Press. Pp. 103–439.
Nietzsche, Friedrich. 1954b. "Twilight of the Idols." In *The Portable Nietzsche*. Trans. Walter Kaufmann. New York: Viking Press. Pp. 463–563.
Nietzsche, Friedrich. 1967. *The Birth of Tragedy*. Trans. Walter Kaufmann. New York: Vintage Books.
Nietzsche, Friedrich. 1968. *The Will to Power*. Trans. Walter Kaufmann, R. J. Hollingdale. New York: Vintage Books.
Nietzsche, Friedrich. 1969a. *Genealogy of Morals*. Trans. Walter Kaufmann. New York: Vintage Books. Pp. 15–163.

Nietzsche, Friedrich. 1969b. *Ecce Homo*. Trans. Walter Kaufmann. New York: Vintage Books. Pp. 217–335.

Nietzsche, Friedrich. 1974. *The Gay Science*. Trans. Walter Kaufmann. New York: Vintage Books.

Nietzsche, Friedrich. 1984. *Human, All Too Human*. Trans. Marion Fabor, with Stephen Lehmann. Lincoln and London: University of Nebraska Press.

Nietzsche, Friedrich 1989. *Beyond Good and Evil*. Trans. Walter Kaufmann. New York: Vintage Books.

Pangle, Thomas L. 2003. *Political Philosophy and the God of Abraham*. Baltimore and London: Johns Hopkins University Press.

Parry, Adam. 1971. "Introduction." In *The Making of Homeric Verse: The Collected Papers of Milman Parry*. Ed. Adam Parry. Oxford: Oxford University Press. Pp. ix–lxii.

Parry, Milman. 1971. *The Making of Homeric Verse: The Collected Papers of Milman Parry*. Ed. Adam Parry. Oxford: Oxford University Press.

Passannante, Gerard. 2009. "Homer Atomized: Francis Bacon and the Matter of Tradition." *ELH: English Literary History* 76: 1015–1047.

Porter, James I. 2004. "Homer: The History of an Idea." In *The Cambridge Companion to Homer*. Ed. Robert Fowler. Cambridge: Cambridge University Press. Pp. 324–343.

Pucci, Pietro. 1987. *Odysseus Polutropos: Intertextual Readings in the* Odyssey *and the* Iliad. Ithaca: Cornell University Press.

Redfield, James M. 1975. *Nature and Culture in the* Iliad: *The Tragedy of Hector*. Chicago: University of Chicago Press.

Reinhardt, Karl. 1960. *Tradition und Geist: gesammelte Essays zur Dichtung*. Göttingen: Vandonhoeck & Ruprecht.

Reinhardt, Karl. 1997a. "The Judgement of Paris." In *Homer: German Scholarship in Translation*. Trans. G. M. Wright and P. V. Jones. Oxford: Clarendon Press. Pp. 170–191.

Reinhardt, Karl. 1997b. "Homer and the Telemachy, Circe, Calypso, and the Phaeacians." In *Homer: German Scholarship in Translation*. Trans. G. M. Wright and P. V. Jones. Oxford: Clarendon Press. Pp. 217–248.

Richardson, N. J. 1992. "Aristotle's Reading of Homer and Its Background." In *Homer's Ancient Readers: The Hermeneutics of Greek Epic's Earliest Exegetes*. Eds. Robert Lamberton and John J. Keaney. Princeton: Princeton University Press. Pp. 30–40.

Richardson, Scott Douglas. 1990. *The Homeric Narrator*. Nashville: Vanderbilt University Press.

Rorty, Richard. 1989. *Contingency, Irony, and Solidarity*. Cambridge: Cambridge University Press.

Rorty, Richard. 1991. *Objectivity, Relativism, and Truth*. Cambridge: Cambridge University Press.

Rousseau, Jean-Jacques. 1979. *Emile*. Trans. Allan Bloom. New York: Basic Books.

Rousseau, Jean-Jacques. 1986. *Discourses and Essay on the Origin of Languages*. Trans. Victor Gourevitch. New York: Harper & Row.

Ruderman, Richard S. 1995. "Love and Friendship in Homer's Odyssey." In *Political Philosophy and the Human Soul: Essays in Memory of Allan Bloom*. Eds. Michael Palmer and Thomas L. Pangle. Lanham, MD: Rowman and Littlefield. Pp. 35–54.
Ruderman, Richard S. 1999. "Odysseus and the Possibility of Enlightenment." *American Journal of Political Science* 43: 138–61.
Saïd, Suzanne. 2011. *Homer and the* Odyssey. Oxford: Oxford University Press.
Saxonhouse, Arlene. 1988. "Thymos, Justice, and Moderation of Anger in the Story of Achilles." In *Understanding the Political Spirit*. Ed. Catherine Zuckert. New Haven and London: Yale University Press. Pp. 30–47.
Schadewaldt, Wolfgang. 1997a. "Hector and Andromache." In *Homer: German Scholarship in Translation*. Trans. G. M. Wright and P. V. Jones. Oxford: Clarendon Press. Pp. 124–142.
Schadewaldt, Wolfgang. 1997b. "Achilles' Decision." In *Homer: German Scholarship in Translation*. Trans. G. M. Wright and P. V. Jones. Oxford: Clarendon Press. Pp. 143–169.
Schein, Seth L. 1984. *The Mortal Hero: An Introduction to Homer's* Iliad. Berkeley: University of California Press.
Schein, Seth L. 1996. "Introduction." In *Reading the* Odyssey. Ed. Seth L. Schein. Princeton: Princeton University Press. Pp. 3–31.
Schiller, Friedrich. 1981. *On the Naive and Sentimental in Literature*. Trans. Helen Watanabe-O'Kelly. Manchester, UK: Carcanet New Press.
Scodel, Ruth. 2002. *Listening to Homer: Tradition, Narrative, and Audience*. Ann Arbor: University of Michigan Press.
Scodel, Ruth. 2004. "The Story-Teller and His Audience." In *The Cambridge Companion to Homer*. Ed. Robert Fowler. Cambridge: Cambridge University Press. Pp. 45–55.
Scott, John Adams. 1921. *The Unity of Homer*. Berkeley: University of California Press.
Scott, John. 1963. *Homer and His Influence*. New York: Cooper Square Publishers.
Scott, William C. 1974. *The Oral Nature of the Homeric Simile*. Leiden, the Netherlands: Brill.
Scott, William C. 2009. *The Artistry of the Homeric Simile*. Hanover, NH: University Press of New England.
Segal, Charles. 1971. *The Theme of the Mutilation of the Corpse in the* Iliad. Leiden, the Netherlands: Brill.
Segal, Charles. 1992. "Bard and Audience in Homer." In *Homer's Ancient Readers: The Hermeneutics of Greek Epic's Earliest Exegetes*. Eds. Robert Lamberton and John J. Keaney. Princeton: Princeton University Press. Pp. 3–29.
Segal, Charles. 1996. "Kleos *and Its Ironies in the* Odyssey." In *Reading the* Odyssey. Ed. Seth L. Schein. Princeton: Princeton University Press. Pp. 201–221.
Shaw, T. E. [Lawrence, T. E.] 1932. *The* Odyssey *of Homer*. New York: Oxford University Press.
Sheppard, John Tresidder. 1969. *The Pattern of the* Iliad. London: M. S. G. Haskell House.

Silk, Michael. 2004. "The Odyssey and Its Explorations." In *The Cambridge Companion to Homer*. Ed. Robert Fowler. Cambridge: Cambridge University Press. Pp. 31–44.

Silk, M. S. and Stern, J. P. 1981. *Nietzsche on Tragedy*. New York: Cambridge University Press.

Sinos, Dale. 1980. *Achilles, Patroklos, and the Meaning of "Philos."* Innsbruck: Institut für Sprachwissenschaft der Universität Innsbruck.

Slatkin, Laura M. 1996. "Composition by Theme and the Mētis of the Odyssey." In *Reading the* Odyssey. Ed. Seth L. Schein. Princeton: Princeton University Press. Pp. 223–237.

Stanford, William Bedell. 1950. "Homer's Use of Personal πολυ-Compounds." *Classical Philology* 45: 108–110.

Stanford, William Bedell. 1963. *The Ulysses Theme: A Study in the Adaptability of a Traditional Hero*. Oxford: Basil Blackwell.

Stanley, Keith. 1993. *The Shield of Homer: Narrative Structure in the Iliad*. Princeton: Princeton University Press.

Strauss, Leo. 1964. *The City and Man*. Chicago: University of Chicago Press.

Strauss, Leo. 1971. *Natural Right and History*. Chicago: University of Chicago Press.

Strauss, Leo. 1987. "Introduction." In *The History of Political Philosophy*, 3rd ed. Eds. Leo Strauss and Joseph Cropsey. Chicago: University of Chicago Press. Pp. 1–6.

Swift, Jonathan. 1975. "A Full and True Account of the Battel Fought Last Friday Between the Antient and the Modern Books in St. James's Library." In *A Tale of a Tub and Other Satires*. Ed. Kathleen Williams. London: J. M. Dent and Sons. Pp. 137–165.

Tennyson, Alfred Lord. 2007. *Selected Poems*. London: Penguin Classics.

Thalmann, William G. 1998. *The Swineherd and the Bow: Representations of Class in the* Odyssey. Ithaca: Cornell University Press.

Van Brock, Nadia. 1959. "Substitution rituelle." *Revue hittite et asiatique* 65: 117–146.

Verene, Donald Phillip. 1981. *Vico's Science of the Imagination*. Ithaca: Cornell University Press.

Vernant, Jean-Pierre. 1996. "The Refusal of Odysseus." In *Reading the* Odyssey. Ed. Seth L. Schein. Princeton: Princeton University Press. Pp.185–189.

Vico, Giambattista. 1963. *The Autobiography of Giambattista Vico*. Trans. Max Harold Fisch and Thomas Goddard Bergin. Ithaca: Great Seal Books.

Vico, Giambattista. 1977. *La scienza nuova*. Ed. Paolo Rossi. Milano: Rizzoli Editore.

Vico, Giambattista. 1999. *The New Science*. Trans. David Marsh. London: Penguin Books.

Voeglin, Eric. 1957. *Order and History II: The World of the Polis*. Baton Rouge: Louisiana State University Press.

Wade-Gery, Henry Theodore. 1952. *The Poet of the* Iliad. Cambridge: Cambridge University Press.

Weber, Max. 1958. *From Max Weber: Essays in Sociology*. Trans. H. H. Gerth and C. Wright Mills. New York: Oxford University Press.

Whitman, Cedric H. 1958. *Homer and the Homeric Tradition*. Cambridge, MA: Harvard University Press.

Winkler, John Jay. 1990. *The Constraints of Desire: The Anthropology of Sex and Gender in Ancient Greece*. New York: Routledge.

Winn, James Anderson. 2009. *The Poetry of War*. Cambridge: Cambridge University Press.

Wolf, F. A. 1985. *Prolegomena to Homer (1795)*. Trans. Anthony Grafton, Glenn W. Most, and James E. G. Zetzel. Princeton: Princeton University Press.

Zanker, Graham. 1994. *The Heart of Achilles: Characterization and Personal Ethics in the Iliad*. Ann Arbor: University of Michigan Press.

Zuckert, Catherine. 1988. "On the Role of Spiritedness in Politics." In *Understanding the Political Spirit*. Ed. Catherine Zuckert. New Haven and London: Yale University Press. Pp. 1–29.

索 引

Achaians
  Achilles and, 77–83, 92–93, 98–99, 121–122, 139–143, 149–152, 159, 165–166, 170–173, 186–189, 213
  character of ruling class, 91, 94–95
  criticisms of, 98–99, 139–140, 149–151
  love of honor and glory, 186–187
  virtue, excellence, and, 170–173, 186–187
Achilles
  Achaians and, 77–83, 92–93, 96–99, 121–122, 139–143, 149–152, 159, 165–166, 170–173, 186–189, 213
  anger of, 15–17, 23, 37–38, 75–82, 96–99, 135–143, 155–159, 162–163, 179–180, 186, 189–190, 197, 200–201, 204, 252
  compassion of, 16–17, 24, 71–72, 76n7, 125, 167, 179–180, 187, 189–190, 193–197, 204, 252, 255
  courage of, 92–93, 114, 252–255
  criticisms of, 15–16, 22–23, 75–82, 111, 134, 165, 174–175, 213
  death, mortality, and, 61, 151–152, 156–158, 160, 181–186, 188–189, 195, 197
  family and, 67–69, 70–71, 83, 93–94, 121, 154–155, 182, 192–194, 218–219
  friends and, 77–84, 132–133, 149–150, 158–163, 170–181, 186, 196–197, 213, 252
  Hector and, 20, 61, 85–86, 88–89, 92–94, 96–99, 109, 111–114, 121–122, 125, 131–133

  Homer and, 15–16, 20, 22–24, 37–38, 61, 114–115, 148–149, 157, 178–179, 185–186, 197, 253–255
  love of honor and glory, 84, 98–99, 113, 131–133, 140–156, 177, 188–189, 226–227
  love of song, 114–115, 148–149, 157, 159, 178–179, 226, 253–254
  martial prowess, 73–74
  Nietzsche on, 22
  Odysseus and, 17, 20, 22–24, 77–78, 148–160, 198–202, 204, 213, 218–219, 226–227, 251–255
  Patroclus and, 68–69, 77, 79–80, 83–84, 160–170, 173–181, 213
  piety and, 34–35, 143–147, 151–152, 157–158, 190, 194–196, 251–252
  Priam and, 15–16, 70–72, 125, 179, 191–197
  Vico on, 14–16
  virtue, excellence, and, 22–24, 73–75, 84, 98–99, 111–115, 123, 131–136, 140–147, 151–161, 171–178, 183–184, 186, 188–190, 196–202, 252, 254–255
  wisdom of, 71–72, 178–179, 193–197, 251–255
Adkins, Arthur, 34n30, 37n39, 50n50, 56n55, 57n56
Adorno, Theodor, 2n5
Alcibiades, 147
Alexander the Great, 3, 115n51
Alvis, John, 17, 18, 24n56, 29n9, 161n26, 174n45, 213n40, 215n43, 225n59, 251n96, 253n99
Ambler, Wayne, 10n30, 11n34, 14, 18n47, 19n48
Analysts/Oralists, 5–10

Andromache
    criticisms of Hector, 99–104, 111, 133
    love for Hector, 69, 87, 88, 99–100
Aristotle, 3
    Nicomachean Ethics, 80n11, 99n35, 160n23, 170n41, 178n49
    Politics, 171n44
Armstrong, C. B., 75n3
Augustine, 28n8

Bacon, Francis, 11, 20, 27n5
Barchilon, Jacques, 12n37
Benardete, Seth, 24n56, 45n47, 75n4, 76n6, 77n8, 83n12, 113n47, 115n50, 132n63, 147n12, 149n17, 151n18, 162n28, 163n31, 171n43, 184n59, 188n63, 200n10, 202n18, 204n26, 206n29, 208n32, 209n34, 212n39, 215n44, 215n46, 217nn51–52, 218n53, 222n56, 223n57, 227n64, 241n81, 242n85
Bentley, Richard, 12
Bergin, Thomas Goddard, 10, 11n34, 18n47, 19
Berlin, Isaiah, 10, 11n34, 18–19
Bible, 18, 19, 25, 27–29
Bolotin, David, 23n55, 24n56, 38n42, 142n10, 147n13, 151n18, 163n29, 200n9, 206n29, 209n34, 214nn41–42, 216n48, 219n54, 222n56, 229n69, 234n74, 243n86
Borges, Jorge Luis, 10n32
Bowra, C. M., 2n7, 9n28, 25–26, 27n5, 75n5, 78n9, 147n12
Browning, Robert, 3n9
Burkert, Walter, 2n7, 3n9, 64n66
Burns, Timothy, 24n56, 112n45, 132n64, 170n40
Buxton, Richard, 4nn14–16, 62n63, 75nn3–4

Clarke, Michael, 38n42, 65n68, 76n6, 101n38, 112n45, 113n47, 137n5, 179n50, 204n25, 241n82, 246n88
Clay, Jenny Strauss, 4n16, 6n19, 24n56, 29nn11–12, 38n40, 44n46, 60n59, 66n69, 74n2, 75n3, 75n5, 87n17, 88n19, 102n39, 106n43, 198n2, 199n3, 200n9, 204n26, 206n30, 225n61, 229n68, 230n70, 233nn72–73, 234n74, 236n76, 237n78
Collingwood, R. G., 10, 11n34, 19n48
Coriolanus, 147
Croce, Benedetto, 10, 18
Crotty, Kevin, 36n37, 74n2, 101n38, 115n53, 124n57, 125n59, 135n2, 161n24, 162n28, 164n33, 179n50, 190n67, 193n72, 196n77, 200n10, 202n17, 203n21, 212n38, 215n45, 216n49, 224n58, 230n70, 244n87, 247n89, 248n90, 248n92, 249n95

Dante Alighieri, 14, 89n21, 223n57
d'Aubignac, François-Hédelin, 10–12
Deneen, Patrick J., 24n56
Dimmock, George E., 200n10, 203n21, 205n28, 211n35, 212n38, 216n49, 217n52, 219n54, 229n66, 233n73, 235n75, 241n82, 248n90, 248n93
Dobbs, Darrell, 24n56
Dodds, E. R., 29n10, 34n30, 50n50, 57n56, 135n3

Edwards, Mark W., 4nn14–16, 25n2, 62n65, 75n4, 115n52, 229n66, 254n100

Farrell, Joseph, 3n9, 27n5
Felson/Felson-Rubin, Nancy, 4n16, 100n36, 176n47, 201n13, 202nn17–18, 208n31, 215n47, 242n84, 247n89, 248nn91–93, 249nn94–95, 251n97
Finetti, G. F., 19
Finley, Moses I., 2n7, 25n2, 75n4
Fisch, Max Harold, 10, 11n34, 18n47, 19
Flaumenhaft, Mera, 90n23, 91n25, 92nn26–28, 94n30, 127n61, 192n68
Flinders, Peter, 12n37
Fontenelle, Bernard Le Bovier de, 12
Fowler, Robert, 5n18, 6, 8n27
Fradkin, Hillel, 27n7
Fustel de Coulanges, Numa Denis, 31n27

Gagarin, Michael, 36n38, 152n20
Gods
    Achilles and, 34–35, 71–72, 143–147, 151–152, 157–158, 190, 194–197, 251–252, 255
    Biblical God and, 25–29, 65n67
    capricious, frivolous character of, 19–20, 25–29, 56–59, 65–66, 191, 229–230, 233–234, 246
    compassion, pity, and, 35–37, 41–42, 55–58, 190–191
    Hector and, 119–120, 122–123
    Homer and, 1–3, 19–20, 25–29, 31, 35–37, 41–42, 46, 51–52, 55–61, 63–64, 72, 228–230
    humans' reverence for, 30–37, 50–51
    immortality and, 65–72
    justice and, 31–41, 47–57, 143–146, 228–240, 251–252
    love and, 31, 53–56, 66–69
    Odysseus and, 44–46, 198, 228, 233–240, 244–246, 251–253
    Priam and, 36–37, 70–71, 192–193
    wisdom and, 42–47, 69–72
Goethe, Johann Wolfgang von, 6n19
Grafton, Anthony, 6n19, 7n23, 10, 11n34, 12, 18

索 引 319

Graziosi, Barbara, 8
Griffin, Jasper, 1n2, 4n13, 5n17, 6n22, 9, 25n1, 27n5,
  29n9, 29n11, 30n13, 36n37, 39n43, 51n52,
  54n53, 61n61, 64n66, 66n69, 69nn70–71,
  71n73, 75nn3–4, 77n8, 78n9, 79n10, 87n17,
  88n19, 90n23, 99n34, 101n37, 106n43, 112n45,
  113n48, 115n52, 148n14, 160n22, 164n33,
  190n66, 194n74, 208n32, 254n100
Grote, George, 10

Hall, Edith, 2n5, 227n65
Harsh, Philip Whaley, 249n95
Haubold, Johannes, 215n44
Haugen, Kristine Louise, 12
Hector
  Achilles and, 20, 61, 85–86, 88–89, 92–94,
    96–99, 109, 111–114, 121–122, 125, 131–133
  Andromache and, 69, 87, 88, 99–104, 111, 133
  criticisms of, 89–91, 99–104, 111,
    115–117, 133
  family and, 47–48, 69, 85–88, 93–96, 99–109,
    124–125, 130, 133
  Homer and, 20, 61, 89–91, 117–118
  love of honor and glory, 104–114, 127–131
  martial prowess, 85
  piety of, 119–120, 122–123
  political authority of, 90–92
  Priam and, 91–96, 104–109, 124–125
  Trojans and, 47–48, 85–92, 95–99, 101,
    104–109, 125–128, 130–131
  virtue, excellence, and, 86–89, 96–99, 104,
    106–107, 113–114
Hegel, Georg Wilhelm Friedrich, 2n7, 20,
  65n67
Heitman, Richard, 198n1, 199n7, 216n49,
  248n90, 251n96
Herodotus, 2
Hesiod, 2
Hobbes, Thomas, 4
Homer
  accounts of death and mortality, 61–62,
    74–75, 185–186
  Achilles and, 15–16, 20, 22–24, 37–38, 61,
    114–115, 148–149, 157, 178–179, 185–186, 197,
    253–255
  Analyst/Oralist view of, 5–10
  artfulness of, 3–5, 9, 62–64, 206–207, 217–218,
    220–222, 228–230
  classical civilization and, 1–3, 20–22, 72
  compassion of, 62, 74–75, 190
  gods and, 1–3, 19–20, 25–29, 31, 35–37, 41–42, 46,
    51–52, 55–61, 63–64, 72, 228–230
  Hector and, 20, 61, 88–91, 117–118
  Nietzsche on, 20–24

Odysseus and, 5, 20, 22–24, 202, 206–207,
  220–222, 224–225, 253–255
similes of, 4, 17, 62–63, 185–186, 220–222,
  224–225
traditional view of, 1–5, 9–10, 18–19
Unitarian view of, 9
Vico on, 1–2, 4, 10–20
virtue, excellence, and, 1–5, 14, 19–20, 22–24,
  60–75, 84, 88–89, 114–115, 134–135, 178,
  197–202, 206–207, 251–255
Horace, 1n2
Horkheimer, Max, 2n5
Hunter, Richard, 3n9, 27n5

Iliad
  Bible and, 27–29
  end of, 16–17, 22–23, 28, 36–37, 70–72, 88, 180,
    186, 189–197, 204, 252
  Odyssey and, 17, 200, 204, 210, 252
  opening of, 15, 28, 32–33, 36–40, 75, 92–93,
    135–147, 170–171, 189–190, 200
  pivotal moment of, 161, 164–165
  piety in, 30–37
  Vico on, 17

Janko, Richard, 162n28
Jong, Irene J. F. de, 60n59
Jullien, Dominique, 10n32

Katz, Marilyn, 215n47, 248n91
Kearns, Emily, 27n6, 34n30, 229n66
Kim, Jinyo, 165nn34–35, 190n64
Kirk, G. S., 26n3, 39n43, 72n74

Lateiner, Donald, 25n2, 61n62, 62n63, 74n2,
  75nn3–4, 78n9, 93n29, 132n63, 143n111,
  148n14, 163n29, 166n36, 200n10, 241n82
Lattimore, Richmond, 15n42, 25
Lessing, Gotthold Ephraim, 99n34
Lilla, Mark, 10n31, 11n34, 19
Lloyd-Jones, Hugh, 34n30, 50n50, 78n9,
  200n10, 229n66, 241n82
Locke, John, 1n3
Long, A. A., 3n9, 27n5
Lord, Albert Bates, 8
Love of honor and glory
  Achaians, 186–187
  Achilles, 84, 98–99, 113, 131–133, 140–156, 177,
    188–189, 226–227
  Hector, 104–114, 127–131
  Odysseus, 223–227
  Patroclus, 166, 168–170, 176
Lukács, Georg, 2n5, 21n51, 21n53, 25n2
Lutz, Mark, 24n56, 38n41, 54n54, 170n40

Macaulay, Thomas Babington, 12n37
Machiavelli, Niccolo, 2, 3–4, 14, 20
MacLeod, Colin, 190n64, 193n73, 194n74, 197n78
Manent, Pierre, 2n7
Mazon, Paul, 64n66
Michelet, Jules, 10
Montaigne, Michel de, 1, 2, 3
Most, Glenn W., 7n23
Moulton, Carroll, 4n14, 4n16, 5n18, 62n65, 174n45, 202n20
Mueller, Martin, 75nn3–4
Murnaghan, Sheila, 248n92, 249n95
Murray, Gilbert, 9, 26n3
Myres, John L., 6n19

Nagy, Gregory, 5, 6n21, 7n23, 8, 9n28, 10, 18, 74n1, 85n16, 165n35, 198n1, 201n12
Nietzsche, Friedrich, 1, 2, 7, 20–24, 64n66

Odyssey
   end of, 17, 203–205, 228–229, 252
   Iliad and, 17, 200, 204, 210, 252
   narrative structure of, 206–207, 228–230
   opening of, 198–200, 205–207, 228–229
   Vico on, 17
Odysseus
   Achilles and, 17, 20, 22–24, 77–78, 148–160, 198–202, 204, 213, 218–219, 226–227, 251–255
   anger of, 17, 23, 200–201, 203–205, 216, 237, 252
   companions and, 199–200, 207–215
   criticisms of, 212–213, 215
   curiosity of, 216–217, 219, 227–228, 234–235, 238, 253
   family and, 201–202, 215–223, 226, 242–243, 247–251
   Homer and, 5, 20, 22–24, 202, 206–207, 220–222, 224–225, 253–255
   lies of, 202, 214, 220, 222–223, 253
   love of honor and glory, 223–227
   narrative of his adventures, 208–210, 225–226, 229–230, 237, 239
   Penelope and, 201–202, 215, 220–223, 242–243, 247–251
   piety and, 198, 228, 233–240, 244–246, 251–253
   singing of, 202, 253–254
   virtue, excellence, and, 44–46, 171–173, 198–202, 206–207, 235–236, 251–255
   wisdom of, 44–46, 198–200, 235–236

Pangle, Thomas L., 27n7
Parry, Adam, 7, 12n36, 12n39

Parry, Milman, 5, 7–8, 11, 12n36
Passannante, Gerard, 11
Patroclus
   criticisms of Achilles, 77, 79–80, 165, 174–175
   friendship with Achilles, 68–69, 83–84, 163–170, 176–179, 213
   love of honor and glory, 166, 168–170, 176
   virtue, excellence, and, 165, 168–170, 175–178
Penelope
   Odysseus and, 201–202, 215, 220–223, 242–243, 247–251
   suitors and, 215, 242, 247–249
   wisdom of, 201–202, 247–251
Perrault, Charles, 12
Pisistratus, 12, 13
Plato, 1, 2, 3, 4, 7, 13, 14, 22
   Apology of Socrates, 23n55
   Ion, 1, 23n55
   Protagoras, 3, 63
   Republic, 1, 2n6, 3, 20, 23
Plutarch, 3, 20, 115n51
Porter, James I., 1n1, 6, 10–11, 12n36, 13n40
Priam
   Achilles and, 15–16, 70–72, 125, 179, 191–197
   Hector and, 91–96, 104–109, 124–125
   piety of, 36–37
   political authority of, 91–92, 95
   primacy of family loyalty for, 94–95, 191–192
   wisdom of, 70–71, 192–193
Protagoras, 3
Pucci, Pietro, 203n21, 224n58, 248n93

Redfield, James M., 4n15, 25n1, 26n3, 38n42, 39n43, 65n68, 75n4, 79n10, 85nn14–15, 88n19, 89n20, 90n23, 93n29, 101n37, 102n40, 103n41, 112n46, 118n54, 147n12, 151n18, 162n28, 165n34
Reinhardt, Karl, 6n19, 7, 25n1
Richardson, N. J., 3n8
Richardson, Scott Douglas, 4n13, 29n12
Rorty, Richard, 21
Rousseau, Jean-Jacques, 1n1, 20
Ruderman, Richard S., 2n5, 24n56, 204n23, 204n26, 213n40, 216n48, 217n52, 225n62, 227n65, 234n74, 237n77, 254n101

Saïd, Suzanne, 202nn19–20, 203n21, 212n38, 216n49, 227n65, 229n67, 241n82, 249n95
Saxonhouse, Arlene, 24n56, 59n58, 188n62, 195n75, 196n76
Scaliger, Julius Caesar, 18n46
Schadewaldt, Wolfgang, 88n18, 101n37, 104n42, 135n2

索 引

Schein, Seth L., 4n16, 17n45, 27n5, 75nn3–4, 76n6, 88n19, 90n23, 92n26, 94n30, 101n37, 108n44, 112n45, 115n52, 118n54, 125n59, 132n64, 133n65, 160n22, 161n25, 164n33, 165n34, 182n55, 185n60, 190n65, 194n74, 196n77, 201n12, 202n16, 202n18, 202n20, 206n30, 208n32, 215n43, 225n59, 229n66, 241n82, 249n95
Schiller, Friedrich, 6n19, 20
Scodel, Ruth, 9, 36n37, 62n64, 74n2, 163n31, 195n75
Scott, John Adams, 85n14
Scott, John, 3n9
Scott, William C., 4n14, 62n65
Segal, Charles, 9, 74n2, 130n62, 149n15, 190n65, 197n79, 225n60
Shakespeare, William, 6
　King Lear, 17n45
　Tempest, 17n45
Shaw, T. E. [Lawrence, T. E.], 213n40
Sheppard, John Tresidder, 75n4
Silk, Michael, 4n16, 22n54, 221n55, 229n67, 242n83
Sinos, Dale, 165n35
Slatkin, Laura M., 4n16, 100n36, 176n47, 201n13, 202n18, 206n30, 208nn31–32, 215n47, 229n67, 247n89
Socrates, 1, 3, 21, 22, 23, 164n33
Stanford, William Bedell, 199n6, 205n27, 234n74
Stanley, Keith, 4n16, 62n65
Stern, J. P., 22n54
Strauss, Leo, 4n12, 10, 19n48, 227n65, 239n80
Swift, Jonathan, 12

Tennyson, Alfred Lord, 223n57
Thalmann, William G., 249n95
Thucydides, 2
Trojans
　character of ruling class, 90–91, 94–95
　criticisms of, 47–48, 76, 86, 90, 97–99, 102, 117–118, 120–121, 130–131
　Hector and, 47–48, 85–92, 95–99, 101, 104–109, 125–128, 130–131
　primacy of family loyalty for, 94–95, 191–192

Unitarians, 9, 22n54

Van Brock, Nadia, 165n35
Verene, Donald Phillip, 11n34
Vernant, Jean-Pierre, 217n52, 225n59
Vico, Giambattista, 1, 2, 4, 9–20, 25n1, 57n56, 83n12, 198n2
Virgil, 6
Virtue and excellence
　Achaians and, 170–173, 186–187
　Achilles and, 22–24, 73–75, 84, 98–99, 111–115, 123, 131–136, 140–147, 151–161, 171–178, 183–184, 186, 188–190, 196–202, 252, 254–255
　Bible and, 28
　classical civilization and, 72
　friendship and, 158–161, 170–179, 196–197
　gods and, 143–147, 151, 157–158, 251–252, 254–255
　Hector and, 86–89, 96–99, 104, 106–107, 113–114
　Homer, 1–5, 14, 19–20, 22–24, 60–75, 84, 88–89, 114–115, 134–135, 178, 197–202, 206–207, 251–255
　human versus divine, 25–29, 60–72, 196
　Odysseus and, 44–46, 171–173, 198–202, 206–207, 235–236, 251–255
　Patroclus and, 165, 168–170, 175–178
Voeglin, Eric, 2n7

Wade-Gery, Henry Theodore, 8
Weber, Max, 20
Whitman, Cedric H., 6n19, 7, 9, 26n4, 93n29, 162n28, 165n35, 174n45, 185n60
Wilamowitz-Moellendorff, Ulrich von, 7
Winkler, John Jay, 249n95
Winn, James Anderson, 74n1, 164n33
Wolf, Friedrich August, 1n1, 5–10

Xenophon, 2, 3, 164n33

Zanker, Graham, 74n2, 112n45, 135n3, 140n9, 153n21, 160n22, 174n45, 176n46, 176n48, 190n65, 192n69
Zetzel, James E. G., 7n23
Zuckert, Catherine, 24n56

图书在版编目（CIP）数据

荷马笔下的诸神与人类德行：奠定西方古典文明的根基/（美）彼得·阿伦斯多夫（Peter J.Ahrensdorf）著；张娟译. --北京：华夏出版社有限公司，2023.1
（西方传统：经典与解释）
书名原文：Homer on the Gods and Human Virtue: Creating the Foundations of Classical Civilization
ISBN 978-7-5222-0407-9

Ⅰ.①荷… Ⅱ.①彼… ②张… Ⅲ.①古希腊罗马哲学－研究 ②《荷马史诗》－诗歌研究 Ⅳ.①B502 ②I545.072

中国版本图书馆CIP数据核字（2022）第173937号

This is a Simplified-Chinese translation edition of the following title published by Cambridge University Press：Homer on the Gods and Human Virtue: Creating the Foundations of Classical Civilization（ISBN 978-0-521-19388-7）
Copyright © Cambridge University Press 2014
This Simplified-Chinese translation edition for the People's Republic of China (excluding Hong Kong, Macau and Taiwan) is published by arrangement with the Press Syndicate of the University of Cambridge, Cambridge, United Kingdom.
© Cambridge University Press and Huaxia Publishing House Co., Ltd.2023
This Simplified-Chinese translation edition is authorized for sale in the People's Republic of China (excluding Hong Kong, Macau and Taiwan) only. Unauthorised export of this Simplified-Chinese translation edition is a violation of the Copyright Act. No part of this publication may be reproduced or distributed by any means, or stored in a database or retrieval system, without the prior written permission of Cambridge University Press and Huaxia Publishing House Co., Ltd.
Copies of this book sold without a Cambridge University Press sticker on the cover are unauthorized and illegal.

本书封面贴有Cambridge University Press防伪标签，无标签者不得销售。

北京市版权局著作权合同登记号：图字01-2022-5832号

荷马笔下的诸神与人类德行——奠定西方古典文明的根基

作　　者	［美］彼得·阿伦斯多夫
译　　者	张　娟
责任编辑	刘雨潇
责任印制	刘　洋
出版发行	华夏出版社有限公司
经　　销	新华书店
印　　装	北京汇林印务有限公司
版　　次	2023年1月北京第1版　2023年1月北京第1次印刷
开　　本	880×1230　1/32
印　　张	10.75
字　　数	280千字
定　　价	89.00元

华夏出版社有限公司　地址：北京市东直门外香河园北里4号　邮编：100028
网址：www.hxph.com.cn　电话：(010)64663331(转)
若发现本版图书有印装质量问题，请与我社营销中心联系调换。

西方传统：经典与解释
Classici et Commentarii
HERMES
刘小枫○主编

古今丛编

欧洲中世纪诗学选译 宋旭红 编译
克尔凯郭尔 [美]江思图 著
货币哲学 [德]西美尔 著
孟德斯鸠的自由主义哲学 [美]潘戈 著
莫尔及其乌托邦 [德]考茨基 著
试论古今革命 [法]夏多布里昂 著
但丁：皈依的诗学 [美]弗里切罗 著
在西方的目光下 [英]康拉德 著
大学与博雅教育 董成龙 编
探究哲学与信仰 [美]郝岚 著
民主的本性 [法]马南 著
梅尔维尔的政治哲学 李小均 编/译
席勒美学的哲学背景 [美]维塞尔 著
果戈里与鬼 [俄]梅列日科夫斯基 著
自传性反思 [美]沃格林 著
黑格尔与普世秩序 [美]希克斯 等著
新的方式与制度 [美]曼斯菲尔德 著
科耶夫的新拉丁帝国 [法]科耶夫 等著
《利维坦》附录 [英]霍布斯 著
或此或彼（上、下） [丹麦]基尔克果 著
海德格尔式的现代神学 刘小枫 选编
双重束缚 [法]基拉尔 著
古今之争中的核心问题 [德]迈尔 著
论永恒的智慧 [德]苏索 著
宗教经验种种 [美]詹姆斯 著
尼采反卢梭 [美]凯斯·安塞尔-皮尔逊 著
舍勒思想评述 [美]弗林斯 著
诗与哲学之争 [美]罗森 著

神圣与世俗 [罗]伊利亚德 著
但丁的圣约书 [美]霍金斯 著

古典学丛编

荷马笔下的诸神与人类德行 [美]阿伦斯多夫 著
赫西俄德的宇宙 [美]珍妮·施特劳斯·克莱 著
论王政 [古罗马]金嘴狄翁 著
论希罗多德 [古罗马]卢里叶 著
探究希腊人的灵魂 [美]戴维斯 著
尤利安文选 马勇 编/译
论月面 [古罗马]普鲁塔克 著
雅典谐剧与逻各斯 [美]奥里根 著
菜园哲人伊壁鸠鲁 罗晓颖 选编
劳作与时日（笺注本） [古希腊]赫西俄德 著
神谱（笺注本） [古希腊]赫西俄德 著
赫西俄德：神话之艺 [法]居代·德拉孔波 编
希腊古风时期的真理大师 [法]德蒂安 著
古罗马的教育 [英]葛怀恩 著
古典学与现代性 刘小枫 编
表演文化与雅典民主制 [英]戈尔德希尔、奥斯本 编
西方古典文献学发凡 刘小枫 编
古典语文学常谈 [德]克拉夫特 著
古希腊文学常谈 [英]多佛 等著
撒路斯特与政治史学 刘小枫 编
希罗多德的王霸之辨 吴小锋 编/译
第二代智术师 [英]安德森 著
英雄诗系笺释 [古希腊]荷马 著
统治的热望 [美]福特 著
论埃及神学与哲学 [古希腊]普鲁塔克 著
凯撒的剑与笔 李世祥 编/译
伊壁鸠鲁主义的政治哲学 [意]詹姆斯·尼古拉斯 著
修昔底德笔下的人性 [美]欧文 著
修昔底德笔下的演说 [美]斯塔特 著
古希腊政治理论 [美]格雷纳 著

赫拉克勒斯之盾笺释　罗逍然 译笺
《埃涅阿斯纪》章义　王承教 选编
维吉尔的帝国　[美]阿德勒 著
塔西佗的政治史学　曾维术 编

古希腊诗歌丛编
古希腊早期诉歌诗人　[英]鲍勒 著
诗歌与城邦　[美]费拉格、纳吉 主编
阿尔戈英雄纪（上、下）
[古希腊]阿波罗尼俄斯 著
俄耳甫斯教祷歌　吴雅凌 编译
俄耳甫斯教辑语　吴雅凌 编译

古希腊肃剧注疏
欧里庇得斯与智术师　[加]科纳彻 著
欧里庇得斯的现代性　[法]德·罗米伊 著
自由与僭越　罗峰 编译
希腊肃剧与政治哲学　[美]阿伦斯多夫 著

古希腊礼法研究
宙斯的正义　[英]劳埃德-琼斯 著
希腊人的正义观　[英]哈夫洛克 著

廊下派集
剑桥廊下派指南　[加]英伍德 编
廊下派的苏格拉底　程志敏 徐健 选编
廊下派的神和宇宙　[墨]里卡多·萨勒斯 编
廊下派的城邦观　[英]斯科菲尔德 著

希伯莱圣经历代注疏
希腊化世界中的犹太人　[英]威廉逊 著
第一亚当和第二亚当　[德]朋霍费尔 著

新约历代经解
属灵的寓意　[古罗马]俄里根 著

基督教与古典传统
保罗与马克安　[德]文森 著
加尔文与现代政治的基础　[美]汉考克 著
无执之道　[德]文森 著

恐惧与战栗　[丹麦]基尔克果 著
托尔斯泰与陀思妥耶夫斯基
[俄]梅列日科夫斯基 著
论宗教大法官的传说　[俄]罗赞诺夫 著
海德格尔与有限性思想（重订版）
刘小枫 选编
上帝国的信息　[德]拉加茨 著
基督教理论与现代　[德]特洛尔奇 著
亚历山大的克雷芒　[意]塞尔瓦托·利拉 著
中世纪的心灵之旅　[意]圣·波纳文图拉 著

德意志古典传统丛编
黑格尔论自我意识　[美]皮平 著
克劳塞维茨论现代战争　[澳]休·史密斯 著
《浮士德》发微　谷裕 选编
尼伯龙人　[德]黑贝尔 著
论荷尔德林　[德]沃尔夫冈·宾德尔 著
彭忒西勒亚　[德]克莱斯特 著
穆佐书简　[奥]里尔克 著
纪念苏格拉底——哈曼文选　刘新利 选编
夜颂中的革命和宗教　[德]诺瓦利斯 著
大革命与诗化小说　[德]诺瓦利斯 著
黑格尔的观念论　[美]皮平 著
浪漫派风格——施勒格尔批评文集　[德]施勒格尔 著

巴洛克戏剧丛编
克里奥帕特拉　[德]罗恩施坦 著
君士坦丁大帝　[德]阿旺西尼 著
被弑的国王　[德]格吕菲乌斯 著

美国宪政与古典传统
美国1787年宪法讲疏　[美]阿纳斯塔普罗 著

启蒙研究丛编
论古今学问　[英]坦普尔 著
历史主义与民族精神　冯庆 编
浪漫的律令　[美]拜泽尔 著
现实与理性　[法]科维纲 著

论古人的智慧　[英]培根 著
托兰德与激进启蒙　刘小枫 编
图书馆里的古今之战　[英]斯威夫特 著

政治史学丛编

驳马基雅维利　[普鲁士]弗里德里希二世 著
现代欧洲的基础　[英]赖希 著
克服历史主义　[德]特洛尔奇 等著
胡克与英国保守主义　姚啸宇 编
古希腊传记的嬗变　[意]莫米利亚诺 著
伊丽莎白时代的世界图景　[英]蒂利亚德 著
西方古代的天下观　刘小枫 编
从普遍历史到历史主义　刘小枫 编
自然科学史与玫瑰　[法]雷比瑟 著

地缘政治学丛编

地缘政治学的起源与拉采尔　[希腊]斯托杨诺斯 著
施米特的国际政治思想　[英]欧迪瑟乌斯/佩蒂托 编
克劳塞维茨之谜　[英]赫伯格-罗特 著
太平洋地缘政治学　[德]卡尔·豪斯霍弗 著

荷马注疏集

不为人知的奥德修斯　[美]诺特维克 著
模仿荷马　[美]丹尼斯·麦克唐纳 著

品达注疏集

幽暗的诱惑　[美]汉密尔顿 著

阿里斯托芬集

《阿卡奈人》笺释　[古希腊]阿里斯托芬 著

色诺芬注疏集

居鲁士的教育　[古希腊]色诺芬 著
色诺芬的《会饮》　[古希腊]色诺芬 著

柏拉图注疏集

挑战戈尔戈　李致远 选编
论柏拉图《高尔吉亚》的统一性　[美]斯托弗 著
立法与德性——柏拉图《法义》发微　林志猛 编
柏拉图的灵魂学　[加]罗宾逊 著

柏拉图书简　彭磊 译注
克力同章句　程志敏 郑兴凤 撰
哲学的奥德赛——《王制》引论　[美]郝兰 著
爱欲与启蒙的迷醉　[美]贝尔格 著
为哲学的写作技艺一辩　[美]伯格 著
柏拉图式的迷宫——《斐多》义疏　[美]伯格 著
苏格拉底与希琵阿斯　王江涛 编译
理想国　[古希腊]柏拉图 著
谁来教育老师　刘小枫 编
立法者的神学　林志猛 编
柏拉图对话中的神　[法]薇依 著
厄庇诺米斯　[古希腊]柏拉图 著
智慧与幸福　程志敏 选编
论柏拉图对话　[德]施莱尔马赫 著
柏拉图《美诺》疏证　[美]克莱因 著
政治哲学的悖论　[美]郝岚 著
神话诗人柏拉图　张文涛 选编
阿尔喀比亚德　[古希腊]柏拉图 著
叙拉古的雅典异乡人　彭磊 选编
阿威罗伊论《王制》　[阿拉伯]阿威罗伊 著
《王制》要义　刘小枫 选编
柏拉图的《会饮》　[古希腊]柏拉图 等著
苏格拉底的申辩（修订版）　[古希腊]柏拉图 著
苏格拉底与政治共同体　[美]尼柯尔斯 著
政制与美德——柏拉图《法义》疏解　[美]潘戈 著
《法义》导读　[法]卡斯代尔·布舒奇 著
论真理的本质　[德]海德格尔 著
哲人的无知　[德]费勃 著
米诺斯　[古希腊]柏拉图 著
情敌　[古希腊]柏拉图 著

亚里士多德注疏集

《诗术》译笺与通绎　陈明珠 撰
亚里士多德《政治学》中的教诲　[美]潘戈 著
品格的技艺　[美]加佛 著

亚里士多德哲学的基本概念 [德]海德格尔 著
《政治学》疏证 [意]托马斯·阿奎那 著
尼各马可伦理学义疏 [美]伯格 著
哲学之诗 [美]戴维斯 著
对亚里士多德的现象学解释 [德]海德格尔 著
城邦与自然——亚里士多德与现代性 刘小枫 编
论诗术中篇义疏 [阿拉伯]阿威罗伊 著
哲学的政治 [美]戴维斯 著

普鲁塔克集
普鲁塔克的《对比列传》 [英]达夫 著
普鲁塔克的实践伦理学 [比利时]胡芙 著

阿尔法拉比集
政治制度与政治箴言 阿尔法拉比 著

马基雅维利集
解读马基雅维利 [美]麦考米克 著
君主及其战争技艺 娄林 选编

莎士比亚绎读
莎士比亚的罗马 [美]坎托 著
莎士比亚的政治智慧 [美]伯恩斯 著
脱节的时代 [匈]阿格尼斯·赫勒 著
莎士比亚的历史剧 [英]蒂利亚德 著
莎士比亚戏剧与政治哲学 彭磊 选编
莎士比亚的政治盛典 [美]阿鲁里斯/苏利文 编
丹麦王子与马基雅维利 罗峰 选编

洛克集
上帝、洛克与平等 [美]沃尔德伦 著

卢梭集
致博蒙书 [法]卢梭 著
政治制度论 [法]卢梭 著
哲学的自传 [美]戴维斯 著
文学与道德杂篇 [法]卢梭 著
设计论证 [美]吉尔丁 著
卢梭的自然状态 [美]普拉特纳 等著

卢梭的榜样人生 [美]凯利 著

莱辛注疏集
汉堡剧评 [德]莱辛 著
关于悲剧的通信 [德]莱辛 著
智者纳坦（研究版） [德]莱辛 等著
启蒙运动的内在问题 [美]维塞尔 著
莱辛剧作七种 [德]莱辛 著
历史与启示——莱辛神学文选 [德]莱辛 著
论人类的教育 [德]莱辛 著

尼采注疏集
尼采引论 [德]施特格迈尔 著
尼采与基督教 刘小枫 编
尼采眼中的苏格拉底 [美]丹豪瑟 著
动物与超人之间的绳索 [德]A.彼珀 著

施特劳斯集
苏格拉底与阿里斯托芬
论僭政（重订本） [美]施特劳斯 [法]科耶夫 著
苏格拉底问题与现代性（第三版）
犹太哲人与启蒙（增订本）
霍布斯的宗教批判
斯宾诺莎的宗教批判
门德尔松与莱辛
哲学与律法——论迈蒙尼德及其先驱
迫害与写作艺术
柏拉图式政治哲学研究
论柏拉图的《会饮》
柏拉图《法义》的论辩与情节
什么是政治哲学
古典政治理性主义的重生（重订本）
回归古典政治哲学——施特劳斯通信集
 ＊＊＊
追忆施特劳斯 张培均 编
施特劳斯学述 [德]考夫曼 著

论源初遗忘 [美]维克利 著
阅读施特劳斯 [美]斯密什 著
施特劳斯与流亡政治学 [美]谢帕德 著
驯服欲望 [法]科耶夫 等著

施特劳斯讲学录
斯宾诺莎的政治哲学

施米特集
宪法专政 [美]罗斯托 著
施米特对自由主义的批判 [美]约翰·麦考米克 著

伯纳德特集
古典诗学之路（第二版） [美]伯格 编
弓与琴（重订本） [美]伯纳德特 著
神圣的罪业 [美]伯纳德特 著

布鲁姆集
巨人与侏儒（1960-1990）
人应该如何生活——柏拉图《王制》释义
爱的设计——卢梭与浪漫派
爱的戏剧——莎士比亚与自然
爱的阶梯——柏拉图的《会饮》
伊索克拉底的政治哲学

沃格林集
自传体反思录

朗佩特集
哲学与哲学之诗
尼采与现时代
尼采的使命
哲学如何成为苏格拉底式的
施特劳斯的持久重要性

迈尔集
施米特的教训
何为尼采的扎拉图斯特拉
政治哲学与启示宗教的挑战
隐匿的对话

论哲学生活的幸福

大学素质教育读本
古典诗文绎读 西学卷·古代编（上、下）
古典诗文绎读 西学卷·现代编（上、下）